중대재해처벌법 해석(도해식)

중대재해처벌법 해석(도해식)

GREAT DISASTER PUNISHMENT LAW

위국환·이학춘·이점인
지상규·김선화 공저

dm 동문사

중대재해 처벌 등에 관한 법률

[시행 2022. 1. 27.]

[법률 제17907호, 2021. 1. 26., 제정]

[제정 · 개정이유]

◇ 제정이유

현대중공업 아르곤 가스 질식 사망사고, 태안화력발전소 압사사고, 물류창고 건설현장 화재사고와 같은 산업재해로 인한 사망사고와 함께 가습기살균제 사건 및 4·16 세월호 사건과 같은 시민재해로 인한 사망사고 발생 등이 사회적 문제로 지적되어 왔음.

이에 사업주, 법인 또는 기관 등이 운영하는 사업장 등에서 발생한 중대산업재해와 공중이용시설 또는 공중교통수단을 운영하거나 위험한 원료 및 제조물을 취급하면서 안전·보건 조치의무를 위반하여 인명사고가 발생한 중대시민재해의 경우, 사업주와 경영책임자 및 법인 등을 처벌함으로써 근로자를 포함한 종사자와 일반 시민의 안전권을 확보하고, 기업의 조직문화 또는 안전관리 시스템 미비로 인해 일어나는 중대재해사고를 사전에 방지하려는 것임.

◇ 주요내용

가. 사업주 또는 경영책임자 등은 사업주나 법인 또는 기관이 실질적으로 지배·운영·관리하는 사업 또는 사업장에서 종사자의 안전·보건상 유해 또는 위험을 방지할 의무가 있고, 사업주나 법인 또는 기관이 제3자에게 도급, 용역, 위탁 등을 행한 경우 제3자의 종사자에 대한 안

전 및 보건 확보의무를 부담함(제4조 및 제5조).

나. 사업주 또는 경영책임자 등이 안전 및 보건 확보의무를 위반하여 중대산업재해에 이르게 한 경우 사업주와 경영책임자 등을 처벌하고, 법인 또는 기관의 경영책임자 등이 처벌 대상이 되는 위반행위를 하면 그 행위자를 벌하는 외에 그 법인 또는 기관에 대해서도 벌금형을 부과함(제6조 및 제7조).

다. 사업주 또는 경영책임자 등은 생산·제조·판매·유통 중인 원료나 제조물의 설계, 제조, 관리상의 결함이나 공중이용시설 또는 공중교통수단의 설계, 설치, 관리상의 결함으로 인한 그 이용자 등의 생명, 신체의 안전을 위하여 안전보건관리체계 구축 조치를 하는 등 안전 및 보건 확보의무를 부담함(제9조).

라. 사업주 또는 경영책임자 등이 안전 및 보건 확보의무를 위반하여 중대시민재해에 이르게 한 경우 사업주와 경영책임자 등을 처벌하고, 법인 또는 기관의 경영책임자 등이 처벌 대상이 되는 행위를 하면 그 행위자를 벌하는 외에 그 법인 또는 기관에 대해서도 벌금형을 부과함(제10조 및 제11조).

마. 사업주 또는 경영책임자 등이 고의 또는 중대한 과실로 이 법에서 정한 의무를 위반하여 중대재해를 발생하게 한 경우, 해당 사업주, 법인 또는 기관은 중대재해로 손해를 입은 사람에 대하여 그 손해액의 5배를 넘지 않는 범위에서 배상책임을 짐(제15조).

바. 정부는 중대재해 예방을 위한 대책을 수립·시행하도록 하고, 사업주, 법인 및 기관에 대하여 중대재해 예방사업에 소요되는 비용을 지원할 수 있도록 하며, 그 상황을 반기별로 국회 소관상임위원회에 보고하도록 함(제16조).

〈법제처 제공〉

PART 03 주요 분야별 적용

중대재해처벌법의 구조

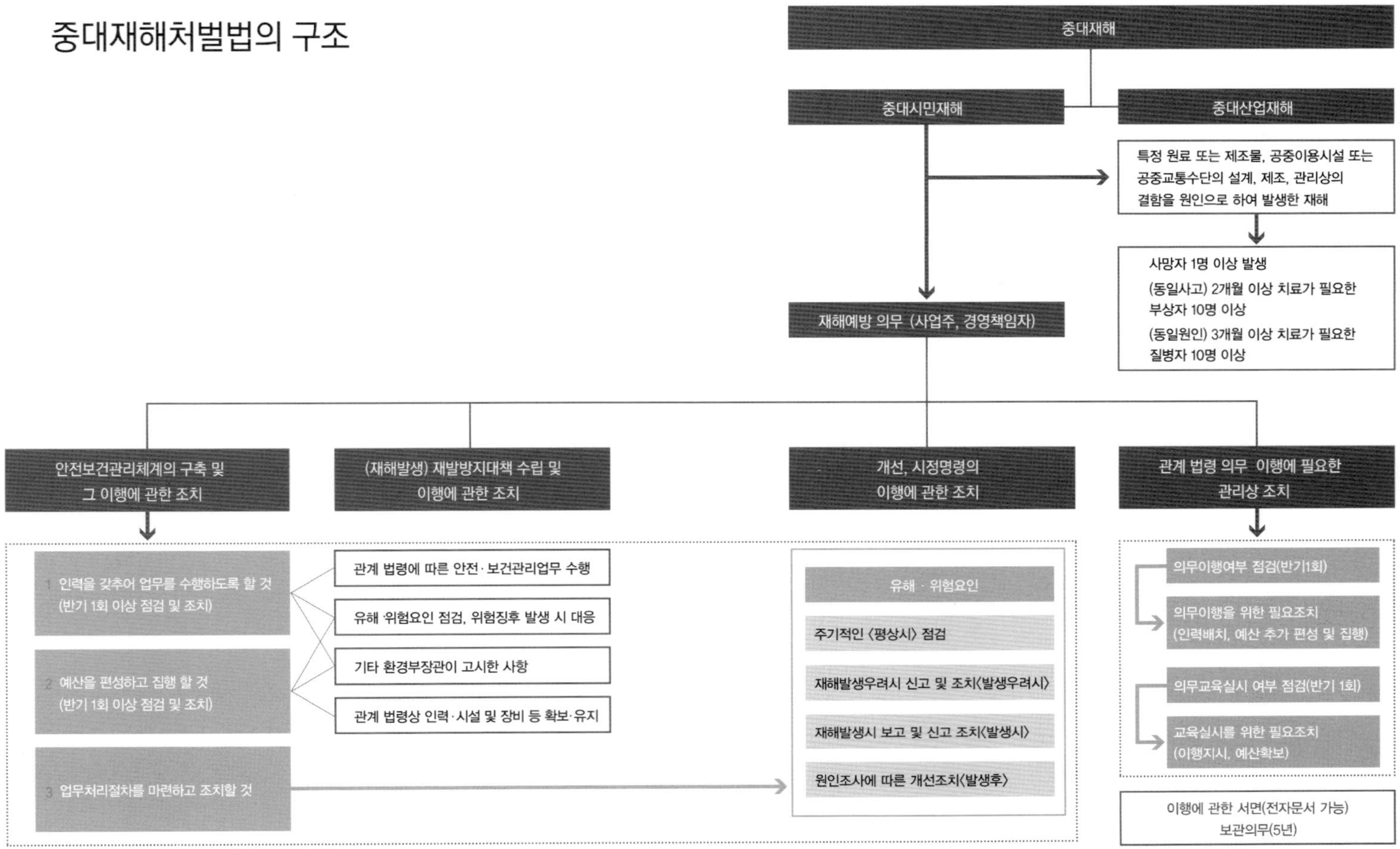
중대재해
중대시민재해
중대산업재해
특정 원료 또는 제조물, 공중이용시설 또는 공중교통수단의 설계, 제조, 관리상의 결함을 원인으로 하여 발생한 재해
사망자 1명 이상 발생
(동일사고) 2개월 이상 치료가 필요한 부상자 10명 이상
(동일원인) 3개월 이상 치료가 필요한 질병자 10명 이상
재해예방 의무 (사업주, 경영책임자)
안전보건관리체계의 구축 및 그 이행에 관한 조치
(재해발생) 재발방지대책 수립 및 이행에 관한 조치
개선, 시정명령의 이행에 관한 조치
관계 법령 의무 이행에 필요한 관리상 조치
1 인력을 갖추어 업무를 수행하도록 할 것 (반기 1회 이상 점검 및 조치)
2 예산을 편성하고 집행 할 것 (반기 1회 이상 점검 및 조치)
3 업무처리절차를 마련하고 조치할 것
관계 법령에 따른 안전·보건관리업무 수행
유해·위험요인 점검, 위험징후 발생 시 대응
기타 환경부장관이 고시한 사항
관계 법령상 인력·시설 및 장비 등 확보·유지
유해 · 위험요인
주기적인 〈평상시〉 점검
재해발생우려시 신고 및 조치〈발생우려시〉
재해발생시 보고 및 신고 조치〈발생시〉
원인조사에 따른 개선조치〈발생후〉
의무이행여부 점검(반기1회)
의무이행을 위한 필요조치 (인력배치, 예산 추가 편성 및 집행)
의무교육실시 여부 점검(반기 1회)
교육실시를 위한 필요조치 (이행지시, 예산확보)
이행에 관한 서면(전자문서 가능) 보관의무(5년)

중대재해 처벌 등에 관한 법률

- **제1장 총칙**
  - 제1조(목적)
  - 제2조 (정의)
- **제2장 중대산업재해**
  - 제3조(적용범위)
  - 제4조 (사업주와 경영책임자등의 안전 및 보건확보의무)
  - 제5조(도급, 용역, 위탁 등 관계에서의 안전 및 보건 확보의무
  - 제6조(중대산업재해 사업주와 경영책임자 등의 처벌)
  - 제7조(중대산업재해의 양벌규정)
  - 제8조(안전보건교육의 수강)
- **제3장 중대시민재해**
  - 제9조(사업주와 경영책임자 등의 안전 및 보건확보의무)
  - 제10조(중대시민재해 사업주와 경영책임자 등의 처벌
  - 제11조(중대시민재해의 양벌규정)
- **제4장 보칙**
  - 제12조(형 확정 사실의 통보)
  - 제13조(중대산업재해 발생사실 공표)
  - 제14조(심리절차에 관한 특례)
  - 제15조(손해배상의 책임)
  - 제16조(정부의 사업주 등에 대한 지원 및 보고)
- **부칙**
  - 제1조(시행일)
  - 제2조(다른 법률의 개정)

PART 01

중대재해 처벌 등에 관한 법률 (약칭: 중대재해처벌법)

CHAPTER 01 총칙

제1조(목적) 이 법은 사업 또는 사업장, 공중이용시설 및 공중교통수단을 운영하거나 인체에 해로운 원료나 제조물을 취급하면서 안전·보건 조치의무를 위반하여 인명피해를 발생하게 한 사업주, 경영책임자, 공무원 및 법인의 처벌 등을 규정함으로써 중대재해를 예방하고 시민과 종사자의 생명과 신체를 보호함을 목적으로 한다.

☞ 해석

제1조 목적

이 법은 사업 또는 사업장, 공중이용시설 및 공중교통수단을 운영하거나 인체에 해로운 원료나 제조물을 취급하면서 안전 · 보건 조치의무를 위반하여 인명피해를 발생하게 한 사업주, 경영책임자, 공무원 및 법인의 처벌 등을 규정함으로써 중대재해를 예방하고 시민과 종사자의 생명과 신체를 보호함을 목적으로 한다.
「중대재해 처벌 등에 관한 법률(이하 "중대재해처벌법")」이 제정되기 전에도 사업장, 공중이용시설 및 공중교통수단, 원료, 제조물 등에 적용되는 다양한 안전, 보건관계법령이 존재하였고, 관련 제도 개편이 꾸준히 있었음에도 불구하고 중대대해에는 반복적으로 발생
사업장, 공중이용시설 또는 공중교통수단 등에서 중대재해가 발생하지 않도록 하는 핵심적인 요소인 안전 인력, 안전 예산 등은 기업 또는 기관 차원에서 경영상의 판단에 따라 투입될 수 있으나, 종전 안전 · 보건 관계법령은 대부분 현장에서 이행되어야 하는 안전 조치 또는 행위 위주로 규정하여, 중대재해 예방에 한계가 있었다.
안전 · 보건에 관한 법령상 제도 개편이 꾸준히 이어져왔음에도 이러한재해가 계속되는 근본적 이유는 기업에 안전 · 보건을 체계적으로 관리하는 시스템이 제대로 구축되지 않기 때문임
개인사업주/법인 또는 기관 등이 운영하는 사업장 등에서 발생한 중대산업재해와 공중이용시설 또는 공중교통수단을 운영하거나 위험한 원료 및 제조물을 취급하면서 안전 · 보건 확보 의무를 위반하여 인명사고가 발생한 중대시민재해에 대하여 개인사업주와 경영책임자 및 법인 등을 처벌함으로써 근로자를 포함한 종사자와 일반 시민의 안전권을 확보
기업의 조직문화 또는 안전관리 시스템 미비로 인해 일어나는 중대재해 사고를 사전에 방지하고자 하는 것이 법의 제정 이유

산업안전보건법과의 관계	내용
산업안전보건법과의 관계	산업안전보건법은 사업 또는 사업장의 산업안전 및 보건에 관한 기준을 확립하고 그 책임의 소재를 명확하게 하여 산업재해를 예방하는 데 주된 목적
	산업안전보건법은 사업장에 대한 구체적인 안전 · 보건에 관한 기준 및 그에 따른 사업주의 조치의무 그리고 해당(사업장)의 산업재해 예방에 대한 책임자 등에 관하여 규정
	중대재해처벌법은 사업 또는 사업장의 개인사업주 또는 사업주가 법인이나 기관인 경우 그 경영책임자 등이 준수하여야 할 안전 및 보건 확보의무
	안전보건관리체계 구축 및 운영/안전 · 보건 관계법령에 따른 의무이행에 필요한 관리상의 조치 등을 규정

사업주 또는 경영책임자등이 사업 또는 사업장의 안전보건관리체계 구축 등 안전 및 보건 확보를 이행하도록 의무를 부과한 법률로써 산업안전보건법 등 안전・보건 관계 법령에 따른 안전・보건조치가 철저히 이루어져 중대재해를 예방하는 데 목적이 있습니다.

제2조(정의) 이 법에서 사용하는 용어의 뜻은 다음과 같다.

1. "중대재해"란 "중대산업재해"와 "중대시민재해"를 말한다.
2. "중대산업재해"란 「산업안전보건법」 제2조 제1호에 따른 산업재해 중 다음 각 목의 어느 하나에 해당하는 결과를 야기한 재해를 말한다.
   가. 사망자가 1명 이상 발생
   나. 동일한 사고로 6개월 이상 치료가 필요한 부상자가 2명 이상 발생
   다. 동일한 유해요인으로 급성중독 등 대통령령으로 정하는 직업성 질병자가 1년 이내에 3명 이상 발생
3. "중대시민재해"란 특정 원료 또는 제조물, 공중이용시설 또는 공중교통수단의 설계, 제조, 설치, 관리상의 결함을 원인으로 하여 발생한 재해로서 다음 각 목의 어느 하나에 해당하는 결과를 야기한 재해를 말한다. 다만, 중대산업재해에 해당하는 재해는 제외한다.
   가. 사망자가 1명 이상 발생
   나. 동일한 사고로 2개월 이상 치료가 필요한 부상자가 10명 이상 발생
   다. 동일한 원인으로 3개월 이상 치료가 필요한 질병자가 10명 이상 발생
4. "공중이용시설"이란 다음 각 목의 시설 중 시설의 규모나 면적 등을 고려하여 대통령령으로 정하는 시설을 말한다. 다만, 「소상공인 보호 및 지원에 관한 법률」 제2조에 따른 소상공인의 사업 또는 사업장 및 이에 준하는 비영리시설과 「교육시설 등의 안전 및 유지관리 등에 관한 법률」 제2조 제1호에 따른 교육시설은 제외한다.
   가. 「실내공기질 관리법」 제3조 제1항의 시설(「다중이용업소의 안전관리에 관한 특별법」 제2조 제1항 제1호에 따른 영업장은 제외한다)

나. 「시설물의 안전 및 유지관리에 관한 특별법」 제2조 제1호의 시설물(공동주택은 제외한다)

다. 「다중이용업소의 안전관리에 관한 특별법」 제2조 제1항 제1호에 따른 영업장 중 해당 영업에 사용하는 바닥면적(「건축법」 제84조에 따라 산정한 면적을 말한다)의 합계가 1천 제곱미터 이상인 것

라. 그 밖에 가목부터 다목까지에 준하는 시설로서 재해 발생 시 생명·신체상의 피해가 발생할 우려가 높은 장소

5. "공중교통수단"이란 불특정다수인이 이용하는 다음 각 목의 어느 하나에 해당하는 시설을 말한다.

가. 「도시철도법」 제2조 제2호에 따른 도시철도의 운행에 사용되는 도시철도차량

나. 「철도산업발전기본법」 제3조 제4호에 따른 철도차량 중 동력차·객차(「철도사업법」 제2조 제5호에 따른 전용철도에 사용되는 경우는 제외한다)

다. 「여객자동차 운수사업법 시행령」 제3조 제1호 라목에 따른 노선 여객자동차운송사업에 사용되는 승합자동차

라. 「해운법」 제2조 제1호의2의 여객선

마. 「항공사업법」 제2조 제7호에 따른 항공운송사업에 사용되는 항공기

6. "제조물"이란 제조되거나 가공된 동산(다른 동산이나 부동산의 일부를 구성하는 경우를 포함한다)을 말한다.

7. "종사자"란 다음 각 목의 어느 하나에 해당하는 자를 말한다.

가. 「근로기준법」상의 근로자

나. 도급, 용역, 위탁 등 계약의 형식에 관계없이 그 사업의 수행을 위하여 대가를 목적으로 노무를 제공하는 자

다. 사업이 여러 차례의 도급에 따라 행하여지는 경우에는 각 단계의 수급인 및 수급인과 가목 또는 나목의 관계가 있는 자

8. "사업주"란 자신의 사업을 영위하는 자, 타인의 노무를 제공받아 사업을 하는 자를 말한다.

9. "경영책임자등"이란 다음 각 목의 어느 하나에 해당하는 자를 말한다.
   가. 사업을 대표하고 사업을 총괄하는 권한과 책임이 있는 사람 또는 이에 준하여 안전보건에 관한 업무를 담당하는 사람
   나. 중앙행정기관의 장, 지방자치단체의 장, 「지방공기업법」에 따른 지방공기업의 장, 「공공기관의 운영에 관한 법률」 제4조부터 제6조까지의 규정에 따라 지정된 공공기관의 장

☞ 해석

제2조 정의

이 법에서 사용하는 용어의 뜻은 다음과 같다. 2. "중대산업재해"란 「산업안전보건법」 제2조 제1호에 따른 산업재해 중 다음 각목의 어느 하나에 해당하는 결과를 야기한 재해를 말한다. 가. 사망자가 1명 이상 발생 나. 동일한 사고로 6개월 이상 치료가 필요한 부상자가 2명 이상 발생 다. 동일한 유해요인으로 급성중독 등 대통령령으로 정하는 직업성 질병자가 1년 이내에 3명 이상 발생	
중대재해	중대산업재해와 중대시민재해
중대산업재해	산업안전보건법 제2조 제1호에 따른 산업재해 중 사망자가 1명 이상, 동일한 사고로 6개월 이상 치료가 필요한 부상자가 2명 이상 또는 동일한 유해요인으로 급성 중독 등 대통령령으로 정하는 직업성 질병자가 1년 이내에 3명 이상 발생한 경우
산업재해	산업안전보건법의 "산업재해"란 노무를 제공하는 사람이 업무에 관련되는 건설물 · 설비 · 원재료 · 가스 · 증기 · 분진 등에 의하거나 작업 또는 그 밖의 업무로 인하여 사망 또는 부상하거나 질병에 걸리는 것(산업안전보건법 제2조 제1호)
	산업재해는 업무와 관련성을 가지는 건설물이나 설비/원재료/가스/증기/분진 등 유해하거나 위험한 물적 요인 등 작업환경/잉작업내용/작업방식 등에 따른 위험 또는 업무 그 자체에 내재하고 있는 위험 등으로 인해 노무제공자에게 발생한 사망/부상 또는 질병
	산재보험법의 업무상의 재해는 업무상의 사유에 따른 부상, 질병, 사망만이 아니라 부상 또는 질병이 치유되었으나, 정신적 또는 육체적 훼손으로 인하여 노동능력이 상실되거나 감소된 상태에 장해와 출퇴근 재해도 포함됨
	사업주의 예방가능성을 전제로 한 산업안전보건법의 산업재해를 개념요소로 한 중대재해처벌법의 중대산업재해에는 해당하지 않는 경우에도 산재보험법의 업무상 재해에는 해당

제2조 정의

이 법에서 사용하는 용어의 뜻은 다음과 같다.
2. "중대산업재해"란 「산업안전보건법」 제2조 제1호에 따른 산업재해 중 다음 각목의 어느 하나에 해당하는 결과를 야기한 재해를 말한다.
가. 사망자가 1명 이상 발생
나. 동일한 사고로 6개월 이상 치료가 필요한 부상자가 2명 이상 발생
다. 동일한 유해요인으로 급성중독 등 대통령령으로 정하는 직업성 질병자가 1년 이내에 3명 이상 발생

구분	내용
사망자 1명 이상 발생한 경우	사망의 경우 그 원인 등 중대산업재해에 해당하기 위한 다른 요건을 규정하고 있지 않으므로 산업안전보건법상 산업재해에 해당한다면 사고에 의한 사망뿐만 아니라 직업성 질병에 의한 사망도 중대산업재해에 포함
	직업성 질병은 산업안전보건법의 산업재해에 해당되어야 하므로 업무에 관계되는 유해 · 위험요인에 의하거나 작업 또는 그 밖의 업무로 인하여 발생하였음이 명확
	질병으로 인한 사망의 경우 종사자 개인의 고혈압이나 당뇨, 생활 습관 등 다양한 요인이 영향을 미칠 수 있는바 질병의 원인이 업무로 인한 것인지 여부 등에 대하여서는 구체적인 사정을 종합적으로 고려하여 판단
	사망은 부상 또는 질병이 발생한 날부터 일정한 시간이 경과한 이후에 발생하는 경우가 있을 수 있는바 이 경우 중대산업재해는 종사자의 사망시에 발생한 것으로 보아야 함. 다만 이 경우 종사자의 사망은 당초 부상 또는 질병과 직접적인 인과관계가 있는 경우

제2조 정의

이 법에서 사용하는 용어의 뜻은 다음과 같다.
2. "중대산업재해"란 「산업안전보건법」 제2조 제1호에 따른 산업재해 중 다음 각목의 어느 하나에 해당하는 결과를 야기한 재해를 말한다.
가. 사망자가 1명 이상 발생
나. 동일한 사고로 6개월 이상 치료가 필요한 부상자가 2명 이상 발생
다. 동일한 유해요인으로 급성중독 등 대통령령으로 정하는 직업성 질병자가 1년 이내에 3명 이상 발생

구분	내용
동일한 사고로 6개월 이상 치료가 필요한 부상자가 2명 이상 발생	"동일한 사고로 6개월 이상 치료가 필요한 부상자 2명 이상 발생"한 경우란 – 하나의 사고 또는 장소적 · 시간적으로 근접성을 갖는 일련의 과정에서 발생한 사고로 인하여 6개월 이상 치료가 필요한 부상자가 2명 이상 발생한 경우를 말함
	사고가 발생하게 된 유해 · 위험요인 등 그 원인이 같은 경우라도 시간적 · 장소적 근접성이 없는 경우에는 각각의 사고가 별개의 사고에 해당할 뿐 동일한 사고에 해당하지 않음
	"6개월 이상 치료가 필요한 기간"이란 해당 부상과 그로 인한 합병증 등에 대한 직업적 치료 행위가 6개월 이상 필요한 경우를 의미하며, 재활에 필요한 기간 등은 원칙적으로 포함하지 않음
	치료의 기간은 재해 조사의 신속성과 법적 명확성 차원에서 원칙적으로 의사의 진단 소견서 등 객관적 자료에 의해 판단하며 치료 기간이 최초 진단일에는 6개월 미만이었으나 치료과정에서 기간이 늘어남으로 인해 6개월 이상 치료가 필요한 부상자가 2명 이상 발생하게 된 경우에는 그 진단한 시점에서 중대산업재해가 발생한 것으로 판단

제2조 정의

이 법에서 사용하는 용어의 뜻은 다음과 같다. 2. “중대산업재해”란 「산업안전보건법」 제2조 제1호에 따른 산업재해 중 다음 각목의 어느 하나에 해당하는 결과를 야기한 재해를 말한다. 가. 사망자가 1명 이상 발생 나. 동일한 사고로 6개월 이상 치료가 필요한 부상자가 2명 이상 발생 다. 동일한 유해요인으로 급성중독 등 대통령령으로 정하는 직업성 질병자가 1년 이내에 3명 이상 발생	
동일한 유해요인으로 직업성 질병자가 1년 이내에 3명 이상 발생	유해요인은 중대재해처벌법 시행령 별표 1에서 급성중독 등 직업성 질병의 원인으로 열거하고 있는 각종 화학적 유해인자, 유해작업 등
	“유해요인의 동일성”은 노출된 각 유해인자와 유해물질의 성분, 작업의 양태 등의 측면에서 객관적으로 동일성이 인정되는 경우
	다수의 종사자에게 발생한 급성중독 등 직업성 질병의 발생 원인이 동일하다고 객관적으로 증명되는 경우라면 각 종사자 간에 유해요인 노출시기나 장소가 다르고 직업성 질병의 발병시기가 상이하더라도 동일한 유해요인으로 판단
	직업성 질병이란 작업환경 및 일과 관련한 활동에 기인한 건강장해를 의미
	동일한 유해요인으로 급성중독 등 대통령령으로 정하는 직업성 질병자
	동일한 유해요인으로 직업성 질병자가 1년 이내 3명이 발생한 시점에 중대산업재해가 발생한 것으로 판단
	동일한 유해요인으로 직업성 질병이 발생한 종사자들이 하나의 사업에 소속되어 있다면 사업장이나 발생 시점을 달리하는 경우라도 중대재해처벌법의 적용대상인 중대산업재해에 해당

직업성 질병자

“대통령령으로 정하는 직업성 질병자”란 아래사항에서 정하는 직업성 질병에 걸린 사람을 말한다.

1. 염화비닐・유기주석・메틸브로마이드(bromomethane)・일산화탄소에 노출되어 발생한 중추신경계장해 등의 급성중독
2. 납이나 그 화합물(유기납은 제외한다)에 노출되어 발생한 납 창백(蒼白), 복부 산통(産痛), 관절통 등의 급성중독
3. 수은이나 그 화합물에 노출되어 발생한 급성중독
4. 크롬이나 그 화합물에 노출되어 발생한 세뇨관 기능 손상, 급성 세뇨관 괴사, 급성신부전 등의 급성중독
5. 벤젠에 노출되어 발생한 경련, 급성 기질성 뇌증후군, 혼수상태 등의 급성중독
6. 톨루엔(toluene)・크실렌(xylene)・스티렌(styrene)・시클로헥산(cyclohexane)・노말헥산(n-hexane)・트리클로로에틸렌(trichloroethylene) 등 유기화합물에 노출되어 발생한 의식장해, 경련, 급성 기질성 뇌증후군, 부정맥 등의 급성중독

7. 이산화질소에 노출되어 발생한 메트헤모글로빈혈증(methemoglobinemia), 청색증(靑色症) 등의 급성중독
8. 황화수소에 노출되어 발생한 의식 소실(消失), 무호흡, 폐부종, 후각신경마비 등의 급성중독
9. 시안화수소나 그 화합물에 노출되어 발생한 급성중독
10. 불화수소・불산에 노출되어 발생한 화학적 화상, 청색증, 폐수종, 부정맥 등의 급성중독
11. 인[백린(白燐), 황린(黃燐) 등 금지물질에 해당하는 동소체(同素體)로 한정한다]이나 그 화합물에 노출되어 발생한 급성중독
12. 카드뮴이나 그 화합물에 노출되어 발생한 급성중독
13. 다음 각 목의 화학적 인자에 노출되어 발생한 급성중독
    가. 「산업안전보건법」 제125조 제1항에 따른 작업환경측정 대상 유해인자 중 화학적 인자
    나. 「산업안전보건법」 제130조 제1항 제1호에 따른 특수건강진단 대상 유해인자 중 화학적 인자
14. 디이소시아네이트(diisocyanate), 염소, 염화수소 또는 염산에 노출되어 발생한 반응성 기도과민증후군
15. 트리클로로에틸렌에 노출(해당 물질에 노출되는 업무에 종사하지 않게 된 후 3개월이 지난 경우는 제외한다)되어 발생한 스티븐스존슨 증후군(stevens-johnson syndrome). 다만, 약물, 감염, 후천성면역결핍증, 악성 종양 등 다른 원인으로 발생한 스티븐스존슨 증후군은 제외한다.
16. 트리클로로에틸렌 또는 디메틸포름아미드(dimethylformamide)에 노출(해당 물질에 노출되는 업무에 종사하지 않게 된 후 3개월이 지난 경우는 제외한다)되어 발생한 독성 간염. 다만, 약물, 알코올, 과체중, 당뇨병 등 다른 원인으로 발생하거나 다른 질병이 원인이 되어 발생한 간염은 제외한다.
17. 보건의료 종사자에게 발생한 B형 간염, C형 간염, 매독 또는 후천성면역결핍증의 혈액전파성 질병
18. 근로자에게 건강장해를 일으킬 수 있는 습한 상태에서 하는 작업으로 발생한 렙토스피라증(leptospirosis)
19. 동물이나 그 사체, 짐승의 털・가죽, 그 밖의 동물성 물체를 취급하여 발생한 탄저, 단독(erysipelas) 또는 브루셀라증(brucellosis)
20. 오염된 냉각수로 발생한 레지오넬라증(legionellosis)
21. 고기압 또는 저기압에 노출되거나 중추신경계 산소 독성으로 발생한 건강장해, 감압병(잠수병) 또는 공기색전증(기포가 동맥이나 정맥을 따라 순환하다가 혈관을 막는 것)
22. 공기 중 산소농도가 부족한 장소에서 발생한 산소결핍증
23. 전리방사선(물질을 통과할 때 이온화를 일으키는 방사선)에 노출되어 발생한 급성 방사선증 또는 무형성 빈혈

24. 고열작업 또는 폭염에 노출되는 장소에서 하는 작업으로 발생한 심부체온상승을 동반하는 열사병

공중이용시설

“대통령령으로 정하는 시설”이란 아래의 시설을 말한다.

– 별표 2에서 정하는 공중이용시설

1. 모든 지하역사(출입통로 · 대합실 · 승강장 및 환승통로와 이에 딸린 시설을 포함한다)
2. 연면적 2천 제곱미터 이상인 지하도상가(지상건물에 딸린 지하층의 시설을 포함한다. 이하 같다). 이 경우 연속되어 있는 둘 이상의 지하도상가의 연면적 합계가 2천 제곱미터 이상인 경우를 포함한다.
3. 철도역사의 시설 중 연면적 2천 제곱미터 이상인 대합실
4. 「여객자동차 운수사업법」 제2조 제5호의 여객자동차터미널 중 연면적 2천 제곱미터 이상인 대합실
5. 「항만법」 제2조 제5호의 항만시설 중 연면적 5천 제곱미터 이상인 대합실
6. 「공항시설법」 제2조 제7호의 공항시설 중 연면적 1천 5백 제곱미터 이상인 여객터미널
7. 「도서관법」 제2조 제1호의 도서관 중 연면적 3천 제곱미터 이상인 것
8. 「박물관 및 미술관 진흥법」 제2조 제1호 및 제2호의 박물관 및 미술관 중 연면적 3천 제곱미터 이상인 것
9. 「의료법」 제3조 제2항의 의료기관 중 연면적 2천 제곱미터 이상이거나 병상 수 100개 이상인 것
10. 「노인복지법」 제34조 제1항 제1호의 노인요양시설 중 연면적 1천 제곱미터 이상인 것
11. 「영유아보육법」 제2조 제3호의 어린이집 중 연면적 430제곱미터 이상인 것
12. 「어린이놀이시설 안전관리법」 제2조 제2호의 어린이놀이시설 중 연면적 430제곱미터 이상인 실내 어린이놀이시설
13. 「유통산업발전법」 제2조 제3호의 대규모점포. 다만, 「전통시장 및 상점가 육성을 위한 특별법」 제2조 제1호의 전통시장은 제외한다.
14. 「장사 등에 관한 법률」 제29조에 따른 장례식장 중 지하에 위치한 시설로서 연면적 1천 제곱미터 이상인 것
15. 「전시산업발전법」 제2조 제4호의 전시시설 중 옥내시설로서 연면적 2천 제곱미터 이상인 것
16. 「건축법」 제2조 제2항 제14호의 업무시설 중 연면적 3천 제곱미터 이상인 것. 다만, 「건축법 시행령」 별표 1 제14호 나목2)의 오피스텔은 제외한다.
17. 「건축법」 제2조 제2항에 따라 구분된 용도 중 둘 이상의 용도에 사용되는 건축물로서 연면적 2천 제곱미터 이상인 것. 다만, 「건축법 시행령」 별표 1 제2호의 공동주택 또는 같은 표 제14호 나목 2)의 오피스텔이 포함된 경우는 제외한다.
18. 「공연법」 제2조 제4호의 공연장 중 객석 수 1천석 이상인 실내 공연장

19. 「체육시설의 설치·이용에 관한 법률」 제2조 제1호의 체육시설 중 관람석 수 1천석 이상인 실내 체육시설

비고

둘 이상의 건축물로 이루어진 시설의 연면적은 개별 건축물의 연면적을 모두 합산한 면적으로 한다.

– 별표 3에서 정하는 시설물. 다만, 다음 각 목의 건축물은 제외한다.

1. 교량
   가. 도로교량
      1) 상부구조형식이 현수교, 사장교, 아치교 및 트러스교인 교량
      2) 최대 경간장 50미터 이상의 교량
      3) 연장 100미터 이상의 교량
      4) 폭 6미터 이상이고 연장 100미터 이상인 복개구조물
   나. 철도교량
      1) 고속철도 교량
      2) 도시철도의 교량 및 고가교
      3) 상부구조형식이 트러스교 및 아치교인 교량
      4) 연장 100미터 이상의 교량
2. 터널
   가. 도로터널
      1) 연장 1천미터 이상의 터널
      2) 3차로 이상의 터널
      3) 터널구간이 연장 100미터 이상인 지하차도
      4) 고속국도, 일반국도, 특별시도 및 광역시도의 터널
      5) 연장 300미터 이상의 지방도, 시도, 군도 및 구도의 터널
   나. 철도터널
      1) 고속철도 터널
      2) 도시철도 터널
      3) 연장 1천미터 이상의 터널
      4) 특별시 또는 광역시에 있는 터널
3. 항만
   가. 방파제, 파제제(波除堤) 및 호안(護岸)
      1) 연장 500미터 이상의 방파제
      2) 연장 500미터 이상의 파제제
      3) 방파제 기능을 하는 연장 500미터 이상의 호안
   나. 계류시설
      1) 1만톤급 이상의 원유부이식 계류시설(부대시설인 해저송유관을 포함한다)

2) 1만톤급 이상의 말뚝구조의 계류시설
3) 1만톤급 이상의 중력식 계류시설

4. 댐
1) 다목적댐, 발전용댐, 홍수전용댐
2) 지방상수도전용댐
3) 총저수용량 1백만 톤 이상의 용수전용댐

5. 건축물
1) 고속철도, 도시철도 및 광역철도 역 시설
2) 16층 이상이거나 연면적 3만 제곱미터 이상의 건축물
3) 연면적 5천 제곱미터 이상(각 용도별 시설의 합계를 말한다)의 문화・집회 시설, 종교시설, 판매시설, 운수시설 중 여객용 시설, 의료시설, 노유자시설, 수련시설, 운동시설, 숙박시설 중 관광숙박시설 및 관광휴게시설

6. 하천
가. 하구둑
1) 하구둑
2) 포용조수량 1천만 톤 이상의 방조제
나. 제방
국가하천의 제방[부속시설인 통관(通管) 및 호안(護岸)을 포함한다]
다. 보
국가하천에 설치된 다기능 보

7. 상하수도
가. 상수도
1) 광역상수도
2) 공업용수도
3) 지방상수도
나. 하수도
공공하수처리시설 중 1일 최대처리용량 500톤 이상인 시설

8. 옹벽 및 절토사면(깎기비탈면)
1) 지면으로부터 노출된 높이가 5미터 이상인 부분의 합이 100미터 이상인 옹벽
2) 지면으로부터 연직(鉛直)높이(옹벽이 있는 경우 옹벽 상단으로부터의 높이를 말한다) 30미터 이상을 포함한 절토부(땅깎기를 한 부분을 말한다)로서 단일 수평연장 100미터 이상인 절토사면

비고
1. "도로"란 「도로법」 제10조의 도로를 말한다.
2. 교량의 "최대 경간장"이란 한 경간(徑間)에서 상부구조의 교각과 교각의 중심선 간의 거리를 경간장으로 정의할 때, 교량의 경간장 중에서 최댓값을 말한다. 한 경간 교량에

대해서는 교량 양측 교대의 흉벽 사이를 교량 중심선에 따라 측정한 거리를 말한다.

3. 교량의 "연장"이란 교량 양측 교대의 흉벽 사이를 교량 중심선에 따라 측정한 거리를 말한다.
4. 도로교량의 "복개구조물"이란 하천 등을 복개하여 도로의 용도로 사용하는 모든 구조물을 말한다.
5. 터널 및 지하차도의 "연장"이란 각 본체 구간과 하나의 구조로 연결된 구간을 포함한 거리를 말한다.
6. "방파제, 파제제 및 호안"이란 「항만법」 제2조 제5호 가목2)의 외곽시설을 말한다.
7. "계류시설"이란 「항만법」 제2조 제5호 가목4)의 계류시설을 말한다.
8. "댐"이란 「저수지・댐의 안전관리 및 재해예방에 관한 법률」 제2조 제1호의 저수지・댐을 말한다.
9. 위 표 제4호의 지방상수도전용댐과 용수전용댐이 위 표 제7호가목의 광역상수도・공업용수도 또는 지방상수도의 수원지시설에 해당하는 경우에는 위 표 제7호의 상하수도시설로 본다.
10. 위 표의 건축물에는 그 부대시설인 옹벽과 절토사면을 포함하며, 건축설비, 소방설비, 승강기설비 및 전기설비는 포함하지 않는다.
11. 건축물의 연면적은 지하층을 포함한 동별로 계산한다. 다만, 2동 이상의 건축물이 하나의 구조로 연결된 경우와 둘 이상의 지하도상가가 연속되어 있는 경우에는 연면적의 합계로 한다.
12. 건축물의 층수에는 필로티나 그 밖에 이와 비슷한 구조로 된 층을 포함한다.
13. "건축물"은 「건축법 시행령」 별표 1에서 정한 용도별 분류를 따른다.
14. "운수시설 중 여객용 시설"이란 「건축법 시행령」 별표 1 제8호의 운수시설 중 여객자동차터미널, 일반철도역사, 공항청사, 항만여객터미널을 말한다.
15. "철도 역 시설"이란 「철도의 건설 및 철도시설 유지관리에 관한 법률」 제2조 제6호 가목의 역 시설(물류시설은 제외한다)을 말한다. 다만, 선하역사(시설이 선로 아래 설치되는 역사를 말한다)의 선로구간은 연속되는 교량시설물에 포함하고, 지하역사의 선로구간은 연속되는 터널시설물에 포함한다.
16. 하천시설물이 행정구역 경계에 있는 경우 상위 행정구역에 위치한 것으로 한다.
17. "포용조수량"이란 최고 만조(滿潮) 시 간척지에 유입될 조수(潮水)의 양을 말한다.
18. "방조제"란 「공유수면 관리 및 매립에 관한 법률」 제37조, 「농어촌정비법」 제2조 제6호, 「방조제 관리법」 제2조 제1호 및 「산업입지 및 개발에 관한 법률」 제20조 제1항에 따라 설치한 방조제를 말한다.
19. 하천의 "통관"이란 제방을 관통하여 설치한 원형 단면의 문짝을 가진 구조물을 말한다.
20. 하천의 "다기능 보"란 용수 확보, 소수력 발전이나 도로(하천을 횡단하는 것으로 한정한다) 등 두 가지 이상의 기능을 갖는 보를 말한다.
21. 위 표 제7호의 상하수도의 광역상수도, 공업용수도 및 지방상수도에는 수원지시설, 도수관로・송수관로(터널을 포함한다) 및 취수시설을 포함하고, 정수장, 취수・가압

펌프장, 배수지, 배수관로 및 급수시설은 제외한다.

제외 건축물
가. 주택과 주택 외의 시설을 동일 건축물로 건축한 건축물
나. 건축물의 주용도가 오피스텔(업무를 주로 하며, 분양하거나 임대하는 구획 중 일부 구획에서 숙식을 할 수 있도록 한 건축물로서 국토교통부장관이 고시하는 기준에 적합한 것을 말한다)

– 법 제2조 제4호 다목의 영업장
「소상공인 보호 및 지원에 관한 법률」 제2조에 따른 소상공인의 사업 또는 사업장 및 이에 준하는 비영리시설과 「교육시설 등의 안전 및 유지관리 등에 관한 법률」 제2조 제1호에 따른 교육시설은 제외한다.

– 법 제2조 제4호 라목의 그 밖에 가목부터 다목까지에 준하는 시설로서 재해 발생 시 생명・신체상의 피해가 발생할 우려가 높은 장소시설 중 다음 각 목의 시설(제2호의 시설물은 제외한다)
가. 「도로법」 제10조 각 호의 도로에 설치된 연장 20미터 이상인 도로교량 중 준공 후 10년이 지난 도로교량
나. 「도로법」 제10조 제4호부터 제7호까지에서 정한 지방도・시도・군도・구도의 도로터널과 「농어촌도로 정비법 시행령」 제2조 제1호의 터널 중 준공 후 10년이 지난 도로터널
다. 「철도산업발전기본법」 제3조 제2호의 철도시설 중 준공 후 10년이 지난 철도교량
라. 「철도산업발전기본법」 제3조 제2호의 철도시설 중 준공 후 10년이 지난 철도터널(특별시 및 광역시 외의 지역에 있는 철도터널로 한정한다)
마. 다음의 시설 중 개별 사업장 면적이 2천 제곱미터 이상인 시설
  1) 「석유 및 석유대체연료 사업법 시행령」 제2조 제3호의 주유소
  2) 「액화석유가스의 안전관리 및 사업법」 제2조 제4호의 액화석유가스 충전사업의 사업소
바. 「관광진흥법 시행령」 제2조 제1항 제5호 가목의 종합유원시설업의 시설 중 같은 법 제33조 제1항에 따른 안전성검사 대상인 유기시설 또는 유기기구

제2조 정의

7. "종사자"란 다음 각 목의 어느 하나에 해당하는 자를 말한다.
가. 「근로기준법」 상의 근로자
나. 도급 · 용역 · 위탁 등 계약의 형식에 관계없이 그 사업의 수행을 위하여 대가를 목적으로 노무를 제공하는 자
다. 사업이 여러 차례의 도급에 따라 행하여지는 경우에는 각 단계의 수급인 및 수급인과 각목 또는 나목의 관계가 있는자

구분	내용
「중대재해처벌법」상 종사자	근로기준법상의 근로자
	"근로자"란 직업의 종류와 관계없이 임금을 목적으로 사업이나 사업장에 근로를 제공하는 사람을 말함(근로기준법 제2조 제1항 제1호)
	근로기준법상 근로자에 해당하는지 여부는 고용계약인지, 도급계약인지 관계없이 그 실질에 있어 근로자가 사업 또는 사업장에 임금을 목적으로 종속적인 관계에서 사용자에게 근로를 제공하였는지 여부에 따라 판단하여야 함 (대법원 2006. 12. 7. 선고 2004다29736 판결)
	공무원도 임금을 목적으로 근로를 제공하는 사람으로서 근로기준법상 근로자이므로 /중대재해처벌법 제2조 제7호 가목의 종사자에 해당
	도급/용역, 위탁 등 계약의 형식에 관계없이 그 사업의 수행을 위하여 대가를 목적으로 노무를 제공하는 자
	대가를 목적으로 노무를 제공하는 자
	근로자 외에 도급, 용역, 위탁 등 계약의 형식에 관계없이 그 사업의 수행을 위하여 대가를 목적으로 노무를 제공하는 자도 종사자에 포함됨
	"그 사업의 수행을 위하여 대가를 목적으로 노무를 제공하는 자"란/ 산업안전보건법의 특수형태근로종사자
	산업안전보건법의 특수형태근로종사자(산업안전보건법 제77조) 계약의 형식에 관계없이 근로자와 유사하게 노무를 제공하여 업무상의 재해로부터 보호할 필요가 있음에도 「근로기준법」 등이 적용되지 아니하는 사람으로서 다음 각 호의 요건을 모두 충족하는 사람을 말함 1. 대통령령으로 정하는 직종*에 종사할 것 * 보험모집인, 건설기계운전자, 학습지 교사, 골프장 캐디, 택배원, 퀵서비스 기사, 대출모집인, 신용카드회원 모집인, 대리운전기사, 방문판매원, 방문점검원, 가전제품 수리원, 화물차주(수출입 컨테이너 운송자, 시멘트 운송자, 철강재 운송자, 위험물질 운송자), 소프트웨어 기술자 2. 주로 하나의 사업에 노무를 상시적으로 제공하고 보수를 받아 생활할 것 3. 노무를 제공할 때 타인을 사용하지 아니할 것
	직종과 무관하게 다수의 사업에 노무를 제공하거나 타인을 사용하는 경우라 하더라도 이와 상관없이 대가를 목적으로 노무를 제공하는 자이기만 하면 중대재해처벌법의 종사자에 해당함 다만, 노무를 제공하는 자로서 종사자는 대가를 목적으로 하므로 호기심이나 취미로 노무를 제공하는자, 해당 사업장에 일시적으로 방문한 일반 방문자는 포함되지 않음
	수급인 및 수급인과 근로관계 또는 노무를 제공하는 관계에 있는 자

제2조 정의

8. "사업주"란 자신의 사업을 영위하는 자, 타인의 노무를 제공받아 사업을 하는 자를 말한다.	
「중대재해처벌법」상 사업주	"사업주"란 자신의 사업을 영위하는 자, 타인의 사업을 하는 자를 말함
	산업안전보건법에 따른 사업주보다 넓은 개념
	중대재해처벌법이 산업안전보건법과 달리 제반 의무를 개인으로서의 사업주와 경영책임자 등에게 부과하고 개인사업주가 아닌 사업주를 경영책임자 등과 구분하여 법인 또는 기관으로 표현하고 있는 점에 비추어 볼 때 중대재해처벌법 제3조 이하에서 규정하는 사업주는 행위자로서 개인사업주만을 의미

제2조 정의

9. "경영책임자 등"이란 다음 각 목의 어느 하나에 해당하는 자를 말한다. 가. 사업을 대표하고 사업을 총괄하는 권한과 책임이 있는 사람 또는 이에 준하여 안전보건에 관한 업무를 담당하는 사람 나. 중앙행정기관의 장, 지방자치단체의 장, 「지방공기업법」에 따른 지방공기업의 장, 「공공기관의 운영에 관한 법률」 제4조로부터 제6조까지의 규정에 따라 지정된 공공기관의 장	
「중대재해처벌법」상 경영책임자	경영책임자 등은 사업을 대표하고 사업을 총괄하는 권한과 책임이 있는 사람 또는 이에 준하여 안전보건에 관한 업무를 담당하는 사람
	중앙행정기관의 장, 지방자치단체의 장, 「지방공기업법」에 따른 지방공기업의 장, 「공공기관의 운영에 관한 법률」 제4조부터 제6조까지의 규정에 따라 지정된 공공기관의 장을 말함
	중대재해처벌법은 사업의 대표자이자 사업 경영의 총괄책임자에게 종사자의 중대산업재해를 예방하도록 안전 및 보건 확보의무를 부여하고 있음
	사업을 대표하고 사업을 총괄하는 권한과 책임이 있는 사람
	대외적으로 해당 사업을 대표하고, 대내적으로 해당 사업의 사무를 총괄하여 집행할 권한과 책임이 있는 사람
	형식상의 직위나 명칭에 관계없이 실질적으로 사업을 대표하고 사업을 총괄하는 권한과 책임이 있는 사람이 안전 · 보건 확보의무 이행에 관한 최종적인 의사결정권을 가진다고 볼 수 있는 경우에는 그가 경영책임자에 해당
	해당 사업에서의 직무, 책임과 권한 및 기업의 의사결정 구조 등을 종합적으로 고려하여 최종적으로 경영책임자 등에 해당하는지를 판단
	경영책임자 등과 현장소장, 공장장 등 대표이사의 지시를 받아 개별 사업장에서 생산활동을 총괄하는 자는 개념상 구별
	사업을 대표하고 사업을 총괄하는 권한과 책임이 있는 사람에 준하여 안전보건에 관한 업무를 담당하는 사람

적용유형

1. 사업을 대표하고 사업을 총괄 관리하는 사람이 2명 이상인 경우(공동대표)
   - 사업을 대표하고 사업을 총괄하는 권한과 책임이 있는 사람이 2명 이상 있다면 2명 모두 경영책임자가 될 수 있으며, 안전 및 보건 확보의무도 역시 공동으로 부여된 것으로 볼 수도 있음
   - 특히 복수의 대표이사가 있는 경우 회사 내에서의 ① 직무, ② 책임과 권한 및 ③ 기업의 의사결정 구조 등을 종합적으로 고려하여 실질적으로 해당사업에서 최종 경영자가 누구인지를 판단할 수 있을 것임

2. 하나의 법인데 복수의 사업 부문을 두는 경우
   - 하나의 법인에 두 개 이상의 사업이 있고 각각의 사업을 대표하고 총괄하는 권한과 책임이 있는 자가 있고, 각 사업 부문이 독립성을 가지고 분리되어 있어 별개의 사업으로서 평가될 수 있는 경우에는 각 사업을 대표하고 총괄하는 권한과 책임이 있는 사람이 각자 해당 사업 부문의 경영책임자에 해당할 수 있음

3. 복수의 사업 부문의 대표가 있으면서, 법인을 대표하고 사업 전체를 총괄하는 대표가 별도로 있는 경우
   - 사업 부문별 대표가 각 사업 부문의 조직, 인력, 예산 등 경영의 독립성을 가지고 별개의 사업으로서 운영되는 경우에 원칙적으로는 각 사업 부문별 대표가 경영책임자에 해당함
     - 다만 여러 사업 부문들을 총괄하는 차원에서 해당 사업 부문의 경영상의 중요한 의사결정을 총괄대표가 하거나 부문별 대표와 공동으로 하는 경우에는 법인 내에서의 직위나 직무, 해당 사업부문에서 실질적인 권한 행사 등 기업의 의사결정 구조에 따른 영향력 등을 종합적으로 고려하여 사업을 총괄하는 대표가 경영책임자에 해당하는지 여부를 판단하여야 할 것임

개념상의 비교

1. 경영책임자등 vs 안전보건관리책임자 vs 사업경영담당자
   - 중대재해처벌법의 "경영책임자등"은 사업 전체를 대표하고 사업을 총괄하는 권한과 책임이 있는 자 또는 이에 준하여 안전보건에 관하여 업무를 담당하는 자임
   - 산업안전보건법의 "안전보건관리책임자"는 '하나의 사업장을 단위'로 하여 산업안전보건법 제15조 제1호부터 제9호까지의 업무를 총괄하는 자를 말함

   * 산업안전보건법 제15조(안전보건관리책임자) ① 산업주는 사업장을 실질적으로 총괄하여 관리하는 사람에게 해당 사업장의 다음 각 호의 업무를 총괄하여 관리하도록 하여야 한다. 1. 사업장의 산업재해 예방계획의 수립에 관한 사항

– 안전보건관리책임자는 ① 하나의 사업'장'을 관리 단위로, ② 산업재해 예방에 관한 사항들에 대한 사업주의 업무를 총괄관리하고, 안전관리자, 보건관리자를 지휘 · 감독하며, ③ 산업안전보건법의 안전보건관리체제 하에서 그 역할이 의무화되어 있는 자를 의미함

– 다만, 특정 법인사업주가 운영하는 사업장이 하나이거나 복수이더라도 법인의 대표자가 특정 사업 또는 사업장의 안전보건관리책임자에 해당하는 경우에는 안전보건관리책임자임과 동시에 중대재해처벌법상 경영책임자 등에 해당할 수 있음

• 근로기준법의 "사업경영담당자"는 사업주가 아니면서도 사업 경영 일반에 관하여 책임을 지는 자로서, 사업 경영의 전부 또는 일부에 대하여 포괄적 위임을 받아 대외적으로 사업을 대표하거나 대리하는 자를 말함

* 근로기준법 제2조(정의) 2. "사용자"란 사업주 또는 사업 경영 담당자, 그 밖에 근로자에 관한 사항에 대하여 사업주를 위하여 행위하는 자를 말한다.

* **예시**: 법인등기부상 대표이사직에서 사임했으나 실제로는 회장으로서 회사를 사실상 경영하여 온 경우 법상 사용자에 해당

(대법원 1997.11.11. 선고 97도813 판결)

• 사업경영담당자의 중대재해처벌법상 지위는

– 사업경영담당자로서 사업주로부터 사업 경영의 전부를 위임받은 사람은 중대재해처벌법 제2조 제9호 가목의 "사업을 대표하고 사업을 총괄하는 권한과 책임이 있는 사람"에 해당할 수 있음

2. 중대재해처벌법의 경영책임자 vs 산업안전보건법의 대표이사

• 중대재해처벌법의 경영책임자는 사업을 대표하고 사업을 총괄하는 권한과 책임이 있는 자로서 예산, 인력, 조직 등 사업 경영에 '실질적인 결정 권한'을 가지는 자를 말함

• 산업안전보건법상 회사의 정관에서 정한 절차에 따라 매년 안전 및 보건에 관한 계획을 수립하여 이사회에 보고하고 승인을 받아야 할 의무가 있는 대표이사란, 그 의무 이행의 주체로서 법률상의 지위를 의미함.

– 구체적으로, 산업안전보건법 제14조에 따르면 ① 상법상 주식회사 중 ② 상시 근로자 500명 이상을 사용하는 회사이거나 시공능력 순위 1,000위 이내의 건설회사의 대표이사에게 안전 및 보건에 관한 사항에 관하여 이사회 보고 의무를 부과하는 것으로서 '대표이사'라는 회사 내 '직위'에 기초한 의무이며 대표이사에 갈음하여 대표집행임원을 둔 주식회사의 경우에는 대표집행임원이 이를 담당하도록 하고 있음

– 상법상의 대표이사는 원칙적으로 사업을 대표하고 사업을 총괄하는 권한과 책임이 있으므로 중대재해처벌법상에 따른 경영책임자에 해당함

제2조 정의

<table>
<tr><td colspan="2">9. "경영책임자 등"이란 다음 각 목의 어느 하나에 해당하는 자를 말한다.
가. 사업을 대표하고 사업을 총괄하는 권한과 책임이 있는 사람 또는 이에 준하여 안전보건에 관한 업무를 담당하는 사람
나. 중앙행정기관의 장, 지방자치단체의 장, 「지방공기업법」에 따른 지방공기업의 장, 「공공기관의 운영에 관한 법률」 제4조로부터 제6조까지의 규정에 따라 지정된 공공기관의 장</td></tr>
<tr><td rowspan="7">중대재해처벌법상 공공부문의 경영책임자</td><td>"중앙행정기관의 장"은 정부조직법(제2조 제2항)에 따라 설치된 부 · 처 · 청과 방송통신위원회/공정거래위원회/국민권익위원회/금융위운회/개인정보보호위원회/원자력안전위원회 등 행정기관의 "장"을 의미</td></tr>
<tr><td>정부조직법에서 "중앙행정기관"으로 규정하지 않는 대법원, 국회, 감사원 등 헌법기관 등의 경우에는 제2조 제9호 가목에 따라 경영책임자를 판단</td></tr>
<tr><td>사업을 대표하고 사업을 총괄하는 권한과 책임이 있는 사람 또는 이에 준하여 안전보건에 관한 업무를 담당하는 사람</td></tr>
<tr><td>"지방자치단체의 장"은 지방자치법 제2조 제1항의 특별시/광역시/특별자치시/도/자치도 및 시 · 군 · 구의 "장"을 의미</td></tr>
<tr><td>"공공기관"의 경우 지방공기업법에 따른 지방공기업의 장, 공공기관의 운영에 관한 법률 제4조부터 제6조까지의 규정에 따라 지정된 공공기관의 장이 경영책임자에 해당함</td></tr>
<tr><td>공공기관의 운영에 관한 법률 제4조부터 제6조까지의 규정에 따라 지정된 공공기관 이외의 공공기관의 경우에는 제2조 제9호 가목에 따라 경영책임자를 판단</td></tr>
<tr><td>해당 사업에서의 직무, 책임과 권한 및 기업의 의사결정 구조 등을 종합적으로 고려하여 최종적으로 경영책임자 등에 해당하는지를 판단</td></tr>
</table>

제2조 정의

<table>
<tr><td colspan="2">9. "경영책임자 등"이란 다음 각 목의 어느 하나에 해당하는 자를 말한다.
가. 사업을 대표하고 사업을 총괄하는 권한과 책임이 있는 사람 또는 이에 준하여 안전보건에 관한 업무를 담당하는 사람
나. 중앙행정기관의 장, 지방자치단체의 장, 「지방공기업법」에 따른 지방공기업의 장, 「공공기관의 운영에 관한 법률」 제4조로부터 제6조까지의 규정에 따라 지정된 공공기관의 장</td></tr>
<tr><td rowspan="6">중대재해처벌법상 공공부문의 학교경영책임자</td><td>국립학교: 국가가 설립 · 경영하는 국립학교 중 국립대학 총장, 총괄하는 권한과 책임이 총장에게 있으므로 총장이 경영책임자에 해당</td></tr>
<tr><td>개별 법률에 따라 법인으로 설립된 국립대학법인인 서울대학교, 인천대학교 총장이 경영책임자에 해당</td></tr>
<tr><td>국립 초 · 중 · 고등학교: 각 중앙행정기관의 장</td></tr>
<tr><td>공립학교는 교육감</td></tr>
<tr><td>사립학교는 학교법인 이사장</td></tr>
<tr><td>국립대학병원은 국립대학병원장</td></tr>
</table>

중대시민재해는 특정.원료 또는 제조물, 공중이용시설 또는 공중교통수단의 설계, 제조, 설치, 관리상의 결함으로 인해 발생한 재해이다. 따라서, 법률 및 시행령에서 규정한 공중이용시설 외의 시설, 차량, 물체, 공작물 등을 원인으로 하여 발생한 재해는 재해 범위나 규모가 중대시민재해의 조건에 해당하더라도 중대시민재해가 아니다.

– 이용자의 부주의가 원인이 된 사고 또는 「재난 및 안전관리 기본법」 제3조 제1호 가목의 자연재난*으로 인한 사고 등 공중이용시설을 운영하는 경영책임자 또는 기업의 관리범위를 벗어나는 사항이 중대재해를 발생하게 한 사고 원인인 경우는 일반적으로 중대시민재해에 해당하지 않다.

  * 태풍, 홍수, 호우, 강풍, 풍랑, 해일, 대설, 낙뢰, 가뭄, 폭염, 지진 등

■ (사업주) 자신의 사업을 영위하는 자, 타인의 노무를 제공받아 사업을 하는 자를 말한다. 이 때 '자신의 사업을 영위하는 자'란 타인의 노무를 제공받음이 없이 자신의 사업을 영위하는 자를 말하므로, 중대재해처벌법에 따른 사업주는 "근로자를 사용하여 사업을 하는 자"로 한정하고 있는 산업안전보건법에 따른 사업주보다 넓은 개념이다.

■ (경영책임자등_일반) 사업을 대표하고 사업을 총괄하는 권한과 책임이 있는 사람 또는 이에 준하여 안전보건에 관한 업무를 담당하는 사람을 말한다. '사업을 대표하고 사업을 총괄하는 권한과 책임이 있는 사람'이란 대외적으로 해당 사업을 대표하고, 대내적으로 해당 사업의 사무를 총괄하여 집행하는 사람을 말하며, 통상적으로 기업의 경우에는 원칙적으로 상법상의 대표이사*를 말한다.

  * 상법 제389조(대표이사) ① 회사는 이사회의 결의로 회사를 대표할 이사를 선정하여야 한다. 다만, 형식상의 직위 명칭에 관계없이 '실질적으로' 사업을 대표하고 전체 사업을 총괄하는 권한과 책임이 있는 사람이 안전・보건 확보의무 이행에 관한 최종적인 의사결정권을 가진다고 볼 수 있는 경우에는 그가 경영책임자에 해당할 수 있다. 따라서 해당 사업에서의 직무, 책임과 권한, 기업의 의사결정 구조 등을 종합적으로 고려하여 최종적으로 경영책임자에 해당하는지를 판단하여야 한다.

■ (경영책임자등_공공부문) 중앙행정기관의 장, 지방자치단체의 장, 「지방공기업법」에 따른 지방공기업의 장, 「공공기관의 운영에 관한 법률」 제4조

부터 제6조까지의 규정에 따라 지정된 공공기관의 장이다. '중앙행정기관의 장'은 정부조직법 제2조 제2항에 따라 설치된 부・처・청과 방송통신위원회, 공정거래위원회, 국민권익위원회, 금융위원회, 개인정보보호위원회, 원자력안전위원회 등 행정기관의 '장'을 의미한다.

정부조직법에서 '중앙행정기관'으로 포괄하지 않는 대법원, 국회 등 헌법기관의 경우에는 중대재해처벌법 제2조 제9호 가목에 따라 경영책임자를 판단하여야 한다.

그리고 '지방자치단체의 장'은 지방자치법 제2조 제1항의 특별시, 광역시, 특별자치시, 도, 특별자치도 및 시, 군, 구의 '장'을 의미하며, '공공기관'의 경우 지방공기업법에 따른 지방공기업의 장, 공공기관의 운영에 관한 법률 제4조부터 제6조까지의 규정에 따라 지정된 공공기관의 장이 경영책임자에 해당한다.

■ (이에 준하여 안전보건에 관한 업무를 담당하는 사람) 사업 또는 사업장 전반의 안전 및 보건에 관한 조직・인력・예산 등에 관하여 총괄하여 권한과 책임이 있는 사람으로서 대표이사 등 최고경영책임자에 준하여 전적인 권한과 책임을 가지는 등 최종 결정권을 가진 사람을 의미한다.

※ "이에 준하여 안전보건에 관한 업무를 담당하는 사람"이 선임되어 있다는 사실 만으로 사업을 대표하고 사업을 총괄하는 권한과 책임이 있는 사람의 의무가 면제된다고 볼 수 없다.

실질적으로 지배・운영 관리

■ 중대재해처벌법은 사업주나 법인 또는 기관이 실질적으로 지배・운영・관리하는 공중이용시설에서 중대재해가 발생하지 않도록 사업주나 경영책임자 등에 안전 및 보건 확보의무를 부여한다.

■ 사업주, 법인 또는 기관이 공중이용시설에 대해 소유권, 점유권, 임차권 등 장소, 시설, 설비에 대한 권리를 가지고 있거나, 공중이용시설의 유해・위험요인을 통제할 수 있거나, 보수・보강을 실시하여 안전하게 관리해야 하는 의무를 가지는 경우 등을 일반적으로 실질적인 지배・운영・관리하는 경우로 본다.

■ 중대재해 예방을 위해 사업주와 경영책임자등이 지키도록 한 사항으로, 대부분 현장에서 이행되어야 하는 안전조치, 재발방지대책 수립 등이 원

활히 진행되도록 '관리상의 조치'를 할 것을 규정한 것이다.

- 종전 안전법령이 대부분 '현장에서 이행되어야 하는 안전조치 또는 행위'를 직접 규정한 것과는 다르게, 인력과 예산 등 핵심요소의 배치를 결정하는 권한과 책임을 가진 사람이 중대재해예방을 위한 사항을 반영하여 기업 또는 기관을 경영하도록 하려는 취지이다.
- 특히, '재해예방에 필요한 인력・예산・점검 등 안전보건관리체계의 구축 및 이행에 관한 조치'와 '안전・보건 관계법령에 따른 의무 이행에 필요한 관리상의 조치'는 경영책임자의 주요의무사항이다.

"안전・보건 관계법령"의 범위

- " 안전・보건 관계 법령"은 다중이용업소법, 소방시설법*, 초고층재난관리법, 개별 영업・시설 등 관련 법률(식품위생법, 도서관법, 여객자동차운수사업법, 항만법, 건축법 등) 등이다.
  - * 「소방시설법」이 「화재예방법」,「소방시설법」으로 분리됨에 따라「화재예방법」 시행 시(2022. 12. 1.) 안전보건 관계 법령에 포함된다. 다중이용업소법에 따른 영업주 정기점검, 안전시설등* 설치・유지 등 의무와 소방시설법에 따른 소방안전관리자를 선임, 관계인의 소방시설등 설치・유지 및 안전관리, 자체점검 등 안전관련 규정, 초고층재난관리법에 따른 총괄재난관리자 선임, 초기대응대 구성 등을 준수해야 하며, 소방시설, 비상구, 영업장 내부 피난통로, 그 밖의 안전시설로서 대통령령으로 정하는 것이다.
  - – 또한 개별 영업・시설 등 관련 법률*의 안전・보건 관련 규정도 준수해야 한다.
    - * (예시)「공연법」 제11조 제1항에 따라 재해대처계획 수립, 제11조의3에 따른 안전관리조직 구성
- 공중이용시설에 중대시민재해가 발생하는 경우 수사기관과 관계부처 등에서 "안전・보건 관계법령" 이행여부와 안전확보 노력을 확인 할 예정이다.

안전 · 보건 관계법령의 기준(참고)

- 공중이용시설의 안전 확보를 목적으로 하는 법률
- 대상을 이용하는 국민의 안전을 위해 의무를 부과하는 법률
- 공중이용시설을 구성하는 구조체, 시설, 설비, 부품 등의 안전에 대하여 안전점검, 보수 · 보강 등을 규정하는 법률
- 이용자의 안전을 위해 관리자, 종사자가 관련 교육을 이수토록 규정하는 법률

▣ 공중이용시설 관련 법률 및 관계부처

실내공기질관리법(소관 부처: 환경부)		
구분	관련 법률	관계 부처
모든 지하역사	도시철도법	국토부
지하도상가(연면적 2천m^2 이상)		지자체
철도역사 대합실(연면적 2천m^2 이상)	철도법	국토부
여객자동차터미널 대합실(연면적 2천m^2 이상)	여객자동차 운수사업법	국토부
항만시설 대합실(연면적 5천m^2 이상)	항만법	해수부
공항시설 여객터미널(연면적 1천5백m^2 이상)	공항시설법	국토부
도서관(연면적 3천m^2 이상)	도서관법	문체부
박물관 및 미술관(연면적 3천m^2 이상)	박물관 및 미술관 진흥법	문체부
의료기관(연면적 2천m^2 이상 또는 병상수 100개 이상)	의료법	복지부
노인요양시설(연면적 1천m^2 이상)	노인복지법	복지부
어린이집(연면적 430m^2 이상)	영유아보육법	복지부
어린이놀이시설(연면적 430m^2 이상)	어린이놀이시설 안전관리법	행안부
대규모점포(전통시장 제외)	유통산업발전법	산업부
지하장례식장(연면적 1천m^2 이상)	장사 등에 관한 법률	복지부
옥내전시시설(연면적 2천m^2 이상)	전시산업발전법	산업부
업무시설(연면적 3천m^2 이상, 오피스텔 제외)	건축법	지자체
복합용도 건축물(연면적 2천m^2 이상) (공동주택 또는 오피스텔이 포함된 경우 제외)	건축법	지자체
실내공연장(객석수 1천석 이상)	공연법	문체부
실내체육시설(관람석 수 1천석 이상)	체육시설법	문체부

다중이용업소법(소관 부처: 소방청)		
구분	관련 법률	관계 부처
휴게음식점	식품위생법	식약처
일반음식점	식품위생법	식약처
제과점	식품위생법	식약처
단란주점	식품위생법	식약처
유흥주점	식품위생법	식약처
목욕장(찜질방)	공중위생관리법	복지부
산후조리원	모자보건법	복지부
안마시술서(적용대상 없음) ※ 안마시술소는 연면적이 830m^2 이하로 제한됨 (「안마사에 관한 규칙」)	의료법	복지부
영화영상관	영화비디오법	문체부
비디오감상실	영화비디오법	문체부
비디오소극장	영화비디오법	문체부
복합영상물제공업	영화비디오법	문체부
게임제공업	게임산업법	문체부
인터넷컴퓨터게임시설제공업	게임산업법	문체부
복합유통게임제공업	게임산업법	문체부
노래연습장	음악산업법	문체부
가상체육시설업 중 골프	체육시설법	문체부
학원	학원법	교육부
실내(권총)사격장	사격장안전법	경찰청
고시원	자유신고업	
화상대화 · 전화방		
콜라텍		
tnausaid		

CHAPTER 02 중대산업재해

제3조(적용범위) 상시 근로자가 5명 미만인 사업 또는 사업장의 사업주(개인사업주에 한정한다. 이하 같다) 또는 경영책임자등에게는 이 장의 규정을 적용하지 아니한다.

☞ 해석

제3조 적용범위

상시 근로자가 5명 미만인 사업 또는 사업장의 사업주(개인사업주에 한정한다. 이하 같다) 또는 경영책임자 등에게는 이 장의 규정을 적용하지 아니한다.	
의의	중대재해처벌법은 중대산업재해에 관한 규정이 적용되는 "시험 또는 사업장"의 범위를 상시 근로자 수를 기준으로 정하도록 한다.
	중대산업제해는 원칙적으로 상시 근로자가 5명 이상인 사업 또는 사업장의 경영책임자 등(개인사업주를 포함함)에게 적용

제3조 적용범위

<table>
<tr><td colspan="2">상시 근로자가 5명 미만인 사업 또는 사업장의
사업주(개인사업주에 한정한다. 이하 같다) 또는
경영책임자 등에게는 이 장의 규정을 적용하지 아니한다.</td></tr>
<tr><td rowspan="4">원칙</td><td>중대재해처벌법은 기업의 안전보건관리체계 미비로 인해 일어나는 중대재해 사고를 사전에 방지하기 위하여 사업을 대표하는 경영책임자 등에 대한 처벌규정을 두고 있다.</td></tr>
<tr><td>법 제3조에서 말하는 "사업 또는 사업장"이란 경영상 일체를 이루면서 유기적으로 운영되는 기업 등 조직 그 자체를 의미하며/사업장이 장소적으로 인접할 것을 요하지 않음</td></tr>
<tr><td>본사와 생산업무를 담당하는 공장, 학교법인 산하의 대학교와 그 부속병원은 하나의 사업 또는 사업장으로 보아야 함</td></tr>
<tr><td>사업의 종류/영리, 비영리 여부를 불문하고 사업이 일회적이거나 사업기간이 일시적인 경우에도 법의 적용 대상임(대법원 1994.10.25. 선고 94다21979 판결)</td></tr>
</table>

대법원 2018.7.26 선고 2018도7650판결

같은 법 제28조 제2항의 입법취지는 하나의 사업 내에서 직종(예컨대 사무직과 생산직), 직위(예컨대 고위직과 하위직), 업종(예컨대 제조업과 서비스업과 서비스업)별로 서로 다른 퇴직금제도를 두어 차별하는 것을 금지하고 하나의 퇴직금제도를 적용하게 하고자 함에 있는 것이므로 거기에서 말하는 "사업"은 특별한 사정이 없는 한 경영상의 일체를 이루는 기업체 그 자체를 의미한다 할 것이고 따라서 경영상의 일체를 이루면서 유기적으로 운영되는 기업조직은 하나의 사업으로 파악하여야 할 것이므로 피고 공사 시청료 징수원의 담당업무는 같은 법 제28조 제12항의 적용에 있어서 단일 기업체인 피고 공사라는 하나의 사업의 일부분에 지나지 않는다고 보아야 할 것이다.

제3조 적용범위

<table>
<tr><th colspan="2">상시 근로자가 5명 미만인 사업 또는 사업장의
사업주(개인사업주에 한정한다. 이하 같다) 또는
경영책임자 등에게는 이 장의 규정을 적용하지 아니한다.</th></tr>
<tr><td rowspan="9">상시 근로자 기준</td><td>사업 또는 사업장의 상시 근로자란 근로기준법상 근로자를 말하며 개인사업주나 법인 또는 기관과 기간의 정함이 없는 근로계약을 체결한 근로자, 기간제 근로자뿐만 아니라 일용근로자도 포함된다.</td></tr>
<tr><td>도급, 용역, 위탁 등 계약의 형식에 관계 없이 그 사업의 수행을 위하여 대가를 목적으로 노무를 제공하는 자, 도급, 용역, 위탁 등을 행한 제3자의 근로자는 안전 및 보건 확보의무 대상은 되지만 해당 사업 또는 사업자의 상시 근로자에는 포함되지 않는다.</td></tr>
<tr><td>상시 근로자가 5명 미만인 개인사업주나 법인 또는 기관에서 노무를 제공하는 특수형태근로종사자/플랫폼종사자 등이 5명 이상인 경우에도 해당 사업 또는 사업장은 법의 적용대상이 아니다.</td></tr>
<tr><td>도급인 소속의 상시 근로자가 5명 이상인 경우에는 수습인 소속의 상시 근로자가 5명 미만으로 수급인이 이 법의 적용을 받지 아니하되, 도급인은 수급인의 근로자 및 노무를 제공하는 자에 대해 안전 및 보건 확보의무를 부담해야 한다.</td></tr>
<tr><td>반대로 도급인 소속 상시 근로자는 5명 미만이지만 수급인 소속 근로자는 5명 이상인 경우 도급인인 개인사업주나 법인 또는 기관은 법의 적용대상이 아니지만 수급인은 법의 적용 대상이다.</td></tr>
<tr><td>파견근로자는 파견 중인 근로자의 파견근로에 과해서는 사용 사업주를 산업안전보건법 제2조 제4호의 사업주로 보며(파견법 제35조) 도급/용역/위탁 등의 관계에서만 적용되는 안전 및 보건 확보 의무를 별도로 규정하고 있는 체계 등을 고려할 때 파견근로자는 개인사업주나 법인 또는 기관의 상시 근로자에 포함된다.</td></tr>
<tr><td>사무직 근로자는 직무의 종류에 따른 법의 적용 제외 여부를 규정하고 있지 않으므로 해당 사업 또는 사업장의 상시 근로자가 모두 사무직인 사업 또는 사업장에도 중대재해처벌법이 적용된다.</td></tr>
<tr><td>공무원도 공무원이라는 사정만으로 근로자에 해당되지 않는 것은 아니므로 법에서 적용을 배제하는 규정이 없는 한 상시 근로자에 포함된다.</td></tr>
<tr><td>외국인근로자는 우리나라 사업 또는 사업장에서 노무를 제공하는 외국인의 근로계약에 대한 준거법은 우리나라 법이므로 상시 근로자 수를 산정할 때 해당 외국인 근로자를 포함하지만 외국인 근로자가 불법으로 입국하였거나 체류자격이 만료된 불법 체류자인지 여부는 상시 근로자 여부 판단과 관계없다.</td></tr>
</table>

파견법 제35조(「산업안전보건법」의 적용에 관한 특례) 파견 중인 근로자의 파견근로에 관하여는 사용사업주를 「산업안전보건법」 제2조 제4호의 사업주로 보아 같은 법을 적용한다. 이 경우 「산업안전보건법」 제29조 제2항을 적용할 때에는 "근로자를 채용할 때"를 "근로자파견의 역무를 제공받은 경우"로 본다.

제3조 적용범위

상시 근로자가 5명 미만인 사업 또는 사업장의 사업주(개인사업주에 한정한다. 이하 같다) 또는 경영책임자 등에게는 이 장의 규정을 적용하지 아니한다.	
상시 근로자 수 산정방법	상시라는 말의 의미는 상태(常態)라고 하는 의미로서 근로자의 수가 때때로 5명 미만이 되는 경우가 있어도 사회통념에 의하여 객관적으로 판단하여 상태적으로 5명 이상이 되는 경우에는 상시 근로자가 5명 이상 사업 또는 사업장에 해당된다.
	대법원판결을 인용하면 근로자에는 해당 사업장에 계속 근무하는 근로자뿐만 아니라 그때그때의 필요에 의하여 사용하는 일용근로자가 포함된다. (대법원 2000. 3. 14. 선고 99도1243판결)
	22.1.27. 법 시행 후 개인사업주나 법인 또는 기관의 상시 근로자 수가 5명 이상이 된 날부터 법이 적용되어 개인사업주나 법인 또는 기관의 경영책임자 등에게는 법 제4조 및 제5조에 따른 안전 및 보건 확보의무가 발생한다.
	다만 법 제6조의 적용에서는 개인사업주 또는 경영책임자가 법 제4조 또는 제5조를 위반하여 중대산업재해가 발생하여야 하므로 중대산업재해가 발생한 날에도 상시 근로자 수가 5명 이상이어야 한다.

제4조(사업주와 경영책임자등의 안전 및 보건 확보의무) ① 사업주 또는 경영책임자등은 사업주나 법인 또는 기관이 실질적으로 지배・운영・관리하는 사업 또는 사업장에서 종사자의 안전・보건상 유해 또는 위험을 방지하기 위하여 그 사업 또는 사업장의 특성 및 규모 등을 고려하여 다음 각 호에 따른 조치를 하여야 한다.

1. 재해예방에 필요한 인력 및 예산 등 안전보건관리체계의 구축 및 그 이행에 관한 조치
2. 재해 발생 시 재발방지 대책의 수립 및 그 이행에 관한 조치
3. 중앙행정기관・지방자치단체가 관계 법령에 따라 개선, 시정 등을 명한 사항의 이행에 관한 조치
4. 안전・보건 관계 법령에 따른 의무이행에 필요한 관리상의 조치

② 제1항 제1호・제4호의 조치에 관한 구체적인 사항은 대통령령으로 정한다.

제4조 사업주와 경영책임자 등의 안전 및 보건 확보의무

① 사업주 또는 경영책임자 등은 사업주나 법인 또는 기관이 실질적으로 지배 · 운영 · 관리하는 사업 또는 사업장에서 종사자의 안전 · 보건상 유해 또는 위험을 방지하기 위하여 그 사업 또는 사업장의 특성 및 규모 등을 고려하여 다음 각 호에 따른 조치를 하여야 한다.
1. 재해 예방에 필요한 인력 및 예산 등 안전보건관리체계의 구축 및 그 이행에 관한 조치
2. 재해 발생 시 재발방지 대책의 수립 및 그 이행에 관한 조치
3. 중앙행정기관 · 지방자치단체가 관계 법령에 따라 개선, 시정 등을 명한 사항의 이행에 관한 조치
4. 안전 · 보건 관계 법령에 따른 의무이행에 필요한 관리상의 조치
② 제1항 제1호 · 제4호의 조치에 관한 구체적인 사항은 대통령령령으로 정한다.

구분	내용
의의	개인사업주나 법인 또는 기관이 실질적으로 지배 · 운영 · 관리하는 사업 또는 사업장에서 일하는 모든 종사자에 대한 안전 및 보건 확보의무를 부과한다.
	개인사업주 또는 경영책임자 등이 법 제4조 및 제5조에 따른 안전 및 보건 확보의무를 위반하여 중대산업재해에 이르게 한 경우 처벌하므로 안전 및 보건 확보의무는 중대재해처벌법의 핵심 사항이다.
	사업 또는 사업장에서 종사자의 안전 · 보건상 유해 또는 위험을 방지하기 위해 사업 또는 사업의 특성 및 규모 등을 고려하여 재해예방에 필요한 안전보건관리체계의 구축 및 이행, 재해 발생 시 재발 방지 대책의 수립 및 이행, 중앙행정기관, 지방자치단체가 관계 법령에 따라 개선 시정 등을 명한 사항의 이행, 안전 · 보건관계 법령에 따른 의무이행에 필요한 관리상 조치해야 하는 "안전 및 보건 확보의무"이다.
	보호대상: 안전 · 보건상 유해 또는 위험의 방지는 종사자를 대상으로 하며 종사자는 개인사업주나 법인 또는 기관이 직접 고용한 근로자뿐만 아니라 도급/용역/위탁 등 계약의 형식에 관계 없이 대가를 목적으로 노무를 제공하는 자, 각 단계별 수급인/수급인의 근로자와 수급인에게 대가를 목적으로 노무를 제공하는 자 모두를 포함한다.
	개인사업주나 법인 또는 기관이 실질적으로 지배 · 운영 · 관리하는 사업 또는 사업장의 "개인사업주나 법인 또는 기관"이란 사업주로서 자신의 사업을 영위하는 자/타인의 노무를 제공받아 사업을 하는 자로 사업운영에 따른 경영상 이익의 귀속 주체를 의미한다.
	"실질적으로 지배 · 운영 · 관리하는"이란 하나의 사업 목적하에 해당 사업 또는 사업장의 조직/인력/예산 등에 대한 결정을 총괄하여 행사하는 경우를 의미
	개인사업주 또는 경영책임자 등은 개인사업주나 법인 또는 기관이 실질적으로 지배 · 운영 · 관리하는 사업 또는 사업장의 종사자라면 계약의 형식에 관계없이 대가를 목적으로노무를 제공하는자/각 단계별 수급인 그리고 수급인의 근로자와 수급인에게 대가를 목적으로 노무를 제공하는 자 모두의 안전과 건강을 위하여 안전 및 보건 확보의무를 이행하여야 한다.

제4조 사업주와 경영책임자 등의 안전 및 보건 확보의무

1. 재해 예방에 필요한 인력 및 예산 등 안전보건관리체계의 구축 및 그 이행에 관한 조치	
의의	"안전보건관리체계의 구축 및 이행" "안전보건관리체계의 구축 및 이행"이란 근로자를 비롯한 모든 일하는 사람의 안전과 건강을 보호하기 위해 기업 스스로 유해하거나 위험한 요인을 파악하여 제거 · 대체 및 통제 방안을 마련 · 이행하며 이를 지속적으로 개선하는 일련의 활동을 의미 중대재해처벌법의 안전보건관리체계는 산업안전보건법 제2장 제1절의 안전보건관리체제와는 구별되며 산업안전보건법에서 규정한 체제는 사업장의 안전보건관리에 관여하는 조직의 구성과 역할을 규정할 때 사용하는 용어이고 체계는 조직구성과 역할을 넘어서 사업장의 안전보건 전반의 운영 또는 경영을 정할 때 사용하는 용어 따라서 중대재해처벌법이 개인사업주 또는 경영책임자 등에게 요구하는 바는 단순히 조직의 구성과 역할 분담을 정하라는 의미에 한정되는 것이 아니라 종사자의 안전과 보건이 유지되고 증진될 수 있도록 사업 전반을 운영하라는 의미로 이해해야 한다.

제4조 사업주와 경영책임자 등의 안전 및 보건 확보의무

<table>
<tr><th colspan="3">1. 재해 예방에 필요한 인력 및 예산 등 안전보건관리체계의 구축 및 그 이행에 관한 조치</th></tr>
<tr><td rowspan="9">의의</td><td rowspan="9">중대재해처벌법 시행령에서는 그 내용을 아래의 9가지로 구성함</td><td>1. 안전 · 보건 목표와 경영방침의 설정</td></tr>
<tr><td>2. 안전 · 보건 업무를 총괄 · 관리하는 전담 조직 설치</td></tr>
<tr><td>3. 유해 · 위험요인 확인 개선 절차 마련, 점검 및 필요한 조치</td></tr>
<tr><td>4. 재해예방에 필요한 안전 · 보건에 관한 인력 · 시설 · 장비 구비와 유해 · 위험요인 개선에 필요한 예산 편성 및 집행</td></tr>
<tr><td>5. 안전보건관리책임자 등의 충실한 업무수행 지원 (권한과 예산 부여/평가기준 마련 및 평가 · 관리)</td></tr>
<tr><td>6. 산업안전보건법에 따른 안전관리자/보건관리자 등 전문인력 배치</td></tr>
<tr><td>7. 종사자 의견 청취 절차 마련, 청취 및 개선방안 마련, 이행 여부 점검</td></tr>
<tr><td>8. 중대산업재해 발생 시 등 조치 매뉴얼 마련 및 조치 여부 점검</td></tr>
<tr><td>9. 도급/용역/위탁 시 산재예방 조치 능력 및 기술에 관한 평가기준 · 절차 및 관리비용/업무수행기관 관련 기준 마련/시행 여부 점검</td></tr>
</table>

제4조 사업주와 경영책임자 등의 안전 및 보건 확보의무

<table>
<tr><th colspan="3">1. 재해 예방에 필요한 인력 및 예산 등 안전보건관리체계의 구축 및 그 이행에 관한 조치</th></tr>
<tr><td rowspan="4">의의</td><td rowspan="4">중대재해처벌법과 안전보건관리 체계 구축</td><td>중대재해처벌법의 근본적인 목적은 중대재해의 예방이다. 따라서 1차적으로 사업 또는 사업장의 재해 이력/현장 종사자의 의견 청취/동종업계의 사고 발생 사례 및 전문가 진단 등을 통해 중대산업재해를 유발할 수 있는 유해 · 위험요인의 확인이 무엇보다도 중요하다.</td></tr>
<tr><td>확인된 유해 · 위험요인을 원천적으로 제거하거나 지속적으로 통제하기 위한 수단 및 절차를 마련하고 현장에서 안전 조치 및 보건조치의 확실한 이행을 뒷받침할 수 있는 적정한 조직 · 인력 · 예산의 투입과 모니터링 체계를 갖추어야 한다.</td></tr>
<tr><td>안전보건관리체계 구축에 관한 9가지 의무사항의 이행은 면밀하게 파악된 유해 · 위험요인을 중심으로 유기적으로 연계되어야 함</td></tr>
<tr><td>모든 기업 · 기관은 사업 또는 사업장의 규모 · 특성 등에 따른 각기 다른 유해 · 위험요인을 가지고 있고 인력 및 재정 사정 등도 다르므로 유해 · 위험 요인을 통제하는 구체적 수단 · 방법을 일률적으로 정하기 어려우며 기업 여건에 맞게 자율적인 판단이 이루어져야 함</td></tr>
</table>

제4조 사업주와 경영책임자 등의 안전 및 보건 확보의무

시행령 제4조 제1호 사업 또는 사업장의 안전 · 보건에 관한 목표와 경영방침을 설정할 것	
의의	개인사업주 또는 경영책임자 등은 개인사업주나 법인 또는 기관이 실질적으로 지배 · 운영 · 관리하는 사업 또는 사업장의 특성 및 규모 등을 고려하여 종사자의 안전 · 보건상 유해 또는 위험을 예방방지의 목표로 경영방침을 설정하여야 한다.
	개인사업주 또는 경영책임자 등의 안전과 보건에 관한 인식 및 정책에 관한 결정 방향에 따라 안전 및 보건에 관한 조직 · 인력 · 예산 등 안전보건관리체계 구축과 이와 연계된 각 사업장의 안전조치 및 보건조치까지 종국적으로 영향을 받게 되는 구조이므로 중대산업재해 예방을 위해서는 경영책임자 등의 안전 · 보건 중심의 경영시스템 마련에 대한 전반적인 인식과 역할이 중요하다.
	안전 · 보건에 관한 목표와 경영방침은 산업안전보건법 제14조가 규정하는 대표이사의 안전 및 보건에 관한 계획과 상당 부분 중복될 수 있다.
	다만 대표이사가 수립하여 보고하는 안전보건계획은 매년 사업장의 상황을 고려한 안전보건 경영계획이라면 중대재해처벌법이 요구하는 안전 · 보건에 관한 목표와 경영방침은 사업을 수행하면서 각 부문에서 항상 고려하여야 하는 안전 보건에 관한 기본적인 경영철학과 의사결정의 일반적인 지침이 담겨있어야 한다.

제4조 사업주와 경영책임자 등의 안전 및 보건 확보의무

시행령 제4조 제1호 사업 또는 사업장의 안전 · 보건에 관한 목표와 경영방침을 설정할 것	
안전 · 보건에 관한 목표와 경영방침	"안전 · 보건에 관한 목표와 경영방침"이란 사업 또는 사업장의 안전 · 보건에 관한 지속적인 개선 및 실행 방향을 의미하며 경영책임자의 안전 · 보건에 관한 목표와 의지 그리고 철학을 넘어서서 안전 · 보건에 관한 지속적인 개선 노력 등이 종사자에게 효과적으로 전달될 수 있다고 평가될 때 비로소 안전 · 보건에 관한 목표와 이를 위한 경영방침 수립 등을 안전 및 보건확보 의무의 이행으로 평가할 수 있다.
	안전 · 보건에 관한 목표와 경영방침은 자율적으로 설정하되 추상적이고 일반적인 내용에 그쳐서는 안 되고 사업 내 개별사업 또는 사업장의 특성 유해 · 위험요인/규모 등을 고려한 실현 가능한 구체적인 내용을 담고 있어야 한다. 안전 · 보건에 관한 목표 중 단기적으로 달성할 수 없는 것이 있다면 중장기적 관점에서의 시계열적 목표를 설정하고 그 구현을 위한 세부적인 로드랩을 담는 것이 바람직하다.
	안전 · 보건에 관한 목표와 경영방침은 종사자 등 구성원이 공감하고 인식할 수 있도록 하여야 하며 목표실행을 위해 함께하도록 하여야 한다. 따라서 개인사업주 또는 경영책임자 등은 목표와 경영방침 수립 과정에서 종사자 등 구성원들과의 협의 등 의견수렴 절차를 거치는 것이 바람직하다.
	또한 안전 · 보건에 관한 목표와 경영방침을 수립하는 것에서 그치는 것이 아니라 사업 또는 사업장의 종사자 모두가 그 목표와 경영방침을 인식하고 실천할 수 있도록 사업장 내 게시하는 등의 방법으로 알려야 한다.
	특히 반복적인 재해 등에도 불구하고 이를 감소하기 위한 경영적 차원에서의 노력이나 구체적인 대책 방안 등을 반영한 목표나 경영방침을 수립하지 아니한 경우에는 안전보건을 확보하기 위한 수단으로서의 목표나 경영방침 수립을 명백히 해태한 것으로 본다.

안전보건관리체계의 구축 및 이행 조치

1. 사업 또는 사업장의 안전·보건에 관한 목표와 경영방침을 설정할 것
2. 「산업안전보건법」 제17조부터 제19조까지 및 제22조에 따라 두어야 하는 인력이 총 3명 이상이고 다음 각 목의 어느 하나에 해당하는 사업 또는 사업장인 경우에는 안전·보건에 관한 업무를 총괄·관리하는 전담 조직을 둘 것. 이 경우 나목에 해당하지 않던 건설사업자가 나목에 해당하게 된 경우에는 공시한 연도의 다음 연도 1월 1일까지 해당 조직을 두어야 한다.
   가. 상시근로자 수가 500명 이상인 사업 또는 사업장
   나. 「건설산업기본법」 제8조 및 같은 법 시행령 별표 1에 따른 토목건축공사업에 대해 같은 법 제23조에 따라 평가하여 공시된 시공능력의 순위가 상위 200위 이내인 건설사업자
3. 사업 또는 사업장의 특성에 따른 유해·위험요인을 확인하여 개선하는 업무절차를 마련하고, 해당 업무절차에 따라 유해·위험요인의 확인 및 개선이 이루어지는지를 반기 1회 이상 점검한 후 필요한 조치를 할 것. 다만, 「산업안전보건법」 제36조에 따른 위험성평가를 하는 절차를 마련하고, 그 절차에 따라 위험성 평가를 직접 실시하거나 실시하도록 하여 실시 결과를 보고 받은 경우에는 해당 업무절차에 따라 유해·위험요인의 확인 및 개선에 대한 점검을 한 것으로 본다.
4. 다음 각 목의 사항을 이행하는 데 필요한 예산을 편성하고 그 편성된 용도에 맞게 집행하도록 할 것
   가. 재해 예방을 위해 필요한 안전·보건에 관한 인력, 시설 및 장비의 구비
   나. 제3호에서 정한 유해·위험요인의 개선
   다. 그 밖에 안전보건관리체계 구축 등을 위해 필요한 사항으로서 고용노동부장관이 정하여 고시하는 사항
5. 「산업안전보건법」 제15조, 제16조 및 제62조에 따른 안전보건관리책임자, 관리감독자 및 안전보건총괄책임자(이하 이 조에서 "안전보건관리책임자등"이라 한다)가 같은 조에서 규정한 각각의 업무를 각 사업장에서 충실히 수행할 수 있도록 다음 각 목의 조치를 할 것
   가. 안전보건관리책임자등에게 해당 업무 수행에 필요한 권한과 예산을 줄 것
   나. 안전보건관리책임자등이 해당 업무를 충실하게 수행하는지를 평가하는 기준을 마련하고, 그 기준에 따라 반기 1회 이상 평가·관리할 것
6. 「산업안전보건법」 제17조부터 제19조까지 및 제22조에 따라 정해진 수 이상의 안전관리자, 보건관리자, 안전보건관리담당자 및 산업보건의를 배치할 것. 다만, 다른 법령에서 해당 인력의 배치에 대해 달리 정하고 있는 경우에는 그에 따르고, 배치해야 할 인력이 다른 업무를 겸직하는 경우에는 고용노동부장관이 정하여 고시하는 기준에 따라 안전·보건에 관한 업무 수행시간을 보장해야 한다.
7. 사업 또는 사업장의 안전·보건에 관한 사항에 대해 종사자의 의견을 듣는 절차를 마련하고, 그 절차에 따라 의견을 들어 재해 예방에 필요하다고 인정하는 경우에는 그

에 대한 개선방안을 마련하여 이행하는지를 반기 1회 이상 점검한 후 필요한 조치를 할 것. 다만, 「산업안전보건법」 제24조에 따른 산업안전보건위원회 및 같은 법 제64조·제75조에 따른 안전 및 보건에 관한 협의체에서 사업 또는 사업장의 안전·보건에 관하여 논의하거나 심의·의결한 경우에는 해당 종사자의 의견을 들은 것으로 본다.

8. 사업 또는 사업장에 중대산업재해가 발생하거나 발생할 급박한 위험이 있을 경우를 대비하여 다음 각 목의 조치에 관한 매뉴얼을 마련하고, 해당 매뉴얼에 따라 조치하는지를 반기 1회 이상 점검할 것
   가. 작업 중지, 근로자 대피, 위험요인 제거 등 대응조치
   나. 중대산업재해를 입은 사람에 대한 구호조치
   다. 추가 피해방지를 위한 조치
9. 제3자에게 업무의 도급, 용역, 위탁 등을 하는 경우에는 종사자의 안전·보건을 확보하기 위해 다음 각 목의 기준과 절차를 마련하고, 그 기준과 절차에 따라 도급, 용역, 위탁 등이 이루어지는지를 반기 1회 이상 점검할 것
   가. 도급, 용역, 위탁 등을 받는 자의 산업재해 예방을 위한 조치 능력과 기술에 관한 평가기준·절차
   나. 도급, 용역, 위탁 등을 받는 자의 안전·보건을 위한 관리비용에 관한 기준
   다. 건설업 및 조선업의 경우 도급, 용역, 위탁 등을 받는 자의 안전·보건을 위한 공사기간 또는 건조기간에 관한 기준

안전·보건 관계 법령에 따른 의무이행에 필요한 관리상의 조치

("안전·보건 관계 법령"이란 해당 사업 또는 사업장에 적용되는 것으로서 종사자의 안전·보건을 확보하는 데 관련되는 법령을 말한다.)

1. 안전·보건 관계 법령에 따른 의무를 이행했는지를 반기 1회 이상 점검(해당 안전·보건 관계 법령에 따라 중앙행정기관의 장이 지정한 기관 등에 위탁하여 점검하는 경우를 포함한다. 이하 이 호에서 같다)하고, 직접 점검하지 않은 경우에는 점검이 끝난 후 지체 없이 점검 결과를 보고받을 것
2. 제1호에 따른 점검 또는 보고 결과 안전·보건 관계 법령에 따른 의무가 이행되지 않은 사실이 확인되는 경우에는 인력을 배치하거나 예산을 추가로 편성·집행하도록 하는 등 해당 의무 이행에 필요한 조치를 할 것
3. 안전·보건 관계 법령에 따라 의무적으로 실시해야 하는 유해·위험한 작업에 관한 안전·보건에 관한 교육이 실시되었는지를 반기 1회 이상 점검하고, 직접 점검하지 않은 경우에는 점검이 끝난 후 지체 없이 점검 결과를 보고받을 것
4. 제3호에 따른 점검 또는 보고 결과 실시되지 않은 교육에 대해서는 지체 없이 그 이행의 지시, 예산의 확보 등 교육 실시에 필요한 조치를 할 것

중대산업재해 발생사실의 공표

(의무를 위반하여 발생한 중대산업재해로 법 제12조에 따라 범죄의 형이 확정되어 통보된 사업장을 대상으로 한다.)

1. "중대산업재해 발생사실의 공표"라는 공표의 제목
2. 해당 사업장의 명칭
3. 중대산업재해가 발생한 일시·장소
4. 중대산업재해를 입은 사람의 수
5. 중대산업재해의 내용과 그 원인(사업주 또는 경영책임자등의 위반사항을 포함한다)
6. 해당 사업장에서 최근 5년 내 중대산업재해의 발생 여부

※ 고용노동부장관은 공표하기 전에 해당 사업장의 사업주 또는 경영책임자등에게 공표하려는 내용을 통지하고 30일 이상의 기간을 정하여 그에 대해 소명자료를 제출하게 하거나 의견을 진술할 수 있는 기회를 주어야 한다.
또한 공표는 관보, 고용노동부나 「한국산업안전보건공단법」에 따른 한국산업안전보건공단의 홈페이지에 게시하는 방법으로 하며 공표기간은 1년으로 한다.

제5조(도급, 용역, 위탁 등 관계에서의 안전 및 보건 확보의무) 사업주 또는 경영책임자 등은 사업주나 법인 또는 기관이 제3자에게 도급, 용역, 위탁 등을 행한 경우에는 제3자의 종사자에게 중대산업재해가 발생하지 아니하도록 제4조의 조치를 하여야 한다. 다만, 사업주나 법인 또는 기관이 그 시설, 장비, 장소 등에 대하여 실질적으로 지배·운영·관리하는 책임이 있는 경우에 한정한다.

제5조 도급, 용역, 위탁 등 관계에서의 안전 및 보건 확보의무

<table>
<tr><td colspan="3">사업주 또는 경영책임자 등은 사업주나 법인 또는 기관이 제3자에게 도급, 용역, 위탁 등을 행한 경우에는 제3자의 종사자에게 중대산업재해가 발생하지 아니하도록 제4조의 조치를 하여야 한다. 다만, 사업주나 법인 또는 기관이 그 시설, 장비, 장소 등에 대하여 실질적으로 지배 · 운영 · 관리하는 책임이 있는 경우에 한정한다.</td></tr>
<tr><td rowspan="4">실행전략
_1</td><td colspan="2">안전보건관리체계는 소속 근로자뿐만 아니라, 사업장 내 모든 구성원을 대상으로 구축하고 이행해야 한다.</td></tr>
<tr><td colspan="2">산업재해 예방 능력을 갖춘 사업주를 선정한다.
계약에 앞서, 안전보건 수준을 평가한다.
계약할 때는 충분한 비용과 기간을 보장한다.</td></tr>
<tr><td colspan="2">사망사고: 지난 3년간('18년~'20년) 산재사망사고 2,011건(2,041명)의 원인을 분석한 결과, 원청에서 1,248(62.1%), 하청에서 763건(37.9%) 발생했고, 건설업에서는 하청 비율이 더 높았다(총 1,015건 중 하청 560건, 55.2%).</td></tr>
<tr><td>실행방법</td><td>도급 · 용역 · 위탁 등 계약을 할 때는 계약서에 사업장 안전보건 확보를 위해 필요한 조건을 명시
(예) 안전보건관리규정 제출, 표준작업계획 · 작업허가제 등 사내 작업절차 준수, 정기 순회점검 및 "작업 전 안전미팅 실시", 비상훈련 참여, 정기 안전보건교육 실시 등
안전보건 수준을 평가하여, 안전보건 확보가 어려울 것으로 보이는 경우에는 계약하지 않는다.
"안전보건 확보를 위한 조건"을 이행하지 않는 경우에 대한 조치방안을 미리 마련해 놓는다.
도급 · 용역 · 위탁 등 계약을 할 때는 업종의 특성 등을 고려하여 사업장 내 안전보건확보를 위한 충분한 비용과 작업기간 등을 보장한다.
(예) 건설업의 경우 건설공사기간에 관한 기준을 포함</td></tr>
</table>

제5조 도급, 용역, 위탁 등 관계에서의 안전 및 보건 확보의무

사업주 또는 경영책임자 등은 사업주나 법인 또는 기관이 제3자에게 도급, 용역, 위탁 등을 행한 경우에는 제3자의 종사자에게 중대산업재해가 발생하지 아니하도록 제4조의 조치를 하여야 한다. 다만, 사업주나 법인 또는 기관이 그 시설, 장비, 장소 등에 대하여 실질적으로 지배 · 운영 · 관리하는 책임이 있는 경우에 한정한다.

<table>
<tr><td rowspan="8">실행전략
_2</td><td colspan="2">안전보건관리체계 구축 · 운영 시 사업장 내 모든 구성원이 보호받을 수 있도록 한다.</td></tr>
<tr><td colspan="2">사업주 또는 경영책임자 등은 사업주나 법인 또는 기관이 실질적으로 지배 · 운영 · 관리하는 사업 또는 사업장에서 종사자의 안전 · 보건상 유해 또는 위험을 방지하기 위하여 안전보건관리체계 구축 및 이행에 관한 조치를 하여야 한다.</td></tr>
<tr><td colspan="2">중대재해처벌법에 따른 "종사자"란 다음 각 목의 어느 하나에 해당하는 자를 말한다.
가. 「근로기준법」상의 근로자
나. 도급, 용역, 위탁 등 계약의 형식에 관계없이 그 사업의 수행을 위하여 대가를 목적으로 노무를 제공하는 자
다. 사업이 여러 차례의 도급에 따라 행하여지는 경우에는 각 단계의 수급인 및 수급인과 가목 또는 나목의 관계가 있는자</td></tr>
<tr><td rowspan="4">실행방법</td><td>안전보건관리체계 구축 및 이행을 통해 소속 직원뿐만 아니라 사업장 내 모든 구성원에 대한 안전보건을 확보해야 한다.
사내 상주 협력업체 등이 아닌 공급업체 소속 직원 등의 실수로도 중대재해가 발생할 수 있음을 유의한다.
하청업체, 파견업체, 공급 · 판매업체(Suppliers and vendors)에게 안전보건경영 방침을 알린다.
안전보건 관련 정보제공, 공식절차(작업 전 안전미팅, 안전제안 활동) 등은 사업장 내 모든 구성원이 참여할 수 있도록 운영한다.
사업장 내 모든 위험요인을 파악해야 하며, 위험요인별 제거 · 대체 및 통제방안은 사업장 내 모든 구성원을 보호할 수 있도록 마련한다.
비상조치계획의 수립 및 이에 따른 훈련에 사업장 내 모든 구성원이 참여할 수 있도록 한다.
사업장 내 위험요인이 제거 · 대체되었거나 통제되어 사업장 내 모든 구성원의 안전 보건이 확보되고 있는지, 확인 · 평가하고 개선한다.
하청업체, 파견업체, 공급 · 판매업체 등에 안전보건관리체계 구축 · 이행에 필요한 정보를 제공하고, 소통 및 협력체계를 구성하고 운영한다.</td></tr>
<tr><td>도급인의 안전보건조치와 근로자파견: 도급인이 산업안전보건법 제63조에 따라 관계 수급인 근로자의 산재 예방을 위해 도급인의 안전조치 및 보건조치를 해야 하는 경우에는 근로자파견의 징표에 해당한다고 보기어렵다('19.12.30. 고용노동부 「근로자 파견의 판단 기준에 관한 지침」)</td></tr>
<tr><td>수급인 선정 관련: 적정 수급인, 안전보건 비용 및 수행기간 평가 사업주 · 경영책임자 등은 제3자에게 도급 · 용역 · 위탁하는 경우, '제3자의 재해예방 조치능력 및 기술'과 '적정한 안전보건관리 비용과 수행기간'을 확인하기 위한 평가기준과 절차를 마련하고 이행상황을 확인하고 점검하여야 함 〈중대재해처벌법 제4조 제1항 및 시행령 입법예고안 제4조 제8호〉
적격 수급인 선정 사업주는 산업재해 예방을 위한 조치를 할 수 있는 능력을 갖춘 사업주에게 도급하여야 함 〈산안법 제62조〉
공사기간 단축 및 공법변경 금지 건설공사 발주자 또는 건설공사도급인은 설계도서 등에 따라 산정된 공사기간을 단축해서는 아니되며, 공사비를 줄이기 위해 위험성이 있는 공법을 사용하거나 정당한 사유 없이 정해진 공법을 변경해서는 안 됨 〈산안법 제69조〉</td></tr>
<tr><td>사업장 내 모든 구성원의 보호: 도급 · 용역 · 위탁 시 안전보건 확보 사업주 · 경영책임자 등은 제3자에게 도급 · 용역 · 위탁하는 경우, 제3자의 종사자에게 중대산업재해가 발생하지 아니하도록 안전보건 확보의무를 하여야 함 〈중대재해처벌법 제5조〉
도급인의 안전보건 조치-도급인은 관계수급인 근로자가 도급인 사업장에서 작업을 하는 경우 산업재해 예방을 위한 조치를 하여야 함 〈산안법 제62~66조〉</td></tr>
<tr><td colspan="2">2019년 1월 산업안전보건법 전부개정 및 2021년 5월 산업안전보건법 일부개정으로 도급인의 산재예방의무가 확대되었다. 도급인 사업장에서 관계수급인의 근로자가 작업하는 경우에는 아래 사항을 준수해야 한다.
안전보건총괄 책임자 지정-사업장 내 산재예방 업무를 총괄하여 관리하는 '안전보건총괄책임자'를 지정해야 한다.
안전보건 조치-안전보건시설 설치 등 필요한 안전보건조치를 해야 한다(단, 보호구 착용 등 작업행동에 관한 직접적인 조치는 제외)
산업재해 예방조치-도급인은 아래 사항을 이행해야 하며, 도급인 근로자 및 수급인 근로자와 함께 수시로 안전보건 점검을 실시해야 한다.
① 도급인과 수급인을 구성으로 하는 안전보건 협의체 구성 · 운영
② 작업장 순회점검
③ 안전보건교육을 위한 장소 · 자료 제공 등 지원 및 안전보건교육 실시 확인
④ 발파작업, 화재 · 폭발, 토사 · 구축물 등 붕괴, 지진 등에 대비한 경보체계 운영 및 대피방법 훈련
⑤ 위생시설 설치 등을 위해 필요한 장소 제공(또는 도급인 시설 이용 협조)
⑥ 같은 장소에서 이루어지는 작업에 있어서 관계수급인 등의 작업시기 · 내용, 안전 및 보건조치 등의 확인
⑦ 위에 따른 확인 결과 작업혼재로 인해 화재 · 폭발 등 위험이 발생할 우려가 있는 경우, 관계수급인 등의 작업 시기 · 내용 등의 조정
안전보건 · 정보 제공-아래 작업을 시작하기 전, 수급인에게 안전보건 정보를 문서로 제공해야 하며, 수급인이 이에 따라 필요한 안전보건 조치를 했는지 확인해야 한다.
① 폭발성 · 인화성 · 독성 등의 유해, 위험성이 있는 화학물질을 취급하는 설비를 개조 · 분해 · 해체 · 철거하는 작업
② 위 작업에 따른 설비의 내부에서 이루어지는 작업
③ 질식 또는 붕괴 위험이 있는 작업</td></tr>
</table>

제6조(중대산업재해 사업주와 경영책임자등의 처벌) ① 제4조 또는 제5조를 위반하여 제2조 제2호 가목의 중대산업재해에 이르게 한 사업주 또는 경영책임자등은 1년 이상의 징역 또는 10억 원 이하의 벌금에 처한다. 이 경우 징역과 벌금을 병과할 수 있다.

② 제4조 또는 제5조를 위반하여 제2조 제2호 나목 또는 다목의 중대산업재해에 이르게 한 사업주 또는 경영책임자등은 7년 이하의 징역 또는 1억 원 이하의 벌금에 처한다.

③ 제1항 또는 제2항의 죄로 형을 선고받고 그 형이 확정된 후 5년 이내에 다시 제1항 또는 제2항의 죄를 저지른 자는 각 항에서 정한 형의 2분의 1까지 가중한다.

제7조(중대산업재해의 양벌규정) 법인 또는 기관의 경영책임자 등이 그 법인 또는 기관의 업무에 관하여 제6조에 해당하는 위반행위를 하면 그 행위자를 벌하는 외에 그 법인 또는 기관에 다음 각 호의 구분에 따른 벌금형을 과(科)한다. 다만, 법인 또는 기관이 그 위반행위를 방지하기 위하여 해당 업무에 관하여 상당한 주의와 감독을 게을리하지 아니한 경우에는 그러하지 아니하다.

1. 제6조 제1항의 경우: 50억 원 이하의 벌금
2. 제6조 제2항의 경우: 10억 원 이하의 벌금

제8조(안전보건교육의 수강) ① 중대산업재해가 발생한 법인 또는 기관의 경영책임자등은 대통령령으로 정하는 바에 따라 안전보건교육을 이수하여야 한다.

② 제1항의 안전보건교육을 정당한 사유 없이 이행하지 아니한 경우에는 5천만원 이하의 과태료를 부과한다.

③ 제2항에 따른 과태료는 대통령령으로 정하는 바에 따라 고용노동부장관이 부과·징수한다.

☞ 해석

안전보건교육의 실시

안전보건교육(이하 "안전보건교육"이라 한다)은 총 20시간의 범위에서 고용노동부장관이 정하는 바에 따라 이수해야 하고 안전보건교육에는 아래와 같은 내용이 포함되어야 한다.

1. 안전보건관리체계의 구축 등 안전·보건에 관한 경영 방안
2. 중대산업재해의 원인 분석과 재발 방지 방안

또한 고용노동부장관은 「한국산업안전보건공단법」에 따른 한국산업안전보건공단이나 「산업안전보건법」 제33조에 따라 등록된 안전보건교육기관(이하 "안전보건교육기관등"이라 한다)에 안전보건교육을 의뢰하여 실시할 수 있다.

그리고 고용노동부장관은 분기별로 중대산업재해가 발생한 법인 또는 기관을 대상으로 안전보건교육을 이수해야 할 교육대상자를 확정하고 안전보건교육 실시일 30일 전까지 다음 각 호의 사항을 해당 교육대상자에게 통보해야 한다.

1. 안전보건교육을 실시하는 안전보건교육기관등
2. 교육일정
3. 그 밖에 안전보건교육의 실시에 필요한 사항

제6조 중대산업재해 사업주와 경영책임자등의 처벌

① 제4조 또는 제5조를 위반하여 제2조 제2호 가목의 중대산업재해에 이르게 한 사업주 또는 경영책임자등은 1년 이상의 징역 또는 10억 원 이하의 벌금에 처한다. 이 경우 징역과 벌금을 병과할 수 있다.
② 제4조 또는 제5조를 위반하여 제2조 제2호 나목 또는 다목의 중대산업재해에 이르게 한 사업주 또는 경영책임자 등은 7년 이하의 징역 또는 1억 원 이하의 벌금에 처한다.
③ 제1항 또는 제2항의 죄로 형을 선고받고 그 형이 확정된 후 5년 이내에 다시 제1항 또는 제2항의 죄를 저지른 자는 각 항에서 정한 형의 2분의 1까지 가중한다.

실행전략_2	안전보건관리체계 구축 · 운영 시 사업장 내 모든 구성원이 보호받을 수 있도록 한다.

제7조 중대산업재해의 양벌규정

법인 또는 기관의 경영책임자 등이 그 법인 또는 기관의 업무에 관하여 제6조에 해당하는 위반행위를 하면 그 행위자를 벌하는 외에 그 법인 또는 기관에 다음 각 호의 구분에 따른 벌금형을 과(科)한다. 다만, 법인 또는 기관이 그 위반행위를 방지하기 위하여 해당 업무에 관하여 상당한 주의와 감독을 게을리하지 아니한 경우에는 그러하지 아니하다. 1. 제6조 제1항의 경우: 50억 원 이하의 벌금 2. 제6조 제2항의 경우: 10억 원 이하의 벌금
법인 또는 기관이 그 위반행위를 방지하기 위하여 해당 업무에 관하여 상당한 주의와 감독을 게을리한 경우에 한하여 적용되며 기업의 준법 문화가 판단의 중요한 자료 중 하나가 될 수 있다.
법인 또는 기관의 상당한 주의 또는 감독 의무를 게을리하였는지 여부는 당해 위반 행위와 관련된 모든 사정, 즉 당해 법률의 입법 취지 · 처벌 조항 위반으로 예상되는 법익 침해의 정도, 그 위반행위에 관하여 양벌규정을 마련한 취지 등은 물론 위반행위의 구체적인 모습과 그로 인하여 실제 야기된 피해 또는 결과의 정도, 법인의 영업 규모 및 행위자에 대한 감동 가능성 또는 구체적인 지휘 감독 관계, 법인이 위반 행위방지를 위하여 실제 행한 조치 등을 전체적으로 종합하여 판단함(대법원 2010.2.25. 선고 2009도5824 판결)

제8조 중대산업재해의 양벌규정

① 중대산업재해가 발생한 법인 또는 기관의 경영책임자 등은 대통령령으로 정하는 바에 따라 안전보건교육을 이수하여야 한다. ② 제1항의 안전보건교육을 정당한 사유 없이 이행하지 아니한 경우에는 5천만 원 이하의 과태료를 부과한다. ③ 제2항에 따른 과태료는 대통령령으로 정하는 바에 따라 고용노동부장관이 부과 · 징수한다.
20시간의 범위에서 고용노동부장관이 정하는 바에 따라 이수해야 함
안전 및 보건 확보의무 위반 여부를 요건으로 규정하고 있지 않아 의무 위반에 대한 제재적 성격이 아니라 중대산업재해 예방 강화 및 재발 방지 차원에서 부과되는 의무라는 점을 고려하여 20시간 이내로 규정
법 제8조 제1항을 위반하여 경영책임자 등이 안전보건교육을 정당한 사유 없이 이행하지 않은 경우 5천만 원 이하의 과태료를 부과함

CHAPTER 03

중대시민재해

제9조(사업주와 경영책임자등의 안전 및 보건 확보의무) ① 사업주 또는 경영책임자등은 사업주나 법인 또는 기관이 실질적으로 지배·운영·관리하는 사업 또는 사업장에서 생산·제조·판매·유통 중인 원료나 제조물의 설계, 제조, 관리상의 결함으로 인한 그 이용자 또는 그 밖의 사람의 생명, 신체의 안전을 위하여 다음 각 호에 따른 조치를 하여야 한다.

1. 재해예방에 필요한 인력·예산·점검 등 안전보건관리체계의 구축 및 그 이행에 관한 조치
2. 재해 발생 시 재발방지 대책의 수립 및 그 이행에 관한 조치
3. 중앙행정기관·지방자치단체가 관계 법령에 따라 개선, 시정 등을 명한 사항의 이행에 관한 조치
4. 안전·보건 관계 법령에 따른 의무이행에 필요한 관리상의 조치

② 사업주 또는 경영책임자등은 사업주나 법인 또는 기관이 실질적으로 지배·운영·관리하는 공중이용시설 또는 공중교통수단의 설계, 설치, 관리상의 결함으로 인한 그 이용자 또는 그 밖의 사람의 생명, 신체의 안전을 위하여 다음 각 호에 따른 조치를 하여야 한다.

1. 재해예방에 필요한 인력·예산·점검 등 안전보건관리체계의 구축 및 그 이행에 관한 조치
2. 재해 발생 시 재발방지 대책의 수립 및 그 이행에 관한 조치
3. 중앙행정기관·지방자치단체가 관계 법령에 따라 개선, 시정 등을 명한 사항의 이행에 관한 조치

4. 안전·보건 관계 법령에 따른 의무이행에 필요한 관리상의 조치

③ 사업주 또는 경영책임자등은 사업주나 법인 또는 기관이 공중이용시설 또는 공중교통수단과 관련하여 제3자에게 도급, 용역, 위탁 등을 행한 경우에는 그 이용자 또는 그 밖의 사람의 생명, 신체의 안전을 위하여 제2항의 조치를 하여야 한다. 다만, 사업주나 법인 또는 기관이 그 시설, 장비, 장소 등에 대하여 실질적으로 지배·운영·관리하는 책임이 있는 경우에 한정한다.

④ 제1항 제1호·제4호 및 제2항 제1호·제4호의 조치에 관한 구체적인 사항은 대통령령으로 정한다.

☞ 해석

원료·제조물 관련 안전보건관리체계의 구축 및 이행 조치

1. 다음 각 목의 사항을 이행하는 데 필요한 인력을 갖추어 중대시민재해 예방을 위한 업무를 수행하도록 할 것
   가. 법 제9조 제1항 제4호의 안전·보건 관계 법령에 따른 안전·보건 관리 업무의 수행
   나. 유해·위험요인의 점검과 위험징후 발생 시 대응
   다. 그 밖에 원료·제조물 관련 안전·보건 관리를 위해 환경부장관이 정하여 고시하는 사항
2. 다음 각 목의 사항을 이행하는 데 필요한 예산을 편성·집행할 것
   가. 법 제9조 제1항 제4호의 안전·보건 관계 법령에 따른 인력·시설 및 장비 등의 확보·유지
   나. 유해·위험요인의 점검과 위험징후 발생 시 대응
   다. 그 밖에 원료·제조물 관련 안전·보건 관리를 위해 환경부장관이 정하여 고시하는 사항
3. 별표 5(1. 「고압가스 안전관리법」 제28조 제2항 제13호의 독성가스 2. 「농약관리법」 제2조 제1호, 제1호의2, 제3호 및 제3호의2의 농약, 천연식물보호제, 원제(原劑) 및 농약활용기자재 3. 「마약류 관리에 관한 법률」 제2조 제1호의 마약류 4. 「비료관리법」 제2조 제2호 및 제3호의 보통비료 및 부산물비료 5. 「생활화학제품 및 살생물제의 안전관리에 관한 법률」 제3조 제7호 및 제8호의 살생물물질 및 살생물제품 6. 「식품위생법」 제2조 제1호, 제2호, 제4호 및 제5호의 식품, 식품첨가물, 기구 및 용기·포장 7. 「약사법」 제2조 제4호의 의약품, 같은 조 제7호의 의약외품(醫藥外品) 및 같은 법 제85조 제1항의 동물용 의약품·의약외품 8. 「원자력안전법」 제2조 제5호의 방사

성물질 9. 「의료기기법」 제2조 제1항의 의료기기 10. 「총포・도검・화약류 등의 안전관리에 관한 법률」 제2조 제3항의 화약류 11. 「화학물질관리법」 제2조 제7호의 유해화학물질 12. 그 밖에 제1호부터 제11호까지의 규정에 준하는 것으로서 관계 중앙행정기관의 장이 정하여 고시하는 생명・신체에 해로운 원료 또는 제조물)에서 정하는 원료 또는 제조물로 인한 중대시민재해를 예방하기 위해 다음 각 목의 조치를 할 것

가. 유해・위험요인의 주기적인 점검

나. 제보나 위험징후의 감지 등을 통해 발견된 유해・위험요인을 확인한 결과 중대시민재해의 발생 우려가 있는 경우의 신고 및 조치

다. 중대시민재해가 발생한 경우의 보고, 신고 및 조치

라. 중대시민재해 원인조사에 따른 개선조치

4. 제3호 각 목의 조치를 포함한 업무처리절차의 마련. 다만, 「소상공인기본법」 제2조에 따른 소상공인의 경우는 제외한다.
5. 제1호 및 제2호의 사항을 반기 1회 이상 점검하고, 점검 결과에 따라 인력을 배치하거나 예산을 추가로 편성・집행하도록 하는 등 중대시민재해 예방에 필요한 조치를 할 것

원료・제조물 관련 안전・보건 관계 법령에 따른 의무이행에 필요한 관리상의 조치

① 법 제9조 제1항 제4호에서 "안전・보건 관계 법령"이란 해당 사업 또는 사업장에서 생산・제조・판매・유통 중인 원료나 제조물에 적용되는 것으로서 그 원료나 제조물이 사람의 생명・신체에 미칠 수 있는 유해・위험 요인을 예방하고 안전하게 관리하는 데 관련되는 법령을 말한다.

② 법 제9조 제1항 제4호에 따른 조치의 구체적인 사항은 다음 각 호와 같다.

1. 안전・보건 관계 법령에 따른 의무를 이행했는지를 반기 1회 이상 점검(해당 안전・보건 관계 법령에 따라 중앙행정기관의 장이 지정한 기관 등에 위탁하여 점검하는 경우를 포함한다. 이하 이 호에서 같다)하고, 직접 점검하지 않은 경우에는 점검이 끝난 후 지체 없이 점검 결과를 보고받을 것
2. 제1호에 따른 점검 또는 보고 결과 안전・보건 관계 법령에 따른 의무가 이행되지 않은 사실이 확인되는 경우에는 인력을 배치하거나 예산을 추가로 편성・집행하도록 하는 등 해당 의무 이행에 필요한 조치를 할 것
3. 안전・보건 관계 법령에 따라 의무적으로 실시해야 하는 교육이 실시되는지를 반기 1회 이상 점검하고, 직접 점검하지 않은 경우에는 점검이 끝난 후 지체 없이 점검 결과를 보고받을 것
4. 제3호에 따른 점검 또는 보고 결과 실시되지 않은 교육에 대해서는 지체 없이 그 이행의 지시, 예산의 확보 등 교육 실시에 필요한 조치를 할 것

공중이용시설 · 공중교통수단 관련 안전보건관리체계 구축 및 이행에 관한 조치

법 제9조 제2항 제1호에 따른 조치의 구체적인 사항은 다음 각 호와 같다.

1. 다음 각 목의 사항을 이행하는 데 필요한 인력을 갖추어 중대시민재해 예방을 위한 업무를 수행하도록 할 것
   가. 법 제9조 제2항 제4호의 안전 · 보건 관계 법령에 따른 안전관리 업무의 수행
   나. 제4호에 따라 수립된 안전계획의 이행
   다. 그 밖에 공중이용시설 또는 공중교통수단과 그 이용자나 그 밖의 사람의 안전에 관하여 국토교통부장관이 정하여 고시하는 사항
2. 다음 각 목의 사항을 이행하는 데 필요한 예산을 편성 · 집행할 것
   가. 법 제9조 제2항 제4호의 안전 · 보건 관계 법령에 따른 인력 · 시설 및 장비 등의 확보 · 유지와 안전점검 등의 실시
   나. 제4호에 따라 수립된 안전계획의 이행
   다. 그 밖에 공중이용시설 또는 공중교통수단과 그 이용자나 그 밖의 사람의 안전에 관하여 국토교통부장관이 정하여 고시하는 사항
3. 공중이용시설 또는 공중교통수단에 대한 법 제9조 제2항 제4호의 안전 · 보건 관계 법령에 따른 안전점검 등을 계획하여 수행되도록 할 것
4. 공중이용시설 또는 공중교통수단에 대해 연 1회 이상 다음 각 목의 내용이 포함된 안전계획을 수립하게 하고, 충실히 이행하도록 할 것. 다만, 공중이용시설에 대해 「시설물의 안전 및 유지관리에 관한 특별법」 제6조에 따라 시설물에 대한 안전 및 유지관리계획을 수립 · 시행하거나 공중이용시설 또는 공중교통수단에 대해 철도운영자가 「철도안전법」 제6조에 따라 연차별 시행계획을 수립 · 추진하는 경우로서 사업주 또는 경영책임자등이 그 수립 여부 및 내용을 직접 확인하거나 보고받은 경우에는 안전계획을 수립하여 이행한 것으로 본다.
   가. 공중이용시설 또는 공중교통수단의 안전과 유지관리를 위한 인력의 확보에 관한 사항
   나. 공중이용시설의 안전점검 또는 정밀안전진단의 실시와 공중교통수단의 점검 · 정비(점검 · 정비에 필요한 장비를 확보하는 것을 포함한다)에 관한 사항
   다. 공중이용시설 또는 공중교통수단의 보수 · 보강 등 유지관리에 관한 사항
5. 제1호부터 제4호까지에서 규정한 사항을 반기 1회 이상 점검하고, 직접 점검하지 않은 경우에는 점검이 끝난 후 지체 없이 점검 결과를 보고받을 것
6. 제5호에 따른 점검 또는 보고 결과에 따라 인력을 배치하거나 예산을 추가로 편성 · 집행하도록 하는 등 중대시민재해 예방에 필요한 조치를 할 것
7. 중대시민재해 예방을 위해 다음 각 목의 사항이 포함된 업무처리절차를 마련하여 이행할 것. 다만, 철도운영자가 「철도안전법」 제7조에 따라 비상대응계획을 포함한 철도안전관리체계를 수립하여 시행하거나 항공운송사업자가 「항공안전법」 제58조 제2항에 따라 위기대응계획을 포함한 항공안전관리시스템을 마련하여 운용한 경우로서 사업주 또는 경영책임자등이 그 수립 여부 및 내용을 직접 점검하거나 점검 결과를 보고받은 경우에는 업무처리절차를 마련하여 이행한 것으로 본다.

가. 공중이용시설 또는 공중교통수단의 유해·위험요인의 확인·점검에 관한 사항
나. 공중이용시설 또는 공중교통수단의 유해·위험요인을 발견한 경우 해당 사항의 신고·조치요구, 이용 제한, 보수·보강 등 그 개선에 관한 사항
다. 중대시민재해가 발생한 경우 사상자 등에 대한 긴급구호조치, 공중이용시설 또는 공중교통수단에 대한 긴급안전점검, 위험표지 설치 등 추가 피해방지 조치, 관계 행정기관 등에 대한 신고와 원인조사에 따른 개선조치에 관한 사항
라. 공중교통수단 또는 「시설물의 안전 및 유지관리에 관한 특별법」 제7조 제1호의 제1종시설물에서 비상상황이나 위급상황 발생 시 대피훈련에 관한 사항

8. 제3자에게 공중이용시설 또는 공중교통수단의 운영·관리 업무의 도급, 용역, 위탁 등을 하는 경우 공중이용시설 또는 공중교통수단과 그 이용자나 그 밖의 사람의 안전을 확보하기 위해 다음 각 목에 따른 기준과 절차를 마련하고, 그 기준과 절차에 따라 도급, 용역, 위탁 등이 이루어지는지를 연 1회 이상 점검하고, 직접 점검하지 않은 경우에는 점검이 끝난 후 지체 없이 점검 결과를 보고받을 것
가. 중대시민재해 예방을 위한 조치능력 및 안전관리능력에 관한 평가기준·절차
나. 도급, 용역, 위탁 등의 업무 수행 시 중대시민재해 예방을 위해 필요한 비용에 관한 기준

공중이용시설·공중교통수단 관련 안전·보건 관계 법령에 따른 의무이행에 필요한 관리상의 조치

① 법 제9조 제2항 제4호에서 "안전·보건 관계 법령"이란 해당 공중이용시설·공중교통수단에 적용되는 것으로서 이용자나 그 밖의 사람의 안전·보건을 확보하는 데 관련되는 법령을 말한다.

② 법 제9조 제2항 제4호에 따른 조치의 구체적인 사항은 다음 각 호와 같다.

1. 안전·보건 관계 법령에 따른 의무를 이행했는지를 연 1회 이상 점검(해당 안전·보건 관계 법령에 따라 중앙행정기관의 장이 지정한 기관 등에 위탁하여 점검하는 경우를 포함한다. 이하 이 호에서 같다)하고, 직접 점검하지 않은 경우에는 점검이 끝난 후 지체 없이 점검 결과를 보고받을 것
2. 제1호에 따른 점검 또는 보고 결과 안전·보건 관계 법령에 따른 의무가 이행되지 않은 사실이 확인되는 경우에는 인력을 배치하거나 예산을 추가로 편성·집행하도록 하는 등 해당 의무 이행에 필요한 조치를 할 것
3. 안전·보건 관계 법령에 따라 공중이용시설의 안전을 관리하는 자나 공중교통수단의 시설 및 설비를 정비·점검하는 종사자가 의무적으로 이수해야 하는 교육을 이수했는지를 연 1회 이상 점검하고, 직접 점검하지 않은 경우에는 점검이 끝난 후 지체 없이 점검 결과를 보고받을 것
4. 제3호에 따른 점검 또는 보고 결과 실시되지 않은 교육에 대해서는 지체 없이 그 이행의 지시 등 교육 실시에 필요한 조치를 할 것

제10조(중대시민재해 사업주와 경영책임자등의 처벌) ① 제9조를 위반하여 제2조 제3호 가목의 중대시민재해에 이르게 한 사업주 또는 경영책임자등은 1년 이상의 징역 또는 10억 원 이하의 벌금에 처한다. 이 경우 징역과 벌금을 병과할 수 있다.

② 제9조를 위반하여 제2조 제3호 나목 또는 다목의 중대시민재해에 이르게 한 사업주 또는 경영책임자 등은 7년 이하의 징역 또는 1억 원 이하의 벌금에 처한다.

☞ 해석

안전·보건확보 의무 불이행으로 중대시민재해가 발생하면 경영책임자 등은 형사처벌된다(법 제10조).

- 사망자 1명 이상 발생: 1년 이상 징역, 10억 원 이하 벌금
- 동일한 사고로 2개월 이상 치료가 필요한 부상자가 10명 이상 발생: 7년 이하 징역, 1억 원 이하 벌금
- 동일한 원인으로 3개월 이상 치료가 필요한 질병자가 10명 이상 발생: 7년 이하 징역, 1억 원 이하 벌금

① 민사책임의 가중: 징벌적 손해배상(5배)

고의 또는 중과실로 중대시민재해를 발생하게 한 경우 사업주 등은 중대시민재해로 손해를 입은 사람에 대하여 그 손해액의 5배를 넘지 아니하는 범위에서 배상책임을 부담하게 된다(법 제15조).

(사업주 또는 경영책임자는 「중대재해처벌법」상 "안전·보건확보의무"를 이행하지 않음으로써 중대시민재해를 발생시킨 경우에만 형사처벌의 대상임)

② 양벌규정: 경영책임자 등 외 법인 또는 기관도 처벌

법인 또는 기관의 경영책임자 등이 그 법인 또는 기관의 업무에 관하여 그 행위자를 벌하는 외에 그 법인 또는 기관도 벌금형의 처벌을 받는다(법 제11조).

- 사망자 1명 이상 발생: 50억 원 이하 벌금
- 기타 중대시민재해: 10억 이하 벌금

경영책임자등은 「중대재해처벌법」 제9조에 따라 아래의 “안전 · 보건 확보의무”를 부담함 아래 서식으로 그 이행 여부를 쉽게 점검 · 확인하는데 이용할 수 있다.

양식은 법정된 것이 아니므로 아래 양식은 사업장 상황에 맞게 변형하여 이용 가능함 다만 조치 등을 이행한 날부터 5년간 서류를 보관해야 한다(「중대재해처벌법 시행령」 제13조).

〈안전 · 보건 확보의무의 이행점검 체크리스트(예시)〉

이행사항		점검					
		상반기			하반기		
		점검 일시	점검 결과	조치 사항	점검 일시	점검 결과	조치 사항
인력배치 업무부여	① 시설 · 설비 안전관리 및 유지보수 업무 ② 유해물질 취급 안전관리 업무 ③ 품질검사 및 제품 안전관리 업무 ④ 유해 · 위험요인 점검 및 징후 발생시 대응업무		안락점검/ 업무점검/ 필요시 개선사항 도출(문서화)	인력배치 업무분배 (문서화)		좌동	좌동
예산 편성 및 집행	① 안전관리 업무 인력확보 및 유지를 위한 예산 ② 시설 · 설비 확보 유지를 위한 예산 ③ 품질 · 기술기준 수준 유지를 위한 예산 ④ 유해 · 위험요인 점검 및 징후 발생시 대응업무를 위한 예산		예산편성 · 집행점검/ 필요시 개선사항 도출(문서화)	예산편성 예산집행 (문서화)		좌동	좌동
업무처리 절차의 마련 (「별표5」 한정)	① 유해 · 위험요인의 주기적 점검 ② 유해 · 위험요인 확인결과 신고 및 조치의무 ③ 재해발생시 보고, 신고 및 조치의무 ④ 재해원인조사에 따른 개선조치		미이행 확인/ 필요시 개선사항 도출(문서화)	업무처리 절차 마련/ 개선 (문서화)		좌동	좌동
법령상 의무이행에 필요한 관리상 조치	① 의무이행 사항 점검 ② 미이행시 조치		업무처리 절차점검/ 필요시 개선사항 도출(문서화)	예산추가 편성 · 집행/ 인력배치 (문서화)		좌동	좌동
법령상 교육실시 점검	① 교육실시 점검 ② 미이행시 조치		교육점검/ 필요시 개선사항 도출(문서화)			좌동	좌동

경영책임자등은 유해・위험요인 점검 및 대응을 포함한 안전・보건 관리 인력을 갖추고 업무를 수행하도록 해야 하며, 해당 인력의 확보・유지 및 안전관리를 위한 시설・장비의 확보와 유지를 위한 예산을 집행하고 편성할 것 「중대재해처벌법 시행령」[별표 5]에 해당하는 원료・제조물을 취급하는 때에는 유해・위험요인의 주기적인 점검 및 대응 등이 포함된 업무처리절차를 사전에 마련하고 이에 따라 조치해야 한다.

(안전보건관리체계 구축 및 이행 조치의 상세한 내용은 본 가이드북 "04. 안전보건관리체계의 구축"을 참고)

* 안전・보건 관계 법령은 아래의 요소를 모두 가지고 있는 것을 말함

「중대재해처벌법 시행령 제9조 제1항」 안전・보건 관계 법령의 의미

- 생산・제조・판매・유통 중인 원료・제조물에 적용될 것
- 사람의 생명・신체에 미칠 수 있는 유해・위험 요인과 관련된 것
- 위의 유해・위험 요인의 예방 및 안전관리에 관한 것

주요 안전・보건 관계 법령	
① 산업안전보건법	⑰ 수입식품안전관리 특별법
② 원자력안전법	⑱ 어린이제품 안전 특별법
③ 약사법	⑲ 어린이놀이시설 안전관리법
④ 마약류 관리에 관한 법률	⑳ 승강기 안전관리법
⑤ 화장품법	㉑ 위험물안전관리법
⑥ 농약관리법	㉒ 해사안전법
⑦ 비료관리법	㉓ 지하수법
⑧ 사료관리법	㉔ 수도법
⑨ 총포・도검・화약류 등의 안전관리에 관한 법률	㉕ 먹는물관리법
⑩ 건강기능식품에 관한 법률	㉖ 도시가스사업법
⑪ 의료기기법	㉗ 선박안전법
⑫ 고압가스 안전관리법	㉘ 액화석유가스의 안전관리 및 사업법
⑬ 화학제품안전법	㉙ 전기안전관리법
⑭ 식품위생법	㉚ 자동차관리법
⑮ 화학물질관리법	㉛ 석면안전관리법
⑯ 광산안전법	㉜ 전기생활용품안전법

* 위 목록은 안전・보건 관계 법령을 예시한 것으로써 열거되지 않은 법률 중 시행령 제9조 제1항에 해당하는 법률은 안전・보건 관계 법령에 포함될 수 있음. 구체적인 안전・보건 관계 법령의 범위는 환경부와 소관부처에 문의하기 바람
* 본 예시는 법령해석 등에 따라 수정・보완될 수 있음

"경영책임자 등은 안전·보건 관계 법령에 따른 의무이행 여부 점검 및 사후조치, 교육실시 점검 및 사후조치 의무를 부담"

※ **【점검에 따른 조치의무】** 경영책임자는 안전·보건 관계 법령에 따른 의무이행과 의무교육 실시에 대해 반기 1회 이상 점검하고 불이행 사실 발견 시 이에 대해 조치해야 함

【점검의무】 경영책임자는 사업상 취급하는 원료·제조물의 안전·보건 관계 법령에 따른 법령상 의무의 이행 여부를 반기 1회 이상 점검해야 한다.

【교육실시 점검의무】 경영책임자는 안전·보건 관계 법령에 따른 의무교육 실시 여부를 반기 1회 이상 점검해야 한다.

〈안전·보건 관계 법령상 의무교육 예시〉

구분	내용
「약사법」상 약사, 한의사의 연수교육 (동법 제15조)	약사 및 한약사의 자질 향상을 위하여 필요한 연수교육 매년 6시간 이상
「마약류관리법」상 원료물질수출입업자등의 교육(동법 제50조)	마약류 또는 원료물질 관리에 관한 교육 허가 또는 지정을 받은 후 1년 내 1회 2시간
「화장품법」상 책임판매관리자 및 맞춤형 화장품제조관리사의 교육(동법 제5조)	화장품의 안전성 확보 및 품질관리에 관한 교육 최초교육 : 종사한 날부터 6개월 내 보수교육 : 최초교육을 받은 날 기준 매년 1회
「농약관리법」상 제조업자 등에 대한 교육 (동법 제23조 제3항)	안전사용기준과 취급제한기준에 대한 교육 매년, 교육시간 6시간 이상
「건강기능식품법」상 영업자 및 종업원의 교육 (동법 제13조)	건강기능식품의 안전성 확보 및 품질관리, 건강기능식품의 표시·광고 등에 관한 교육 매년, 2시간
「의료기기법」상 품질책임자 교육 (동법 제6조의2)	국민건강의 위해를 방지하기 위하여 필요한 교육 1년에 8시간 이상

* 안전·보건 관계 법령상 법정의무교육의 상세한 근거와 내용은 본 가이드북 "06.참고"에 수록되어 있음

제9조 사업주와 경영책임자 등의 안전 및 보건 확보의무

조항	해설
① 사업주 또는 경영책임자 등은 사업주나 법인 또는 기관이 실질적으로 지배·운영·관리하는 사업 또는 사업장에서 생산·제조·판매·유통 중인 원료나 제조물의 설계, 제조, 관리상의 결함으로 인한 그 이용자 또는 그 밖의 사람의 생명, 신체의 안전을 위하여 다음 각 호에 따른 조치를 하여야 한다.	• 중대시민재해는 원료·제조물의 설계, 제조, 관리상의 결함으로 발생하는 재해임 • 그 범위를 법에서 정하지 않고 있어 기본적으로 모든 원료·제조물을 대상으로 볼 수 있으며, 제조물의 속성상 인체 유해성이 없는 경우(승강기, 자동차 등)도 이러한 관리상 결함이 있는 경우 유해·위험이 존재하므로 중대시민재해 예방을 위한 조치를 취해야 함 • 나아가 상식적으로 본래 해롭지 않은 원료·제조물이라도 결과적으로 중대시민재해를 발생시킬 수 있는 정도의 인체 유해성이 발생할 가능성이 있다면 이를 예방하기 위한 안전·보건 확보의무를 이행해야 함 • 중대재해처벌법은 생산·제조·판매·유통 과정의 원료·제조물에 적용되므로, 사업자의 모든 영업과정이 포함되며, 이 과정에서 이용되는 원료·제조물이 적용 대상이 됨 • 이용자의 부주의로 인한 사고 또는 「재난 및 안전관리 기본법」 제3조 제1호 가목의 자연재난으로 인한 사고 등은 원료 및 제조물을 생산·제조·판매·유통하는 기업 또는 기관의 관리범위를 벗어나는 것이므로, 이러한 사고·재난은 중대시민재해에 해당하지 않음
② 사업주 또는 경영책임자 등은 사업주나 법인 또는 기관이 실질적으로 지배·운영·관리하는 공중이용시설 또는 공중교통수단의 설계, 설치, 관리상의 결함으로 인한 그 이용자 또는 그 밖의 사람의 생명, 신체의 안전을 위하여 다음 각 호에 따른 조치를 하여야 한다.	• 중대재해 예방을 위한 사업주와 경영자 등이 지키도록 한 사항으로, 대부분 현장에서 이행되어야 하는 안전조치, 재발방지대책 수립 등이 • 원활히 진행되도록 '관리상의 조치'를 할 것을 규정한 것임 종전 안전법령이 대부분 '현장에서 이행되어야 하는 안전조치 또는 행위'를 규정한 것과는 다르게, 인력과 예산 등 핵심요소의 배치를 결정하는 권한과 책임을 가진 사람이 중대재해 예방을 위한 사항을 반영하여 기업 또는 기관을 경영하도록 하려는 취지임 • 특히, '재해예방에 필요한 인력·예산·점검 등 안전보건관리체계의 구축 및 이행에 관한 조치'와 '안전·보건 관계 법령에 따른 의무이행에 필요한 관리상의 조치'는 경영책임자의 주요 의무사항임
③ 사업주 또는 경영책임자 등은 사업주나 법인 또는 기관이 공중이용시설 또는 공중교통수단과 관련하여 제3자에게 도급, 용역, 위탁 등을 행한 경우에는 그 이용자 또는 그 밖의 사람의 생명, 신체의 안전을 위하여 제2항의 조치를 하여야 한다. 다만, 사업주나 법인 또는 기관이 그 시설, 장비, 장소 등에 대하여 실질적으로 지배·운영·관리하는 책임이 있는 경우에 한정한다.	• 안수탁기관이 중대시민재해 예방을 위한 조치능력과 안전관리능력을 확보하고 있는지를 평가하는 기준과 절차 • 수탁기관이 도급, 용역, 위탁 등의 업무를 수행할 때 중대시민재해 예방을 위해 필요한 비용을 산정하는 기준 도급, 용역, 위탁 등을 받은 자의 재해예방을 위한 조치 능력과 안전관리 역량은 수탁기관의 안전·보건관리체계 구축 현황과 최근 3년 이내 중대사고 발생이력 등으로 평가할 수 있음 • 다양한 요소로 능력을 평가할 수 있으며, 안전조직·인력, 안전관리규정·지침·매뉴얼, 재해대응체계, 교육·훈련 등을 근거로 수탁기관 평가 가능
④ 제1항 제1호·제4호 및 제2항 제1호·제4호의 조치에 관한 구체적인 사항은 대통령령으로 정한다.	

제10조 중대시민재해 사업주와 경영책임자 등의 처벌

① 제9조를 위반하여 제2조 제3호 가목의 중대시민재해에 이르게 한 사업주 또는 경영책임자 등은 1년 이상의 징역 또는 10억 원 이하의 벌금에 처한다. 이 경우 징역과 벌금을 병과할 수 있다.	• 법 제9조에서 "안전 · 보건 관계 법령에 따른 의무이행에 필요한 관리상의 조치"가 포함되어 있음 – 예를 들어, 다중이용업소법 또는 소방시설법에 따른 소방특별조사에 따른 조치명령을 위반, 개별영업 또는 시설 관련 법률(식품위생법, 공연법, 노인복지법 등)의 안전 · 보건 관련 규정을 위반하여 중대시민재해 발생한 경우 처벌받을 수 있음 • 중대시민재해의 발생원인이 법 제9조에서 정하는 의무사항을 이행하지 않거나 직접적으로 관련 있는 경우로 한정됨 • 다만, 중대시민재해가 발생하여도 사업주 또는 경영책임자가 법 제9조에서 정하는 의무사항을 충실히 수행한 경우에는 처벌받지 않음

제11조 중대시민재해의 양벌규정

법인 또는 기관의 경영책임자 등이 그 법인 또는 기관의 업무에 관하여 제10조에 해당하는 위반행위를 하면 그 행위자를 벌하는 외에 그 법인 또는 기관에게 다음 각 호의 구분에 따른 벌금형을 과(科)한다. 다만, 법인 또는 기관이 그 위반행위를 방지하기 위하여 해당 업무에 관하여 상당한 주의와 감독을 게을리하지 아니한 경우에는 그러하지 아니하다.	1. 제10조 제1항의 경우: 50억 원 이하의 벌금 2. 제10조 제2항의 경우: 10억 원 이하의 벌금

"경영책임자 등은 재해발생시 사고원인을 조사하고 재발방지를 위한 법령상 의무를 이행하고 대책을 마련할 것"

〈재발방지 대책의 수립 및 그 이행을 위한 계획서 구성 표준안〉

구분	내용	상세 내용
Ⅰ	사고개요	• 사고유형, 현황, 현장정보, 사고정보, 피해상황
Ⅱ	조사내용	• 조사방법, 조사활동 상황 문서점검, 현장조사 내용
Ⅲ	사고원인 분석 및 결론	• (필요시) 시험실시, 기타 자문 등을 통한 원인분석 결과 ※ 사고의 과학적 원인과 업무 절차상의 원인 모두 포함
Ⅳ	재발방지 대책	• 자체 방지대책, 명령에 따른 이행조치 계획 및 결과 보고
Ⅴ	향후조치	• 필요한 경우 추가 조사 계획 등

"경영책임자 등은 관계 행정기관 등이 명령한 사항의 이행에 필요한 조치를 취할 것"

〈관계 행정기관의 명령사항 이행조치 계획 및 결과 보고서 구성 표준안〉

구분	내용	상세 내용
I	명령사항 확인	• 개선, 시정명령의 구체적인 내용을 확인했는가? • 개선, 시정명령의 구체적인 내용의 확인 후 명확하지 않은 내용을 관계 행정기관에 문의했는가? • 개선, 시정명령의 구체적인 내용의 확인 후 해당 내용을 관련 담당자 등과 공유했는가?
II	이행조치계획서 마련	• 이행조치를 위한 계획서를 마련했는가?
III	이행조치실시	• 이행계획에 따라 이행조치를 실시했는가?
IV	이행조치결과 정리 및 보고	• 이행조치 후 그 결과를 문서로 정리했는가? • 이행조치 후 그 결과를 문서로 정리한 것을 관계 행정기관에 보고했는가?

제11조(중대시민재해의 양벌규정) 법인 또는 기관의 경영책임자등이 그 법인 또는 기관의 업무에 관하여 제10조에 해당하는 위반행위를 하면 그 행위자를 벌하는 외에 그 법인 또는 기관에게 다음 각 호의 구분에 따른 벌금형을 과(科)한다. 다만, 법인 또는 기관이 그 위반행위를 방지하기 위하여 해당 업무에 관하여 상당한 주의와 감독을 게을리하지 아니한 경우에는 그러하지 아니하다.

1. 제10조 제1항의 경우: 50억 원 이하의 벌금
2. 제10조 제2항의 경우: 10억 원 이하의 벌금

양벌규정 : 경영책임자등 외 법인 또는 기관도 처벌

법인 또는 기관의 경영책임자등이 그 법인 또는 기관의 업무에 관하여 그 행위자를 벌하는 외에 그 법인 또는 기관도 벌금형의 처벌을 받음(법 제11조)

• 사망자 1명 이상 발생 : 50억 이하 벌금
• 기타 중대시민재해 : 10억 이하 벌금

CHAPTER 04 보칙

제12조(형 확정 사실의 통보) 법무부장관은 제6조, 제7조, 제10조 또는 제11조에 따른 범죄의 형이 확정되면 그 범죄사실을 관계 행정기관의 장에게 통보하여야 한다.

☞ 해석

> **중대산업재해 발생사실의 공표**
>
> ① 법 제13조 제1항에 따른 공표(이하 이 조에서 "공표"라 한다)는 법 제4조에 따른 의무를 위반하여 발생한 중대산업재해로 법 제12조에 따라 범죄의 형이 확정되어 통보된 사업장을 대상으로 한다.
>
> ② 공표 내용은 다음 각 호의 사항으로 한다.
>
> 1. "중대산업재해 발생사실의 공표"라는 공표의 제목
> 2. 해당 사업장의 명칭
> 3. 중대산업재해가 발생한 일시·장소
> 4. 중대산업재해를 입은 사람의 수
> 5. 중대산업재해의 내용과 그 원인(사업주 또는 경영책임자등의 위반사항을 포함한다)
> 6. 해당 사업장에서 최근 5년 내 중대산업재해의 발생 여부
>
> ③ 고용노동부장관은 공표하기 전에 해당 사업장의 사업주 또는 경영책임자등에게 공표하려는 내용을 통지하고 30일 이상의 기간을 정하여 그에 대해 소명자료를 제출하게 하거나 의견을 진술할 수 있는 기회를 주어야 한다.
>
> ④ 공표는 관보, 고용노동부나 「한국산업안전보건공단법」에 따른 한국산업안전보건공단의 홈페이지에 게시하는 방법으로 한다.
>
> ⑤ 제4항에 따라 홈페이지에 게시하는 방법으로 공표하는 경우 공표기간은 1년으로 한다.

제13조(중대산업재해 발생사실 공표) ① 고용노동부장관은 제4조에 따른 의무를 위반하여 발생한 중대산업재해에 대하여 사업장의 명칭, 발생 일

시와 장소, 재해의 내용 및 원인 등 그 발생사실을 공표할 수 있다.

② 제1항에 따른 공표의 방법, 기준 및 절차 등은 대통령령으로 정한다.

☞ 해석

중대산업재해 발생사실의 공표

① 법 제13조 제1항에 따른 공표(이하 이 조에서 "공표"라 한다)는 법 제4조에 따른 의무를 위반하여 발생한 중대산업재해로 법 제12조에 따라 범죄의 형이 확정되어 통보된 사업장을 대상으로 한다.

② 공표 내용은 다음 각 호의 사항으로 한다.

1. "중대산업재해 발생사실의 공표"라는 공표의 제목
2. 해당 사업장의 명칭
3. 중대산업재해가 발생한 일시・장소
4. 중대산업재해를 입은 사람의 수
5. 중대산업재해의 내용과 그 원인(사업주 또는 경영책임자등의 위반사항을 포함한다)
6. 해당 사업장에서 최근 5년 내 중대산업재해의 발생 여부

③ 고용노동부장관은 공표하기 전에 해당 사업장의 사업주 또는 경영책임자등에게 공표하려는 내용을 통지하고 30일 이상의 기간을 정하여 그에 대해 소명자료를 제출하게 하거나 의견을 진술할 수 있는 기회를 주어야 한다.

④ 공표는 관보, 고용노동부나 「한국산업안전보건공단법」에 따른 한국산업안전보건공단의 홈페이지에 게시하는 방법으로 한다.

⑤ 제4항에 따라 홈페이지에 게시하는 방법으로 공표하는 경우 공표기간은 1년으로 한다.

제14조(심리절차에 관한 특례) ① 이 법 위반 여부에 관한 형사재판에서 법원은 직권으로 「형사소송법」 제294조의2에 따라 피해자 또는 그 법정대리인(피해자가 사망하거나 진술할 수 없는 경우에는 그 배우자・직계친족・형제자매를 포함한다)을 증인으로 신문할 수 있다.

② 이 법 위반 여부에 관한 형사재판에서 법원은 검사, 피고인 또는 변호인의 신청이 있는 경우 특별한 사정이 없으면 해당 분야의 전문가를 전문심리위원으로 지정하여 소송절차에 참여하게 하여야 한다.

제15조(손해배상의 책임) ① 사업주 또는 경영책임자등이 고의 또는 중대한 과실로 이 법에서 정한 의무를 위반하여 중대재해를 발생하게 한 경우 해당 사업주, 법인 또는 기관이 중대재해로 손해를 입은 사람에 대하

여 그 손해액의 5배를 넘지 아니하는 범위에서 배상책임을 진다. 다만, 법인 또는 기관이 해당 업무에 관하여 상당한 주의와 감독을 게을리하지 아니한 경우에는 그러하지 아니하다.

② 법원은 제1항의 배상액을 정할 때에는 다음 각 호의 사항을 고려하여야 한다.

1. 고의 또는 중대한 과실의 정도
2. 이 법에서 정한 의무위반행위의 종류 및 내용
3. 이 법에서 정한 의무위반행위로 인하여 발생한 피해의 규모
4. 이 법에서 정한 의무위반행위로 인하여 사업주나 법인 또는 기관이 취득한 경제적 이익
5. 이 법에서 정한 의무위반행위의 기간·횟수 등
6. 사업주나 법인 또는 기관의 재산상태
7. 사업주나 법인 또는 기관의 피해구제 및 재발방지 노력의 정도

제16조(정부의 사업주 등에 대한 지원 및 보고) ① 정부는 중대재해를 예방하여 시민과 종사자의 안전과 건강을 확보하기 위하여 다음 각 호의 사항을 이행하여야 한다.

1. 중대재해의 종합적인 예방대책의 수립·시행과 발생원인 분석
2. 사업주, 법인 및 기관의 안전보건관리체계 구축을 위한 지원
3. 사업주, 법인 및 기관의 중대재해 예방을 위한 기술 지원 및 지도
4. 이 법의 목적 달성을 위한 교육 및 홍보의 시행

② 정부는 사업주, 법인 및 기관에 대하여 유해·위험 시설의 개선과 보호 장비의 구매, 종사자 건강진단 및 관리 등 중대재해 예방사업에 소요되는 비용의 전부 또는 일부를 예산의 범위에서 지원할 수 있다.

③ 정부는 제1항 및 제2항에 따른 중대재해 예방을 위한 조치 이행 등 상황 및 중대재해 예방사업 지원 현황을 반기별로 국회 소관 상임위원회에 보고하여야 한다.

[시행일 : 2021. 1. 26.] 제16조

제12조 형 확정 사실의 통보

중대산업재해 발생 사실의 공표	1. "중대산업재해 발생사실의 공표"라는 공표의 제목 2. 해당 사업장의 명칭 3. 중대산업재해가 발생한 일시 · 장소 4. 중대산업재해를 입은 사람의 수 5. 중대산업재해의 내용과 그 원인(사업주 또는 경영책임자 등의 위반사항을 포함한다) 6. 해당 사업장에서 최근 5년 내 중대산업재해의 발생 여부

제13조 형 확정 사실의 통보

중대산업재해 발생 사실의 공표	1. "중대산업재해 발생사실의 공표"라는 공표의 제목 2. 해당 사업장의 명칭 3. 중대산업재해가 발생한 일시 · 장소 4. 중대산업재해를 입은 사람의 수 5. 중대산업재해의 내용과 그 원인(사업주 또는 경영책임자등의 위반사항을 포함한다) 6. 해당 사업장에서 최근 5년 내 중대산업재해의 발생 여부

제14조 심리절차에 관한 특례

① 이 법 위반 여부에 관한 형사재판에서 법원은 직권으로 「형사소송법」 제294조의2에 따라 피해자 또는 그 법정 대리인(피해자가 사망하거나 진술할 수 없는 경우에는 그 배우자 · 직계친족 · 형제자매를 포함한다)을 증인으로 신문할 수 있다.
② 이 법 위반 여부에 관한 형사재판에서 법원은 검사, 피고인 또는 변호인의 신청이 있는 경우 특별한 사정이 없으면 해당 분야의 전문가를 전문심리위원으로 지정하여 소송절차에 참여하게 하여야 한다.

제15조 형 확정 사실의 통보

① 사업주 또는 경영책임자 등이 고의 또는 중대한 과실로 이 법에서 정한 의무를 위반하여 중대재해를 발생하게 한 경우 해당 사업주, 법인 또는 기관이 중대재해로 손해를 입은 사람에 대하여 그 손해액의 5배를 넘지 아니하는 범위에서 배상책임을 진다. 다만, 법인 또는 기관이 해당 업무에 관하여 상당한 주의와 감독을 게을리하지 아니한 경우에는 그러하지 아니하다.	
② 법원은 제1항의 배상액을 정할 때에는 다음 각 호의 사항을 고려하여야 한다.	1. 고의 또는 중대한 과실의 정도 2. 이 법에서 정한 의무위반행위의 종류 및 내용 3. 이 법에서 정한 의무위반행위로 인하여 발생한 피해의 규모 4. 이 법에서 정한 의무위반행위로 인하여 사업주나 법인 또는 기관이 취득한 경제적 이익 5. 이 법에서 정한 의무위반행위의 기간 · 횟수 등 6. 사업주나 법인 또는 기관의 재산상태 7. 사업주나 법인 또는 기관의 피해구제 및 재발방지 노력의 정도

제16조 정부의 사업주 등에 대한 지원 및 보고

① 정부는 중대재해를 예방하여 시민과 종사자의 안전과 건강을 확보하기 위하여 다음 각 호의 사항을 이행하여야 한다.	1. 중대재해의 종합적인 예방대책의 수립 · 시행과 발생원인 분석 2. 사업주, 법인 및 기관의 안전보건관리체계 구축을 위한 지원 3. 사업주, 법인 및 기관의 중대재해 예방을 위한 기술 지원 및 지도 4. 이 법의 목적 달성을 위한 교육 및 홍보의 시행
② 사업주 또는 경영책임자 등이 고의 또는 중대한 과실로 이 법에서 정한 의무를 위반하여 중대재해를 발생하게 한 경우 해당 사업주, 법인 또는 기관이 중대재해로 손해를 입은 사람에 대하여 그 손해액의 5배를 넘지 아니하는 범위에서 배상책임을 진다. 다만, 법인 또는 기관이 해당 업무에 관하여 상당한 주의와 감독을 게을리하지 아니한 경우에는 그러하지 아니하다. ③ 정부는 제1항 및 제2항에 따른 중대재해 예방을 위한 조치 이행 등 상황 및 중대재해 예방사업 지원 현황을 반기별로 국회 소관 상임위원회에 보고하여야 한다.	

부칙 〈제17907호, 2021. 1. 26.〉

제1조(시행일) ① 이 법은 공포 후 1년이 경과한 날부터 시행한다. 다만, 이 법 시행 당시 개인사업자 또는 상시 근로자가 50명 미만인 사업 또는 사업장(건설업의 경우에는 공사금액 50억 원 미만의 공사)에 대해서는 공포 후 3년이 경과한 날부터 시행한다.

② 제1항에도 불구하고 제16조는 공포한 날부터 시행한다.

부칙 제1조 적용시기

제1조(시행일) ① 이 법은 공포 후 1년이 경과한 날부터 시행한다.
다만, 이 법 시행 당시 개인사업자 또는 상시 근로자가 50명 미만인 사업 또는 사업장(건설업의 경우에는 공사금액 50억 원 미만의 공사)에 대해서는 공포 후 3년이 경과한 날부터 시행한다.
② 제1항에도 불구하고 제16조는 공포한 날부터 시행한다.

구분	내용
적용시기	이 법은 공포 후 1년이 경과한 날인 2022. 01. 27부터 시행한다.
	예외: 다만 이 법 시행 당시 개인사업주, 상시 근로자가 50명 미만인 사업 또는 사업장과 건설업의 공사금액 50억 원 미만의 공사에 대해서는 공포 후 3년이 경과한 2024.1.27.부터 시행한다.
	2024.1.26.까지의 기간 동안 상시 근로자 수가 50명 이상이 된 법인 또는 기관의 경우 그 시점부터 법의 적용대상에 해당되며 개인사업주에 대해서는 부칙 제1조 단서 조항에 따라 상시 근로자 수에 관계없이 2024.1.27.부터 법이 적용된다.
	법인 또는 기관에 대해서는 2022.1.27. 이후부터 2024.1.26.까지의 기간 동안 상시 근로자가 50명 이상이 되는 날부터 법이 적용
	반대로 도급인 소속 상시 근로자는 5명 미만이지만 수급인 소속 근로자는 5명 이상인 경우 도급인인 개인사업주나 법인 또는 기관은 법의 적용대상이 아니지만 수급인은 법의 적용 대상이다.
	건설업의 경우는 예외적으로 사업 또는 사업장에 갈음하여 개별 건설공사를 단위로 시행일을 규정하였으므로 상시 근로자 수에 관계없이 금액이 50억 원 이상인 건설공사에 대해서는 2022.1.27.부터 50억 원 미만인 건설공사는 2024.1.27.부터 이 법이 적용되어 경영 책임자의 안전 및 보건 확보의무가 발생
	개인사업주가 법인 또는 기관으로 전환한 경우
	2022.1.27. 이후 새롭게 사업을 영위하거나 타인의 노무를 제공받아 사업을 하는 개인사업주 또는 법인 또는 기관
	법인 또는 기관의 상시 근로자 규모가 변하는 경우

제2조(다른 법률의 개정) 법원조직법 중 일부를 다음과 같이 개정한다.

제32조 제1항 제3호에 아목을 다음과 같이 신설한다.

아. 「중대재해 처벌 등에 관한 법률」 제6조 제1항·제3항 및 제10조 제1항에 해당하는 사건

PART 02

중대산업재해 및 중대시민재해 해석

CHAPTER 05 중대산업재해 해석

제1절 일반 안전보건관리체계 사업장별 자율점검표

1. 안전보건관리체계 일반

1.1 경영자 리더십

효과적인 안전보건관리체계를 구축하고 이행하기 위해서는 경영자가 확고한 '리더십'으로 비전을 제시하고, 인력·시설·장비 등 자원을 제공해야 한다.

자가진단 항목	네	아니요	비고
1. 사업주가 '근로자의 생명 보호'와 '안전한 작업환경 조성'을 기업경영의 우선가치로 삼고 있다.			
2. 사업주의 안전보건 목표와 개선의지를 담은 안전보건 경영방침을 수립하고 그 적정성을 주기적으로 검토한다.			
3. 경영방침에 사업장 유해·위험 및 규모의 특성, 모든 근로자 안전보건확보, 법규준수에 관한 경영자의 의지를 포함한다.			
4. 안전보건 경영방침을 인트라넷·게시판·작업현장 등에 게시하여 모든 근로자가 알고 있다.			
5. 안전보건 경영방침을 하청업체, 파견업체, 공급·판매업체도 알고 있다.			
6. 안전보건에 관한 목표를 설정하고 목표 달성을 위한 실행계획을 수립한다.			

7. 주기적으로 사업주(CEO) 주재의 안전보건관련 회의를 진행하여 위험요인의 제거·대체 및 통제에 필요한 자원을 확인 등 안전보건관리체계의 정상적인 이행 여부를 확인한다.			
8. 위험요인의 제거·대체 및 통제를 위한 구체적인 계획을 수립하고, 이행에 필요한 예산을 배정한다.			
9. 안전보건 관리를 위한 인력을 법정 최소요건 이상으로 충분히 확보한다.			
10. 안전보건 확보를 위한 안전보건 조직의 제안이 원활하게 이행될 수 있도록 권한을 부여한다.			
11. 안전보건관리규정 등 내부규정에 구성원의 권한과 책임을 정하고, 그 적정성을 주기적으로 검토한다.			
12. 안전보건관리체계 구축·이행은 안전관리자·보건관리자만의 업무가 아닌 최고책임자와 관리자의 기본적인 업무임을 명확히 한다.			
13. 안전보건관리규정 등 내부규정에 안전보건과 관련한 업무절차를 정하고 있다.			
14. 구성원들이 안전보건활동(내·외부 교육 참석 등)에 참여할 수 있는 시간을 보장한다.			
15. 사업주는 안전보건활동에 적극적인 참여자에게 인센티브를 제공하는 등 참여를 위한 분위기를 조성한다.			
16. 안전보건관리체계 구축을 위해 안전보건에 대한 예산이 편성·집행되고 있다.			

〈참고자료〉

- 산업재해 예방을 위한 안전보건관리체계 가이드북(고용노동부 홈페이지-정책자료-정책자료실)
- KOSHA GUIDE(G-107-2013) 안전보건 리더십에 관한 지침(안전보건공단 홈페이지-자료마당-법령/지침정보)
- 대표이사의 안전·보건계획 수립 가이드(안전보건공단 홈페이지-자료마당-안전보건자료실)

〈경영자 리더십 관련 중대재해처벌법 시행령 규정〉

제4조(안전보건관리체계의 구축 및 이행 조치) 법 제4조 제1항 제1호에 따른 조치의 구체적인 사항은 다음 각 호와 같다.

1. 사업 또는 사업장의 안전·보건에 관한 목표와 경영방침을 설정할 것
2. 「산업안전보건법」 제17조부터 제19조까지 및 제22조에 따라 두어야 하는 인력이 총 3명 이상이고 다음 각 목의 어느 하나에 해당하는 사업 또는 사업장인 경우에는 안전·보건에 관한 업무를 총괄·관리하는 전담 조직을 둘 것. 이 경우 나목에 해당하지 않던 건설사업자가 나목에 해당하게 된 경우에는 공시한 연도의 다음 연도 1월 1일까지 해당 조직을 두어야 한다.
   가. 상시근로자 수가 500명 이상인 사업 또는 사업장
   나. 「건설산업기본법」 제8조 및 같은 법 시행령 별표 1에 따른 토목건축공사업에 대해 같은 법

제23조에 따라 평가하여 공시된 시공능력의 순위가 상위 200위 이내인 건설사업자

4. 다음 각 목의 사항을 이행하는 데 필요한 예산을 편성하고 그 편성된 용도에 맞게 집행하도록 할 것
   가. 재해 예방을 위해 필요한 안전·보건에 관한 인력, 시설 및 장비의 구비
   나. 제3호에서 정한 유해·위험요인의 개선
   다. 그 밖에 안전보건관리체계 구축 등을 위해 필요한 사항으로서 고용노동부장관이 정하여 고시하는 사항
5. 「산업안전보건법」 제15조, 제16조 및 제62조에 따른 안전보건관리책임자, 관리감독자 및 안전보건총괄책임자가 같은 조에서 규정한 각각의 업무를 각 사업장에서 충실히 수행할 수 있도록 다음 각 목의 조치를 할 것
   가. 안전보건관리책임자등에게 해당 업무 수행에 필요한 권한과 예산을 줄 것
   나. 안전보건관리책임자등이 해당 업무를 충실하게 수행하는지를 평가하는 기준을 마련하고, 그 기준에 따라 반기 1회 이상 평가·관리할 것
6. 「산업안전보건법」 제17조부터 제19조까지 및 제22조에 따라 정해진 수 이상의 안전관리자, 보건관리자, 안전보건관리담당자 및 산업보건의를 배치할 것. 다만, 다른 법령에서 해당 인력의 배치에 대해 달리 정하고 있는 경우에는 그에 따르고, 배치해야 할 인력이 다른 업무를 겸직하는 경우에는 고용노동부장관이 정하여 고시하는 기준에 따라 안전·보건에 관한 업무 수행시간을 보장해야 한다.

1.2 근로자의 참여

성공적인 안전보건관리체계 구축·이행을 위해서는 잠재된 위험에 대해 가장 잘 알고 있는 현장 작업자의 참여가 반드시 필요하다.

자가진단 항목	네	아니요	비고
1. 안전보건 경영방침과 목표, 산업안전보건법령의 주요 내용, 안전보건관리규정, 산업안전보건위원회 의결사항 등을 홈페이지, 게시판에 게시한다.			
2. 사업장 내 유해·위험기계·기구 및 물질, 위험장소 등을 대부분의 근로자가 알고 있다.			
3. 산업재해 및 아차사고 발생 현황 등을 공개하여 대부분의 근로자가 알고 있다.			
4. 안전보건 확보와 관련하여 사업장 내 구성원들이 참여할 수 있는 공식적인 절차를 적극적으로 알린다.			
5. 산업안전보건위원회, 도급인·수급인 안전보건협의체 등을 통해 구성원의 의견을 적극적으로 수렴한다.			

6. 작업 전 안전미팅(TBM), 안전제안활동, 안전보건신고함 등 법적 절차 외 구성원의 의견을 수렴하는 절차를 운영한다.			
7. 위험요인 파악 및 제거・대체・통제방안 마련 시 해당 작업과 연계된 근로자를 참여시킨다.			
8. 위험요인별 재해 발생 시나리오 및 조치계획 수립 시 해당 작업과 연계된 근로자를 참여시킨다.			
9. 위험요인 신고, 제도개선 제안 시 인센티브를 부여한다.			
10. 위험요인 신고・제안자에게 불이익이 없도록 하여 자유롭게 의견을 제시할 수 있도록 한다.			
11. 신고 및 제안에 대한 조치결과를 정기적으로 공개한다.			

〈참고자료〉

• 산업재해 예방을 위한 안전보건관리체계 가이드북(고용노동부 홈페이지–정책자료–정책자료실)

〈근로자 참여 관련 중대재해처벌법 시행령 규정〉

제4조(안전보건관리체계의 구축 및 이행 조치) 법 제4조 제1항 제1호에 따른 조치의 구체적인 사항은 다음 각 호와 같다.

7. 사업 또는 사업장의 안전・보건에 관한 사항에 대해 종사자의 의견을 듣는 절차를 마련하고, 그 절차에 따라 의견을 들어 재해 예방에 필요하다고 인정하는 경우에는 그에 대한 개선방안을 마련하여 이행하는지를 반기 1회 이상 점검한 후 필요한 조치를 할 것. 다만, 「산업안전보건법」 제24조에 따른 산업안전보건위원회 및 같은 법 제64조・제75조에 따른 안전 및 보건에 관한 협의체에서 사업 또는 사업장의 안전・보건에 관하여 논의하거나 심의・의결한 경우에는 해당 종사자의 의견을 들은 것으로 본다.

1.3 위험요인 파악

산업재해 예방은 위험요인 파악에서 시작합니다. 위험요인과 위험의 정도를 제대로 알고만 있어도, 경각심을 가지고 작업할 수 있다.

자가진단 항목	네	아니요	비고
1. 경영자・관리자, 현장 작업자의 참여를 바탕으로 위험요인을 주기적으로 파악한다.			
2. 수급업체 근로자뿐만 아니라 파견업체, 공급・판매업체, 고객 등 모든 구성원이 위험요인을 신고・제보할 수 있는 절차를 운영한다.			
3. 산업재해 및 아차사고를 조사하여 위험요인을 파악한다.			
4. 동종업체의 산업재해 사례를 참고하여 위험요인을 파악한다.			
5. 파악한 위험요인을 유형별로 정리한다.			
6. 보유하고 있는 위험기계・기구・설비, 유해・위험 화학물질 현황을 관리대장 등을 통해 관리한다.			
7. 새로운 기계・기구・설비, 화학물질 도입 시 또는 설비변경 시 사전에 위험요인을 파악하는 절차를 두고 관리한다.			
8. 위험장소에 안전보건표지를 부착하고, 출입 및 작업 시 별도로 관리하는 절차가 있다.			
9. 작업방법을 고려한 위험요인을 파악한다.			
10. 정비・보수 등 비정형 작업의 경우 수시 위험성평가를 실시하여 위험성을 제거 또는 감소시키는 활동을 한다.			

〈참고자료〉
- 산업재해 예방을 위한 안전보건관리체계 가이드북(고용노동부 홈페이지-정책자료-정책자료실)
- 위험성평가 지침 해설서(안전보건공단 홈페이지-자료마당-안전보건자료실)

〈위험요인 확인 관련 중대재해처벌법 시행령 규정〉

제4조(안전보건관리체계의 구축 및 이행 조치) 법 제4조 제1항 제1호에 따른 조치의 구체적인 사항은 다음 각 호와 같다.

3. 사업 또는 사업장의 특성에 따른 유해・위험요인을 확인하여 개선하는 업무절차를 마련하고, 해당 업무절차에 따라 유해・위험요인의 확인 및 개선이 이루어지는지를 반기 1회 이상 점검한 후 필요한 조치를 할 것. 다만, 「산업안전보건법」 제36조에 따른 위험성평가를 하는 절차를 마련하고, 그 절차에 따라 위험성 평가를 직접 실시하거나 실시하도록 하여 실시 결과를 보고받은 경우에는 해당 업무절차에 따라 유해・위험요인의 확인 및 개선에 대한 점검을 한 것으로 본다.

1.4 위험요인 제거 · 대체 및 통제

위험요인을 제거 · 대체하거나 통제할 수 있는 방안을 마련할 때
'사람은 실수하고 기계는 고장날 수 있다는 점'을 특히 유의해야 한다.

자가진단 항목	네	아니요	비고
1. 각각의 위험요소에 대해 사고발생 가능성(빈도)과 중대성(강도)은 최악의 상황을 고려하여 위험의 정도를 평가한다.			
2. 위험요인 우선순위를 정하고, 감소대책을 수립한다.			
3. 위험요인별 개선방안 마련 시 현장작업자가 참여하고, 사업주의 검토가 이루어진다.			
4. 위험요인별 개선방안 마련 시 ① 제거 → ② 대체 → ③ 통제 → ④ 보호구 순으로 검토한다.			
5. 위험요인별 개선방안 마련 시 가능한 공학적 통제방안 이상으로 복수의 방안을 마련한다.			
6. 위험요인별 개선방안이 결정되면 개선시기, 예산 · 인력 배정방안, 담당자 지정을 포함한 종합적인 대책을 마련한다.			
7. 위험요인 제거 · 대체 및 통제를 위한 종합적인 대책을 모든 구성원에게 공유 · 교육하고 이행한다.			
8. 보유한 기계 · 기구 및 설비 등에 대한 점검 · 정비 절차가 있다.			
9. 새로운 기계 · 기구 · 설비 도입, 작업방법 변경, 운전조건 변화 등 변경 시 사전에 안전을 고려하는 절차가 있다.			
10. 위험작업에 대한 작업 절차서를 작성한다.			
11. 비정형 작업 등 위험작업 시 작업허가제, LOTO(Lock Out, Tag Out*)절차를 운영한다. * Lock Out: 잠금장치, Tag Out: 작업중임을 표시			
12. 모든 구성원에게 안전보건관리체계 전반에 대해 주기적으로 교육한다.			

〈추가 참고자료〉
- 산업재해 예방을 위한 안전보건관리체계 가이드북(고용노동부 홈페이지–정책자료–정책자료실)
- 위험성평가 지침 해설서(안전보건공단 홈페이지–자료마당–안전보건자료실)
- KOSHA GUIDE(X–60–2013) 설비배치 계획 및 변경시의 리스크 평가지침
- KOSHA GUIDE(P–98–2017) 변경요소관리에 관한 기술지침
- KOSHA GUIDE(P–93–2020) 유해 위험설비의 점검 정비 유지관리 지침
  (안전보건공단 홈페이지–자료마당–법령/지침정보)
- KOSHA GUIDE(P–94–2019) 안전작업허가 지침

〈위험요인 제거·통제 관련 중대재해처벌법 시행령 규정〉

제4조(안전보건관리체계의 구축 및 이행 조치) 법 제4조 제1항 제1호에 따른 조치의 구체적인 사항은 다음 각 호와 같다.

3. 사업 또는 사업장의 특성에 따른 유해·위험요인을 확인하여 개선하는 업무절차를 마련하고, 해당 업무절차에 따라 유해·위험요인의 확인 및 개선이 이루어지는지를 반기 1회 이상 점검한 후 필요한 조치를 할 것. 다만, 「산업안전보건법」 제36조에 따른 위험성평가를 하는 절차를 마련하고, 그 절차에 따라 위험성 평가를 직접 실시하거나 실시하도록 하여 실시 결과를 보고받은 경우에는 해당 업무절차에 따라 유해·위험요인의 확인 및 개선에 대한 점검을 한 것으로 본다.

1.5 비상조치계획 수립

중대재해 발생에 대처할 수 있는 비상조치계획을 수립하고 준비함으로써 피해를 최소화할 수 있다.

자가진단 항목	네	아니요	비고
1. 위험요인별로 어떤 재해가 발생할 수 있는지를 검토하여 중대재해로 이어질 수 있는 재해요인을 파악한다.			
2. 작업 중 발생 가능한 사고의 유형 및 형태, 사고 발생 시 초래될 결과 등을 확인·예측한다.			
3. 현장에 맞는 위험성이 높은 위험요인에 대해 재해 발생 시나리오를 작성한다.			
4. 재해 발생 시나리오별 조치계획을 작성하여 관계 부서, 공정, 유해·위험물질, 재해유형, 원인, 피해범위 등을 목록화하여 관리한다.			
5. 비상조치계획에는 필요한 인력 및 시설·장비(인적·물적 자원)가 적절히 포함되어 있다.			
6. 비상조치계획에 작업중지·근로자 대피·위험요인 제거 등 대응조치, 재해자 구호조치, 추가피해 방지를 위한 조치가 포함되어 있다.			
7. 비상조치계획에 상황보고 및 전파체계, 조치별 대응조직 및 담당자의 역할이 적절히 구분되어 있다.			
8. 비상 시 즉각 탈출할 수 있는 비상구가 충분히 마련되었고, 즉각 알아볼 수 있는 형태로 표시되어 있다.			
9. 비상상황을 대비하여 병원, 소방서 등 유관기관과의 협조체계가 마련되어 있다.			
10. 비상조치계획에 따라 주기적으로 훈련하고 그 적정성을 검토한다(반기1회 이상).			
11. 훈련과정에서 발견된 문제점을 검토하여 비상조치계획을 개선한다.			

〈참고자료〉
- 산업재해 예방을 위한 안전보건관리체계 가이드북(고용노동부 홈페이지–정책자료–정책자료실)
- KOSHA GUIDE(P-101-2012) 비상조치계획 수립에 관한 기술지침
(안전보건공단 홈페이지–자료마당–법령/지침정보)

〈비상조치 계획 수립 관련 중대재해처벌법 시행령 규정〉

제4조(안전보건관리체계의 구축 및 이행 조치) 법 제4조 제1항 제1호에 따른 조치의 구체적인 사항은 다음 각 호와 같다.

8. 사업 또는 사업장에 중대산업재해가 발생하거나 발생할 급박한 위험이 있을 경우를 대비하여 다음 각 목의 조치에 관한 매뉴얼을 마련하고, 해당 매뉴얼에 따라 조치하는지를 반기 1회 이상 점검할 것
   가. 작업 중지, 근로자 대피, 위험요인 제거 등 대응조치
   나. 중대산업재해를 입은 사람에 대한 구호조치
   다. 추가 피해방지를 위한 조치

1.6 도급 · 용역 · 위탁 시 안전보건 확보

안전보건관리체계는 소속 근로자뿐만 아니라,
사업장 내 모든 구성원을 대상으로 구축하고 이행해야 한다.

자가진단 항목	네	아니요	비고
1. 도급·용역·위탁 시 안전보건 수준을 평가하는 절차가 있고, 이에 따라 업체를 선정한다.			
2. 도급·용역·위탁 시 안전보건 수준 평가 기준이 적절하며, 그 결과 안전보건 능력을 갖춘 자가 선정된다.			
3. 도급·용역·위탁 시 도급·용역·위탁 등을 받는 자의 안전·보건을 위한 관리비용, 공사기간 등에 대한 검토 기준이 있다.			
4. 도급·용역·위탁 시 도급·용역·위탁 등을 받는 자의 산재예방 능력 평가 기준에 따라 평가·선정이 이루어지는지를 주기적으로 점검한다(반기1회 이상).			
5. 도급·용역·위탁 시 도급·용역·위탁 등을 받는 자의 적정 안전·보건 관리비용 검토 후 비용이 지급되는지를 주기적으로 점검한다(반기1회 이상).			

6. 도급·용역·위탁 시 도급·용역·위탁 등을 받는 자의 적정 공사기간 검토 후 해당 사업이 이루어지는지를 주기적으로 점검한다(반기 1회 이상).			
7. 도급·용역·위탁 시 사전에 유해·위험물질의 유해성·위험성, 유해·위험작업에 대한 주의사항 등 안전보건에 관한 정보를 제공한다.			
8. 도급·용역·위탁받은 자가 안전보건에 관한 의견을 전달하는 절차가 있고, 그에 대한 검토 및 처리결과를 공유한다.			
9. 도급·용역·위탁 업무 시 유해·위험한 작업의 경우 안전작업 허가제를 통해 관리하고, 점검반을 구성하여 수시로 안전보건 점검을 실시한다.			
10. 도급·용역·위탁받은 자가 실시하는 위험성평가, 안전보건교육 등 안전보건활동의 적정성을 검토·확인한다.			
11. 도급·용역·위탁 업무 완료시 안전보건 업무평가를 실시하여 이를 활용한다.			

〈추가 참고자료〉

- 산업재해 예방을 위한 안전보건관리체계 가이드북(고용노동부 홈페이지-정책자료-정책자료실)
- 도급시 산업재해예방 운영지침(고용노동부 홈페이지-뉴스·소식-공지사항)
- 도급사업 안전보건관리 운영 매뉴얼(안전보건공단 홈페이지-자료마당-안전보건자료실)
- KOSHA GUIDE(P-95-2016) 도급업체의 안전관리계획 작성에 관한 기술 지침 (안전보건공단 홈페이지-자료마당-법령/지침정보)

〈도급·용역 안전보건확보 관련 중대재해처벌법 시행령 규정〉

제4조(안전보건관리체계의 구축 및 이행 조치) 법 제4조 제1항 제1호에 따른 조치의 구체적인 사항은 다음 각 호와 같다.

9. 제3자에게 업무의 도급, 용역, 위탁 등을 하는 경우에는 종사자의 안전·보건을 확보하기 위해 다음 각 목의 기준과 절차를 마련하고, 그 기준과 절차에 따라 도급, 용역, 위탁 등이 이루어지는지를 반기 1회 이상 점검할 것
   가. 도급, 용역, 위탁 등을 받는 자의 산업재해 예방을 위한 조치 능력과 기술에 관한 평가기준·절차
   나. 도급, 용역, 위탁 등을 받는 자의 안전·보건을 위한 관리비용에 관한 기준
   다. 건설업 및 조선업의 경우 도급, 용역, 위탁 등을 받는 자의 안전·보건을 위한 공사기간 또는 건조기간에 관한 기준

1.7 평가 및 개선

안전보건관리체계 이행 현황을 정기적으로 확인하고,
문제점을 파악・개선하여 안전보건관리체계를 지속적으로 개선한다.

자가진단 항목	네	아니요	비고
1. 전 구성원을 대상으로 안전보건에 관한 성과를 평가한다.			
2. 안전보건에 관한 평가 시 근로자 의견 검토 및 반영, 도급・용역・위탁 시 안전・보건 관리에 관한 사항을 포함한다.			
3. 안전보건에 관한 평가 결과를 다음 연도 목표설정 및 실행계획 수립에 반영한다.			
4. 안전보건관리체계가 계획・내부규정에 따라 운영되는지 주기적으로 확인한다.			
5. 산업재해 발생 시 사고의 원인을 찾기 위해 조사팀을 구성하여 현장의 문제점을 조사한다.			
6. 산업재해 발생 시 사고의 근원적인 원인을 찾기 위해 업무절차 및 자원배정의 적정성 등 안전보건관리체계 전반을 점검한다.			
7. 안전보건관리체계 점검팀 구성, 점검 종류, 점검 주기, 점검 방법 등을 내부규정으로 정하여 운영한다.			
8. 점검결과 발견된 문제 및 개선방안은 사업주에게 보고하고, 근로자에게 교육 등을 통해 전파한다.			
9. 도출된 문제의 개선방안 마련 시 근원적인 문제점이 개선되도록 충분한 자원을 배정한다.			
10. 점검 결과 마련된 개선방안은 개선시기, 담당, 예산・인력 배정을 포함하여 조치계획을 수립한다.			
11. 중대재해처벌법상에 규정된 정기적인 안전보건관리체계 관련 점검・평가 의무를 이행한다.(유해・위험요인 개선, 안전보건관리책임자 등의 업무 수행, 근로자 의견 청취, 비상조치 매뉴얼, 도급・용역・위탁)			

〈참고자료〉
- 산업재해 예방을 위한 안전보건관리체계 가이드북(고용노동부 홈페이지–정책자료–정책자료실)

〈평가 및 개선 관련 중대재해처벌법 시행령 규정〉

제4조(안전보건관리체계의 구축 및 이행 조치) 법 제4조 제1항 제1호에 따른 조치의 구체적인 사항은 다음 각 호와 같다.

3. 사업 또는 사업장의 특성에 따른 유해·위험요인을 확인하여 개선하는 업무절차를 마련하고, 해당 업무절차에 따라 유해·위험요인의 확인 및 개선이 이루어지는지를 반기 1회 이상 점검한 후 필요한 조치를 할 것. 다만, 「산업안전보건법」 제36조에 따른 위험성평가를 하는 절차를 마련하고, 그 절차에 따라 위험성 평가를 직접 실시하거나 실시하도록 하여 실시 결과를 보고받은 경우에는 해당 업무절차에 따라 유해·위험요인의 확인 및 개선에 대한 점검을 한 것으로 본다.
5. 「산업안전보건법」 제15조, 제16조 및 제62조에 따른 안전보건관리책임자, 관리감독자 및 안전보건총괄책임자(이하 이 조에서 "안전보건관리책임자등"이라 한다)가 같은 조에서 규정한 각각의 업무를 각 사업장에서 충실히 수행할 수 있도록 다음 각 목의 조치를 할 것
   가. 안전보건관리책임자등에게 해당 업무 수행에 필요한 권한과 예산을 줄 것
   나. 안전보건관리책임자등이 해당 업무를 충실하게 수행하는지를 평가하는 기준을 마련하고, 그 기준에 따라 반기 1회 이상 평가·관리할 것
7. 사업 또는 사업장의 안전·보건에 관한 사항에 대해 종사자의 의견을 듣는 절차를 마련하고, 그 절차에 따라 의견을 들어 재해 예방에 필요하다고 인정하는 경우에는 그에 대한 개선방안을 마련하여 이행하는지를 반기 1회 이상 점검한 후 필요한 조치를 할 것. 다만, 「산업안전보건법」 제24조에 따른 산업안전보건위원회 및 같은 법 제64조·제75조에 따른 안전 및 보건에 관한 협의체에서 사업 또는 사업장의 안전·보건에 관하여 논의하거나 심의·의결한 경우에는 해당 종사자의 의견을 들은 것으로 본다.
8. 사업 또는 사업장에 중대산업재해가 발생하거나 발생할 급박한 위험이 있을 경우를 대비하여 다음 각 목의 조치에 관한 매뉴얼을 마련하고, 해당 매뉴얼에 따라 조치하는지를 반기 1회 이상 점검할 것
9. 제3자에게 업무의 도급, 용역, 위탁 등을 하는 경우에는 종사자의 안전·보건을 확보하기 위해 다음 각 목의 기준과 절차를 마련하고, 그 기준과 절차에 따라 도급, 용역, 위탁 등이 이루어지는지를 반기 1회 이상 점검할 것

제2절 건설업 위험요인 파악 및 통제 자율점검표

1. 안전보건관리체계 자율점검표

1.1 경영자 리더십

효과적인 안전보건관리체계를 구축하고 이행하기 위해서는 경영자가 확고한 '리더십'으로 비전을 제시하고, 인력·시설·장비 등 자원을 제공해야 한다.

자율점검 항목	적정	부적정
1. '작업자의 생명 보호'와 '안전한 작업환경 조성'을 기업경영의 우선 가치로 삼고 있다.		
2. 안전보건 목표와 개선의지를 담은 안전보건 경영방침을 수립하고 그 적정성을 주기적으로 검토한다.		
3. 안전보건 경영방침을 작업현장, 인트라넷, 게시판 등에 게시하여 현장에서 일하는 작업자가 알고 있다.		
4. 안전보건에 관한 목표를 설정하고 목표 달성을 위한 실행계획을 수립한다.		
5. 본사에 안전·보건에 관한 업무를 총괄·관리하고, 현장의 안전보건관리체계 이행 여부를 확인할 수 있는 전담조직을 갖춘다.		
6. 경영책임자 주재 안전보건 회의를 주기적으로 개최하여 안전보건관리체계의 정상적인 작동 여부를 확인한다.		
7. 건축공사를 도급받거나 직접 설계할 때에는 재해예방에 필요한 가설구조물과 안전시설물 등이 반영되고 적정한 공사기간과 공사비용이 산정되었는지 확인한다.		
8. 건설공사를 착공하기 전에는 적정한 가설구조물과 안전시설물이 설계되어 있고, 적정한 공사기간과 공사비용이 산정되었는지 확인한다.		
9. 건설현장별 위험요인을 제거·대체, 통제하기 위한 구체적인 계획을 수립하고, 이행에 필요한 예산을 배정한다.		
10. 예상치 못한 건설현장의 위험요인도 즉시 제거·대체, 통제할 수 있도록 적정한 예산을 확보한다.		
11. 안전관리자, 보건관리자, 작업지휘자, 유도자, 화재감시자 등 현장의 안전보건 관리를 위한 인력을 충분히 확보한다.		
12. 안전보건관리체계의 효과적인 이행을 위해 안전보건 담당자의 적절한 근로조건을 보장하고 경력개발을 지원한다.		

13. 본사 및 현장의 안전보건 담당자의 지도·권고 등이 원활하게 이행될 수 있도록 권한을 부여한다.		
14. 본사 및 건설현장별로 구성원의 권한과 책임 및 업무절차를 정하고, 그 적정성을 주기적으로 검토한다.		
15. 안전보건관리체계 구축·이행은 안전관리자·보건관리자만의 업무가 아닌 경영책임자와 관리자의 기본적인 업무임을 명확히 한다.		
16. 현장작업자 등 구성원들이 안전보건활동에 참여할 수 있는 절차를 마련하고, 시간을 보장한다.		
17. 사업주는 안전보건활동에 적극적인 참여자에게 인센티브를 제공하는 등 참여를 위한 분위기를 조성한다.		

〈추가 참고자료〉

☞ KOSHA GUIDE(G-107-2013) 안전보건 리더십에 관한 지침

☞ 대표이사의 안전·보건계획 수립 가이드

〈관련 중대재해처벌법 시행령 규정〉

제4조(안전보건관리체계의 구축 및 이행 조치) 법 제4조 제1항 제1호에 따른 조치의 구체적인 사항은 다음 각 호와 같다.

1. 사업 또는 사업장의 안전·보건에 관한 목표와 경영방침을 설정할 것
2. 「산업안전보건법」 제17조부터 제19조까지 및 제22조에 따라 두어야 하는 인력이 총 3명 이상이고 다음 각 목의 어느 하나에 해당하는 사업 또는 사업장인 경우에는 안전·보건에 관한 업무를 총괄·관리하는 전담 조직을 둘 것. 이 경우 나목에 해당하지 않던 건설사업자가 나목에 해당하게 된 경우에는 공시한 연도의 다음 연도 1월 1일까지 해당 조직을 두어야 한다.
   가. 상시근로자 수가 500명 이상인 사업 또는 사업장
   나. 「건설산업기본법」 제8조 및 같은 법 시행령 별표 1에 따른 토목건축공사업에 대해 같은 법 제23조에 따라 평가하여 공시된 시공능력의 순위가 상위 200위 이내인 건설사업자
4. 다음 각 목의 사항을 이행하는 데 필요한 예산을 편성하고 그 편성된 용도에 맞게 집행하도록 할 것
   가. 재해 예방을 위해 필요한 안전·보건에 관한 인력, 시설 및 장비의 구비
   나. 제3호에서 정한 유해·위험요인의 개선
   다. 그 밖에 안전보건관리체계 구축 등을 위해 필요한 사항으로서 고용노동부장관이 정하여 고시하는 사항
5. 「산업안전보건법」 제15조, 제16조 및 제62조에 따른 안전보건관리책임자, 관리감독자 및 안전보건총괄책임자가 같은 조에서 규정한 각각의 업무를 각 사업장에서 충실히 수행할 수 있도록 다음 각 목의 조치를 할 것
   가. 안전보건관리책임자등에게 해당 업무 수행에 필요한 권한과 예산을 줄 것
   나. 안전보건관리책임자등이 해당 업무를 충실하게 수행하는지를 평가하는 기준을 마련하고, 그 기준에 따라 반기 1회 이상 평가·관리할 것
6. 「산업안전보건법」 제17조부터 제19조까지 및 제22조에 따라 정해진 수 이상의 안전관리자, 보건관리자, 안전보건관리담당자 및 산업보건의를 배치할 것. 다만, 다른 법령에서 해당 인력의 배치

에 대해 달리 정하고 있는 경우에는 그에 따르고, 배치해야 할 인력이 다른 업무를 겸직하는 경우에는 고용노동부장관이 정하여 고시하는 기준에 따라 안전・보건에 관한 업무 수행시간을 보장해야 한다.

〈관련 산업안전보건법령 규정〉

- (안전보건계획 이사회 승인) 대표이사는 매년 안전보건계획*을 수립하여 이사회에 보고・승인을 받고 성실히 이행 〈산안법 제14조〉

  * 안전보건 관련 ① 경영방침 ② 관리조직의 구성・인원 및 역할 ③ 예산 및 시설 현황 ④ 전년도 실적 및 다음 연도 활동 계획 등을 포함해야 합니다.(시공능력 순위 1,000위 이내 건설회사)

- (안전보건관리규정) 산재예방 관리체계・책임 명확화, 기준 확립 등을 위해 안전보건관리규정*을 작성 〈산안법 제25조~제28조〉

  * 안전보건 관리조직과 그 직무, 안전보건교육, 작업장 관리, 사고 조사 및 대책 등 포함

- (안전보건관리체제) 안전보건관리책임자・관리감독자・안전관리자・보건관리자・산업보건의 등을 지정하고 역할 부여 〈산안법 제2장 제1절〉

[산업안전보건법의 이해] 주요 안전보건 업무 담당자의 역할

구 분	적용 사업장	선임대상/자격	주요 업무
안전보건 관리책임자 (15조)	20억 원 이상 건설현장	실질적인 사업장 총괄관리자	• 산재예방계획 수립, 안전보건관리규정 작성・변경 • 안전보건교육, 근로자 건강관리 • 산재 원인조사 및 재발방지대책 수립 • 산재 통계 기록・유지, 위험성평가 실시 • 안전장치・보호구 적격품 여부 확인 • 근로자 위험, 건강장해 방지
관리 감독자 (16조)	모든 건설현장	실질적인 현장 업무 책임자 또는 지휘자	• 기계・기구 또는 설비 점검, 작업장 정리정돈 • 작업복・보호구・방호장치 점검, 교육・지도 • 산재 보고 및 응급조치 • 안전・보건관리자 업무에 대한 협조 • 위험성평가 관련, 위험요인 파악 및 개선
안전 관리자 (17조)	80억 원 이상 건설현장 * 단, 건설 120억 원 이상 현장은 전담자 선임	관련 자격・학위 취득자 등	• 위험성평가, 위험기계・기구, 안전교육, 순회점검에 대한 지도・조언 및 보좌 • 산재 발생 원인 조사・분석, 재발방지를 위한 기술, 산재 통계 유지・관리・분석 등에 대한 지도・조언 및 보좌
보건 관리자 (18조)	800억 원 이상 건설현장 * 토목공사는 1,000억 원↑	관련 자격・학위 취득자 등	• 위험성평가, 개인 보호구, 보건교육, 순회점검에 대한 지도・조언 및 보좌 • 산재 발생 원인 조사・분석, 재발방지를 위한 기술, 산재 통계 유지・관리・분석 등에 대한 지도・조언 및 보좌 • 가벼운 부상에 대한 치료, 응급처치 등에 대한 의료행위(의사 또는 간호사에 한함) • MSDS 게시・비치, 지도・조언 및 보좌

안전보건 조정자 (68조)	분리 발주된 공사금액이 총 50억 원 이상인 경우	관련 업무 경력 및 자격증 취득자 등	• 분리 발주한 공사의 혼재작업 유무, 혼재작업으로 인한 산재 발생 위험성 파악 • 분리 발주한 공사의 혼재작업으로 인한 산재 예방을 위한 작업의 시기·내용 및 안전보건 조치 등의 조정 • 각각의 공사 도급인의 안전보건관리책임자 간 작업 내용에 관한 정보 공유 여부의 확인

1.2 근로자의 참여

성공적인 안전보건관리체계 구축·이행을 위해서는 잠재된 위험에 대해 가장 잘 알고 있는 현장 작업자의 참여가 반드시 필요하다.

자율점검 항목	적정	부적정
1. 안전보건 경영방침과 목표, 산업안전보건법령의 주요 내용, 안전보건관리 규정, 산업안전보건위원회, 노사협의체 의결사항 등을 홈페이지 및 현장의 게시판 등에 공지한다.		
2. 현장 내 위험기계, 유해물질, 추락·화재·폭발 위험장소 등을 해당 작업과 연관된 작업자가 알고 있다.		
3. 건설현장별 산업재해 및 아차사고 발생 현황 등을 모든 작업자에게 공개한다.		
4. 현장 내 구성원들이 참여할 수 있는 공식적인 위험요인 제보, 개선방안 건의 등 절차를 마련하고, 이를 적극적으로 알린다.		
5. 산업안전보건위원회, 도급인·수급인 안전보건 협의체 등을 통해 구성원의 의견을 적극적으로 수렴한다.		
6. 작업 전 안전미팅(TBM), 안전제안활동, 위험요인 신고함 등 구성원의 의견을 수렴하는 절차를 운영한다.		
7. 위험요인 파악 및 제거·대체·통제 방안을 마련할 때, 해당 작업과 연관된 작업자를 참여시킨다.		
8. 건설현장 단위로 붕괴, 화재·폭발 등 주요 위험요인별 재해 발생 시나리오에 따른 비상훈련 시 해당 작업과 연관된 작업자를 참여시킨다.		
9. 위험요인 신고, 제도개선 제안 시 인센티브를 부여한다.		
10. 위험요인 신고 및 개선방안 제안자에게 불이익이 없도록 하여 자유롭게 의견을 제시할 수 있도록 한다.		
11. 신고 및 제안에 대한 조치 결과를 정기적으로 공개한다.		

〈관련 중대재해처벌법 시행령 규정〉

제4조(안전보건관리체계의 구축 및 이행 조치) 법 제4조 제1항 제1호에 따른 조치의 구체적인 사항은 다음 각 호와 같다.

7. 사업 또는 사업장의 안전·보건에 관한 사항에 대해 종사자의 의견을 듣는 절차를 마련하고, 그 절차에 따라 의견을 들어 재해 예방에 필요하다고 인정하는 경우에는 그에 대한 개선방안을 마련하여 이행하는지를 반기 1회 이상 점검한 후 필요한 조치를 할 것. 다만, 「산업안전보건법」 제24조에 따른 산업안전보건위원회 및 같은 법 제64조·제75조에 따른 안전 및 보건에 관한 협의체에서 사업 또는 사업장의 안전·보건에 관하여 논의하거나 심의·의결한 경우에는 해당 종사자의 의견을 들은 것으로 본다.

〈관련 산업안전보건법령 규정〉

- (**산업안전보건법령 주요 내용 게시**) 사업주는 산업안전보건법의 주요 내용을 근로자가 쉽게 볼 수 있는 장소에 게시하거나 널리 알려야 함 〈산업안전보건법 제34조〉
- (**안전보건관리규정 작성·변경**) 안전보건관리규정*은 산업안전보건위원회의 심의·의결을 거쳐 작성·변경해야 하며, 산보위가 없는 경우에는 근로자대표**의 동의를 받아야 함 〈산업안전보건법 제25조〉

  * 안전보건 관리조직과 그 직무, 안전보건교육, 작업장 안전보건 관리, 사고 조사 및 대책 등 규정

  ** 근로자의 과반수로 조직된 노동조합이 있는 경우에는 그 노동조합을, 근로자의 과반수로 조직된 노동조합이 없는 경우에는 근로자의 과반수를 대표하는 자
- (**산업안전보건위원회**) 사업주는 사업장의 안전·보건에 관한 중요 사항의 심의·의결을 위한 산보위를 구성·운영해야 함 〈산업안전보건법 제24조〉

〈 산업안전보건위원회 주요 심의·의결사항 〉

- 사업장 산재예방계획 수립, 안전보건관리규정의 작성·변경, 안전보건교육, 작업환경측정 등 작업환경 점검·개선, 근로자 건강진단 등 건강관리, 산재통계 기록·유지에 관한 사항
- 산재 원인조사 및 재발 방지대책 수립에 관한 사항 중 중대재해, 유해·위험기계·기구·설비 도입 시 안전·보건 조치 및 그 밖에 근로자 안전·보건 유지·증진을 위해 필요한 사항

- (건설공사 안전보건 노사협의체) 120억 원 이상의 건설공사의 건설공사도급인은 원·하도급 노사가 참여하는 노사협의체를 구성·운영 〈산업안전보건법 제75조〉
- (명예산업안전감독관) 근로자대표는 사업주 의견을 들어 소속 근로자를 명예산업안전감독관으로 추천, 고용노동부장관이 위촉
  - 명예산업안전감독관은 근로감독 참여, 법령위반사항 신고, 안전수칙 준수 지도 등의 업무를 수행 〈산업안전보건법 제23조〉

1.3 위험요인 확인 · 개선

건설현장은 공정 진행에 따라 작업환경이 변하므로
수시로 위험요인을 확인하고 개선하는 것이 중요하다.

자율점검 항목	적정	부적정
1. 발주자 및 설계자가 작성한 기본안전보건대장과 설계안전보건대장을 확인한다.		
2. 작업환경이 수시로 변하는 건설현장의 특성을 고려하여 시공계획을 수립하고, 공사안전보건대장을 작성하고 이행한다.		
3. 본사-현장, 원청-협력업체간 유기적인 의사소통 체계를 구성하고 운영한다.		
4. 위험요인별 통제방안 마련 시 안전보건 담당자 뿐만 아니라 현장 작업자, 관리감독자, 안전보건관리책임자가 참여한다.		
5. 본사의 안전보건 전담조직과 현장의 안전보건관리책임자, 안전관리자 등은 작업장 순회점검 등을 통해 위험요인 관리 상황을 수시로 점검한다.		
6. 건설재해예방전문지도기관의 지적사항에 대해 확인 · 개선한다.		
7. 안전시설장비, 가설자재 및 개인보호구 반입 시 검수하는 절차를 두고 이에 따라 운영한다.		
8. 가설통로, 작업발판, 갱 폼 등 임시가설물의 안정성을 검토하는 절차를 두고 이에 따라 관리한다.		
9. 건설기계 등 장비의 안전성을 확인하는 절차를 갖추고(반입 시, 작업 전), 용도에 맞게 사용하며, 작업반경 통제, 신호수 배치 등으로 작업자와의 충돌 등을 차단한다.		
10. 주요 위험작업에 대해 사전조사를 실시하고 작업계획서를 작성하며, 본사는 사전조사 · 작업계획의 적정성을 검토하고 이행을 점검한다.		
11. 핵심 위험작업에 대해서는 작업허가제(Permit to Work)를 운영한다.		
12. 작업별 위험요인을 작업 전에 한번 더 확인하고(D-1), 작업 직전에 안전미팅(TBM) 등을 통해 모든 작업자가 확인한다(D-day).		
13. 해빙기, 장마철, 동절기, 폭염, 한파 등 취약시기에 대비하여 지반침하, 붕괴 등 핵심 위험요인별 통제방안을 수립하고 이행한다.		
14. 설계, 공법, 작업 등의 변경사항 발생시 적절한 안전관리를 위한 절차(본사 승인, 전문가 검토 등)를 두어 관리한다.		
15. 천재지변 등 불가항력적 사유나 발주자에게 책임이 있는 사유로 건설공사가 지연될 경우에는 발주자에게 공사기간 연장을 요청한다.		
16. 건설공사비를 줄이기 위해 위험성이 높은 공법을 사용하거나 공사기간을 단축하지 않는다.		

〈추가 참고자료〉
• 위험성평가 지침 해설서

〈관련 중대재해처벌법 시행령 규정〉

제4조(안전보건관리체계의 구축 및 이행 조치) 법 제4조 제1항 제1호에 따른 조치의 구체적인 사항은 다음 각 호와 같다.

3. 사업 또는 사업장의 특성에 따른 유해·위험요인을 확인하여 개선하는 업무절차를 마련하고, 해당 업무절차에 따라 유해·위험요인의 확인 및 개선이 이루어지는지를 반기 1회 이상 점검한 후 필요한 조치를 할 것. 다만, 「산업안전보건법」 제36조에 따른 위험성평가를 하는 절차를 마련하고, 그 절차에 따라 위험성 평가를 직접 실시하거나 실시하도록 하여 실시 결과를 보고받은 경우에는 해당 업무절차에 따라 유해·위험요인의 확인 및 개선에 대한 점검을 한 것으로 본다.

〈관련 산업안전보건법령 규정〉

• **(위험성평가)** 사업주는 위험성 크기를 허용 가능한 범위인지 평가하고 근로자에 대한 위험을 방지하기 위한 조치를 하여야 함, 이 때 근로자를 참여시켜야 하며 위험성평가 결과와 조치사항을 기록·보존해야 함 〈산업안전보건법 제36조〉
• **(안전보건대장)** 발주자는 산업재해 예방을 위해 기본안전보건대장, 설계안전보건대장을 작성, 건설공사를 최초로 도급받은 수급인은 공사안전보건대장을 작성 〈산업안전보건법 제67조〉
• **(안전조치)** 사업주는 근로자가 근로자가 추락할 위험이 있는 장소 등에서 작업을 할 때 발생할 수 있는 산업재해를 예방하기 위하여 필요한 조치를 해야 함 〈산업안전보건법 제38조〉
• **(보건조치)** 사업주는 산소결핍 등에 의한 건강장해를 예방하기 위하여 필요한 조치를 해야 함 〈산업안전보건법 제39조〉
• **(안전보건점검)** 도급인은 2일에 1회 이상 순회점검을 실시하고, 도급인, 관계수급인 및 각 근로자는 2개월에 1회 이상 합동안전·보건점검을 실시해야 함 〈산업안전보건법 제64조 제1항 제2호, 제2항〉
• **(기계·기구 등에 대한 도급인의 안전조치)** 건설공사도급인은 타워크레인, 건설용 리프트, 항타기 및 항발기를 작동하거나, 설치·해체·조립하는 등의 작업이 이루어지고 있는 경우에는 소유자 등과 합동 안전점검, 작업계획서 작성 및 이행여부, 작업자 자격·면허, 기계·기구와 관련한 안전보건조치 등을 실시·확인하여야 함 〈산업안전보건법 제76조〉
• **(건설기계 대여자 등의 조치)** 건설기계 등의 대여자는 대여하는 기계를 점검·보수·정비하고, 기계 정보에 대해 서면 발급 및 설·해체 작업자의 자격 및 장비 등을 확인하여야 하며, 대여받는 자는 기계를 조작하는 사람의 자격 여부 확인 및 조작하는 사람에게 작업내용 및 신호방법 등 필요한 사항을 주지시켜야 함 〈산업안전보건법 제81조〉
• **(공사기간 단축, 공법변경 금지)** 설계도서 등에 따라 산정된 공사기간을 단축해서는 안되며, 공사비 줄이기 위하여 위험성 있는 공법을 사용하거나 정당한 사유 없이 정해진 공법을 변경하는 것은 금지 〈산업안전보건법 제69조〉

[재해예방 기법] 작업허가제(PTW)

• 작업허가제(P.T.W : Permit to Work)란?

작업허가제는 고위험작업*의 경우, 작업자(협력업체)가 안전보건관리책임자 또는 안전부서의 검토·승인을 거쳐 작업을 실시하는 안전관리기법

* 2m 이상 고소작업, 화기작업, 밀폐공간, 관로 매설작업 등

• 작업허가제(P.T.W) 진행 절차

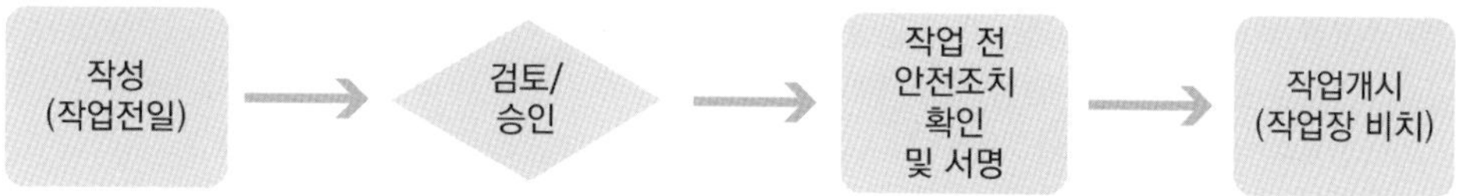

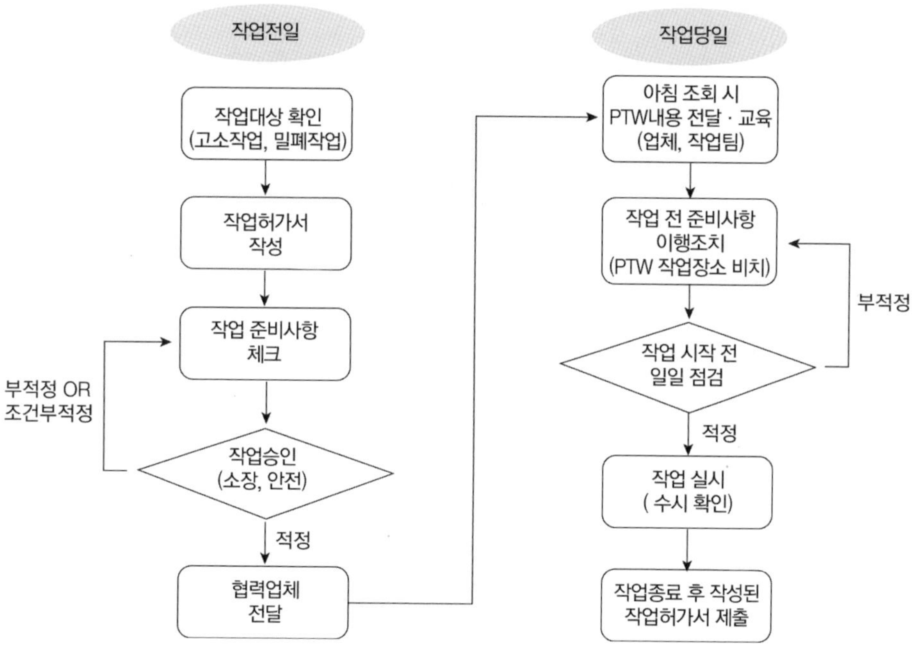

[재해예방 기법] 위험성평가 제도

① 평가대상의 선정 등 사전준비
  * 사업장의 안전보건정보(작업표준 · 절차, 공정현황, MSDS 등) 및 재해사례 등
② 근로자의 작업과 관계되는 유해 · 위험요인의 파악(근로자 참여)
  * 순회점검, 청취조사, 안전보건 체크리스트 및 사업장 특성에 적합한 방법 등
③ 파악된 유해 · 위험요인별 위험성의 추정
  * 가능성과 중대성을 곱하거나 더하는 방법 등
④ 추정한 위험성이 허용 가능한 위험성인지 여부의 결정
  * 위험성 추정결과와 사업장 자체적으로 설정한 위험성 기준을 비교하여 해당 유해 · 위험요인별 위험성의 크기가 허용 가능한지 여부를 판단
⑤ 위험성 감소대책의 수립 및 실행(근로자 참여)

❶ 본질적(근원적) 대책
위험한 작업의 폐지 · 변경, 유해위험물질 또는 유해위험요인이 보다 적은 재료로의 대체, 설계나 계획단계에서 위험성을 제거 또는 저감하는 조치

↓

❷ 공학적 대책
인터록, 안전장치, 방호문, 국소배기장치 등

↓

❸ 공학적 대책
매뉴얼 정비, 출입금지, 노출관리, 교육훈련 등

↓

❹ 개인보호구의 사용
상기 ❶~❸의 조치를 취하더라도 제거 감소할 수 없었던 위험성에 대해서만 실시

⑥ 위험성평가 실시내용 및 결과에 관한 기록

1.4 교육

> 건설현장은 다양한 업체의 작업자가 함께 작업하므로 작업 전에 모든 구성원이 작업계획에 따른 위험요인 및 개선·관리방안을 인식하고 작업에 임해야 한다.

자율점검 항목	적정	부적정
1. 현장의 관리자(수급인 소속 포함)가 시공계획에 따른 안전확보방안을 완전히 이해할 수 있도록 교육한다.		
2. 건설현장의 특성에 맞게 교육계획을 수립하고 실시한다.		
3. 본사에서는 현장에서 활용할 수 있는 기본교재를 마련한다.		
4. 법령에 따른 필수적인 교육을 이수하지 못하거나 자격이 없는 자가 현장에서 작업할 수 없도록 한다.		
5. 작업허가제 등 위험요인 통제방안, 개인보호구 활용 등을 제대로 숙지하지 못한 자에 대해서는 별도의 교육을 실시한다.		
6. 작업전 안전미팅(TBM) 등을 통해 현장의 모든 작업자가 위험요인을 충분히 인식하고 작업을 하도록 한다.		
7. 관계수급인 소속 작업자가 우리 회사의 안전보건관리체계를 충분히 이해할 수 있도록 조치한다.		
8. 관계수급인이 안전·보건교육을 제대로 실시하도록 교육자료와 교육장비 등을 지원하고, 적절하게 실시하였는지 확인한다.		
9. 산업안전보건법령에 따른 교육*을 실시하고 관리한다. * 건설업기초안전보건교육 4시간 등 (산업안전보건법 시행규칙 별표 4)		

〈추가 참고자료〉

☞ 안전보건교육 안내서

〈교육 운영방안 (예시)〉

- 안전보건관리체계 교육
  - (목적) 건설업체의 안전보건관리체계 공유 및 이해
  - (교육내용) 안전보건경영방침, 안전보건 목표·추진계획, 안전보건담당자의 역할·책임 등 건설업체 안전보건관리체계 주요 사항
  - (교육대상) 본사 및 현장의 안전관리 담당 직원
- 현장 안전관계자 직무교육
  - (목적) 건설현장 안전관리 인력의 전문성 향상
  - (교육내용) 안전관리에 필요한 직무 전문과정*, 작업전 안전미팅(TBM) 방법, 위험작업별 안전대책 등
    * 위험성평가 기법, 거푸집 동바리 구조 안전, KOSHA-MS 등
  - (교육대상) 건설현장 내 안전관리자, 작업반장 등
- 현장 작업자 안전교육
  - (목적) 작업자가 반드시 알아야 할 안전관리계획 사전 숙지
  - (교육내용) 시공계획에 따른 안전관리, 작업별 안전대책, 비상조치계획 등
  - (교육대상) 건설현장 신규채용자, 특수형태근로종사자 등
- 현장점검 결과·사례 교육
  - (목적) 본사의 현장점검 결과 공유, 사례 교육을 통해 현장의 안전조치 확행 유도
  - (교육내용) 본사의 해당 현장점검 결과 및 다른 현장 점검·개선사례 등
  - (교육대상) 건설현장 현장소장, 관리감독자 등

〈교육프로그램 운영 예시〉 * 본사·현장 여건에 맞게 실시

착공 전	착공 직후	시공 중	
안전보건관리체계 교육 (본사 연1회, 현장 착공 후 1개월 이내)		현장 안전관계자 직무교육 (분기별 1회)	현장점검 결과·사례 교육 (본사의 현장점검 결과 직후)
현장 작업자 안전교육(작업자의 현장 최초 출입시)			

1.5 비상조치계획 수립

중대재해 발생에 대처할 수 있는 비상조치계획을 수립하고
준비함으로써 피해를 최소화할 수 있다.

자율점검 항목	적정	부적정
1. 공종별・공정별로 어떤 재해가 발생할 수 있는지를 검토하여 중대재해로 이어질 수 있는 재해요인의 유형 및 형태, 사고 발생 시 초래될 결과 등을 확인하고 예측한다.		
2. 현장별로 위험성이 높은 위험요인에 대해 재해 발생 시나리오 및 조치계획를 작성하고, 본사(안전전담조직)는 적정성*을 확인한다. * 필요한 인력 및 시설・장비 적정 포함 여부, 작업중지・작업자 대피・위험요인 제거 등 대응조치의 적정 여부, 재해자 구호조치 및 추가피해 방지를 위한 조치 적정 여부, 상황보고 및 전파체계・조치별 대응조직 및 담당자의 역할 적정 여부		
3. 산재 발생의 급박한 위험이 있는 경우 사업주는 그 즉시 작업을 중지하고 작업자를 대피시키는 절차를 마련한다.		
4. 산재 발생의 급박한 위험이 있는 경우 현장 작업자(협력업체)가 언제든지 작업중지를 요청할 수 있는 절차를 마련한다.		
5. 중대재해 등 비상상황이 발생한 경우 최초 사고현장을 발견한 사람이 그 현장 상황을 소방서에 지체없이 알리고, 관할 지방노동관서에 중대재해 발생사실을 보고한다.		
6. 비상상황에 대비하여 병원, 소방서 등 유관기관과의 협조체계를 마련한다.		
7. 비상조치계획에 따라 주요 공종별로 훈련하고, 훈련과정에서 발견된 문제점을 검토하여 조치계획을 개선한다.		

〈추가 참고자료〉
- KOSHA GUIDE(P-101-2012) 비상조치계획 수립에 관한 기술지침

〈관련 중대재해처벌법 시행령 규정〉

제4조(안전보건관리체계의 구축 및 이행 조치) 법 제4조 제1항 제1호에 따른 조치의 구체적인 사항은 다음 각 호와 같다.

8. 사업 또는 사업장에 중대산업재해가 발생하거나 발생할 급박한 위험이 있을 경우를 대비하여 다음 각 목의 조치에 관한 매뉴얼을 마련하고, 해당 매뉴얼에 따라 조치하는지를 반기 1회 이상 점검할 것
   가. 작업 중지, 근로자 대피, 위험요인 제거 등 대응조치
   나. 중대산업재해를 입은 사람에 대한 구호조치
   다. 추가 피해방지를 위한 조치

〈관련 산업안전보건법령 규정〉

- **(도급인 비상조치계획 수립)** 도급인은 수급인의 근로자가 도급 사업장에서 작업하는 경우, 발파작업, 화재·폭발, 붕괴, 지진 등에 대비한 경보체계를 운영하고 대피방법 등을 훈련해야 함 〈산업안전보건법 제64조 제1항 제5호〉
- **(사업주의 작업중지)** 현장소장 등은 산업재해가 발생할 급박한 위험이 있을 때에는 즉시 작업을 중지시키고 작업자를 작업장소에서 대피시키는 등 안전 및 보건에 관하여 필요한 조치를 하여야 함 〈산업안전보건법 제51조〉
- **(근로자의 작업중지)** 근로자는 산업재해가 발생할 급박한 위험이 있는 경우에는 작업을 중지하고 대피할 수 있으며, 이 사실을 관리감독자 등에 보고, 보고받은 관리감독자는 안전 및 보건에 관하여 필요한 조치 실시 〈산업안전보건법 제52조〉
  * 작업중지하고 대피한 근로자에 대한 해고 등 불리한 처우 금지

1.6 도급·용역·위탁 시 안전보건 확보

안전보건관리체계는 소속 근로자뿐만 아니라,
사업장 내 모든 구성원을 대상으로 구축하고 이행해야 한다.

자율점검 항목	적정	부적정
1. 도급·용역·위탁 등 계약 시 수급인 등에게 적정한 비용과 기간을 보장한다.		
2. 도급·용역·위탁 등 계약 시 수급인 등의 안전보건 수준을 평가하는 기준과 절차를 마련한다.		
3. 도급·용역·위탁 등 계약 시, 우리 회사의 안전보건관리체계를 이행하도록 하고, 불이행에 대한 제재방안을 마련한다.		
4. 도급·용역·위탁 계약 내용이 적정한 비용과 기간을 보장하고 안전보건 역량을 갖춘 수급인 등을 선정하였는지 정기적으로 점검한다.		
5. 수급인 등이 공사비를 줄이기 위해, 공법을 변경하거나 공사기간을 단축하지 않도록 한다.		
6. 수급인 등의 책임이 아닌 사유로 건설공사가 지연될 경우, 적정한 수준의 비용과 기간을 보장한다.		
7. 도급·용역·위탁 시 현장의 모든 위험요인과 위험요인별 통제방안 등에 관한 정보를 제공한다.		
8. 수급인 등이 자유롭게 위험요인 신고, 개선방안 건의 등을 할 수 있는 절차를 마련하고, 그에 대한 처리결과를 제공한다.		
9. 현장별로 수급인 등의 안전보건 활동을 지원하는 인력을 지정한다.		
10. 수급인 등의 주요 위험작업에 대해서는 작업허가제를 통해 관리한다.		

11. 관계수급인이 실시하는 위험성평가, 안전보건교육 등이 적정한지 확인한다.		
12. 도급・용역・위탁 업무 시 안전보건관리체계 이행 수준을 평가하고, 향후 계약에 활용한다.		
13. 본사 차원에서 현장별 수급인 등의 안전보건관리체계 이행여부를 주기적으로 점검한다.		

〈추가 참고자료〉
- 도급시 산업재해예방 운영지침
- 도급사업 안전보건관리 운영 매뉴얼
- KOSHA GUIDE(P-95-2016) 도급업체의 안전관리계획 작성에 관한 기술 지침

〈관련 중대재해처벌법 시행령 규정〉

제4조(안전보건관리체계의 구축 및 이행 조치) 법 제4조 제1항 제1호에 따른 조치의 구체적인 사항은 다음 각 호와 같다.

9. 제3자에게 업무의 도급, 용역, 위탁 등을 하는 경우에는 종사자의 안전・보건을 확보하기 위해 다음 각 목의 기준과 절차를 마련하고, 그 기준과 절차에 따라 도급, 용역, 위탁 등이 이루어지는지를 반기 1회 이상 점검할 것
   가. 도급, 용역, 위탁 등을 받는 자의 산업재해 예방을 위한 조치 능력과 기술에 관한 평가기준・절차
   나. 도급, 용역, 위탁 등을 받는 자의 안전・보건을 위한 관리비용에 관한 기준
   다. 건설업 및 조선업의 경우 도급, 용역, 위탁 등을 받는 자의 안전・보건을 위한 공사기간 또는 건조기간에 관한 기준

〈관련 산업안전보건법 규정〉

- **(적격 수급인 선정)** 도급인은 산업재해예방을 위한 조치를 할 수 있는 능력을 갖춘 수급인에게 도급을 줘야 함 〈산업안전보건법 제61조〉
- **(도급인의 안전・보건조치)** 관계수급인 근로자가 도급인의 사업장에서 작업을 하는 경우에 자신의 근로자와 관계수급인 근로자의 산업재해를 예방하기 위하여 안전 및 보건 시설의 설치 등 필요한 안전조치 및 보건조치를 하여야 함(보호구 착용의 지시 등 관계수급인 근로자의 작업행동에 관한 직접적인 조치는 제외) 〈산업안전보건법 제63조〉
- **(도급에 따른 산업재해 예방조치)** 도급인은 관계수급인 근로자가 도급인의 사업장에서 작업을 하는 경우 도급인과 수급인을 구성원으로 하는 안전 및 보건에 관한 협의체의 구성 및 운영, 작업장 순회점검 등을 이행해야 함 〈산업안전보건법 제64조〉
- **(공사기간 단축 및 공법변경 금지)** 건설공사발주자 또는 건설공사도급인은 설계도서 등에 따라 산정된 공사기간을 단축, 공사비를 줄이기 위하여 위험성이 있는 공법을 사용하거나 정당한 사유 없이 정해진 공법을 변경해서는 아니 됨 〈산업안전보건법 제69조〉
- **(건설공사 기간 연장)** 건설공사발주자는 태풍・홍수 등 불가항력 또는 건설공사발주자의 책임 사유로 발생한 착공 지연, 시공 중단 중에 해당 건설공사도급인이 산재 예방을 위하여 공사기간 연장 요청 시 특별한 사유가 없으면 공사기간을 연장하여야 함. 또한, 건설공사의 관계수급인은 불가항력 또는 건설공사도급인에게 책임이 있는 사유로 착공이 지연되거나 시공이 중단되어 해당 건설공

사가 지연된 경우에 산업재해 예방을 위하여 건설공사 도급인에게 공사기간의 연장을 요청할 수 있고, 이 경우 건설공사도급인은 특별한 사유가 없으면 공사기간을 연장하거나 건설공사발주자에게 그 기간의 연장을 요청하여야 함 〈산업안전보건법 제70조〉

1.7 평가 및 개선

안전보건관리체계 이행 현황을 정기적으로 확인하고,
문제점을 파악·개선하여 안전보건관리체계를 지속적으로 개선해야 한다.

자율점검 항목	적정	부적정
1. 본사 및 현장의 전 부서 및 구성원을 대상으로 안전보건에 관한 성과를 평가한다.		
2. 안전보건에 관한 평가 시 작업자의 의견 검토 및 반영, 도급·용역·위탁 시 안전·보건 관리에 관한 사항을 포함한다.		
3. 안전보건에 관한 성과평가 결과를 다음 연도 목표설정 및 실행계획 수립에 반영한다.		
4. 본사 안전팀 및 사업팀 등의 업무가 계획 및 내부규정에 따라 운영되는지 주기적으로 확인한다.		
5. 현장의 안전보건관리체계가 계획 및 내부규정에 따라 운영되는지 주기적으로 확인한다.		
6. 산업재해 발생 시 사고의 원인을 찾기 위해 조사팀을 구성하여 현장의 문제점을 조사한다.		
7. 산업재해 발생 시 사고의 근원적인 원인을 찾기 위해 업무절차 및 자원배정의 적정성 등 안전보건관리체계 전반을 점검한다.		
8. 본사 주도의 현장 안전보건 점검을 사내규정*에 따라 실시한다. * 점검팀 구성, 점검 종류, 점검 주기, 점검 방법 등 규정		
9. 점검결과 발견된 문제 및 개선방안은 사업주에게 보고하고, 작업자에게 교육 등을 통해 전파한다.		
10. 도출된 문제 및 개선방안 마련시 근원적인 문제점이 개선되도록 충분한 자원을 배정한다.		
11. 점검 결과 마련된 개선방안은 개선시기, 담당, 예산·인력 배정방안을 포함하여 조치계획을 수립한다.		
12. 중대재해처벌법에 규정된 안전보건관리체계 관련 점검·평가 의무를 이행한다. (유해·위험요인 개선, 안전보건관리책임자 등의 업무 수행, 작업자 의견 청취, 비상조치 매뉴얼, 도급·용역·위탁)		

〈관련 중대재해처벌법 시행령 규정〉

제4조(안전보건관리체계의 구축 및 이행 조치) 법 제4조 제1항 제1호에 따른 조치의 구체적인 사항은 다음 각 호와 같다.

3. 사업 또는 사업장의 특성에 따른 유해·위험요인을 확인하여 개선하는 업무절차를 마련하고, 해당 업무절차에 따라 유해·위험요인의 확인 및 개선이 이루어지는지를 반기 1회 이상 점검한 후 필요한 조치를 할 것. 다만, 「산업안전보건법」 제36조에 따른 위험성평가를 하는 절차를 마련하고, 그 절차에 따라 위험성 평가를 직접 실시하거나 실시하도록 하여 실시 결과를 보고받은 경우에는 해당 업무절차에 따라 유해·위험요인의 확인 및 개선에 대한 점검을 한 것으로 본다.
5. 「산업안전보건법」 제15조, 제16조 및 제62조에 따른 안전보건관리책임자, 관리감독자 및 안전보건총괄책임자(이하 이 조에서 "안전보건관리책임자등"이라 한다)가 같은 조에서 규정한 각각의 업무를 각 사업장에서 충실히 수행할 수 있도록 다음 각 목의 조치를 할 것
   가. 안전보건관리책임자등에게 해당 업무 수행에 필요한 권한과 예산을 줄 것
   나. 안전보건관리책임자등이 해당 업무를 충실하게 수행하는지를 평가하는 기준을 마련하고, 그 기준에 따라 반기 1회 이상 평가·관리할 것
7. 사업 또는 사업장의 안전·보건에 관한 사항에 대해 종사자의 의견을 듣는 절차를 마련하고, 그 절차에 따라 의견을 들어 재해 예방에 필요하다고 인정하는 경우에는 그에 대한 개선방안을 마련하여 이행하는지를 반기 1회 이상 점검한 후 필요한 조치를 할 것. 다만, 「산업안전보건법」 제24조에 따른 산업안전보건위원회 및 같은 법 제64조·제75조에 따른 안전 및 보건에 관한 협의체에서 사업 또는 사업장의 안전·보건에 관하여 논의하거나 심의·의결한 경우에는 해당 종사자의 의견을 들은 것으로 본다.
8. 사업 또는 사업장에 중대산업재해가 발생하거나 발생할 급박한 위험이 있을 경우를 대비하여 다음 각 목의 조치에 관한 매뉴얼을 마련하고, 해당 매뉴얼에 따라 조치하는지를 반기 1회 이상 점검할 것
9. 제3자에게 업무의 도급, 용역, 위탁 등을 하는 경우에는 종사자의 안전·보건을 확보하기 위해 다음 각 목의 기준과 절차를 마련하고, 그 기준과 절차에 따라 도급, 용역, 위탁 등이 이루어지는지를 반기 1회 이상 점검할 것

2. 주요 건설현장 위험요인 자율점검표

2.1 건설현장의 위험요인

경영자 리더십, 근로자 참여, 평가 및 개선 등의 최종목표는 위험요인을 파악하고 제거·대체하거나 효과적으로 통제하는 것이다.

「건설업 중대산업재해 예방을 위한 자율점검표」에서는 건축공사에 있어 예상되는 ① 주요 사고유형별 위험요인, ② 주요 건설기계·장비별 위험요인, ③ 주요 작업별 위험요인, ④ 주요 공정별 위험요인이 적절하게 관리하

고 있는지 여부를 본사 안전전담조직 또는 현장의 관리자가 확인할 수 있는 점검표를 제시해야 한다.

그러나 건설현장은 작업자가 수시로 변하고, 대부분의 작업이 한시적이고 유동적이며, 자연환경에 노출된 채로 작업해야 하기에 모든 건설현장의 위험요인을 점검할 수 있는 '만능 점검표'는 있을 수 있다.

따라서 건설업에서는 위험요인을 파악하고 제거·대체 및 통제하는 절차를 마련하고, 절차에 따라 이행되고 있는지 확인하고 조치하는 경영자와 관리자의 역할이 어느 산업보다 중요하다고 볼 수 있다.

2.2 위험요인 수시 확인, 적시 개선

건설현장에서는 설계부터 준공까지 위험요인을 지속적으로 확인해야 하며, 주요 위험요인은 확인 즉시 개선되어야 한다.

위험요인을 개선하였음에도 불구하고, 작업 중에 관리자나 작업자가 위험하다고 판단하면 작업을 중단해야 하며 추가적인 안전조치를 취한 후 작업을 재개해야 한다.

〈건축물 시공단계에서의 위험요인 확인·개선 시기 (예시)〉

위험성평가 종류	시기	주체	위험요인 확인 대상	비고
최초 위험요인 확인[원청] (최초 위험성평가)	착공시	원청	전공정	위험성평가
최초 위험요인 확인[협력업체] (최초 위험성평가)	공정별	협력업체	협력업체 담당 전공정	위험성평가
정기 위험요인 확인 (정기 위험성평가)	매년	원청 협력업체	전공정	위험성평가
수시 위험요인 확인	2주 1회	원청 협력업체	2주내 계획된 공정	위험성평가
일일 위험요인 확인	작업 전일	원청 협력업체	계획에 없던 작업 계획 중 주요 위험 작업	공정회의
작업전 안전점검	작업 전	작업반장 (관리감독자)	담당업무	TBM

2.3 폭 넓은 참여, 참여자별 역할과 책임

위험요인을 효과적으로 확인하고 개선하기 위해서는 대표이사부터 작업자까지 모든 사람이 참여해야 한다.

예를 들어, 현장의 작업자는 위험요인 확인 즉시 현장소장 등 현장관리자에게 알려야 하고, 현장관리자는 적절한 안전조치를 취해야 하며, 대표이사는 현장의 적절한 안전조치를 위한 인력, 시설・장비 등을 뒷받침해야 한다.

이를 위해서는 본사부터 현장까지 참여자의 역할과 책임을 정하여 위험요인 확인・개선 절차가 매끄럽게 이루어지도록 해야 한다.

〈건설업 위험요인 확인・개선 R&R (예시)〉

참여자	역할과 책임
안전보건관리책임자 (사업주 또는 현장소장)	〈위험요인 확인・개선 총괄 관리〉 • 방침 추진목표 문서화・게시, 실시규정 작성, 조직구성 및 역할 부여 • 예산지원 및 산업재해예방 노력
안전관리자	〈위험요인 확인・개선 실시〉 • 위험요인 확인・개선 시기・절차 등 계획 수립 • 안전점검을 통해 유해・위험요인을 파악 • 위험성 감소대책・조치방안의 수립 및 실행 • 위험성 개선 여부의 확인 및 결과 기록관리 • 근로자에게 위험성 평가 교육실시
관리감독자	〈위험요인 확인・개선 실시〉 • 담당업무와 관련된 위험성평가 참여 • 담당업무에 대한 안전보건수칙 및 위험성 감소대책 마련 • 소속 작업자 대상 작업전 안전점검(TBM) 실시
작업자	〈위험요인 확인・개선 참여〉 • 담당업무와 관련된 위험성평가 참여, 현장의 위험요인 발굴 • 담당업무에 대한 안전보건수칙 및 위험성평가 결과 감소대책 확인 • 비상상황에 대한 대비 및 대응방법 숙지 • 출입허가절차 준수

2.3.1 건설현장 일반관리(청소 · 조도 · 통로 등)

제한된 공간에서 작업환경이 수시로 변하는 건설현장의 안전 확보를 위해서는 안전한 통로, 적정한 조도, 안전한 작업환경을 조성하는 것이 중요하다.

구분	자율점검 항목	적정	부적정
청소	1. 작업자가 넘어지거나 미끄러지는 등의 위험이 없도록 바닥 등을 안전하고 청결하게 유지한다.		
조도	2. 작업자가 작업하는 장소 및 통로에 알맞은 조도를 확보하고, 상시 통행을 하지 않는 곳에는 휴대용 조명기구를 사용하도록 관리한다.		
통로	3. 작업자가 안전하게 이동할 수 있도록 공정 변화에 맞춰 사전에 통로 확보 방안을 검토하여 설치한다.		
	4. 가설통로를 설치하는 경우에는 견고하고 미끄러지지 않게 설치하고, 설치상태를 수시로 점검한다. * 가설통로 설치기준: 견고한 구조, 경사는 30도 이하(계단을 설치하거나 높이 2미터 미만의 가설통로로서 손잡이 설치한 경우 제외), 경사가 15도를 초과하는 경우 미끄러지지 아니하는 구조 등		
	5. 사다리식 통로를 설치하는 경우 설치기준*에 맞게 설치하고, 설치상태를 수시로 점검한다. * 사다리식 통로 설치기준: 견고한 구조, 손상 · 부식 등이 없는 재료 사용, 사다리가 넘어지거나 미끄러짐 방지를 위한 조치 등		
비상구 등	6. 비상시 작업장 내에서 탈출할 수 있는 비상구가 적절히 마련되어 있으며, 비상구 표시가 작업자 눈에 띄기 쉬운 곳에 부착되어 있다.		
	7. 비상구 · 비상통로 또는 비상용 기구를 쉽게 이용할 수 있도록 유지하고, 연면적 400제곱미터 이상 또는 상시 50명 이상 작업하는 옥내작업장의 경우 비상시 신속하게 알리기 위한 경보용 설비 · 기구가 설치되어 있다.		
보호구	8. 작업조건에 맞는 보호구를 지급하고, 착용여부를 수시로 점검한다.		
보건관리	9. 열사병, 한랭질환 등 건설현장 작업자의 계절성 질병을 예방하기 위해 적절한 휴식시간, 휴게시설 등을 제공한다.		

〈추가 참고자료〉
- KOSHA GUIDE(E-148-2015) 작업장 조명기구의 선정, 설치 및 정비에 관한 기술 지침
- KOSHA GUIDE(G-85-2015) 작업장의 통로 및 계단 설치에 관한 기술지침

2.3.2 사고유형별 위험요인 확인 · 개선

1) 떨어짐(작업발판 · 비계) : 최근 3년간 791명 사망

- (비계 · 작업발판) 비계 및 작업발판을 설치하지 않고 고소작업 중 추락하여 사망
- (개구부) 개구부 덮개 미설치, 단부 안전난간 미설치 등으로 이동, 작업 중 추락 · 사망

구분	자율점검 항목	적정	부적정
보호구 착용	1. 모든 작업자는 언제나 안전모 · 안전대 등 보호구를 착용한다		
추락방지 설비	2. 추락 위험이 있는 모든 장소(개구부, 단부, 작업발판 및 통로의 끝 등)에 안전난간, 울타리, 수직형 추락방망 또는 덮개를 설치하고, 난간 등의 설치가 어려운 경우 추락방호망을 설치한다.		
	3. 임시로 난간 등을 해체하거나 추락방호망을 설치하기 어려운 경우, 작업자에게 안전대를 착용하도록 한다.		
	4. 작업자에게 안전대를 착용하게 하는 경우, 안전대 부착설비를 설치하고 작업 시작 전 설비의 이상 유무를 점검한다.		
작업 발판 및 비계	5. 강관비계보다 시스템비계*를 사용한다. * 공장에서 각 부재를 표준규격으로 생산하고, 현장에서 조립하여 안전성 확보		
	6. 시스템비계 설치가 어려워 강관비계를 설치하는 경우 안전난간 및 작업발판의 누락 여부를 철저히 확인한다.		
	7. 비계에서 작업자가 이동할 때에는 반드시 지정된 통로를 이용하도록 관리한다.		
	8. 공정 변화에 따른 작업환경 변화 시 사전에 안전한 작업발판 설치 방안 등을 검토한다.		
	9. 이동식비계를 사용할 경우 최상부 안전난간 및 아웃트리거의 설치 여부를 철저히 확인한다.		
	10. 말비계 등 작업장 내에서 수시로 비계를 설치하여 사용하는 경우 사전에 이상여부를 확인하고, 기준에 따라 사용하는지 관리한다.		

〈추가 참고자료〉
- 고용노동부고시 제2006-29호 가설공사 표준안전 작업지침
- KOSHA GUIDE(C-08-2015) 작업발판 설치 및 사용안전 지침
- KOSHA GUIDE(C-30-2020) 강관비계 안전작업지침

2) 물체에 맞음 : 최근 3년간 91명 사망

① 중량물 및 슬링・훅

▸(중량물 및 슬링・훅) 인양작업 중 이탈하는 인양물(중량물) 및 슬링・훅 등에 맞아 사망

구분	자율점검 항목	적정	부적정
중량물	1. 중량물 취급 작업계획서*를 작성하고, 작업지휘자를 지정하여 작업계획서에 따라 작업을 지휘하도록 조치한다. * 추락・낙하・전도・협착・붕괴위험 예방대책		
	2. 비・눈・바람 또는 그 밖의 기상상태가 불안정한 경우 중량물 인양 작업을 중지한다.		
	3. 중량물 인양작업 구간은 미리 작업자의 출입을 통제하여 인양중인 하물이 작업자의 머리 위로 통과하지 않도록 조치한다.		
	4. 양중기로 철근을 운반할 경우에는 두 군데 이상 묶어서 수평으로 운반한다.		
슬링・훅	5. 와이어로프 등이 훅으로부터 벗겨지는 것을 방지하기 위한 훅 해지장치의 설치여부를 확인한다		
	6. 달기구의 최대 허용하중 등의 표식이 견고하게 붙어 있는 것을 사용한다.		
	7. 와이어로프・달기체인・섬유로프・슬링벨트, 훅・샤클・링 등의 철구의 손상여부를 작업 전, 작업 중에 수시로 확인한다.		
	8. 변형되어 있는 훅・샤클・클램프 및 링 등의 철구로서 변형되어 있는 것 또는 균열이 있는 것을 크레인 및 이동식크레인의 고리걸이용구로 사용하지 않는다.		
	9. 중량물을 운반하기 위해 제작하는 지그, 훅의 구조를 운반 중 주변 구조물과의 충돌로 슬링이 이탈되지 않도록 하여야 한다.		
	10. 늘어난 달기체인이나 꼬임이 끊어진 섬유로프의 사용을 금지한다.		

〈추가 참고자료〉

• KOSHA GUIDE(M-186-2015) 크레인 달기기구 및 줄걸이 작업용 와이어로프 작업에 관한 기술지침

② 기타 낙하물 등

▸ **(낙하물 방지망 · 방호선반)** 작업 중 자재가 낙하하여 아래에서 작업하던 자가 맞아 사망

▸ **(보호구)** 안전모를 착용하지 않은 작업자가 이동 중 떨어지는 낙하물에 맞아 사망

구분	자가진단 항목	적정	부적정
보호구 지급	1. 물체가 떨어지거나 날아올 위험이 있는 장소의 모든 작업자에게 안전모, 안전화를 지급하고 착용하도록 한다.		
낙하물 방지망 등	2. 낙하물방지망을 설치하는 경우 높이 10미터 이내마다, 내민 길이는 벽면으로부터 2m 이상으로 설치하고, 수평면과의 각도는 20도 이상 30도 이하를 유지한다.		
	3. 낙하물방지망 및 수직보호망은 「산업표준화법」에 따른 한국산업표준에서 정하는 성능기준에 적합한 것을 사용한다.		
	4. 외부 비계와 외벽의 틈에 낙하물 방지망(쪽망)을 설치하여 비계와 외벽의 틈새로 낙하물이 떨어지는 것을 방지한다.		
	5. 외부 비계는 수직보호망을 촘촘히 설치하여 부품, 자재 등의 낙하를 방지한다.		
	6. 작업현장 내 통로, 출입구 등 작업자가 통행하는 구간에 방호선반을 설치한다.		
발끝막이판	7. 슬라브 단부, 개구부에 안전난간을 설치하는 경우 발끝막이판은 바닥면 등으로부터 10센티미터 이상의 높이를 유지하거나, 난간에 수직보호망을 설치하여 낙하물을 방지한다.		
기타	8. 슬라브의 단부, 개구부 주변, 비계 등에 자재, 부품 등을 쌓아두지 않는다.		

〈추가 참고자료〉
- KOSHA GUIDE(C-26-2017) 낙하물 방지망 설치 지침
- KOSHA GUIDE(C-27-2011) 낙하물 방호선반 설치 지침

3) 무너짐 : 최근 3년간 71명 사망

① 일반

구분	자율점검 항목	적정	부적정
지반 안전성 확보	1. 지반의 붕괴 위험을 방지하기 위하여 지반을 안전한 경사로 하고 빗물이나 지하수 등을 배제하고 적절히 지보공을 설치하는 등 필요한 조치를 한다.		
	2. 급작스런 지하수위 상승 등 지반의 변화가 있을 경우 전문가 검토를 통해 안전을 확보한다.		
취약시기 대비	3. 동절기, 해빙기, 장마철 등 취약시기에 대비하여 안전계획을 수립한다. * 동절기: 지반의 동결・팽창에 따른 비탈면, 흙막이 구조물 붕괴해빙기: 동결된 지반이 융해되어 침하되면서 구조물을 약화시켜 붕괴 장마철: 지속적인 강우로 토압이 증가하여 흙막이 등 지반 붕괴		

② 굴착사면

▸(사면 및 암반) 굴착 사면의 적정 기울기를 준수하지 않고 작업 중 토사가 무너지면서 사면 및 암반 더미에 깔려 사망

구분	자율점검 항목	적정	부적정
사전 조사 적정성	1. 굴착장소 및 그 주변의 지반 및 지하매설물에 대하여 사전에 조사하여야 한다.		
	2. 장비의 진입로와 작업장에서의 주행로를 확보하고, 다짐도, 노폭, 경사도 등의 상태를 점검하여야 한다.		
사전 설계 적정성	3. 굴착사면 설계시 활동면의 전단강도와 전단응력에 대한 기준 안전율을 확보하여야 한다.		
	4. 기준 안전율 확보 불가시 앵커, 네일 등 사면 보강을 실시하고, 불가시 흙막이 벽체공법 등으로 굴착공법을 변경하여야 한다.		
	5. 기존 구조물 근접 굴착시 흙막이 벽체 공법으로 등으로 굴착공법을 변경하여야 한다.		

굴착작업 시 안전대책	6. 지반의 종류에 따라 굴착면의 기울기를 준수하여야 한다.		
	7. 트랜치 굴착시 굴착사면 기울기 확보가 불가한 경우 간이 흙막이를 설치하여야 한다.		
	8. 간이 흙막이는 지하 매설물과 간섭이 없는 구조로 하여야 한다.		
굴착완료 후 안전대책	9. 굴착토사나 차량 등 경사면 및 굴착부 배면에 재하시 최소 이격거리를 확보하여야 한다.		
	10. 용수가 발생한 때에는 신속하게 배수하여야 하며 굴착사면에 우수 등이 유입되지 않도록 차수시설을 하여야 한다.		

〈추가 참고자료〉

- KOSHA GUIDE(C-39-2011) 굴착공사 안전작업 지침
- KOSHA GUIDE(C-104-2014) 건설공사 굴착사면 안전기울기 기준에 관한 기술지침

③ 흙막이 가시설

▸(흙막이 지보공 등) 설계도면을 준수하지 않고 설치하거나, 해빙기 굴착배면 지반의 동결·융해 시 연약한 지반으로 인해 주변 토사와 흙막이 지보공이 무너져 작업자가 매몰되어 사망

구분	자율점검 항목	적정	부적정
사전 조사 적정성	1. 엄지말뚝 설치 위치에 가스관, 상·하수도관 등 장애물의 유무를 유관기관의 설계도서 등으로 조사한 후 인력굴착으로 확인하여야 하며 필요시 이설 등 대책을 수립하여야 한다.		
	2. 인접하여 지하 굴착 및 흙막이 공사현장이 있을 경우 당해 흙막이 공사에 미칠 영향을 조사한 후 대책을 수립하여야 한다.		
자재 및 재료의 적정성	3. 시공 전에 엄지말뚝, 토류판, 버팀대, 중간말뚝, 귀잡이, 띠장 등 흙막이의 각 부재가 설계도서에 명시한 규격 및 재질과 부합여부, 단면손상여부, 구부러짐 정도 등을 점검하고 이상 유무를 확인하여야 한다.		
설치작업 시 안전대책	4. 엄지말뚝의 선단은 설계도서에 의거 충분한 근입깊이를 확보하여야 한다.		
	5. 엄지말뚝은 흙막이 배면부 지반 높이 보다 높게 시공하고 동 위치에 발끝막이판을 설치하는 등 흙막이 상단부의 지표수 유입방지, 낙석, 낙하 발생방지 위한 필요한 조치를 하여야 한다.		

설치완료 후 안전대책	6. 흙막이가시설 배면부의 흙막이 높이에 해당하는 범위 내에서는 각종 차량과 토사 및 재료가 적치되지 않도록 계획을 수립하고 부득이 적재 시는 별도의 하중 검토 등 안전성을 확인하여야 한다.		
	7. 엄지말뚝을 설치 후 천공 구멍은 양질의 토사, 모래, 소일 시멘트 등으로 완전히 충진시킨 후에 후속공정을 진행하여야 한다.		

〈추가 참고자료〉
- KOSHA GUIDE(C-04-2012) 흙막이공사(엄지말뚝공법) 안전보건작업 지침
- KOSHA GUIDE(C-63-2012) 흙막이공사(C.I.P공법) 안전보건작업 지침

④ 거푸집 동바리

▸ **(거푸집 동바리)** 거푸집 동바리의 구조검토를 실시하지 않거나 설계도면 대로 설치하지 않아 콘크리트 타설 중 거푸집이 무너져 콘크리트 더미에 매몰되어 사망

구분	자율점검 항목	적정	부적정
자재 및 재료의 적정성	1. 파이프 서포트 동바리 재료는 변형·부식 또는 심하게 손상된 것을 사용해서는 아니 된다.		
	2. 장선 및 멍에는 거푸집 널과 원활히 결합될 수 있는 재료나 결합 방식을 고려하여선정하여야 한다.		
사전 설계 적정성	3. 파이프 서포트 동바리는 구조를 검토한 후 조립도를 작성하고, 조립도에 따라 조립하여야 한다.		
	4. 조립도에는 동바리·멍에 등 부재의 재질·단면규격·설치간격 및 이음방법 등을 명시하여야 한다		
설치작업시 안전대책	5. 거푸집 동바리는 시공전 조립·콘크리트 타설·해체 계획과 안전시공 절차 등 시공계획을 수립하여야 한다.		
	6. 동바리를 지반에 설치하는 경우에는 침하를 방지하기 위하여 콘크리트를 타설하거나, 두께 45 mm 이상의 깔목, 깔판, 전용 받침 철물, 받침판 등을 설치하여야 한다.		
	7. 높이 2미터 이내마다 수평연결재를 2개 방향으로 설치하고 수평연결재의 변위를 방지 해야한다.		
콘크리트 타설작업시 안전대책	8. 콘크리트 타설작업은 콘크리트 타설순서 등 타설계획을 수립하여야 한다.		
	9. 콘크리트 타설작업은 편심이 발생하지 않도록 분산하여 타설하여야 한다.		

〈추가 참고자료〉
- 고용노동부고시 제2020-33호 방호장치 안전인증고시
- KOSHA GUIDE(C-51-2020) 파이프 서포트 동바리 안전작업 지침

2.3.3 건설기계 · 장비별 위험요인 확인 · 개선

건설기계 · 장비에 의한 사고사망자는 매년 건설업 사고사망자의 약 20%를 차지합니다. 건설기계 · 장비를 운전하기 전 필요한 검사의 실시 여부, 운전자 자격을 확인하고 운행 경로 및 작업방법을 고려한 작업계획을 수립하는 것이 중요하다.

최근 3년간 건설기계 · 장비 사고사망자 현황

- 최근 3년간 건설업 사고사망자 1,371명 중 **건설기계 · 장비에 의한 사고사망자는 259명**으로 연간 건설업 **전체 사망자의 20% 내외**로 발생

〈건설기계 · 장비에 의한 사고사망재해 현황〉

사고사망자수		계	'18	'19	'20
건설업		1,371	485	428	458
	기계 · 장비	259	97	79	83
	비율(%)	18.9	20.0	18.5	18.1

- 이 중, **굴착기, 고소작업대, 이동식크레인, 타워크레인, 트럭류**(화물운반트럭, 덤프트럭)이 **건설기계 · 장비 사고사망자의 약 77%**를 차지

〈5대 고위험 건설기계 · 장비 사고사망재해 현황〉

사고사망자수		계	'18	'19	'20
계		200	69	60	71
굴착기		59	20	22	17
고소작업대		47	10	16	21
이동식크레인		33	9	9	15
트럭	화물운반트럭	23	11	4	8
	덤프트럭	22	11	5	6
타워크레인		16	8	4	4

1) 공통 : 최근 3년간 건설기계·장비 관련 259명 사망

구분	자율점검 항목	적정	부적정
운전자 적정여부	1. 자격을 갖춘 자에게 운전을 하도록 하여야 한다.		
운전 시작전 안전조치	2. 형식신고 및 안전인증·검사 등 기계별 필요한 검사를 받았는지 확인한다.		
	3. 건설기계의 운행경로 및 작업방법을 고려해 기계별 작업계획을 수립·이행하고, 작업지휘자를 지정하여 지휘·감독한다.		
	4. 작업 전 운전자 및 작업자 안전교육을 실시한다.		
	5. 작업장소의 지형 및 지반상태를 확인하고, 기계가 넘어질 우려가 없도록 조치한다.		
운행 및 작업 중 안전조치	6. 작업구간에 작업자의 출입을 금지하거나 유도자를 배치하여 차량을 유도하여야 한다.		
	7. 유도자는 정해진 신호방법에 따라 차량을 유도한다.		
	8. 건설기계는 주된 용도로만 사용하여야 한다.		
	9. 승차석이 아닌 곳에 작업자를 탑승시키지 않는다.		
	10. 지정된 제한속도를 준수하여야 한다.		
	11. 방호장치를 임의로 해체하지 않는다.		
운전위치 이탈 시	12. 포크, 버킷, 디퍼 등의 장치를 가장 낮은 위치 또는 지면에 내려 두고, 브레이크를 확실히 걸어 갑작스러운 이동을 방지한다.		
	13. 운전석 이탈 시 시동키를 운전대에서 분리시킨다.		
수리 등 점검시	14. 작업지휘자를 지정하고 작업순서를 정하여 지휘한다.		
	15. 붐·암 등이 갑자기 내려오지 않도록 안전지지대 또는 안전블록을 사용한다.		

〈추가 참고자료〉
- KOSHA GUIDE(C-48-2013) 건설기계 안전보건 작업지침

2) 굴착기 : 최근 3년간 59명 사망

▸ 토사의 굴착을 주목적으로 하는 장비로서 붐, 암, 버킷과 이들을 작동시키는 유압 실린더 · 파이프 등으로 작동되며 별도의 장치 부착을 통해 파쇄 · 절단작업 등이 가능

구분	자율점검 항목	적정	부적정
운전자 적정여부	1. 굴착기 운전자의 적정 자격을 확인한다. * 3톤 미만: 소형건설기계 조종교육 이수 ** 3톤 이상: 건설기계조종사면허(굴착기)		
운전 시작 전 안전조치	2. 굴착기 운행경로 및 작업방법 등을 고려한 작업계획을 수립하고 이행한다.		
	3. 작업장소의 지형 및 지반상태를 확인하고, 굴착기가 넘어질 우려가 없도록 조치한다.		
	4. 전조등의 정상적인 작동 및 사이드미러나 후사경의 설치상태가 양호한지 점검한다.		
운행 및 작업 중 안전조치	5. 작업장소에 작업자의 출입을 통제하거나, 유도자를 배치하여 작업자가 부딪히지 않도록 유도한다.		
	6. 운전원은 안전띠를 착용한다.		
	7. 굴착기 버킷 이탈방지용 안전핀 체결한다.		
	8. 굴착기 버킷에 작업자의 탑승을 금지한다.		
운전자 이탈 시	9. 운전석 이탈 시 버킷은 지상에 내려놓고 시동키는 차에서 분리시켜야 한다.		
수리 등 점검 시	10. 붐 · 암 등이 갑자기 내려오지 않도록 안전지지대 또는 안전블록을 사용한다.		

〈추가 참고자료〉
• KOSHA GUIDE(C-105-2021) 굴삭기 안전보건작업 지침

3) 고소작업대 : 최근 3년간 47명 사망

〈차량탑재형〉

〈시저형〉

- (차량탑재형) 작업대, 연장구조물, 차대로 구성되며 동력에 의해 작업대를 고소작업 위치로 이동시키는 건설장비로 **외부 유리창 설치 또는 석공사 등에 주로 사용**
- (시저형) 고소작업 시 작업 여건상 비계 및 작업발판 설치가 곤란한 경우 사용하는 기계로 **건설현장에서 천장설비·배관 공사 등에 주로 사용**

구분	자율점검 항목	적정	부적정
공통	1. 고소작업대에 대한 작업계획서*를 작성하고 이행한다. * 추락·낙하·전도·협착·붕괴 위험대책, 운행경로 및 작업방법		
	2. 작업지휘자 또는 유도자를 배치하여 작업계획서에 따라 작업을 지휘하여야 한다.		
	3. 작업대에 탑승하는 작업자는 안전모 및 안전대를 착용하여야 한다.		
	4. 작업대에 정격하중을 초과하여 물건을 싣거나 탑승하지 않는다.		
	5. 작업구간에 관계 작업자가 아닌 사람의 출입을 금지한다		
차량탑재형	6. 조종사의 적정 자격을 확인한다. * 기중기운전기능사 또는 교육 이수		
	7. 안전인증 및 안전검사 실시 여부를 확인한다.		
	8. 아웃트리거 및 브레이크 등을 확실히 사용하며 아웃트리거는 지면과 수평을 유지하도록 설치한다.		
	9. 붐 길이와 각도에 적합한 적재하중 및 허용 작업반경을 확인한다.		
시저형	10. 안전인증 표시가 부착되어 있는지 확인한다.		
	11. 작업대 안전난간의 파손 및 탈락여부를 확인한다.		
	12. 고소작업대는 항상 바닥과 수평을 유지하도록 한다.		
	13. 작업대에 과상승방지장치를 설치하고 작동유무를 확인한다.		
	14. 작업대를 올린 상태에서 작업자를 태우고 이동하지 않는다		

〈추가 참고자료〉
- KOSHA GUIDE(M-155-2012) 이동식 고소작업대의 선정과 안전관리에 관한 기술지침
- KOSHA GUIDE(C-74-2015) 건설공사의 고소작업대 안전보건작업 지침

4) 이동식 크레인 : 최근 3년간 33명 사망

- 불특정 장소로 이동 가능한 크레인으로 중량물을 매달아 상하 및 좌우로 운반가능한 기계로 **건설현장 내 자재 운반작업에 주로 사용**
- 종류별 기중기(건설기계관리법), 차량탑재형(자동차관리법)으로 구분

구분	자율점검 항목	적정	부적정
운전자 및 기계 적정여부	1. 운전원은 적정 면허 자격*을 갖추어야 한다. * 건설기계조종사면허(기중기) ** 기중기운전기능사 또는 교육 이수(카고크레인)		
	2. 「건설기계관리법」 상의 형식신고* 및 「산업안전보건법」 상 안전인증 및 안전검사** 여부를 확인한다. * 기중기, ** 차량탑재형 크레인		
운전 시작 전 안전조치	3. 작업전 작업자 배치 및 교육, 작업방법, 방호장치 등 필요한 사항에 대한 조치를 실시한다.		
	4. 중량물 취급작업에 대한 작업계획을 수립하고 이행한다. * 추락 · 낙하 · 전도 · 협착 · 붕괴위험을 예방할 수 있는 안전대책		
	5. 정격하중, 속도, 경고표시 등을 작업자가 보기 쉬운 곳에 부착한다.		
	6. 과부하장지장치, 권과방지장치, 비상정지장치 및 제동장치, 그 밖의 방호장치가 정상적으로 작동하는지 점검한다.		
운행 및 작업 중 안전조치	7. 인양 작업 구간에 작업자의 출입을 통제하여 인양 중인 하물이 작업자의 머리 위로 통과하지 않도록 한다.		
	8. 이동식 크레인을 사용하여 작업자를 운반하거나 달아 올린 상태에서 작업을 실시하지 않는다.		
	9. 적재하중을 초과하지 않도록 작업한다.		
	10. 훅 해지장치를 사용하여 인양물의 이탈을 방지한다.		
	11. 운전자는 운전위치를 이탈하지 않는다.		

〈추가 참고자료〉
- KOSHA GUIDE(C-69-2012) 이동식 크레인 안전보건작업 지침
- KOSHA GUIDE(C-99-2015) 이동식 크레인 양중작업의 안정성 검토 지침

5) 트럭(화물운반트럭, 덤프트럭) : 최근 3년간 45명 사망

- (화물운반트럭) 화물을 운반하는 구조의 자동차로 **건설현장 내 자재 등을 운반에 주로 사용**
- (덤프트럭) 화물자동차의 하나로 차대의 적재함을 자체적으로 기울여 화물을 하역할 수 있는 구조의 건설기계로, **건설현장 내 토사·암 등을 외부로 반출하는 데 주로 사용**

구분	자율점검 항목	적정	부적정
운전원 자격 확인	1. 운전원은 적정한 면허자격*을 갖추어야 한다. * 덤프트럭(1종 대형), 화물자동차(12톤 이상: 1종 대형, 12톤 미만: 1종 보통)		
운전 시작전 안전조치	2. 트럭 운행경로 및 작업방법 등을 고려한 작업계획을 수립하고 이행한다.		
	3. 상하차 작업을 하는 장소에 지형 및 지반의 상태를 확인하고 덤프트럭이 넘어지지 않도록 조치한다.		
운행 및 작업 중 안전조치	4. 하역 또는 운반작업 구간에 작업자의 출입을 통제하거나, 유도자를 배치하여 작업자와의 충돌을 방지한다.		
	5. 주·정차 시 브레이크를 체결하고 경사면인 경우 고임목을 설치한다.		
	6. 적재함 상하차 작업 시 안전모를 착용한다.		
	7. 화물 적재함에 근로자의 탑승 및 과적을 금지한다.		
	8. 현장 내 제한속도를 표시하고 준수한다.		
	9. 운전자는 안전벨트를 착용한다.		
운전자 이탈 시	10. 운전자가 운전대를 이탈할 경우, 적재함을 내리고 시동 키를 운전석으로 분리한다.		

〈추가 참고자료〉
- KOSHA GUIDE(C-114-2020) 덤프트럭 및 화물자동차 안전작업 지침

6) 타워크레인 : 최근 3년간 16명 사망

▸ 마스트, 케이지, 턴테이블, 지브 등으로 구성되며 트롤리의 훅에 인양물을 매달아 현장 내 자재의 수직·수평운반 및 이동을 담당하며, **건설현장 내 거푸집, 철근 등 자재 운반에 주로 사용**

구분	자율점검 항목	적정	부적정
공통	1. 타워크레인 운전원*의 자격을 확인한다. * 건설기계조종사면허(타워크레인)		
	2. 타워크레인의 신호업무 담당자를 배치하고 교육한다		
	3. 타워크레인 상부 작업자는 안전모 및 안전대를 착용한다.		
	4. 작업 구간에 관계 작업자가 아닌 사람의 출입을 금지한다.		
	5. 중량물 취급작업에 대한 작업계획*을 수립·이행한다. * 추락·낙하·전도·협착·붕괴위험을 예방할 수 있는 안전대책		
설·해체 작업	6. 설치·해체 작업자의 자격*을 확인한다. * 판금제관기능사 또는 비계기능사, 관련 교육 이수자		
	7. 설치·해체 작업에 대한 작업계획을 수립하고 제조사의 설치작업설명서 등에 따라 설치·해체한다.		
	8. 타워크레인 조립 시 작업의 순서를 정하고 그 순서를 준수한다.		
	9. 타워크레인에 충돌방지 장치를 설치하고, 설치·해체 작업 과정을 영상으로 기록·보존한다.		
	10. 자립고 이상에서 벽체 지지방법의 준수를 확인한다.		
양중 작업	11. 정격하중, 속도, 경고표시 등을 작업자가 보기 쉬운 곳에 부착한다.		
	12. 과부하장지장치, 권과방지장치, 비상정지장치 및 제동장치, 그 밖의 방호장치가 정상적으로 작동하는지 점검한다.		
	13. 적재하중을 초과하지 않도록 작업한다.		
	14. 훅 해지장치를 사용하여 인양물의 이탈을 방지한다.		
	15. 운전자는 운전위치를 이탈하지 않는다.		

〈추가 참고자료〉
- KOSHA GUIDE(M-82-2011) 타워크레인의 설치·조립·해체작업에 관한 기술지침
- KOSHA GUIDE(C-97-2014) 타워크레인 설치·조립·해체 작업계획서 작성지침
- KOSHA GUIDE(M-186-2015) 크레인 달기기구 및 줄걸이 작업용 와이어로프의 작업에 관한 기술지침

2.3.4 위험작업별 위험요인 확인 · 개선

1) 공통

구분	자율점검 항목	적정	부적정
안전보건표지	1. 작업현장 내 유해하거나 위험한 장소 · 시설 · 물질에 대한 경고, 비상시에 대처하기 위한 지시 · 안내 등의 표지를 작업자가 알아보기 쉽도록 부착하여야 한다.		
	2. 안전보건표지는 각각 위험을 경고하는 그림과 문구를 포함하고 있어야 한다.		
	3. 표지의 제작은 금지, 경고, 지시, 안내 등 표지의 용도에 맞는 모형, 색상, 심볼, 문구를 사용한다		
	4. 현장에 설치된 안전표지들이 장애물로부터 시야를 가리지 않도록 해야 한다.		
	5. 경고표지는 강화 알루미늄, 강화 플라스틱, PVC 등 쉽게 파손되거나 변질되지 않는 소재로 제작되어야 하고, 현장의 상황을 고려하여 반사되거나 발광하게 할 수 있다.		
작업 전 점검	6. 작업별 유해 · 위험 요인을 파악하여 안전한 작업계획을 수립한다.		
	7. 작업을 수행하는 작업자에게 각 작업의 유해 · 위험요인 및 위험상황 발생 시 대처요령을 주지시킨다.		
	8. 각 유해 · 위험작업에 대한 관리자를 지정하고, 관리자의 지도 · 감독 하에 작업을 수행한다.		
보호구	9. 유해 · 위험 작업별 필요한 보호구를 파악하고, 작업자에게 지급 · 착용하도록 한다.		

2) 용접 · 용단 작업 등(화재 · 폭발) : 최근 3년간 66명 사망

- (용접 · 용단작업) 산소, LPG, 아세틸렌 등을 사용한 가스용접작업, 전기용접기를 통한 전기용접작업 등
- (위험물질 관리) 현장 내 등유 · 경유 및 인화성 가스류, 방수제 등 위험 화학물질의 보관 및 사용

구분	자율점검 항목	적정	부적정
작업 전 확인사항	1. 화재위험작업에 대한 작업계획을 수립한다.		
	2. 작업장 내 위험물, 가연물의 사용・보관 현황을 파악한다.		
	3. 위험물질로 인한 응급상황이 발생했을 때 필요한 행동에 대한 정보를 미리 준비하고 있어야 한다.		
	4. 작업현장에 허가받은 위험물의 종류별 기준량 이상이 되면 지역 소방기관과 관계기관에 신고해야 한다.		
	5. 소방서로부터 허가받은 위험물 제조소 또는 저장소 자료를 토대로 현장에 위험물의 종류별로 기준 이상의 위험물이 존재하거나 앞으로 존재하게 될 것인지의 여부를 판단해야 한다.		
	6. 작업자에 대해 화재예방 및 피난 교육 등을 실시한다.		
	7. 화재위험작업 대상 작업자에게 특별안전보건교육을 실시한다.		
가스 등의 가연물의 관리	8. 산소, LPG 등 가스 용기는 전도 위험이 없는 곳에 보관하며, 사용 전 또는 사용 중인 용기와 그 밖의 용기를 명확히 구별하여 보관한다.		
	9. 작업을 중단하거나 마치고 작업장소를 떠날 경우에는 가스 등의 공급구의 밸브나 콕을 잠근다.		
용접・용단작업	10. 인화성 가스 및 산소를 사용하여 금속을 용접・용단하는 경우, 지정된 자격증*의 보유 여부를 확인한다. * 전기용접기능사, 특수용접기능사 및 가스용접기능사보 등		
	11. 작업자의 대피를 유도하는 업무만을 담당하는 화재감시자를 지정하여 용접・용단 작업 장소에 배치하여야 한다.		
	12. 주변 가연성물체에 불꽃이 튀지 않도록 용접불티 비산방지덮개, 용접방화포 등을 설치 및 소화기구를 비치하여 작업한다.		
	13. 불꽃이 발생될 우려가 있는 작업을 하는 경우 주변에 가연물*, 인화성 액체는 화재위험이 없는 장소에 별도로 보관・저장한다. * 합성섬유, 합성수지, 면, 양모, 천조각, 톱밥, 짚, 종이류 또는 인화성 액체 등		

〈추가 참고자료〉

- KOSHA GUIDE(P-94-2019) 안전작업허가지침
- 냉동・물류창고 화재사고예방 매뉴얼
- KOSHA GUIDE(G-9-2013) 위험물질 취급작업장 위험표시에 관한 기술지침

3) 가설전기 및 전기공사(감전) : 최근 3년간 33명 사망

- (가설전기공사) 구조물 완공을 위해 공사에 필요한 전기를 임시로 공급하여 사용하게 하는 공사
- (전기공사) 건축물 등에 전기를 공급하기 위하여 하는 공사

구분	자가진단 항목	적정	부적정
자격 및 보호구의 확인	1. 감전위험이 있는 전기 기계・기구 또는 전로의 설치・해체・정비・점검 등의 작업을 하는 하는 경우 작업자의 자격을 확인한다.		
	2. 감전의 위험이 있는 작업에 종사하는 경우 절연용 보호구를 지급하고 작업자에게 착용하도록 한다.		
가공전로 및 임시수전설비	3. 가공전로에 근접하여 비계를 설치하는 경우에는 가공전로를 이설하거나 가공전로에 절연용 방호구를 장착하는 등 가공전로와의 접촉을 방지하기 위해 조치 한다.		
	4. 임시 수전설비의 주변은 관계 작업자가 아닌 사람의 출입을 금지하고, 위험표시 등의 방법으로 방호를 강화한다.		
배전반・분전반 설치 및 관리	5. 가설 배전반・분전반은 충전부가 노출되지 않도록 폐쇄형 외함이 있는 구조로 설치한다.		
	6. 충전부는 충분한 절연효과가 있는 방호망이나 절연덮개를 설치한다.		
	7. 분전반 등 전기 기계・기구의 금속제 외함, 금속제 외피 및 철대는 접지를 실시한다.		
현장 이동식 케이블(전선) 관리	8. 배선 또는 이동전선의 절연피복이 손상되거나 노화됨으로 인한 감전의 위험을 방지하기 위한 조치를 하여야 한다.		
	9. 습윤한 장소의 이동전선 및 부속 접속기구는 충분한 절연효과가 있는 것을 사용한다.		
	10. 통로바닥에 전선 또는 이동전선 등을 설치하여 사용하지 않도록 관리한다.		
이동식 전기기계 기구사용	11. 코드와 플러그를 접속하여 사용하는 비충전 금속체의 기계・기구의 접지를 확인한다.		
	12. 휴대형 또는 이동형 전동기계의 전원에 누전차단기를 설치하고 그 작동여부를 점검한다.		
	13. 누전차단기는 분기회로 또는 전기기계・기구마다, 배전반 및 분전반 등 누전차단기의 파손을 예방할 수 있는 장소에 접속한다.		

〈추가 참고자료〉
- KOSHA GUIDE(E-105-2011) 전기작업안전에 관한 기술지침
- KOSHA GUIDE(O-3-2011) 전기설비의 정비를 위한 일반 기술지침

4) 밀폐공간 작업(질식 · 중독) : 최근 3년간 21명 사망

▸(**콘크리트 보온 양생**) 겨울철 갈탄 · 숯탄, 야자수탄 등을 사용하여 콘크리트를 양생하는 작업

▸(**하수도 · 맨홀, 집수정 등**) 하수관로 개 · 보수, 건설현장 내 집수정 방수작업 등

구분	자가진단 항목	적정	부적정
작업 전 확인사항	1. 사업장 내 밀폐공간의 위치를 파악하고, 밀폐공간의 질식 · 중독을 일으킬 수 있는 요인*을 파악하여 밀폐공간 작업 프로그램을 수립한다. * 산소결핍, 황화수소, 일산화탄소, 이산화탄소 등		
	2. 산소 및 유해가스 측정기, 환기팬, 공기호흡기, 송기마스크의 보유여부를 확인한다.		
작업 시 안전조치	3. 콘크리트 보온양생이 필요한 경우, 갈탄 · 숯탄 등 연료 대신 전기열풍기를 사용한다.		
	4. 밀폐공간 작업 전, 작업 중 산소 및 유해가스 농도를 측정하고 적정공기* 상태인지 확인한다. * ① 산소: 18.0 ~ 23.5%, ② 황화수소: 10 ppm 미만 ③ 탄산가스(이산화탄소): 1.5% 미만, ④ 일산화탄소: 30ppm 미만		
	5. 적정공기 상태가 아닌 경우 작업장을 환기시키거나, 작업자에게 공기호흡기 또는 송기마스크를 지급하여 착용하도록 한다.		
	6. 작업 전과 작업 중에 환기팬을 이용하여 환기한다.		
	7. 밀폐공간 입구에는 출입금지 표지를 부착하고 작업자의 무단출입을 금지하며, 밀폐공간 외부에 감시인을 배치한다.		
	8. 밀폐공간에 입장시킬 때와 퇴장시킬 때마다 인원을 점검한다.		
안전교육	9. 사업장내 밀폐공간의 위치, 작업 전 작업자와 감시인에게 안전작업하는 방법을 교육한다. * 유해가스 측정, 환기설비 가동, 보호구 착용, 사고시 응급조치, 구조요청 절차 등		
	10. 밀폐공간에서 사고 발생 시 119 구조대가 오기 전까지는 공기호흡기나 산소마스크를 착용하지 않은 상태에서는 절대 구조하러 들어가지 않도록 교육한다.		

〈추가 참고자료〉
- KOSHA GUIDE(X-68-2015) 밀폐공간 위험관리에 관한 기술지침
- KOSHA GUIDE(H-80-2018) 밀폐공간 작업 프로그램 수립 및 시행에 관한 기술지침
- 밀폐공간 질식재해예방 안전작업 가이드

5) 공정별 위험요인 확인 · 개선

① 토공사 · 기초공사

㉠ 작업절차(예: 흙막이 지보공 작업)

천공, 엄지말뚝 설치 (CIP, H-Pile 등)	➡	굴착 / 흙막이 토류판, 띠장(Wale) 설치	➡	굴착 / 흙막이 버팀보(Strut) 조립	➡	굴착저면 다짐 / 기초 Con'c 타설

㉡ 주요 사망사고 사례

- '18년~'20년 사고사망자 104명(무너짐 35명, 맞음 17명, 부딪힘 15명, 깔림 14명 등)

흙막이 토류판 설치	흙막이 버팀보 설치	굴착토사 반출	관로 매설
흙막이 토류판 설치 중 배면토사 붕괴 매몰	흙막이 2단 버팀보 상부이동 중 떨어짐	복공판 위에서 덤프트럭 후진 중 부딪힘	상수도관 부설작업 중 굴착면 토사 무너짐

사고유형별 발생원인

- ▶ (굴착작업 시 토사 무너짐) 흙막이 가시설(토류판 등) 설치 지연, 지반 사전조사 미흡
- ▶ (흙막이 설치 · 해체 시 떨어짐) 버팀대 등에 안전방망 또는 안전대 부착설비 미설치 · 미부착
- ▶ (중량물 운반 시 떨어짐 · 부딪힘) 인양로프 점검 미흡, 줄걸이 방법 불량, 신호수 미배치
- ▶ (차량계 건설기계 끼임 · 부딪힘 · 깔림) 장비작업 반경 내 작업자 접근방지조치 등 미실시
- ▶ (트렌치 굴착 시 측면토사 무너짐) 굴착사면 기울기 미확보, 간이 흙막이 미설치

㉢ 핵심 안전수칙

작업공종	사전 점검 및 필수 확인 내용
천공·엄지말뚝 설치	• 항타기·천공기 주행로 지형·지반의 부등침하 방지조치 • 철근망, 엄지말뚝(H-pile) 줄걸이, 선회 시 안전조치(중량물 취급계획)
흙막이 토류판 설치	• 작업 전, 중 흙막이 배면 토질·지층, 지하수위 확인(경사계, 지하수위계)
흙막이 띠장 설치	• 용접작업자 안전발판·통로, 안전대 걸이시설 확인, 보강재(Stiffener) 설치
흙막이 버팀보 설치	• 버팀보 상부 안전대 걸이시설, H-Beam 이음부 보강판(상·하) 설치
토사 및 암반굴착	• 토질에 적합한 굴착 구배 준수 여부 및 굴착사면 붕괴위험 여부 확인 • 굴착기 간 안전거리 확보, 흙막이 작업자 이동통로 및 추락방호 확인 • 과 굴착으로 인한 붕괴위험(흙막이 지보공 지연설치) 여부 확인(계측결과 등) • 굴착토사 반출(Clam Shell, 이동식 크레인, 덤프트럭 운행·작업로 확보 등) 확인
기타 관리사항	• 굴착 선단부, 지상~굴착면 안전통로(가설계단 등), 작업자 이동통로 확인

㉣ 자율점검표

자가진단 항목	적정	부적정
1. 작업 시작 전 작업장소 및 주변의 부석·균열 유무, 함수·용수와 동결상태의 변화를 점검한다.		
2. 사전에 지하매설물(상·하수도 관로 및 도시가스관 등) 및 지상 지장물(전신주 및 가공전선로 등)을 모두 이설 또는 방호 조치한다.		
3. 굴착면의 높이가 2미터 이상인 경우 토질 상태를 사전조사 하고 그 결과를 고려하여 작업계획서를 작성한다.		
4. 굴착사면 또는 흙막이지보공 붕괴위험에 대해 굴착 작업 전·진행 중 수시 확인하고 그 위험성을 즉시 제거한다.		
5. 흙막이 붕괴방지를 위해 필요한 계측을 실시하고 이상변위 시 즉시 조치한다.		
6. 과굴착 하지 않도록 사전 굴착계획에 따라 작업을 진행하고 토류판을 적기에 설치한다.		
7. 토사반출 작업을 위한 복공판 설치 등 충분한 작업공간을 확보하고 차량계 건설기계 등이 안전하게 운행·작업 하도록 한다.		
8. 흙막이 지보공 조립 시 버팀대, 띠장 등 상부에 추락방지용 안전시설을 반드시 설치한다.		
9. 작업자가 지하 굴착작업 장소까지 이동할 수 있도록 가설계단 등 안전한 통로를 확보하여야 한다.		

10. 클램쉘 등으로 굴착 토사 운반 시 신호수를 배치하고 하부에 작업자가 출입하지 않토록 통제한다.		
11. 트렌치 굴착 시에는 작업 여건, 위험도 등에 따라 간이 흙막이를 설치하거나 굴착면의 안전 기울기를 확보하여야 한다.		

〈추가 참고자료〉
- KOSHA GUIDE(C-104-2014) 건설공사 굴착사면 안전기울기 기준에 관한 기술지침
- KOSHA GUIDE(C-37-2011) 지하매설물 굴착공사 안전작업 지침
- KOSHA GUIDE(C-39-2011) 굴착공사 안전작업 지침

② 골조공사

㉠ 작업절차(예: 철근콘크리트 구조)

기초 Con'c타설 ➡ 기둥・벽체 철근조립 ➡ 기둥・벽체 거푸집조립 ➡ 동바리 조립 ➡ 보・슬래브 거푸집조립 ➡ 보・슬래브 철근조립 ➡ 보・슬래브 Con'c타설

㉡ 주요 사망사고 사례

- '18년~'20년 사고사망자 257명(떨어짐 169명, 맞음 29명, 깔림 18명, 무너짐 12명 등)

철근조립 작업	벽체 거푸집조립 작업	동바리조립 작업	콘크리트타설 작업
계단실 벽체철근 조립 중 발판용 각재에서 떨어짐	벽체 거푸집 패널 인양중 전도되며 깔림	시스템 동바리 조립 중 수평재에서 떨어짐	콘크리트 타설 중 슬래브가 무너짐

사고유형별 발생원인

▶ (비계 등 작업발판에서 떨어짐) **안전통로** 미확보, 안전난간 등 **추락방지조치** 미실시

▶ (고소작업대 충돌・끼임) 주행 시 **유도자** 미배치, **과상승방지장치** 등 안전장치 설치 불량

▶ (콘크리트 펌프카 전도・부딪힘) **아웃트리거** 부적정, **침하방지조치 불량**, **사전점검** 미실시

▶ (중량물 인양 시 낙하) **줄걸이 방법** 불량, **인양로프** 점검 미실시, **신호수** 미배치

> ▶ (거푸집 · 동바리 무너짐) **구조검토** 미실시, **조립도**에 따른 설치 미흡, **이음부** 불량
> ▶ (콘크리트 양생 중 질식) **산소 · 유해가스 농도** 미측정, **환기** 부적정, **출입금지**조치 미흡

㉢ 핵심 안전수칙

작업공종	사전 점검 및 필수 확인 내용
철근조립	• 벽체 철근 조립 시 말비계 또는 이동식 비계 안전조치 • 보 · 슬래브 철근 조립 시 단부 추락방지조치 및 안전대 착용
거푸집 조립	• 벽체 거푸집 조립 시 말비계 또는 이동식 비계 안전조치 • 외벽 거푸집 조립 시 비계 작업발판 및 안전난간 설치 • 엘리베이터 개구부 추락방지조치 • 각종 개구부(자재인양구, 설비덕트 등) 덮개 또는 안전난간 설치 • 보 · 슬래브 거푸집 조립 시 단부 추락방지조치 및 안전대 착용
동바리 설치	• 설치 · 해체 작업 시 추락방호망 설치 및 안전대 착용
기타 관리사항	• 일시적 난간 해체 시 추락방호망 및 안전대 부착설비 여부 • 안전통로 확보 및 사용상태 유지 여부

㉣ 자율점검표

자가진단 항목	적정	부적정
1. 거푸집동바리 구조 검토를 실시하고 조립도를 작성하여야 한다.		
2. 거푸집동바리 조립도(동바리, 수평연결재, 가새재 위치 등)에 따라 조립하여야 한다.		
3. 거푸집 · 동바리 조립 시 상부에 자재 과적으로 인한 붕괴위험이 없도록 조치한다.		
4. 작업자에게 적정한 개인보호구(안전모, 안전대 등)를 지급하고 추락 등 위험 시 반드시 안전대를 걸고 작업하여야 한다.		
5. 거푸집 설치-해체-인양작업 시 안전조치 사항에 대해 작업자가 충분히 숙지하도록 특별안전교육을 실시한다.		
6. 슬래브 단부, 개구부 등의 추락방호조치는 적절하게 실시하여야 한다.		
7. 철근조립 등 고소 작업을 위한 작업발판은 작업장소 · 위치 등을 고려하여 적정하게 사용하여야 한다.		
8. 고소작업대 사용 시 발 스위치 연동장치, 조작레버 덮개 등의 안전장치 설치와 장비제원, 운전원 실명 등을 부착 · 관리한다.		
9. 콘크리트 펌프카는 아웃트리거를 최대한 인출하고 작업계획서에 따라 관계자외 출입금지, 타설순서 등을 준수하여야 한다.		

10. 콘크리트 양생(갈탄, 열풍기 보온양생) 시 산소·유해가스농도를 수시로 측정하고 출입자는 호흡용 보호구를 반드시 착용한다.		

〈추가 참고자료〉
- KOSHA GUIDE(C-43-2012) 콘크리트공사 안전보건작업 지침
- KOSHA GUIDE(C-44-2015) 철골공사 안전보건작업 지침

③ 내부 마감공사

㉠ 작업절차

벽체작업(조적/블럭/미장등) ➡ 바닥·벽체 하부작업(방수, 타일등) ➡ 낮은 천장작업(전기/설비작업등) ➡ 높은 천장작업(전기/설비/도장작업등)

㉡ 주요 사망사고 사례

- '18년~'20년 사고사망자 205명(떨어짐 122명, 화재 39명, 끼임 9명, 맞음 8명, 무너짐 7명 등)

미장작업	전기 배선작업	설비 배관작업	조적작업
계단실 벽체 미장작업 중 작업발판에서 떨어짐	사다리 위에서 배선작업 중 전도되며 떨어짐	고소작업대에서 천장 설비배관 용접작업 중 끼임	이동식비계로 설치된 작업발판에서 떨어짐

사고유형별 발생원인

- ▶ **(이동식비계에서 떨어짐)** 안전한 **승강통로** 미확보, **작업발판** 및 **안전난간** 설치 미흡
- ▶ **(고소작업대 충돌·끼임)** 주행 시 **유도자** 미배치, **과상승방지장치** 등 안전장치 설치 불량
- ▶ **(사다리에서 떨어짐)** 최상부 작업, **전도방지조치** 미실시, 사다리 **안전작업지침** 미준수
- ▶ **(계단에서 떨어짐)** 계단 구조물 미장·도장 시 **추락방호조치** 미실시, 계단 상 장애물 미제거
- ▶ **(천장마감재 무너짐)** 천장마감재 상부 작업자 **출입통제** 미실시, **사전 구조검토** 미실시
- ▶ **(내부 비계에서 떨어짐)** **벽이음** 미설치, 안전한 **승강통로** 미확보, **안전난간** 등 미설치

㉢ 핵심 안전수칙

작업공종	사전 점검 및 필수 확인 내용
작업대 안전조치사항 등	• 이동식비계, 말비계, 비계 등 작업발판 및 안전난간 사용기준 준수 • 안전난간・울타리・덮개 등 방호조치 설치 상태 • 전기・설비・기계작업 시 사다리 사용기준 준수 • 고소작업대(T/L) 사용 작업 시 협착 방지 및 작업대 주변 추락위험
작업 위험구간 안전조치	• (바닥 개구부) 설비덕트・환기구 등 주변 작업 후 안전시설 조치 • (측면 개구부) E/V 피트, 창호 주변 안전시설 조치
기타 관리사항	• 개인보호구(안전모, 안전대) 적정 지급 및 착용 여부 • 위험구간 출입통제 조치

㉣ 자율점검표

자가진단 항목	적정	부적정
1. 자재(벽돌, 블록, 시멘트, 모래, 물 등)는 작업에 필요한 수량만큼 수시로 안전하게 운반하여 사용한다.		
2. 자재 운반 시 다른 작업에 방해되지 않도록 충분한 공간을 확보하고 운반용 기계・기구 필요 시 안전성을 검토하여 사용하여야 한다.		
3. 내부 마감공사용 이동식비계, 말비계 등의 작업발판은 충분한 안전성을 확보하도록 설치하고 필요한 안전조치를 한다.		
4. 작업장 주변과 작업자 이동통로 상의 개구부에는 방호조치 및 안전표지를 부착하여야 한다.		
5. 작업자에게 적절한 개인보호구를 지급하고 올바르게 착용하도록 하여야 한다.		
6. 작업 장소로 이동하기 위한 안전한 통로를 확보하여야 한다.		
7. 천장 마감재 상부 에어컨 설치 등의 작업은 마감재 설치 전에 완료하고 마감재 위로 작업자가 올라가지 않도록 한다.		
8. 정화조, 저수조 등 밀폐된 공간 내에서 방수 작업 시 질식위험을 제거하여야 한다.		
9. 벽체・천장 작업용 내부 비계 설치 시에는 사전에 조립도를 작성하고 필요한 안전조치 및 작업자 이동통로를 확보한다.		
10. 방수제 등 사용하는 화학물질에 대한 경고표시를 부착하고, 각 물질에 대한 MSDS를 작업자에게 교육한다.		

〈추가 참고자료〉
- KOSHA GUIDE(C-64-2018) 조적공사 안전보건작업 지침
- KOSHA GUIDE(C-66-2016) 내장공사 안전보건작업 지침

④ 외부 마감공사

㉠ 작업절차(예: 외벽 석재작업)

가설공사 (외부비계 설치 등)	➡	철물 (석재 받침용 부재) 고정 작업	➡	석재운반 및 부착, 틈매움(줄눈 사춤)	➡	외부비계 해체

㉡ 주요 사망사고 사례

- '18년~'20년 사고사망자 119명(떨어짐 106명 등)

외벽 단열작업	외벽 도장작업	외벽 석재작업	외벽 조적작업
외벽 단열재 설치작업 중 비계와 벽면사이로 떨어짐	달비계 이용 외벽 도장작업 중 로프가 끊어지며 떨어짐	하지철물 용접작업 중 불꽃이 튀어 화재	외부 비계 상 적재된 벽돌이 떨어짐

사고유형별 발생원인

▶ (외부비계에서 떨어짐) 안전한 **승강통로** 미확보, 외벽과 비계 사이 등 **추락방지조치** 미실시

▶ (달비계 작업 시 떨어짐) **안전대 · 보조로프** 미부착 · 설치, **로프 고정** 불량, **로프 보호대** 미설치

▶ (고소작업대에서 떨어짐) **차량탑재형** 고소작업대 **전도방지조치** 불량, **안전대** 미부착

▶ (용접작업 시 화재) **불티 확산방지** 미조치, **화재감시자** 미배치, 주변 **가연물** 미제거

▶ (중량물 인양시 낙하) 석재 인양용 **윈치 사용** 불량, 윈치 설치장소 부적절, **묶음조치** 미흡

▶ (비계 위 벽돌 등 자재 낙하) **이동통로** 미확보, 자재 적치 불량, **낙하방지조치** 미흡

㉢ 핵심 안전수칙

작업공종	사전 점검 및 필수 확인 내용
조적 · 석재작업	• 벽돌 · 석재 등 비계상부 과적 여부(외부 비계 좌굴 및 도괴위험) • 외부비계 자재반입 및 작업자 출입 후 난간 해체 상태 여부 • 비계 작업발판 설치 및 단부 안전난간 설치상태 • 작업장소 하부 낙하물 위험방지 위한 출입통제 등

외부 도장작업	• 달비계 강도 및 로프(작업용, 구명줄) 상태 • 2개소 이상 지지물에 로프 결속상태 및 지지물 안전성 • 안전대 지급·착용 여부 및 구명줄 사용 여부 • 접촉부위 로프 파단 방지를 위한 보호대 설치 여부
고소작업대 작업	• 고소작업대 작업 시 안전대 부착설비 및 작업지휘자 배치

㉣ 자율점검표

자가진단 항목	적정	부적정
1. 외부비계 상 벽돌 등 자재는 필요한 수량만큼 적재하여 비계기둥 간의 적재하중은 400kg을 초과하지 않도록 한다.		
2. 외부 비계 상 승강통로는 작업자가 이용하기 쉽도록 충분한 수량을 설치하여야 한다.		
3. 외벽과 비계 사이에는 높이 10미터 이내마다 추락방호망을 설치하고 작업에 간섭이 되지 않는 한 안전시설을 해체하지 않는다.		
4. 단열재 등 가연성 물질 주변에서 용접 작업 시 불티 비산방지 등 화재예방조치를 반드시 하여야 한다.		
5. 달비계 작업 전 로프 등 자재를 점검하고 달비계 로프 설치 시 작업자가 안전대를 부착하도록 관리감독을 확실히 한다.		
6. 달비계 작업용 섬유로프 및 구명줄은 절단·마모 보호를 위해 보호덮개를 설치해야하며, 견고한 고정점에 결속하여야 한다.		
7. 석재 운반용 윈치 사용 시 고정부위가 안전한지 검토하고 줄걸이 방법 등을 사전에 확인하여 안전하게 작업하여야 한다.		
8. 외부마감 작업 장소로 작업자가 안전하게 이동하기 위한 통로를 확보하여야 한다.		
9. 비계 조립 작업 시 주변에 특고압 전선 유무를 사전 확인하여 안전한 작업방법을 검토하고 벽이음 등을 간격에 맞춰 설치한다..		
10. 차량탑재형 고소작업대 사용 시 아웃트리거를 최대한 인출하고 탑승자는 반드시 안전대를 부착한다.		

〈추가 참고자료〉
- KOSHA GUIDE(C-64-2018) 조적공사 안전보건작업 지침
- KOSHA GUIDE(C-7-2012) 시트 방수공사 안전보건작업 지침
- KOSHA GUIDE(C-33-2016) 달비계 안전작업 지침

⑤ 지붕공사

㉠ 작업절차

재료반입·운반(양중·지붕 적치)	➡	가설재·안전시설(난간, 방망 등)	➡	지붕틀 조립(철골조 등)	➡	지붕작업(방수·패널 등)	➡	지붕단부 마감(후레싱, 홈통 등)

㉡ 주요 사망사고 사례

- '18년~'20년 사고사망자 107명(떨어짐 107명)

지붕재 파손	지붕 단부(이동 시)	지붕 구조물 조립·해체	지붕 마감재 설치·해체
지붕 보수를 위해 이동 중 채광창이 파손되며 떨어짐	아파트 외벽 청소를 위해 경사지붕 이동 중 떨어짐	지붕 구조물 용접작업 중 지붕틀에서 떨어짐	지붕 강판 교체작업 중 강판이 뒤집히며 떨어짐

사고유형별 발생원인

▶ **(채광창 등 지붕재 파손으로 떨어짐)** 지붕상태 **사전조사** 미실시, 방망 등 **추락방호조치** 미실시

▶ **(경사지붕 단부에서 떨어짐)** 안전난간 등 **추락방호조치** 미실시, **안전통로** 미확보

▶ **(지붕구조물에서 떨어짐)** 적절한 **작업발판** 미사용, 하부 **추락방망** 등 미설치

▶ **(지붕으로 승강 시 떨어짐)** 안전한 **승강통로**(사다리 등) 미확보, **사전조사** 미실시

▶ **(마감재 설치 시 떨어짐)** 안전대 부착설비 등 **추락방지조치** 미실시, **안전대** 미부착

㉢ 핵심 안전수칙

구 분	사전 점검 및 필수 확인 내용
작업 전 사전조사	• 가설통로 설치, 작업계획서 작성 및 교육으로 안전한 이동경로 준수 • 지붕의 형태, 구조를 파악하고 목재 등 구조물의 부식여부 확인
작업 중 안전수칙	• 쉬글 등 마감작업 시 추락방지설비 설치 및 안전대 착용 • 지붕작업 시 폭 30cm이상 작업발판 설치 • 하부 추락방호망 및 지붕 단부 안전난간 설치 • 약한 재질의 지붕마감재를 고려한 작업방법 검토

㉣ 자율점검표

자가진단 항목	적정	부적정
1. 강도가 약해 깨지기 쉬운 지붕 위에서 작업 시 반드시 30센티미터 이상의 작업발판을 설치해야 한다.		
2. 채광창이 있는 경우 견고한 덮개를 설치해야 한다.		
3. 지붕 가장자리에는 안전난간을 설치해야 하며, 곤란한 경우 추락방호망을 설치하거나 안전대를 착용해야 한다.		
4. 지붕의 형태, 구조 등을 사전 파악하여 적절한 이동통로, 작업발판설치 등 추락방지 조치를 하여야 한다.		
5. 지붕진입을 위한 승강설비(고정식 사다리, 워킹타워 등)를 적정하게 설치한다.		
6. 지붕 위에 자재를 집중 또는 과적하지 않도록 한다.		
7. 슬레이트, 채광창(skyligt) 지붕의 노후상태를 확인하고, 취약한 지붕재(슬레이트, 채광창 등)에 적절한 추락방호조치(발판, 안전덮개, 추락방지망, 안전대 착용 등 안전조치)를 하여야 한다.		
8. 지붕 단부에 추락방호조치(안전난간, 추락방지망, 안전대 착용 등 안전조치)를 하여야 한다.		
9. 지붕 위 작업 시 가공전선에 접촉위험이 없도록 한다.		
10. 작업 전 기상 및 지붕표면 상태를 확인하여 전도위험 등이 있는 경우 작업을 중지한다.		

〈추가 참고자료〉
- KOSHA GUIDE(C-59-2017) 지붕공사 안전보건작업 지침
- KOSHA GUIDE(G-19-2011) 지붕위 작업시의 안전보건에 관한 안전가이드

제3절 시설관리업 위험요인 파악 및 통제 자율점검표

1. 시설관리업 위험요인 파악 및 통제

1.1 작업장 일반

1.1.1 공통

자가진단 항목	네	아니요	비고
1. 위험작업 시 적합한 개인보호구를 착용한다.			
2. 사다리 작업 시 안전한 작업방법(2인 1조 작업, 안전한 구조의 사다리 사용 등)을 숙지하고 있다.			
3. 위험작업 시 안전작업절차에 따라 작업하도록 관리한다.			
4. 고장난 승강기를 임의로 열거나 기기를 직접 조작하지 않고, 전문업체를 통해 수리하고 있다.			
5. 승강기 점검, 보수 시 접근금지 표지판을 부착하고, 동력원을 완전히 차단한 후 작업한다.			
6. 승강기는 정기적으로 점검・검사받고 있다.			
7. 소화기 및 소화전의 작동 및 사용방법을 작업자에게 교육한다.			
8. 정화조・집수조 등의 밀폐공간의 점검과 같은 산소결핍이 우려되는 작업 시 필요한 장비*를 갖추거나 대여하여 사용하고 있다. * 산소농도측정기, 유해가스측정기, 공기호흡기 등			
9. 정화조・집수조 등의 밀폐공간 출입 시 작업자 이외의 사람이 출입하지 못하도록 출입금지판을 설치하고 있다.			
10. 밀폐공간에서 비상상황 발생 시 필요한 응급 연락체계를 갖추어 연락하고, 공기호흡기 등의 보호구를 착용하고 구조작업을 실시하고 있다.			
11. 임의로 정화조・집수조 등의 밀폐공간은 개방을 할 수 없도록 잠금장치를 설치하고 있다.			
12. 화학물질을 사용하는 작업 시 화기 소지를 금지하고, 보관 용기의 밀폐 여부를 확인하고 있다.			

〈참고자료〉
- KOSHA GUIDE(G-60-2012) 건물 관리 작업 시 안전보건에 관한 기술지침(안전보건공단 홈페이지-자료마당-법령/지침정보)

1.1.2 바닥 및 통로

자가진단 항목	네	아니요	비고
1. 바닥・통로에는 미끄러지거나 걸려 넘어질 위험이 없이 청결하고 안전한 상태이다.			
2. 작업자에게 미끄러짐 방지 작업화를 지급・착용토록 한다.			
3. 통로에 적정한 조도(75lux 이상)의 조명기구가 설치되어 있다.			
4. 떨어질 우려가 있는 장소에 안전난간이 설치되어 있다.			
5. 출입이 통제된 장소에 출입금지임을 표시하고, 관리자 외 출입을 금지한다.			
6. 비상구가 적절히 설치되어 있고, 비상구 표시가 부착되어 있다.			
7. 화재에 대비한 소화시설, 화재감지설비 등이 갖추어져 있다.			
8. 통로 등 근로자가 이동 시 떨어질 위험이 있는 개구부에는 덮개 등의 안전조치가 설치되어 있다.			
9. 비상구는 화재 시 신속한 대피를 위한 물품 및 자재 등을 보관하지 않고 있다.			

〈참고자료〉
- KOSHA GUIDE(G-85-2015) 작업장의 통로 및 계단 설치에 관한 기술지침
- KOSHA GUIDE(E-148-2015) 작업장 조명기구의 선정, 설치 및 정비에 관한 기술 지침 (안전보건공단 홈페이지-자료마당-법령/지침정보)

1.1.3 사다리

자가진단 항목	네	아니요	비고
1. 사다리 작업 시 2인 1조로 작업한다.			
2. 벌어짐 방지장치, 발판 미끄럼 방지 고무패드가 장착된 사다리를 사용한다.			
3. 이동통로용 사다리(일자형)와 작업용 사다리(발붙임, A형)를 구분하여 사용한다.			
4. 사다리 상단은 걸쳐놓은 지점으로부터 60cm 이상 올라가는 적정한 길이의 사다리를 사용하고, 상단부는 고정한다.			
5. 짧은 사다리 길이를 늘이기 위해 겹쳐 이어서 사용하지 않는다.			
6. 사다리의 사용 높이를 임의로 높이기 위해 상자, 리프트, 그 밖에 불안정한 곳에 설치하지 않는다.			
7. 사다리는 수시로 점검하고, 결함이 있는 경우 수리하거나 재구매한다.			
8. 작업 전 사다리 주위 전선, 전기설비 등에 의한 감전위험이 있는지 확인하고, 있는 경우 감전방지 조치를 실시한다.			
9. 떨어질 위험이 있는 사다리 작업시 안전모(턱끈 조임) 등 개인보호구를 착용하도록 한다.			
10. 작업자는 무거운 짐이나 장비를 들고 사다리를 오르내리지 않는다.			

〈참고자료〉
- KOSHA GUIDE(G-130-2020) 이동식 사다리의 제작과 사용에 관한 기술지침 (안전보건공단 홈페이지-자료마당-법령/지침정보)
- 건물 등의 종합관리사업 안전보건실무길잡이(안전보건공단 홈페이지-자료마당)

1.2 기계 · 기구

1.2.1 기계 · 기구(일반)

자가진단 항목	네	아니요	비고
1. 기계와 장비의 안전점검을 정기적으로 실시한다.			
2. 모든 기계와 장비는 청결하게 관리되고 적절히 유지·보수된다.			
3. 동력기계의 회전축·기어·체인·풀리 등 근로자가 위험에 처할 우려가 있는 부위에 덮개·울 등을 설치하였다.			
4. 동력으로 작동되는 기계에 동력차단장치(비상정지장치 등)를 설치하고, 근로자가 작업위치를 이동하지 않고 조작 가능한 구조(위치)로 설치하였다.			
5. 기계의 운전을 시작할 때 작업방법, 방호장치 등 필요한 사항을 미리 확인한 후 위험 방지를 위하여 필요한 조치를 하였다.			
6. 작업자가 장비에 충돌하지 않도록 이동식 장비의 이동경로와 작업자 이동경로를 구분하였다.			
7. 기계 또는 방호장치의 결함이 발견된 경우 반드시 정비한 후에 근로자가 사용하도록 한다.			
8. 기계의 정비·청소·검사 또는 조정 작업 시 해당 기계의 운전을 정지하고, 다른 사람이 그 기계를 운전하는 것을 방지하기 위한 조치를 하고 있다.			
9. 기계 등에 설치한 방호장치를 해체하거나 방호장치의 기능을 임의로 정지하지 않는다.			

〈참고자료〉
- KOSHA GUIDE(G-21-2011) 소규모 작업장 내의 안전보건에 관한 안전가이드
- KOSHA GUIDE(M-26-2013) 끼임절단재해 예방을 위한 기술지침
(안전보건공단 홈페이지-자료마당-법령/지침정보)

1.2.2 고소작업대

자가진단 항목	네	아니요	비고
1. 안전인증(산업안전보건법 제84조)을 받은 고소작업대를 사용한다. ※ '09.7.1. 이전 고소작업대는 비적용			
2. 고소작업 전 사전조사를 실시하고 작업계획서를 작성하고, 작업지휘자를 지정하여 계획서대로 작업하도록 하고 있다.			
3. 작업대가 바닥과 수평을 유지하도록 설치하고, 아웃트리거나 브레이크를 사용하여 갑작스러운 이동을 방지한다.			
4. 과상승방지장치(안전바, 리미트, 근접센서 등), 비상정지장치, 과부하방지장치, 낙하방지밸브 등이 설치되어 있고, 정상적으로 동작한다.			
5. 조작레버(조이스틱) 인에이블 스위치와 풋스위치가 상호연동되어 우발적인 동작을 방지한다.			
6. 조작레버(조이스틱)와 풋스위치 오조작을 방지를 위해 덮개가 설치되어 있다.			
7. 제어장치는 임의로 해제하지 않는다.			
8. 고소작업대에 탑승 시 근로자에게 추락방지용 개인보호구를 지급하고 착용하도록 관리한다.			
9. 작업대에 설치된 안전난간은 견고하게 설치되어 있다.			
10. 운반구가 상승된 상태에서 고소작업대를 주행시키지 않는다.			

〈참고자료〉

- KOSHA GUIDE(M-86-2011) 고소작업차 안전운전에 관한 기술지침 (안전보건공단 홈페이지-자료마당-법령/지침정보)
- 고소작업대(시저형) 설치・사용 가이드(안전보건공단 홈페이지-자료마당)
- 건물 등의 종합관리사업 안전보건실무길잡이(안전보건공단 홈페이지-자료마당)

1.2.3 보일러

자가진단 항목	네	아니요	비고
1. 보일러 점화 전 보일러실을 충분히 환기한다.			
2. 보일러 급수탱크의 수위가 정상상태인지 수시로 확인하고 있다.			
3. 보일러 안전운전절차를 작성하여 안전하게 가동한다.			
4. 보일러 소음으로 인한 청력손실 예방을 위해 귀마개를 지급한다.			
5. 보일러 가동 중 안전밸브에서 증기가 누설되지 않는지 확인하고, 설정압력은 보일러 최고 사용압력 이하이다.			
6. 보일러 압력방출장치(안전밸브)는 정기적으로 토출시험을 실시하고 이상이 없음을 확인하고 있다.			
7. 보일러 안전장치*는 정기적으로 정상작동 여부를 확인한다. * 압력제한스위치, 고저수위 조절장치, 압력계, 자동경보장치, 화염 검출기 등			
8. 보일러 관련 정기검사를 정기적으로 받는다.			
9. 보일러실 내에는 사용연료에 적합한 가스감지기를 설치하였으며, 정상작동 여부를 정기적으로 확인하고 있다.			
10. 보일러 노내 작업 시 밀폐공간 작업프로그램(안전보건규칙 제619조)를 수립하고, 그에 따라 작업·관리한다.			
11. 보일러의 수리·정비·청소 등의 작업은 유자격자 이외의 자는 금지한다.			

〈참고자료〉
- 건물 등의 종합관리사업 안전보건실무길잡이(안전보건공단 홈페이지-자료마당)
- 보일러로 인한 사고예방 OPL(안전보건공단 홈페이지-자료마당)

1.2.4 기계식 주차설비

자가진단 항목	네	아니요	비고
1. 주차설비 비상정지장치 및 출입문 인터록장치, 경보장치가 정상적으로 작동한다.			
2. 주차설비 출입문을 흔들거나 강제로 개방하지 않는다.			
3. 주차설비 운반구 가동 중에는 절대 출입하지 않는다.			
4. 기계식 주차장치 점검・수리는 적합한 정비업체를 통해 실시한다.			
5. 청소・점검・검사 작업 시 전원차단 및 작업감시자를 배치하고, 전원스위치에는 작업 중임을 표시하여 오조작을 방지한다.			
6. 청소・점검・검사 작업 시에는 안전모, 안전화, 보호장갑 등 안전보호구를 착용하고 있다.			
7. 기계식 주차장은 주차장법에 따라 정기검사 등을 받고 있다.			
8. 자동차 대수가 20대 이상인 기계식 주차설비에는 관리인을 배치하고, 관련 교육을 이수하도록 관리한다.			
9. 주차설비 작동 안내문을 장치 작동 스위치 옆 잘 보이는 곳에 부착하고 있다.			
10. 주차설비 작동 전 운반구 내 사람이 있는지 확인하고 있다.			

〈참고자료〉
- 건물 등의 종합관리사업 안전보건실무길잡이(안전보건공단 홈페이지–자료마당)
- 주차설비점검 작업안전(안전보건공단 홈페이지–자료마당)

1.2.5 비상발전기

자가진단 항목	네	아니요	비고
1. 비상발전기의 회전축 등 동력전달부에 덮개가 설치되어 있다.			
2. 발전기실은 발전기 가동 시 발생하는 매연을 환기할 수 있는 구조이거나 환기설비가 설치되어 있다.			
3. 발전기 가동 소음으로부터 청력을 보호하기 위한 귀마개 등을 지급한다.			
4. 발전기 점검·정비 등 작업을 할 경우 가동을 중지하고 조작반에 잠금장치 및 꼬리표를 부착하고 있다(LOTO).			
5. 발전기 취급 근로자에게 절연보호구를 지급하고 착용토록 한다.			
6. 접지, 누전차단기 및 전원 인출단자 보호판 등을 설치하여 감전 사고를 예방한다.			
7. 발전기 가동에 따른 일산화탄소 농도 증가로 인해 질식 우려가 있는 경우 밀폐공간 작업프로그램을 수립하여 시행하고 있다.			
8. 연료 등이 누출될 경우 즉시 제거 및 환기하고, 유증기로 인한 화재가 발생하지 않도록 화기 등을 취급하지 않는다.			
9. 발전기의 윤활유, 냉각수, 연료탱크의 연료, 축전지 전해액 등의 레벨을 정기적으로 점검하고 있다.			
10. 전선의 벗겨짐 및 접속상태를 정기적으로 점검하고 있다.			

〈참고자료〉

- KOSHA GUIDE(M-145-2012) 비상설비 구동용 엔진의 보수유지에 관한 기술지침 (안전보건공단 홈페이지-자료마당-법령/지침정보)
- 건물 등의 종합관리사업 안전보건실무길잡이(안전보건공단 홈페이지-자료마당)

1.2.6 전기기계 · 기구

자가진단 항목	네	아니요	비고
1. 전기기기 및 배선 등의 충전부는 노출시키지 않고 있다.			
2. 전기기계 · 기구의 금속제 외함, 금속제 외피 및 철대에는 접지를 실시한다.			
3. 분전함 내부 충전부가 노출되지 않도록 보호판 등을 설치하였다.			
4. 전기기계기구의 절연상태를 주기적으로 측정 · 관리하고 있다.			
5. 감전위험이 있는 전기기계 · 기구 또는 전로의 설치 · 해체 · 정비 · 점검 등의 작업 시 유자격자가 작업을 수행하도록 하고 있다.			
6. 노출된 충전부 또는 그 부근에서 작업하는 경우에는 전로를 차단하고 작업하고 있다.			
7. 젖은 손 또는 물기가 있는 장갑 등으로 전기설비를 취급하지 않는다.			
8. 분전반 외함에 회로명, 사용전압 및 책임자를 지정, 표시하였다.			
9. 분전반 문에는 잠금장치를 하고 "관계자 외 조작금지" 표지를 부착하였다.			
10. 정비, 수리, 점검 등의 작업 시에는 전원스위치(차단기)에 잠금장치 및 꼬리표(LOTO)를 설치한다.			
11. 배전반실, 변전실 등에는 일반 작업자의 출입을 금지한다.			
12. 누전차단기가 정상작동하는지 주기적으로 확인한다.			
13. 습윤한 장소에서는 방수형 꽂음 접속기를 사용하고 있다.			
14. 이동식 전기기계기구의 전선, 전선 연결부 등의 충전부가 노출되지 않도록 하고 있다.			
15. 이동식 전기기계기구는 이중절연 구조의 것을 사용하거나, 손잡이에 절연조치를 하여 사용하고 있다.			

〈참고자료〉
- KOSHA GUIDE(E-105-2011) 전기작업안전에 관한 기술지침 (안전보건공단 홈페이지-자료마당-법령/지침정보)
- 건물 등의 종합관리사업 안전보건실무길잡이(안전보건공단 홈페이지-자료마당)

1.3 위험작업

1.3.1 청소작업

자가진단 항목	네	아니요	비고
1. 청소작업 전 바닥에 물기, 장애물 등을 제거한다.			
2. 물기가 많은 장소에서는 미끄럼 방지용 장화 등을 작업자에게 지급한다.			
3. 계단을 통행할 때는 뛰지 않고, 난간을 잡고 이동하고 있다.			
4. 사다리를 이용한 청소작업 시 2인 1조로 작업한다.			
5. 사다리 사용 작업, 청소용 약품 작업 등 위험 작업 시 적합한 보호구를 근로자에게 지급·착용토록 한다.			
6. 기계설비의 동력회전부 근처에서 작업 시 옷 등이 말려 들어가지 않도록 덮개 등 방호장치 설치여부를 확인한다.			
7. 청소작업 시작 전 및 완료 후 스트레칭을 실시하고 있다.			
8. 중량물을 취급하는 작업자에게 올바른 들기 자세를 교육한다.			
9. 청소용 약품 등 화학물질 취급 시에는 해당 물질의 MSDS를 확보하여 물질의 유해·위험성, 취급시 주의사항, 응급조치요령 등을 근로자에게 교육한다.			
10. 취급하는 화학물질의 용기에는 해당 물질에 적합한 경고표지를 부착하였다. ※ 소량을 덜어쓰는 소분용기에도 경고표지 부착			
11. 취급하는 화학물질이 인화성이 있는 경우, 담뱃불, 히터 등 점화원이 될 수 있는 화기사용을 금지한다.			
12. 기계·설비의 청소작업 전 반드시 기계설비의 전원을 차단한 후 전원 스위치에 '청소중'임을 알 수 있는 꼬리표를 부착한다.			

〈참고자료〉
- KOSHA GUIDE(H-25-2011) 건물 내 청소원의 건강장해 예방에 관한 지침 (안전보건공단 홈페이지-자료마당-법령/지침정보)
- 주차설비점검 작업안전(안전보건공단 홈페이지-자료마당)

1.3.2 경비 · 순찰작업

자가진단 항목	네	아니요	비고
1. 순찰 중 바닥의 물기, 오일 등을 발견한 경우 즉시 제거한다.			
2. 주차장을 순찰하는 경우 운행 중이거나 주차장인 차량과 충돌하지 않도록 주의한다.			
3. 어두운 장소를 순찰할 경우 충분한 밝기의 손전등을 사용한다.			
4. 무거운 물건을 들고 이동할 때는 가급적 계단이 아닌 경사로를 이용하고, 2인 1조로 운반하고 있다.			
5. 전구교체 등의 작업을 할 때에는 절연기능이 있는 장갑, 보안경 등을 착용하고 있다.			
6. 높은 곳의 작업(전구교체, 전지작업 등)을 위해 사다리를 사용하는 경우 바닥이 견고하고 평평한 곳에 사다리를 설치하고, 2인1조로 작업한다.			
7. 계단 등을 이용할 때는 난간을 잡고 통행하여 넘어지지 않도록 하고 있다.			
8. 재활용품을 분리하는 경우 보호장갑, 안전화를 착용하여 날카로운 것에 베이거나 찔리지 않도록 하고 있다.			
9. 재활용품 처리 차량(집게차 등)과 동시에 작업하는 경우 차량의 운전범위 내로 들어가지 않도록 하고 있으며, 안전모, 안전화 등 보호구를 착용하고 있다.			
10. 순찰 중 방치된 화학물질 등을 발견한 경우, 화학물질의 종류, 유해 · 위험성 등을 파악한 후, 적절한 안전보호구를 착용한 상태, 제거 등의 조치를 하고 있다.			

〈참고자료〉
- KOSHA GUIDE(G-61-2012) 공동주책 경비근로자의 관리업무 보조작업 시 안전에 관한 기술지침 (안전보건공단 홈페이지-자료마당-법령/지침정보)
- 건물(시설관리,경비,청소) 안전작업 가이드(안전보건공단 홈페이지-자료마당)

1.3.3 교대야간작업

자가진단 항목	네	아니요	비고
1. 직무스트레스 요인을 평가하고 개선대책을 마련해 시행하고, 해당 근로자에게 공유한다.			
2. 작업계획 수립 시 근로자의 의견을 반영하고 있다.			
3. 작업과 휴식을 적절하게 배분하는 등 근로시간 관련 근로조건을 개선하고 있다.			
4. 야간반 근무를 마친 근로자에게 충분한 휴식시간을 부여한다.			
5. 근무반 교대방향은 아침반→저녁반→야간반으로 순환되게 한다.			
6. 교대작업일정은 근로자에게 미리 통보하여 예측할 수 있게 한다.			
7. 신규 입사자가 야간작업*에 투입되는 경우 배치전 건강진단을 실시하고, 배치 후 주기적으로 특수건강검진을 실시하고 있다. * ① 6개월간 밤 12시부터 오전 5시까지의 시간을 포함해 계속되는 8시간 작업을 월평균 4회 이상 수행하는 경우 ② 6개월간 오후 10시부터 다음날 오전 6시 사이의 시간 중 작업을 월 평균 60시간 이상 수행하는 경우			
8. 야간작업 동안 사이잠(Napping)을 잘 수 있는 수면실이 있다.			

〈참고자료〉

- KOSHA GUIDE(H-22-2019) 교대작업자의 보건관리지침(안전보건공단 홈페이지-자료마당-법령/지침정보)
- 주차설비점검 작업안전(안전보건공단 홈페이지-자료마당)

1.3.4 달비계작업

자가진단 항목	네	아니요	비고
1. 달비계 설치, 탑승 작업 시 수직구명줄을 설치하고, 안전대를 건 상태에서 탑승 및 작업을 하고 있다.			
2. 달비계에서 작업할 때 작업 간섭 등의 이유로 안전대를 해체하지 않도록 안전교육 및 관리를 철저히 하고 있다.			
3. 달비계의 주로프 및 보조로프 설치 시 근로자가 안전대를 착용한 상태에서 지상 바닥에 충분히 닿도록 내리고, 지상에 배치된 감시인 또는 관리감독자의 확인을 받도록 한다.			
4. 수직구명줄에 설치하는 추락방지대는 안전인증품을 사용하고, 사용설명서에 따라 설치한다.			
5. 달비계용 로프와 구조물, 건물 등의 접속부(모서리 등)에는 가죽, 플라스틱 등으로 만든 로프 보호대를 설치한 후 작업하고 있다.			
6. 달비계용 로프는 최소 22.9kN(2,340kgf)의 강도를 가진 인조섬유의 재질임을 시험성적서를 통해 확인하고 있으며, 허용하중을 준수하여 작업한다.			
7. 작업에 사용하는 작업대 및 작업 기구 등은 떨어지지 않도록 부착한다.			
8. 작업용 로프와 안전대 걸이용 로프에는 생산자의 상호, 길이와 크기, 생산일, 작업투입일, 안전하중이 표시된 꼬리표가 있다.			
9. 작업용 로프 및 지지설비의 구조에 대한 안전하중은 안전율 10을 적용하고 있다.			
10. 작업용 로프, 안전대 걸이용 로프는 연결하여 사용하지 않는다.			
11. 로프의 폐기기준이 마련되어 있으며, 로프 사용 전에 손상 여부를 확인하고 손상된 경우 즉시 폐기한다.			

〈참고자료〉

- KOSHA GUIDE(C-33-2016) 달비계 안전작업지침
  (안전보건공단 홈페이지-자료마당-법령/지침정보)
- 건물 등의 종합관리사업 안전보건실무길잡이(안전보건공단 홈페이지-자료마당)

1.3.5 밀폐공간작업

자가진단 항목	네	아니요	비고
1. 근로자가 출입하는 밀폐공간이 있는지 확인하여 산소결핍, 유해가스 발생, 화재·폭발 위험 등에 대한 사전조사를 하고 있다.			
2. 밀폐공간 보건작업 프로그램을 수립하여 시행한다.			
3. 질식 위험이 있는 밀폐공간 출입 전 산소 및 유해가스 농도를 측정한다. * 적정 농도: 산소 18~23%, 탄산가스 1.5% 미만, 황화수소 10ppm 미만			
4. 적정공기 상태가 유지되도록 작업전·중 지속적으로 환기한다.			
5. 구조작업에 필요한 공기호흡기 등 보호 장비를 비치한다.			
6. 작업 전 산소 및 유해가스농도 측정에 관한 사항, 응급조치요령, 환기설비 가동 등 안전작업방법, 보호구사용 등에 대한 사항을 작업 근로자에게 교육하고 있다.			
7. 밀폐공간작업에 대한 작업허가절차*를 운영한다. * 안전보건관리체계 가이드북(고용노동부 홈페이지) 69p 참고			
8. 감시인을 지정하여 밀폐공간 안전보건조치 사항을 지휘, 점검 등의 업무를 하도록 하고 있다.			
9. 긴급 상황 대비 무전기 등 통신장비를 구비하여 연락체계를 갖추고 있다.			
10. 관계근로자가 아닌 사람의 출입을 금지하고, 그 내용을 보기 쉬운 장소에 게시한다.			

〈참고자료〉

- KOSHA GUIDE(X- 68-2015) 밀폐공간 위험관리에 관한 기술지침
  (안전보건공단 홈페이지-자료마당-법령/지침정보)
- 작업 전 안전점검 밀폐공간 작업(안전보건공단 홈페이지-자료마당)

1.4 보건

1.4.1 유해화학물질

자가진단 항목	네	아니요	비고
1. 사업장에서 취급하는 유해화학물질(청소용 세제 등)에 대해 분류·파악하고 있다.			
2. 사업장에서 취급하는 유해화학물질의 유해성·위험성, MSDS, 노출 시 조치방법 등 관리방안을 근로자에게 교육한다.			
3. 유해화학물질 취급 담당자 및 장소를 별도 지정하였다.			
4. 유해화학물질 저장시설의 구조는 해당 물질의 유출·누출을 방지하기 위하여 저장하는 물질의 종류·온도·압력 및 사용환경에 적합한 것으로 선정하였다.			
5. 근로자에게 적절한 방호조치 및 개인보호구 지급, 착용하도록 관리한다.			
6. 유해화학물질을 화기나 그 밖에 점화원이 될 우려가 있는 것에 접근, 가열, 마찰시키는 등의 행위를 하지 않는다.			
7. 유해화학물질 용기(소분용기포함)에는 물질명, 그림문자 등 내용물에 대한 경고표지를 명확하게 표기하였다.			
8. 인화성 또는 독성물질에 의한 화재·폭발·누출을 미리 감지하기 위한 가스 검지 및 경보장치가 설치되어 있다.			
9. 유해화학물질의 성상에 따라 적절한 저장방법을 선정하고, 유해화학물질간의 반응 등으로 인한 사고가 발생하지 않도록 조치하고 있다.			
10. 유해화학물질을 취급하는 곳에 응급 시 근로자가 쉽게 사용할 수 있도록 세척시설과 세안설비를 설치하고 있다.			
11. 가스경보기가 작동할 경우 조치사항을 근로자에게 교육한다.			
12. 취급물질에 적절한 소화기를 작업장에 비치하였다.			
13. 배관 연결부, 밸브 등의 연결부에서 물질의 누출 여부를 정기적으로 점검한다.			
14. 인화성물질을 취급하는 구역은 폭발위험장소로 구분하고, 적정한 방폭설비를 설치하였다.			

〈참고자료〉
- KOSHA GUIDE(K-1-2011) 유해화학물질 저장·운반 및 취급에 관한 기술지침
- KOSHA GUIDE(G-104-2020) 화재 및 화학물질 누출사고 대응을 위한 비상조치계획에 관한 지침

1.4.2 소음 또는 진동

자가진단 항목	네	아니요	비고
1. 우리 사업장의 소음 또는 진동 발생 장소·설비 등에 대해 분류하고 있다.			
2. 우리 사업장에서는 소음 또는 진동에 의한 유해성·위험성 및 관리방안을 근로자에게 주지시키고 있다.			
3. 작업환경측정을 통해 노출되는 소음 또는 진동에 대한 노출수준을 관리하고 있다.			
4. 작업환경측정 결과에 따라 노출수준 저감을 위한 관리방안을 마련하고 있다.			
5. 소음 또는 진동 발생 작업에 근로자를 배치하기 전 근로자의 건강상태와 특성 등을 고려하여 배치하고 있다.			
6. 소음 발생원의 격리, 차폐 등 소음발생수준을 저감시키기 위한 방안을 마련하였다.			
7. 소음 작업에 종사하는 근로자의 청력평가를 정기적으로 실시한다.			
8. 근로자의 건강검사(평가) 결과를 토대로 상담, 의학적 처치 등 적절히 조치하고 있다.			
9. 청력보호구는 근로자의 특성과 작업장 환경, 소음발생수준에 맞게 지급되고, 근로자에게 착용법을 교육하고 있다.			
10. 85dB 이상 소음이 발생하는 작업에 대해 청력보존프로그램을 수립·시행하고 있다.			
11. 청력보호가 필요한 곳에 경고판을 부착하였다.			
12. 진동 발생 공구는 적절히 유지보수가 되고 있으며, 진동이 많이 발생하는 기구는 교체하고 있다.			
13. 국소진동공구 사용 등 진동작업에 종사하는 근로자의 건강진단을 정기적으로 실시하고 있다.			
14. 방진장갑 등 진동보호구를 지급하고 있다.			
15. 작업자가 진동에 노출되는 시간을 제한하고, 진동을 저감하기 위한 보조기구 등을 활용하고 있다.			

〈추가 참고자료〉
- KOSHA GUIDE(H-75-2015) 사업장 작업환경 평가지침
- KOSHA GUIDE(H-205-2018) 작업환경상 건강유해요인에 대한 위험성평가 지침
- KOSHA GUIDE(H-7-2012) 청력보존프로그램의 효과 평가지침
- KOSHA GUIDE(H-177-2015) 국소진동공구 취급근로자의 보건관리지침

1.4.3 고열 · 한랭

자가진단 항목	네	아니요	비고
1. 우리 사업장에서 열원이 발생하거나 취급하는지에 대해 분류 · 파악하고 있다.			
2. 우리 사업장에서 고열(한랭)의 유해성 · 위험성 및 관리방안을 근로자에게 주지시키고 있다.			
3. 작업환경측정 등을 통해 근로자에게 노출되는 고열(한랭) 노출수준을 관리하고 있다.			
4. 측정결과에 따라 적정한 열원 등의 적정한 관리방안을 마련하고 있다.			
5. 근로자를 배치하기 전 근로자의 건강상태와 특성 등을 고려하여 배치하고 있다.			
6. 열원의 격리와 작업장 내 온 · 습도 조절을 위한 냉방장치 등이 설치되어 있다.			
7. 작업의 강도에 따른 휴식시간을 적절히 부여하고, 쾌적한 휴게공간을 제공하고 있다.			
8. 보유 중인 다량의 고열물을 취급하는 설비는 화재를 예방하기 위한 구조이다.			
9. 비상 시 온도를 낮추거나 열을 차단할 수 있는 냉각시스템이 구축되어 있다.			
10. 근로자들이 휴식시간에 이용할 수 있는 휴게시설을 갖추고 있다.			
11. 다량의 고열물체 또는 저온물체를 취급하는 장소 등에 관계근로자 외 출입을 금지하고 그 내용을 게시하고 있다.			
12. 고열 또는 한랭 작업 등을 하는 근로자에게 적절한 보호구를 지급하고 착용하도록 관리하고 있다.			

〈참고자료〉
- KOSHA GUIDE(W-12-2017) 고열작업환경 관리지침(안전보건공단 홈페이지-자료마당-법령/지침 정보)

1.4.4 근골격계질환

자가진단 항목	네	아니요	비고
1. 근골격계질환이 발생할 수 있는 위험요인과 작업내용을 파악하고 있다.			
2. 근골격계질환 유해요인조사를 적정하게 실시하고 그 결과를 알리고 있다.			
3. 근골격계질환 발생 우려가 있는 경우 인간공학적 설계, 인력작업 보조설비 및 편의설비를 설치하고 있다.			
4. 부담작업 종사자 교육(유해요인, 징후와 증상, 대처 요령, 올바른 작업자세, 작업도구, 작업시설의 올바른 사용법)을 실시하고 있다.			
5. 취급 물품의 중량, 취급빈도, 운반거리, 운반 속도 등 작업조건에 따라 작업시간 및 휴식시간 등을 적정하게 배분하고 있다.			
6. 중량물의 중량과 무게중심을 표시하고 손잡이를 붙이거나 갈고리, 진공빨판 등을 활용하고 있다.			
7. 중량물 취급자에게 올바른 들기 자세에 대한 교육을 실시하고 있다.			
8. 서서 일하는 근로자에게 적절한 작업대 등의 작업환경을 제공하고 있다.			
9. 근골격계질환 예방을 위한 프로그램을 운영하고 있다.			
10. 근로자가 편히 쉴 수 있는 휴게공간과 휴식시간을 부여한다.			

〈참고자료〉
- KOSHA GUIDE(H-66-2012) 근골격계질환 예방을 위한 작업환경개선 지침
- KOSHA GUIDE(H-9-2012) 근골격계부담작업 유해요인조사 지침

1.4.5 근로자 건강관리

자가진단 항목	네	아니요	비고
1. 근로자의 건강을 보호하고, 증진시키기 위한 조직과 체계가 마련되어 있다.			
2. 우리 사업장(현장)에서 보유하고 있는 건강진단 대상 유해인자에 대해 관리하고 있다.			
3. 건강진단 대상 유해인자에 노출되고 있는 작업과 근로자를 파악하고 있다.			
4. 근로자의 건강보호 유지를 위하여 정기적인 건강진단을 실시하고 있다.			
5. 건강진단 결과에 따른 사후조치를 실시하고 있다.			
6. 근로자 개인별 건강관리를 위한 상담을 실시하고 이력을 관리하고 있다.			
7. 근로자의 작업 배치 시 근로자 개인의 특성과 건강상태 등을 고려하여 작업에 배치하였다.			
8. 근로자가 편히 쉴 수 있는 휴게공간과 휴식시간을 부여한다.			
9. 작업장의 조도와 온·습도는 적절히 유지되고 있다.			
10. 근로자의 건강관리능력을 함양하기 위한 건강증진 프로그램 등 건강증진사업을 시행하고 있다.			

〈참고자료〉

- KOSHA GUIDE(G-37-2012) 근로자의 일반적인 건강관리에 관한 지침
- KOSHA GUIDE(H-26-2020) 조리직종 근로자의 건강장해 예방에 관한 지침
  (안전보건공단 홈페이지-자료마당-법령/지침정보)

1.4.6 응급조치

자가진단 항목	네	아니요	비고
1. 응급상황 발생 시 대응체계를 구축하고 있다.			
2. 응급상황 발생을 관리할 수 있는 조직을 구성하고 그 직무를 규정하고 있다.			
3. 응급상황 발생 시 연락대응 체계를 구축하고 비상연락망을 유지하고 있다.			
4. 응급상황 발생 시 근로자들은 신고체계와 보고체계에 대해 숙지하고 있다.			
5. 응급상황 발생 시 대응할 수 있는 소화기, 응급 처치함, 구조장비 등 비상 물품을 구비하고 있다.			
6. 응급상황에 대비한 훈련을 정기적으로 실시하고 평가하고 있다.			
7. 응급상황이 완료된 후 이를 기록하고 관리하고 있다.			

〈참고자료〉

- KOSHA GUIDE(H-187-2016) 산업재해 형태별 응급처치 요령
  (안전보건공단 홈페이지-자료마당-법령/지침정보)

참고 1-1 순찰업무 중 사고

재해개요

'21년 1월 13일 서울 소재 쇼핑센터에서 순찰 도중 1층과 2층 사이 계단에서 넘어져 바닥에 머리를 부딪혀 사망함

재해발생 원인

- 계단참 미설치
- 계단 통로의 조명이 충분히 밝지 않음
- 계단에 미끄럼방지조치가 되어 있지 않음

재해예방 대책

- 높이 3m 초과하는 계단에는 3m 이내마다 너비 1.2m 이상의 계단참 설치
- 계단 통로의 조명은 75럭스 이상의 적정한 조도를 유지
- 계단에는 미끄럼 방지 테이프 부착 등 미끄럼 방지조치 실시

참고 1-2 사다리 작업 중 사고

재해개요

'20년 11월 22일 대전 소재 빌딩 지하 발전기실에서 작업발판형 사다리가 아닌 일반 A형 사다리를 이용하여 천장 LED등 교체작업을 하던 중 중심을 잃고 바닥으로 떨어져 사망함

재해발생 원인

- 안전한 작업발판 미사용
- 사다리 작업을 혼자 실시하다 사다리가 중심을 잃음
- 사다리 넘어짐 방지조치 미실시
- 안전모를 착용하지 않고 사다리 위에서 작업을 실시함

재해예방 대책

- 가급적 작업발판형 사다리를 사용하고 불가피하게 A형 사다리 작업 시 2인 1조로 실시하여 사다리의 흔들림 방지
- 사다리 넘어짐 방지를 위한 아웃트리거 설치・사용
- 사다리 위에서 작업을 할 때에는 안전모를 착용

참고 1-3 청소작업 중 사고

재해개요

'17년 11월 29일 성남시 소재 빌딩 계단 청소 중 넘어지면서 바닥에 머리를 부딪혀 사망함

재해발생 원인

- 계단 폭이 좁아 넘어질 위험이 높음
- 바닥의 물기제거 등 미끄럼방지 조치 미흡
- 미끄럼방지 장화 등 미착용

재해예방 대책

- 계단설치 시 폭은 1m 이상으로 설치
- 바닥의 물기 등으로 미끄러질 위험이 있는 경우 제거 후 작업
- 미끄러운 곳에서 작업을 할 때에는 미끄럼방지 장화 등 착용

참고 1-4 고소작업대 사용 중 사고

재해개요

'19년 9월 28일 서울시 소재 빌딩 건물에서 고소작업대를 이용하여 외벽 청소작업을 하던 중 바닥으로 떨어짐

재해발생 원인

- 고소작업대 작업측면에 안전난간 미설치
- 안전보호구(안전모, 안전대 등) 미지급 및 미착용

재해예방 대책

- 고소작업대 모든 측면에 안전난간 설치
- 안전보호구(안전모, 안전대 등) 지급 및 착용

참고 1-5 보일러 사고

재해개요

'09년 3월 27일 서울시 소재 빌딩 지하 기관실에서 온수보일러가 폭발하여 본체가 약 2m 정도 뒤로 밀리면서 보일러와 물탱크 사이에 있던 건물 시설관리자인 재해자가 협착되어 사망함

재해발생 원인

- 보일러 이상 압력 발생 시 즉시 가동을 중지하는 등의 안전조치 미실시
- 과압 시 압력을 방출시킬 수 있는 안전밸브 미작동

재해예방 대책

- 보일러 이상 발생 시 가동을 중지하고, 원인을 조사하여 근본대책 수립·시행 후 안전한 상태에서 가동
- 안전밸브는 이상 유무를 수시 점검하고 이상 압력 발생 시 설정된 압력에서 토출될 수 있도록 관리

참고 1-6 기계식 주차설비 사고

재해개요

'16년 10월 21일 서울시 빌딩 기계식 주차설비에서 주차관리원이 주차설비 오동작을 확인하고 기계식 주차장치 내부로 들어가 지하에서 복구작업을 수행하던 중 대차와 리프트의 운반기 틈으로 떨어져 사망함

재해발생 원인

- 주차설비 내부에 근로자의 안전한 통행을 위한 조명시설 미확보
- 주차설비 출입 시 주전원 차단 및 다른 근로자의 전원스위치 조작방지를 위한 '작업 중'표지 부착 등 안전조치를 하지 않고 위험장소 작업

재해예방 대책

- 주차설비 내부와 근로자 통행통로는 75럭스 이상의 조명시설을 하거나 휴대용 조명기구를 지급・사용하여 충분한 조도를 확보
- 주차설비 점검 시에는 해당 설비의 전원을 차단하고 다른 근로자가 조작하지 못하도록 잠금장치 등을 설치

참고 1-7 감전 사고

재해개요

'13년 8월 5일 서울시 소재 학교 화장실 앞에서 고압세척기를 이용하여 바닥 물 청소를 하던 중 누전되고 있던 고압세척기 외함에 접촉하여 감전되어 사망함

재해발생 원인

- 누전차단기 미설치
- 감전방지용 보호구 미착용

재해예방 대책

- 누전차단기 설치 및 사용(이동식 코드릴 사용시 누전차단기 부착형 사용)
- 감전방지용 보호구(절연장갑 등) 지급 및 착용

제4절 화학업종 위험요인 파악 및 통제 자율점검표

1. 분야별 위험요인 파악 및 통제

1.1 작업장 일반

1.1.1 작업장 청소 · 청결 · 조도

자가진단 항목	네	아니요	비고
1. 작업으로 인해 작업장이 흐트러지거나 오염될 수 있는 장소를 파악한다.			
2. 작업장의 청소 또는 정리 작업, 오염물 처리 시 개인보호구와 작업 공구·도구를 제공한다.			
3. 청소 및 정리 작업을 위한 작업 시간 및 휴식시간을 부여한다.			
4. 청소 및 정리 작업을 위한 조도를 확보하고 있다.			
5. 무거운 물건 등 중량물 취급할 경우 적절한 작업방법을 사용하고 있다.			
6. 5kg 이상의 중량물 취급 및 보관장소에 중량물 취급주의 표지를 부착하였다.			
7. 작업장 청소 시 분진이 발생할 우려가 있는 장소에는 분진 흩날림 방지를 위한 조치를 하였다.			
8. 인체에 해로운 물질 및 부패하기 쉬운 물질로 인해 작업장이 오염될 수 있는 장소에 수시로 청소한다.			
9. 물이나 그 밖의 액체를 사용하여 세척 및 소독하는 곳의 배수는 편리한 구조로 되어 있다.			
10. 청소 시 발생한 오물 처리를 위한 장소를 지정하였다.			
11. 넘어지거나 미끄러지는 등 위험이 없도록 작업장 바닥 등을 안전하고 청결한 상태로 유지하고 있다.			
12. 유해·위험물질을 취급하는 장소에서는 흡연, 음식물 섭취를 금지한다.			
13. 작업장의 출입구는 근로자가 쉽게 여닫을 수 있도록 설치되었다.			

〈추가 참고자료〉
- KOSHA GUIDE(E-148-2015) 작업장 조명기구의 선정, 설치 및 정비에 관한 기술 지침 (안전보건공단 홈페이지-자료마당-법령/지침정보)

1.1.2 사다리

자가진단 항목	네	아니요	비고
1. 이동식사다리 사용 시 이동통로용 사다리(일자형)와 작업용 사다리(발붙임, A형)를 구분하여 사용한다.			
2. 사다리 기둥, 작업 발판의 상태를 작업을 시작하기 전에 확인한다.			
3. 사다리 작업시 2인 1조로 작업한다.			
4. 사다리 상단은 걸쳐놓은 지점으로부터 60cm 이상 올라가는 등 적정한 길이의 사다리를 사용한다.			
5. 벌어짐 방지장치, 발판 미끄럼 방지 고무패드가 장착된 사다리를 사용한다.			
6. 사다리의 넘어짐·미끄러짐을 방지하기 위해 평탄하고 견고한 지반 또는 바닥에 설치한다.			
7. 바닥과 사다리는 가능한 한 수평을 유지하여 작업한다.			
8. 짧은 사다리 길이를 늘이기 위해 겹쳐 이어 사용하지 않는다.			
9. 사다리의 사용 높이를 임의로 높이기 위해 상자, 리프트, 그 밖에 불안정한 곳에 설치하지 않는다.			
10. 보행자 통행로, 차량 도로, 문이 열리는 곳 등에서 작업할 때 사다리와의 충돌 가능성을 확인한다.			
11. 금속사다리의 경우 내부식성 재료로 만들어졌거나 부식방지 조치가 되어 있다.			
12. 작업 전 사다리 주위 전선, 전기설비 등 감전위험을 확인하고, 부도체 재질의 사다리를 사용한다.			
13. 떨어질 위험이 있는 사다리 작업시 안전모(턱끈 조임) 등 개인보호구를 착용하고 작업한다.			
14. 작업자는 균형을 잃거나 추락의 가능성이 있는 무거운 짐이나 장비를 들고 사다리를 오르내리지 않는다.			
15. 사다리 작업 시 하중이 사다리의 최대 설계하중을 넘지 않도록 준수한다.			
16. 사다리에 기름과 유지 등이 묻었다면 해당 물질을 용제 또는 물 세척으로 제거한다.			
17. 사다리는 수시로 점검하고, 결함이 있는 것들은 수리나 재구매를 하는 등 관리를 하고 있다.			

〈추가 참고자료〉

- KOSHA GUIDE(G-130-2020) 이동식 사다리의 제작과 사용에 관한 기술지침
  (안전보건공단 홈페이지-자료마당-법령/지침정보)

1.1.3 통로

자가진단 항목	네	아니요	비고
1. 사업장내 또는 작업장으로 이동할 수 있는 안전한 통로가 설치(구분)되어 있다.			
2. 통로의 바닥 또는 단부에 추락위험을 방지할 수 있는 안전시설(안전난간, 안전덮개, 방호울 등)이 설치되어 있다.			
3. 통로 상부(2m 이내) 및 바닥에 장해물이 없이 청결한 상태로 유지되고 있다.			
4. 통로의 상부에 낙하물의 위험을 방지할 수 있는 안전시설(방호선반 등)이 설치되어 있다.			
5. 사업장내 통로, 작업장으로 이동할 수 있는 통로에 적정 조도(75럭스 이상)를 유지한다.			
6. 상부 작업장으로 이동할 수 있는 통로가 고정되어 있으며, 설치간격, 통로폭 등 작업자가 안전하게 이동할 수 있도록 설치한다.			
7. 임시로 설치한 통로(작업발판 등)의 재료는 튼튼하고, 흔들리지 않도록 고정이 잘 되어 있다.			
8. 통로의 주요부분에 통로표시와 안전표지를 설치하였다. * 안전표지 예시: 보행중 휴대폰 사용금지, 지게차 충돌주의 등			
9. 통로(작업발판)의 단부에 안전시설을 설치하지 못하는 경우 안전대 부착설비를 설치한다.			
10. 작업자가 추락 위험이 있는 통로에서 이동하거나 작업할 경우 안전대를 착용하고, 안전대 부착설비에 고리를 걸도록 관리한다.			
11. 통로의 구조(가설통로, 사다리식 통로, 갱내통로, 계단 등)가 각 종류의 설치기준에 맞게 설치되었다.			
12. 안전시설의 상태를 정기적으로 점검하고, 훼손된 시설은 즉시 유지보수한다.			
13. 비상시 작업장 내에서 탈출할 수 있는 비상구가 적절히 마련되었다.			
14. 비상구임을 알아볼 수 있는 표시를 근로자의 눈에 띄기 쉬운 곳에 부착하였다.			
15. 작업장내 비상 대피경로를 표시하고, 근로자가 해당 내용을 잘 알고 있다.			

〈추가 참고자료〉
- KOSHA GUIDE(G-85-2015)작업장의 통로 및 계단 설치에 관한 기술지침
  (안전보건공단 홈페이지-자료마당-법령/지침정보)

1.2 기계 · 기구

1.2.1. 기계 · 기구(일반)

자가진단 항목	네	아니요	비고
1. 기계와 장비의 안전점검을 정기적으로 실시하는 절차가 마련되어 있다.			
2. 모든 기계와 장비는 청결하게 관리되고 적절히 유지보수된다.			
3. 운전 중인 크레인 · 컨베이어 등에 근로자를 탑승시키지 않도록 경고표지 부착, 작업구역 설정 등 조치하였다.			
4. 회전축 · 기어 · 체인 등 근로자가 위험에 처할 우려가 있는 부위에 덮개 · 울 등을 설치하였다.			
5. 동력으로 작동되는 기계에 동력차단장치를 설치하고, 근로자가 작업위치를 이동하지 않고 조작할 수 있는 위치에 설치하였다.			
6. 기계의 운전을 시작할 때 작업방법, 방호장치 등 필요한 사항을 미리 확인한 후 위험 방지를 위하여 필요한 조치를 하였다.			
7. 날아오는 가공물 등에 의한 위험을 방지하기 위해 기계에 덮개 또는 울을 설치하였다.			
8. 기계 또는 방호장치의 결함이 발견된 경우 반드시 정비한 후에 근로자가 사용하도록 한다.			
9. 기계의 정비 · 청소 · 검사 또는 조정 작업 등을 할 때에 근로자가 위험해질 우려가 있으면 해당 기계의 운전을 정지하고, 다른 사람이 그 기계를 운전하는 것을 방지하기 위한 조치(Lock Out Tag Out 등)를 하고 있다.			
10. 기계 등에 설치한 방호장치를 해체하거나 방호장치의 기능을 임의로 정지하지 않는다.			
11. 감전의 위험이 있는 충전부는 방호조치가 되어있다.			
12. 기계 등을 제조 당시의 목적 외의 용도로 사용하지 않는다.			

〈추가 참고자료〉
- KOSHA GUIDE(G-21-2011) 소규모 작업장 내의 안전보건에 관한 안전가이드
- KOSHA GUIDE(M-26-2013) 끼임절단재해 예방을 위한 기술지침

1.2.2 저장탱크

자가진단 항목	네	아니요	비고
1. 물질안전보건자료(MSDS)를 비치하였고, 경고표지도 부착하였다.			
2. 탱크를 쉽게 구분하도록 설비번호를 게시 또는 표시하였다.			
3. 탱크 외면의 현저한 부식, 균열 및 파손이 발견되지 않는다.			
4. 보온재의 파손 또는 탈락이 없고 페인트 도색도 양호하다.			
5. 과압 및 부압을 해소하기 위해 통기관 또는 통기밸브를 설치하였으며, 입구측 배관은 밸브로 차단되어 있지 않다.			
6. 인화성액체를 저장하는 탱크의 통기관 또는 통기관에 화염방지기(또는 인화방지망)을 설치하였다.			
7. 대기환경처리설비를 통해 탱크에서 발생하는 휘발성유기화합물(V.O.C.) 등을 처리하도록 조치하였다.			
8. 탱크 지붕에서 작업할 때 유증기 배출 부위(통기관 등) 주변으로 용접불티, 그라인더 불꽃 등과 같은 점화원이 유입되지 않도록 사전에 필요한 조치를 한다.			
9. 온도계, 액위계, 압력계 등 계측장치가 탱크에 설치되어 있고 정상기능을 유지하고 있다.			
10. 입하작업 중 탱크의 흘러넘침(Overflow)을 방지하기 위해 고액위경보장치, 액위조절장치(Level switch)와 같은 자동경보장치 또는 자동제어장치를 설치하였고 정상기능을 유지하고 있다.			
11. 위험물질 저장탱크의 안전거리 또는 보유공지를 확보하였다.			
12. 비상 시 소방차 등 긴급차량이 들어올 수 있도록 진입경로에 장애물이 있거나 적재품이 방치되어 있지 않다.			
13. 탱크 저장용량 이상으로 방유제가 충분히 크게 설치되어 있다.			
14. 방유제 배관 관통부에 실링처리로 막음조치가 되어 있고 내・외면의 구멍이나 현저한 균열 및 파손은 발견되지 않았다.			
15. 탱크 측면 계단의 안전난간대, 수직사다리 방호울, 지붕에 안전난간대 및 발끝막이판이 설치되어 있다.			
16. 정전기 방지를 위해 접지 또는 본딩을 실시하였고, 접속부위에 녹, 페인트 등 이물질이 없도록 관리하고 있다.			
17. 저장탱크가 실외에 설치된 경우, 방유제 용량을 비롯한 설치상태가 관련 법규에 의거하여 적절하게 설치・운영되고 있다.			
18. 방유제 내에 가스누출감지기 또는 누액감지기를 설치하였고, 집수조에는 누출감지 센서를 설치하였다.			

19. 제작결함 및 부식으로 가압식 소화기의 기계적 강도가 저하되어 소화기 작동 시 폭발로 인한 재해사례를 알고 있으며, 가압식 소화기를 모두 축압식 소화기로 교체하였다.			
20. 여름철 옥외에서 직사광선을 계속 받으면 소화기가 터질 수 있음을 알고 있으며, 소화기를 과충전하지 않고 전용 보관함에 비치하거나 항상 전용커버를 씌워 보관한다.			

〈추가 참고자료〉
- KOSHA GUIDE(D-35-2017) 상압저장탱크의 설계에 관한 기술지침
- KOSHA GUIDE(P-165-2019) 인화성물질 상압저장탱크의 안전작업에 관한 기술지침)
- 중소규모 사업장 화재폭발 사고예방 나침반(안전보건공단 홈페이지-자료마당-안전보건자료실)

1.2.3 반응기

자가진단 항목	네	아니요	비고
1. 용접부위 부식, 핀홀 및 크랙이 없고 외관 상태는 양호하다.			
2. 배관 플랜지, 맨홀 및 밸브 말단 부위에서 누출이 없고 누설된 흔적도 없이 깨끗하다.			
3. 설계온도 및 압력이 표시된 명판(Name plate)이 부착되어 있다.			
4. 교반기 모터 고정 및 전선 연결상태는 양호하며, 회전방향 및 속도도 정확하다.			
5. 작업장 내 폭발위험장소를 구분하여 관리하고 있으며, 위험장소에는 방폭전기기계·기구를 설치하였다.			
6. 온도계, 압력계, 유량계 등 계측장치가 설치되어 있고, 파손 또는 고장없이 정상기능을 유지하고 있다.			
7. 이상상태를 신속히 알기 위해 자동경보장치가 설치되어 있다.			
8. 조업 중 반응기 내부 폭발범위 형성 방지를 위해 질소 등 불활성가스 공급설비가 설치되어 있다.			
9. 비상 시 원료의 긴급 차단, 제품 등 내용물 방출, 냉각수 투입장치가 구비되어 있다.			
10. 반응기 동체에 안전밸브 또는 파열판이 설치되어 있고, 그 작동압력은 반응기 설계압력 이하로 설정되어 있다.			
11. 안전밸브 입구배관에 파열판이 직렬로 설치된 경우, 안전밸브와 파열판 사이에 압력계가 설치되어 있다.			
12. 안전밸브 또는 파열판 입구배관에 차단밸브는 없다.			
13. 안전밸브 또는 파열판 출구배관을 포집 또는 처리설비로 연결하여 배출물을 안전하게 처리하도록 조치하였다.			

14. 작업근로자 제전복 · 제전화 · 제전장갑 착용, 반응기 주변 도전성(금속재) 바닥, 접지 및 본딩 등 정전기 방지조치를 실시하고 있다.			
15. 원료, 반응개시제, 촉매 등의 투입량 · 순서, 반응시간, 교반속도 등이 명시된 작업표준을 작성하여 숙지하고 있다.			
16. 비상정지 등 운전 중 비상 시 조치요령을 숙지하고 있다.			
17. 반응기 세척 작업 전, 내부 압력을 대기압으로 낮추고 온도도 상온으로 낮추어 내용물을 안전한 장소로 배출한다.			
18. 밸브를 통해 물질이 누출될 수 있으므로 세척 작업 전 밸브 이중 잠금 또는 맹판을 설치하여 유체를 차단한다.			
19. 세척 작업을 할 때 가연성가스 농도측정기로 인화성 가스의 농도를 수시로 확인한다.			
20. 세척 작업을 끝낼 때까지 반응기 부근에 점화원이 될 수 있는 설비를 두지 않고, 작업구역 내 화기작업 등 다른 작업을 수행하지 않는다.			
21. 세척 후에 반응기 내부를 점검할 때에는 폭발위험장소에서 사용 가능한 방폭성능의 전등을 사용하거나, 용기 안으로 불빛을 반사하는 거울을 달아 용기 내부를 점검한다.			

〈추가 참고자료〉

- KOSHA GUIDE(P-20-2012) 회분식 공정의 인적오류 사고방지 기술지침
- KOSHA GUIDE(P-89-2012) 회분식 공정의 안전운전지침
- KOSHA GUIDE(P-3-2012) 소형탱크 세정작업을 위한 안전에 관한 기술지침
- 중소규모 사업장 화재폭발 사고예방 나침반(안전보건공단 홈페이지-자료마당-안전보건자료실)

1.2.4 증류설비(증류탑, 충전탑 등)

자가진단 항목	네	아니요	비고
1. 설계 및 운전조건이 표시된 명판(Name plate)이 부착되어 있다.			
2. 용접부위 부식, 핀홀 및 크랙이 없고 외관 상태는 양호하다.			
3. 외면의 보온재가 파손되거나 탈락된 것이 없다.			
4. 온도 · 압력 · 유량 · 액위를 측정하는 계기 및 센서가 설치되어 있고, 파손 또는 고장없이 정상기능을 유지하고 있다.			
5. 증류설비의 운전 상태를 상시 감시하고 있으며, 이상 상태를 조기에 인지하도록 자동경보장치가 설치되어 있다.			
6. 증류설비 운전 중 이상(압력 및 온도의 급격한 상승 등) 발생하였을 때 원료공급 차단, 가열장치 정지 등 긴급 조치가 가능하다.			
7. 증류설비 주변을 폭발위험장소로 구분하여 관리하고 있으며, 위험장소에는 방폭전기기계 · 기구를 설치하였다.			
8. 폭발위험장소 내에 설비를 설치한 경우, 지지대(스커트 등)가 내화구조로 설치되어 있으며 시공 및 유지관리도 양호한 편이다.			
9. 증류설비 운전절차서(표준)을 작성하였고, 운전한계 조건이 반영되어 있어 그 설정값 이내에서만 설비를 운전한다.			
10. 현장에서 조업하는 근로자를 대상으로 정기적으로 생산 및 운전에 관한 교육훈련을 실시한다.			
11. 현장근로자들은 비상정지 등 운전 중 비상 시 조치요령 및 대피방법을 충분히 숙지하고 있다.			
12. 안전밸브 또는 파열판이 설치되어 있고, 그 작동압력은 보호하는 설비의 설계압력 이하로 설정되어 있다.			
13. 안전밸브 또는 파열판 출구배관을 회수, 포집 또는 처리(연소, 세정, 흡수 등)설비로 연결하여 배출물을 안전하게 처리하도록 조치하였다.			
14. 정전기 방지를 위해 접지 또는 본딩을 실시하였고, 접속부위에 녹, 페인트 등 이물질이 없도록 관리하고 있다.			
15. 증류설비 승강계단 및 작업발판에 안전난간대를 설치하였고, 수직사다리에 방호울도 설치하였다.			

〈추가 참고자료〉
- KOSHA GUIDE(P-69-2012) 화학공정 설비의 운전 및 작업에 관한 안전관리 기술지침
- 화학설비 정비보수작업 안전보건관리 매뉴얼(안전보건공단 홈페이지-자료마당-안전보건자료실)
- 중소규모 사업장 화재폭발 사고예방 나침반(안전보건공단 홈페이지-자료마당-안전보건자료실)

1.2.5 압력용기

자가진단 항목	네	아니요	비고
1. 산업안전보건법 제93조에 따라 매 2년마다 안전검사를 받고 있으며, 용기에 합격증명서 부착 등 검사결과를 관리하고 있다.			
2. 설계 및 운전조건이 표시된 명판(Name plate)이 설치되어 있고 쉽게 구분할 수 있도록 설비번호(Item No.)도 표시되어 있다.			
3. 용접이음부, 노즐 및 맨홀에 누출이 없고 누설 흔적도 없다.			
4. 육안검사 시 용접이음부에 균열 또는 이상이 발견되지 않았다.			
5. 용기 외면의 보온재가 파손되거나 탈락된 것이 없다.			
6. 맨홀 덮개 및 플랜지에 체결된 볼트 및 너트는 풀림이나 나사의 파손이 없고 여유 나사산을 고려하여 견고하게 체결되었다.			
7. 용기 지지대에는 외력에 의한 손상 및 변형이 없다.			
8. 폭발위험장소 내에 용기를 설치한 경우, 지지대(스커트, 레그, 새들)가 내화구조로 설치되어 있으며 시공상태도 양호한 편이다.			
9. 기초부분에는 부등침하가 없으며 지지대 하부에 앙카볼트를 누락없이 체결하였다.			
10. 온도계, 압력계, 유량계, 액위계(Level gauge) 등 계측장치가 설치되어 있고, 파손 또는 고장없이 정상기능을 유지하고 있다.			
11. 안전밸브 또는 파열판이 설치되어 있고, 그 작동압력은 압력용기의 설계압력 이하로 설정되어 있다.			
12. 안전밸브 입구배관에 파열판이 직렬로 설치된 경우, 안전밸브와 파열판 사이에 압력계가 설치되어 있다.			
13. 안전밸브 또는 파열판 입구배관에 차단밸브는 없다.			
14. 안전밸브의 분출시험을 매년 실시하고 있으며, 시험 후 함부로 조작하지 못하도록 납으로 봉인하여 관리한다. (단, 파열판과 직렬로 설치된 안전밸브의 경우 2년 1회 이상 시험)			
15. 본체 또는 지지대에 정전기 방지 접지 또는 본딩을 실시하였다.			

〈추가 참고자료〉

- KOSHA GUIDE(M-113-2012) 압력용기 보수에 관한 기술지침
- 중소규모 사업장 화재폭발 사고예방 나침반(안전보건공단 홈페이지-자료마당-안전보건자료실)

1.2.6 열교환기

자가진단 항목	네	아니요	비고
1. 동체측과 튜브측 취급유체, 설계 및 운전조건이 표시된 명판(Name plate)이 설치되어 있다.			
2. 용접이음부, 노즐 및 맨홀에 누출이 없고 누설 흔적도 없다.			
3. 육안검사 시 용접이음부에 균열 또는 이상이 발견되지 않았다.			
4. 외면의 보온재가 파손되거나 탈락된 것이 없다.			
5. 열교환기 동체와 튜브측 채널 덮개는 플랜지 형태로 스터드 볼트를 사용하여 체결되어 있고, 3산 이상 나사산 여유가 있다.			
6. 열교환기 지지대에 외력에 의한 손상 및 변형이 없다.			
7. 폭발위험장소 내에 용기를 설치한 경우, 지지대(새들)가 내화구조로 설치되어 있으며 시공 상태도 양호한 편이다.			
8. 운전 중 열팽창을 고려하여 지지대(새들) 하부에 Sliding plate를 설치하고 앙카볼트에 너트를 느슨하게 체결하였다.			
9. 온도계, 압력계 등 계측장치가 설치되어 있고, 파손되거나 고장없이 정상기능을 유지하고 있다.			
10. 열교환기 동체와 튜브측에 안전밸브가 각각 설치되어 있고, 동체와 튜브측 중 해당 부분의 설계압력 이하로 작동압력이 각각 설정되어 있다.			
11. 안전밸브 입구배관에 차단밸브는 없다. (단, 열팽창에 의한 과압 해소를 위해 설치된 안전밸브의 경우 허용)			
12. 현장근로자들은 열교환기 운전 정지 후 재가동 시 유체 투입순서(차가운 쪽으로 먼저 유체를 투입 등)를 제대로 숙지하고 있다.			
13. 드레인밸브 말단에 캡 또는 맹판으로 막음 처리하였다.			
14. 정전기 방지 접지 또는 본딩을 실시하였다.			

〈추가 참고자료〉

- KOSHA GUIDE(D-37-2012) 화학설비 등의 공정설계에 관한 기술지침
- 중소규모 사업장 화재폭발 사고예방 나침반(안전보건공단 홈페이지-자료마당-안전보건자료실)

1.2.7 유체 이송설비(펌프, 압축기)

자가진단 항목	네	아니요	비고
1. 회전기기의 조립·설치, 회전방향 및 정상작동 상태를 확인하였다.			
2. 최초 설치 시 축정렬을 실시하였고 커플링 설치상태도 적정하게 유지관리하고 있다.			
3. 흡입측으로 이물질이 유입되지 않도록 필요시 필터 또는 스트레이너를 설치하였다.			
4. 폭발위험장소에 위치하는 경우, 회전기기 모터를 방폭형으로 설치하였다.			
5. 펌프, 압축기의 토출측에 체크밸브 및 압력계가 설치되어 있다.			
6. 정변위(용적식) 펌프 및 압축기를 과압으로부터 보호하기 위해 안전밸브가 설치되어 있다.			
7. 온도계, 압력계, 유량계 등 계측장치가 설치되어 있고, 파손되거나 고장없이 정상기능을 유지하고 있다.			
8. 회전부위에 방호덮개, 울 등이 설치되어 있고 파손 또는 탈락 없이 정상기능을 유지하고 있다.			
9. 윤활유가 준비되어 있고 회전기기에 제대로 주입되어 있다.			
10. 기름걸레(면보루)를 사용 후 뚜껑이 달린 불연성용기에 보관하고, 최대한 빠른 시일 내에 처리한다.			
11. 펌프와 압축기 흡입 및 토출측 배관에 적정한 재질과 규격의 개스킷으로 설치되어 있다.			
12. 다단 압축기 가동 시 중간냉각기(Intercooler)로 냉각수 또는 냉동수 공급 및 순환 관련 정상작동 상태를 확인한다.			
13. 공기압축기 토출배관, 공기저장탱크, 유분리기를 주기적으로 점검하여 윤활유 및 탄화물 축적 여부를 확인하고 있다.			
14. 펌프와 압축기 설비에 누설은 없는지 육안으로 자주 확인한다.			
15. 가연성가스 압축기의 실링용 오일 속에 용해된 가연성가스의 폭발성 혼합기 형성으로 인한 윤활유탱크의 폭발방지를 위해 탱크에 질소를 충진하였다.			

〈추가 참고자료〉
- KOSHA GUIDE(D-64-2018) 원심펌프의 최소유량 선정 및 펌프 설치 등에 관한 기술지침
- KOSHA GUIDE(M-108-2018) 화학설비의 설치에 관한 기술지침

1.2.8 배 관

자가진단 항목	네	아니요	비고
1. 배관 구성품(파이프, 플랜지, 밸브 등)은 국내·외 산업표준에 적합한 규격품으로 설치하였다.			
2. 배관 용접부, 노즐 및 밸브 등에 누출이 없고 누설 흔적도 없다.			
3. 육안검사 시 배관에 균열 또는 이상이 발견되지 않았다.			
4. 배관 외면의 보온재가 파손되거나 탈락된 것이 없고 보온설비(Steam/electric tracing)가 적정하게 유지관리되고 있다.			
5. 배관에서 누설된 응축수, 열매유 등이 보온재에 스며들어 체류하고 있는 경우는 발견되지 않았다.			
6. 배관 연결부 플랜지에 체결된 볼트 및 너트는 풀림이나 나사의 파손이 없고 여유 나사산을 고려하여 견고하게 체결되었다.			
7. 배관 지지대에는 외력에 의한 손상 및 변형이 없다.			
8. 폭발위험장소 내에 배관이 위치한 경우, 지지대가 내화구조로 설치되어 있으며 시공상태도 양호한 편이다.			
9. 배관 연결부의 개스킷(Gasket)은 취급유체의 온도·압력에 적합하고 내부식성이 있는 재질로 적용되었다.			
10. 고온·고압 배관을 지지하고 있는 스프링 행거 및 서포트(Spring hanger&support)의 설정치(Cold, Hot)는 적절하게 유지되고 있다.			
11. 배관이 적절한 구배(Slope)로 시공되어 있어, 배관 내부에 air pocket이나 dead leg(액이 고여서 체류할 수 있는 구간) 생성은 발견되지 않았다.			
12. 가동 중 배관계의 비정상적 진동 및 소음이 감지되지 않는다.			
13. 벨로우즈, 호스 및 플렉시블 배관이 아예 없거나 꼭 필요한 곳에만 설치되어 있다.			
14. 배관에 설치된 밸브 핸들 또는 손잡이에 개폐방향을 표시하거나 개폐 시 모두 같은 방향으로 조작하도록 설치되어 있다.			
15. 혼합 위험이 있는 물질을 직접 접촉하지 않도록 배관을 별도 계통으로 설치하거나 별도 설치가 어려운 경우 차단밸브나 체크밸브를 설치하여 역류 및 혼합을 방지하였다.			
16. 공기제거 밸브(Air vent valve)가 설치되어 있고 드레인밸브 말단에 캡 또는 맹판으로 막음 처리하였다.			
17. 정비보수 작업 전 배관의 유체 차단을 위한 LOTO(Lock Out, Tag Out) 절차를 반드시 준수한다.			
18. 필요시 배관 내 유체 흐름을 표시하여 관리한다.			

〈추가 참고자료〉

- KOSHA GUIDE(M-118-2016) 배관제작 및 설치에 관한 기술지침
- KOSHA GUIDE(M-112-2012) 배관지지물 설치 및 유지에 관한 기술지침
- KOSHA GUIDE(D-56-2016) 맹판 설치 및 제거에 관한 기술지침
- KOSHA GUIDE(G-4-2011) 배관내 이송물질 표시에 관한 안전가이드

1.2.9 현장 계측 및 자동제어 설비

자가진단 항목	네	아니요	비고
1. 현장의 계기 및 제어기기를 식별하기 위해 기기마다 각각 번호판(Tag No.)이 부착되어 있다.			
2. 근로자가 쉽게 알아볼 수 있도록 계측기기가 설치되어 있다.			
3. 현장에 설치된 기계식 계기 및 판넬 계기의 지침, 디스플레이 화면에는 측정치가 정확하게 표시되고 있다.			
4. 현장에 설치된 기계식 계기, 전자식 센서·전송기, 판넬 등은 외관상 열화, 변형 또는 파손없이 정상상태를 유지하고 있다.			
5. 계장용 튜빙(Tubing)은 휘어지거나 처진 부분이 없이 적절히 지지되어 있다.			
5. 기동·정지 스위치의 Start / stop 표지, 색상 및 배열 순서가 모두 동일하게 설치되어 있다.			
6. 진공운전 반응기, 증류탑 및 펌프의 흡입구처럼 음압이 생길 수 있는 곳에는 필요시 연성계(진공압 측정계)를 설치하였다.			
7. 부식성이나 독성이 있는 유체를 취급하는 설비에는 격막식(다이어프램) 압력계를 설치하였다.			
8. 압축가스 등 고압 유체를 측정하는 압력계에는 벤트구멍이 설치되어 있으며, 캡 또는 플러그로 막음되어 있다.			
9. 유리관식 액위계의 유리에 크랙이 있거나 측정유체가 달라붙어 육안 측정이 어려운 것이 없다.			
10. 폭발위험장소에는 전기식 또는 전자식 계기, 센서, 전송기(Transmitter), 분석기(Analyzer), 판넬, 접합박스(Junction box) 등을 방폭형으로 설치하였다.			
11. 계기나 센서의 접속부는 부착된 설비 및 배관과 동일한 강도의 플랜지 또는 나사이음으로 설치되어 있다.			
12. 계기 또는 센서의 접속부에서 누설이 발생하였거나 누설된 흔적이 발견되지 않았다.			
13. 제어밸브(Control valve)의 구동용 공기압력은 적정하며, 밸브 본체에 각인된 화살표는 유체 흐름방향과 일치한다.			
14. 접합박스(Junction box)나 계기 외함에서 여분의 접속구에는 전용 플러그를 모두 부착하여 구멍을 막음 조치하였다.			
15. 접합박스(Junction box)나 계기 외함에는 정전기 방지를 위한 등전위 접지 또는 본딩을 실시하였다.			
16. 계기 또는 제어기기 점검 및 유지보수를 위해 진입계단 및 작업발판이 설치되어 있고, 그 측면에 안전난간대를 설치하였다.			

17. 계기 또는 제어기기 기기 접속부에서 화학설비 또는 배관에서 스팀, 고온의 공정유체 및 부식성물질 등 유해위험물질이 새어나와 근로자가 상해를 입을 수 있다는 것을 알고 있으며, 점검 및 정비 작업을 할 때 보안경, 보호장갑 등 보호구를 반드시 착용한다.			

〈추가 참고자료〉
- KOSHA GUIDE(E-45-2012) 유량계측장치의 설치에 관한 기술지침
- KOSHA GUIDE(E-90-2011) 온도계측장치의 설치에 관한 기술지침
- KOSHA GUIDE(E-93-2011) 압력계측장치의 설치에 관한 기술지침
- KOSHA GUIDE(E-110-2011) 액위 계측장치의 설치에 관한 기술지침
- KOSHA GUIDE(P-129-2013) 화학공장 계측기의 관리 및 점검에 관한 기술지침

1.2.10 환경처리설비(스크러버, 흡착탑, 연소·소각설비)

자가진단 항목	네	아니요	비고
1. 송풍기 또는 배풍기에 풍량 및 정압 등이 표시된 명판(name plate)이 설치되어 있다.			
2. 송풍기 또는 배풍기 하부 방진가대·고무·스프링의 설치 상태가 양호하며, 정상기능을 수행하도록 유지관리되고 있다.			
3. 정상 가동 중 설비에서 이상음 또는 진동 발생이 없으며 전반적인 작동상태는 양호하다.			
4. 제어반(Control panel)은 정상 작동하고 있으며, 금속 외함에 접지를 실시하였다.			
5. 송풍기 또는 배풍기, 순환펌프의 회전부에 덮개를 설치하였다.			
6. 환경처리설비의 승강계단과 점검용 발판 측면에 안전난간대를 설치하였다.			
7. 배출시설 자가 측정을 주기적으로 실시하여 처리설비에서 배출되는 오염물질 농도가 적정 수준인지 확인하고 있다.			
8. 스크러버 순환펌프는 정상 작동하고 있으며, 펌프 및 순환배관의 파손 또는 누설이 없다.			
9. 흡착탑의 활성탄 필터를 주기적으로 교체하며, 가급적 재생 필터 사용을 지양하는 편이다.			
10. 흡착탑의 활성탄 필터 충진 공간의 차압을 정기적으로 확인하여 차압이 허용치에 도달하면 즉시 필터를 교환한다.			
12. 흡착탑에서 필터의 배출가스 흡착열로 인해 활성탄 발화 위험을 알고 있으며, 온도계를 설치하여 흡착탑 내부 온도를 확인하고 있다.			
13. 연소·소각설비의 버너 연료가스 누설을 감지하기 위한 가스누출 감지기를 설치하였다.			
14. 연소·소각설비의 버너 연료공급배관에 긴급 차단용 자동밸브(솔레노이드 밸브 등)가 설치되어 있다.			
15. 초기 가동 중 버너 점화 실패 시 내부 자동 환기여부를 반드시 확인하는 한편, 반복적으로 점화를 시도하지 않는다.			
16. 연소소각설비의 스택(굴뚝)은 고온의 연소가스가 다른 위험을 유발하지 않는 장소에 설치되어 있다.			

〈추가 참고자료〉

- KOSHA GUIDE(P-66-2012) 연소소각법에 의한 휘발성유기화합물 처리설비의 기술지침
- KOSHA GUIDE(P-104-2012) 휘발성유기화합물 처리에 관한 기술지침
- 중소규모 사업장 화재폭발 사고예방 나침반(안전보건공단 홈페이지-자료마당-안전보건자료실)

1.2.11 보일러

자가진단 항목	네	아니요	비고
1. 보일러 압력이 상승할 경우 버너연소를 자동 중지시켜 과압을 방지할 수 있도록 압력제한스위치가 설치되어 있다.			
2. 보일러 내 수위를 적당한 범위로 유지시키며 이상 시 경보를 울리도록 고저수위 조절장치가 설치되어 있다.			
3. 화염검출기가 정상적으로 설치되어 화염이 꺼질 경우 보일러 버너 연료를 차단할 수 있다.			
4. 보일러 과압을 방출할 수 있도록 안전밸브가 설치되어 있고 주기적인 분출시험 또는 분해점검을 실시하고 있다.			
5. 온도계, 압력계, 유량계, 액위계(레벨게이지) 등 계측장치가 설치되어 있고, 파손되거나 고장없이 정상기능을 유지하고 있다.			
6. 보일러 내부 부식 및 스케일 형성 방지를 위해 보일러수의 수질관리를 실시하고 있다.			
7. 보일러 연료(NG, LPG, 경유, B-C유 등), 청관제, 열매유 등 화학물질의 MSDS를 비치하고 경고표지를 게시하였다.			
8. 연료가스 누설을 감지하기 위한 가스누출감지기를 설치하였다.			
9. 초기 가동 중 버너 점화 실패 시 내부 자동 환기여부를 반드시 확인하는 한편, 반복적으로 점화를 시도하지 않는다.			
10. 가동 후 소정압력에 도달할 때가지 보일러 압력, 수위 변동 및 버너 연소상태를 계속 모니터링 한다.			
11. 노내의 점검 및 정비 작업 전 연료배관, 스팀헤더 배관에 맹판으로 단관 처리하여 유체 인입을 완전히 차단한 후 노내를 충분히 환기시킨다.			
12. 보일러 상부로 연결되는 승강계단 및 발판, 제어판넬 조작을 위한 작업발판에 안전난간대를 설치하였다.			

〈추가 참고자료〉
- KOSHA GUIDE(D-40-2013) 열매유 보일러에 관한 기술지침
- 중소규모 사업장 화재폭발 사고예방 나침반(안전보건공단 홈페이지-자료마당-안전보건자료실)

1.2.12 건조설비

자가진단 항목	네	아니요	비고
1. 건조설비의 바깥 면과 내면, 설비 안의 선반이나 프레임이 불연성 재료로 제작되어 있다.			
2. 위험물 건조설비의 측면 벽과 바닥면은 견고한 구조로 설치되어 있고 상부는 가벼운 재료로 설치되어 있다.			
3. 위험물 건조설비의 폭발방산구가 작동할 때 방출방향을 안전한 장소로 향하게 하여 2차 피해를 방지하도록 설치되어 있다.			
4. 설비 가동 중 건조 과정에서 발생하는 가스, 증기 또는 분진을 안전한 장소로 배출시킬 수 있도록 설치되어 있다.			
5. 건조설비 버너의 연료로 액체연료 또는 인화성가스를 사용하는 경우, 점화 시 화재·폭발 방지를 위해 연소실이나 그 밖에 점화하는 부분을 환기시킬 수 있는 구조로 설치되어 있다.			
6. 건조설비 내부가 청소하기 쉬운 구조로 설치되어 있다.			
7. 건조설비의 감시창, 출입구 및 배기구 등과 같은 개구부는 발화 시에 불이 다른 곳으로 번지지 않는 위치에 설치하고 필요시 즉시 밀폐할 수 있도록 설치되어 있다.			
8. 건조설비 내부 온도가 부분적으로 상승하지 않는 구조로 설치되어 있고 온도감지 및 제어설비를 설치하였다.			
9. 위험물 건조설비의 열원으로서 직화를 사용하지 않는다.			
10. 위험물 건조설비가 아닌 건조설비의 열원으로서 직화를 사용하는 경우, 불꽃 등에 의한 화재를 예방하기 위하여 덮개를 설치하거나 격벽을 설치한다.			
11. 버너 연료, 건조대상 도료 및 용제 등 유해·위험물질의 MSDS를 게시하고 상시 비치하였다.			
12. 인화성가스를 버너의 연료로 사용하는 경우, 가스 누설을 감지하기 위해 가스누출감지기를 설치하였다.			
13. 가스 또는 액체연료 버너 연료공급배관에 긴급 차단용 자동밸브(솔레노이드 밸브 등)가 설치되어 있다.			
14. 초기 가동 중 버너 점화 실패 시 연소실 및 건조설비 내부 환기 여부를 반드시 확인하고, 반복적으로 점화를 시도하지 않는다.			
15. 버너 가동 전 환기팬이 먼저 가동하는지 확인한다.			
16. 열원으로 전기히터가 설치된 경우, 전기설비 충전부 방호 및 전선상태를 점검한다.			

〈추가 참고자료〉
- KOSHA GUIDE(P-71-2012) 건조설비 설치에 관한 기술지침
- 중소규모 사업장 화재폭발 사고예방 나침반(안전보건공단 홈페이지-자료마당-안전보건자료실)

1.2.13 사출성형기

자가진단 항목	네	아니요	비고
1. 산업안전보건법 제93조에 따라 매 2년마다 안전검사를 받고 있으며, 사출성형기에 합격증명서 부착 등 검사결과를 관리한다.			
2. 사출성형기의 모든 방호장치는 정상작동 상태를 유지하고 있으며 임의로 해체하지 않는다.			
3. 안전문(게이트가드) 개방시 사출성형기 작동이 자동 정지되도록 연동회로가 구성되어 있고 정상기능을 유지하고 있다.			
4. 비상정지장치 작동 시 사출성형기가 작동이 즉시 정지되고 비상정지 기능이 해제된 후에도 자동으로 재작동하지 않도록 조치되어 있다.			
5. 고온의 용융 수지가 튀는 것을 방지하기 위해 노즐에 안전덮개를 설치하였다.			
6. 실린더 전기히터(바렐)로 인한 감전 또는 화상을 예방하기 위해 접촉방지용 안전덮개를 설치하고 안전표지를 부착하였다 .			
7. 원료 칩 자동공급장치(호퍼로더)를 설치하고 호퍼 주변에 작업발판 및 안전난간대를 설치하였다.			
8. 취출용 로봇 전원 차단 또는 구동원 제한 등 이상 발생 시 상하이동축이 임의로 내려오지 않도록 하강방지핀(훅크실린더)을 설치하였다.			
9. 취출용 로봇 각 축의 끝단에 이탈방지를 위치검출 센서 및 스토퍼를 설치하였다.			
10. 취출용 로봇 수동조작 시 조작 오류에 의한 위험방지를 위해 동시에 2개의 조작스위치를 작동시켜야 동작할 수 있도록 설치하고 비상정지장치도 설치하였다.			
11. 점검정비 또는 금형 교체 및 셋팅 작업 전 전원을 차단, 기동장치에 잠금장치 설치하고 열쇠를 별도 관리, 점검표지판 또는 꼬리표 설치 등의 안전조치를 반드시 수행한다.			

〈추가 참고자료〉

- KOSHA GUIDE(M-56-2020) 사출성형기의 안전작업에 관한 기술지침
- KOSHA GUIDE(M-187-2016) 사출성형기의 방호조치에 관한 기술지침
- 제조업 자율위험평가 가이드라인(안전보건공단 홈페이지-자료마당-안전보건자료실)

1.2.14 국소배기장치

<table>
<tr><th>자가진단 항목</th><th>네</th><th>아니요</th><th>비고</th></tr>
<tr><td>1. 산업안전보건법 제93조에 따라 매 2년마다 안전검사를 받고 있으며, 설비에 합격증명서 부착 등 검사결과를 관리한다.</td><td></td><td></td><td></td></tr>
<tr><td>2. 후드는 유해물질이 발생하는 곳마다 설치되어 있다.</td><td></td><td></td><td></td></tr>
<tr><td>3. 스모크테스터(발연관)를 이용하여 기류를 확인하였을 때 흡인기류(스모크)가 완전히 후드 내부로 흡인되어 후드 밖으로의 유출이 관찰되지 않았다.
※ 가능하다면, 발생되는 유해물질의 상태 및 후드 형식에 따라 제어풍속이 다음 기준에 적합한지 열선풍속계로 측정한다.
<table>
<tr><th>물질의 상태</th><th>후드 형식</th><th>제어풍속(m/s)</th></tr>
<tr><td rowspan="4">가스 상태</td><td>포위식 포위형</td><td>0.4</td></tr>
<tr><td>외부식 측방흡인형</td><td>0.5</td></tr>
<tr><td>외부식 하방흡인형</td><td>0.5</td></tr>
<tr><td>외부식 상방흡인형</td><td>1.0</td></tr>
<tr><td rowspan="4">입자 상태</td><td>포위식 포위형</td><td>0.7</td></tr>
<tr><td>외부식 측방흡인형</td><td>1.0</td></tr>
<tr><td>외부식 하방흡인형</td><td>1.0</td></tr>
<tr><td>외부식 상방흡인형</td><td>1.2</td></tr>
</table></td><td></td><td></td><td></td></tr>
<tr><td>4. 덕트 내・외면이 파손되거나 변형된 곳이 없고, 연결 부위를 통한 외부 공기 유입 또는 덕트 내부 공기 누출도 없다.</td><td></td><td></td><td></td></tr>
<tr><td>5. 국소배기장치 가동 중 덕트에서 이상음 또는 이상진동이 없다.</td><td></td><td></td><td></td></tr>
<tr><td>6. 정상가동 시 기류 이송속도가 적정 수준으로 유지되고 있어, 덕트 내부에 오염물질이 쌓이지 않는다.</td><td></td><td></td><td></td></tr>
<tr><td>7. 배기구를 직접 외부로 향하도록 실외에 설치하는 등 배출되는 분진 등이 작업장으로 재유입 되지 않도록 조치하였다.</td><td></td><td></td><td></td></tr>
<tr><td>8. 배풍기, 덕트 등으로 빗물이 유입되지 않도록 최종 배기구를 설치하였다.</td><td></td><td></td><td></td></tr>
<tr><td>9. 공기정화장치(스크러버, 백필터, 흡착설비 등)를 정상적으로 가동하고 있으며, 내부의 카트리지 또는 활성탄 필터를 주기적으로 교체하는 등 유지관리를 실시하고 있다.</td><td></td><td></td><td></td></tr>
<tr><td>10. 송풍기 또는 배풍기의 모터 축 회전부에 덮개를 설치하였다.</td><td></td><td></td><td></td></tr>
<tr><td>11. 제어반(Control panel)은 정상 작동하고 있으며, 금속 외함에 접지를 실시하였다.</td><td></td><td></td><td></td></tr>
</table>

〈추가 참고자료〉

- KOSHA GUIDE(G-115-2014) 국소배기장치 구입 및 사용 시 안전보건 기술지침
- KOSHA GUIDE(H-76-2015) 국소배기장치 점검보수시 안전보건 관리지침

1.2.15 지게차

자가진단 항목	네	아니요	비고
1. 전조등, 후미등, 방향지시기 및 후진경보장치, 경광등의 정상작동여부를 정기적으로 점검한다.			
2. 백레스트 및 헤드가드가 파손되지 않았다.			
3. 지게차 운전원의 자격을 확인하고, 지정된 자가 운전하도록 관리한다.			
4. 지게차 운전원에게 작업방법, 작업 순서, 운행 경로 등에 관한 내용을 교육한다.			
5. 지게차 운전시 운전원이 안전벨트를 착용하도록 한다.			
6. 지게차에 화물을 적재할 경우에는 운전원의 시야를 가리지 않도록 한다.			
7. 지게차 작업 반경 내에 다른 작업자가 이동하지 않도록 한다.			
8. 작업장을 이동할 때 제한속도를 지정하였다.			
9. 후진, 회전 등 장비 이동 시에 근로자 충돌방지를 위한 후진경보기와 경광등 혹은 후방감지기를 갖추었다.			
10. 지게차 허용하중을 초과하여 적재하지 않는다.			
11. 지게차 운행중에 적재한 화물이 떨어지지 않도록 고정한다.			
12. 하역운반 작업장 바닥은 평탄하고 견고한 곳으로 별도로 지정한다.			
13. 지게차 작업장 이동경로에 적재물을 방치하지 않는다.			
14. 지게차 출입통로, 교차로 등 시야확보가 필요한 장소에 반사경, 신호음장치 등 안전장치가 마련되어 있다.			
15. 작업 종료 후 지게차 열쇠는 별도 관리하고 있다.			

〈추가 참고자료〉

- KOSHA GUIDE(M-185-2015)지게차의 안전작업에 관한 기술지침 (안전보건공단 홈페이지-자료마당-법령/지침정보)
- KOSHA GUIDE(G-131-2020)생활폐기물 수거 및 처리작업의 안전보건에 관한 기술지침 (안전보건공단 홈페이지-자료마당-법령/지침정보)
- 건설업, 제조업 자율위험평가 가이드라인(안전보건공단 홈페이지-자료마당-안전보건자료실)
- 안전보건 나침반(건설업, 제조업, 서비스업)(안전보건공단 홈페이지-자료마당-안전보건자료실)

1.2.16 크레인

자가진단 항목	네	아니요	비고
1. 크레인 작업에 대한 안전작업지침을 작성한다.			
2. 작업 시 관리감독자는 권과방지장치, 브레이크, 클러치 및 운전장치의 기능 등 작업 시작 전 점검사항을 확인하고 있다.			
3. 동력으로 구동되는 것으로 정격하중이 2.0톤 이상인 크레인의 안전검사는 2년마다 정기적으로 받고 있다.			
4. 인양 하물에 적합한 줄걸이 방법을 사용하고 있다.			
5. 크레인을 사용하여 근로자를 운반하거나 달아올린 상태에서 작업을 실시하지 않는다.			
6. 정격하중, 속도, 경고표시 등을 근로자가 보기 쉬운 곳에 관련 내용을 게시하고 있다.			
7. 과부하장지장치, 권과방지장치, 비상정지장치 및 제동장치, 그 밖의 방호장치가 정상적으로 작동하는지 점검한다.			
8. 적재하중을 초과하지 않도록 작업한다.			
9. 훅걸이용 와이어로프 등이 훅으로부터 벗겨지는 것을 방지하기 위한 장치(훅해지장치 등)를 사용하고 있다.			
10. 크레인의 수리·점검 시 크레인이 근로자와 접촉할 위험을 방지하기 위한 감시인을 배치하고, 스토퍼를 설치하였다.			
11. 인양할 하물을 바닥에서 끌어당기거나 밀어내는 작업을 금지하고 있다.			
12. 인양 중인 하물 아래로 작업자가 통과하지 않도록 한다.			
13. 인양할 하물이 보이지 않은 경우 작업을 금지하고 있다.			
14. 신호수를 배치하여 주변 근로자를 통제한다.			
15. 근로자 배치 및 교육, 작업방법, 방호장치 등 필요한 사항에 대한 조치를 실시하였다.			

〈추가 참고자료〉

- KOSHA GUIDE(M-186-2015) 천장주행크레인의 안전작업에 관한 기술지침
- KOSHA GUIDE(M-186-2015) 크레인 달기기구 및 줄걸이 작업용 와이어로프의 작업에 관한 기술지침 (안전보건공단 홈페이지-자료마당-법령/지침정보)
- 제조업 자율위험평가 가이드라인(안전보건공단 홈페이지-자료마당-안전보건자료실)

1.3 위험작업

1.3.1 화기 · 용접작업

자가진단 항목	네	아니요	비고
1. 발생하는 화염 또는 스파크 등이 인근 설비 · 장비에 영향이 있다고 판단되는 범위의 지역을 작업구역으로 표시하였다.			
2. 화기 · 용접작업 장소에 근로자의 통행 · 출입을 제한한다.			
3. 화기작업 전에 작업 대상기기 및 작업구역 내에서 인화성 물질 및 독성 물질의 가스 농도를 측정하여 허가서에 기록한다.			
4. 불꽃을 발생하는 내연설비의 장비나 차량 등은 작업구역 내 근로자의 출입을 통제한다.			
5. 화기작업 전 밸브를 차단하거나 맹판을 설치할 때에는 밸브 잠금 표지 및 맹판 설치 표지를 부착한다.			
6. 설비 등 내부에서 화기작업을 수행할 경우에는 배관 및 설비 내의 위험물질을 완전히 비우고 세정한 후에 작업을 수행한다.			
7. 밀폐(제한)공간에서의 작업을 수행할 때에는 작업 전에 밀폐공간 내의 공기를 외부의 신선한 공기로 충분히 치환하는 등의 조치(강제 환기 등) 실시한다.			
8. 용접불티 비산방지 덮개 또는 용접 방화포 등을 설치하고, 개방된 맨홀과 하수구(Sewer) 등은 덮거나 닫는다.			
9. 화재감시자를 지정하여 화기작업을 시작하기 전과 작업 도중 안전 상태를 확인하도록 한다.			
10. 작업 중에 수시로 가스 농도를 측정한다.(분진이 있는 장소는 분진 농도를 추가로 측정)			
11. 화기작업 전에 이동식 소화기 등을 비치한다.			
12. 위 안전조치가 모두 조치되었음을 확인한 후에 작업을 시작하도록 관리한다.			

〈추가 참고자료〉
- 산업재해 예방을 위한 안전보건관리체계 가이드북(고용노동부 홈페이지-정책자료-정책자료실)
- KOSHA GUIDE(D-46-2013) 화학공장의 화재예방에 관한 기술지침(안전보건공단 홈페이지-자료마당-법령/지침정보)
- KOSHA GUIDE(P-94-2019) 안전작업허가지침(안전보건공단 홈페이지-자료마당-법령/지침정보)
- 제조업 자율위험평가 가이드라인(안전보건공단 홈페이지-자료마당-안전보건자료실)
- 냉동 · 물류창고 화재사고예방 매뉴얼(안전보건공단 홈페이지-자료마당-안전보건자료실)

1.3.2 전기작업

자가진단 항목	네	아니요	비고
1. 작업 전로 차단, 잠금장치 및 꼬리표(LOTO) 부착하고 검전기를 이용하여 충전여부를 확인하고 있다.			
2. 전기기구 취급작업 시 전기설비로부터 폭 70cm 이상의 작업공간을 확보하고 있다.			
3. 감전위험이 있는 전기기계・기구 또는 전로의 설치・해체・정비・점검(설비의 유효성을 장비, 도구를 이용하여 확인하는 점검) 등의 작업을 하는 경우에 유자격자가 작업을 수행하고 있다.			
4. 전기기계・기구 및 설비의 전원 접속부인 충전부가 노출되어 있지 않다.			
5. 전기기계・기구 및 설비의 금속재, 철재 등의 외함에 접지시설이 되어있다.			
6. 휴대형 또는 이동형 전동기계의 전원에 누전차단기가 설치되어 있다.			
7. 전기기기 외함에 접지된 접지선이 접지극과 직접 연결되어 있다.(접지 연속성 유무)			
8. 누전여부 체크를 위해 주기적으로 절연저항을 측정하고 기록한다.			
9. 주기적으로 접지저항을 측정하고, 접지 저항값이 기준에 적합하다.			
10. 용접선, 배선, 이동전선 등 절연전선의 피복이 손상되어 있지 않다.			
11. 정전작업 중 타 작업자의 개폐기 오조작 방지를 위하여 분전반 또는 개폐기에 잠금장치나 표지판을 설치하였다.			
12. 변전실 출입문에 잠금장치를 하고, 관계자외 출입금지 표시를 부착하였다.			
13. 변전실 등 특별고압 충전전로에 접근한계거리 표지판이 부착되어 있다.			
14. 근접장소에서의 청소 등의 작업 시 접근한계거리를 유지하여 작업하도록 관리한다.			
15. 낙뢰위험지역에 낙뢰에 의한 위험방지를 위해 피뢰침을 설치하였다.			
16. 피뢰침의 접지 저항치를 측정하여 적정한 수준을 유지한다.			
17. 물 등의 도전성이 높은 액체가 있는 습윤한 장소에서의 이동전선 등은 충분한 절연효과가 있다.			
18. 정전기에 의한 화재, 폭발 등의 위험이 발생할 우려가 있는 경우 해당설비에 접지, 도전성 재료 사용, 제전장치 등 정전기 제거 조치를 하였다.			

19. 전기기계 · 기구 또는 전로의 설치 · 해체 · 정비 · 점검 등의 전기 작업(50V초과 또는 전기에너지가 250VA를 넘는 경우)시 작업계획서를 작성하고 그 계획에 따라 작업을 하였다.			
20. 충전전로 등의 전기 작업을 할 때에는 절연용 보호구, 절연용 방호구 등을 근로자에게 지급 · 착용토록 한다.			

〈추가 참고자료〉

- 산업재해 예방을 위한 안전보건관리체계 가이드북(고용노동부 홈페이지–정책자료–정책자료실)
- KOSHA GUIDE(E–105–2011) 전기작업안전에 관한 기술지침(안전보건공단 홈페이지–자료마당–법령/지침정보)
- KOSHA GUIDE(O–3–2011) 전기설비의 정비를 위한 일반 기술지침(안전보건공단 홈페이지–자료마당–법령/지침정보)
- 건설업, 제조업 자율위험평가 가이드라인(안전보건공단 홈페이지–자료마당–안전보건자료실)

1.3.3 밀폐공간 작업

자가진단 항목	네	아니요	비고
1. 질식위험공간에 출입전 산소 및 유해가스 농도를 측정한다. ※ 적정공기: 산소 18%~23.5%, 탄산가스 1.5% 미만, 일산화탄소 30ppm 미만, 황화수소 10ppm 미만			
2. 적정공기 상태가 유지되도록 작업전・작업중 지속적으로 환기한다.			
3. 구조작업 시 공기호흡기 등 보호 장비를 착용할 수 있도록 작업장 주변에 비치하였다.			
4. 밀폐공간 유해가스, 산소결핍, 화재・폭발 위험 등에 대하여 사전 조사하였다.			
5. 밀폐공간 보건작업 프로그램을 수립하여 시행하였다.			
6. 작업 시작하는 경우 사전에 산소 및 유해가스농도 측정에 관한 사항, 응급조치요령, 환기설비 가동 등 안전작업방법, 보호구사용 등에 대한 사항을 작업 근로자에게 교육 등을 통해 알리고 있다.			
7. 산소농도, 유해가스측정기, 환기팬, 공기호흡기와 송기마스크 등 호흡용 보호구, 안전대, 구명밧줄, 안전장비 등 사전에 필요한 장비준비・점검・사용법 숙지를 하였다.			
8. 긴급 상황 대비 무전기 등 통신장비를 구비하여 연락체계를 갖추었다.			
9. 감시인은 작업자가 내부에 있을 때는 항상 정위치하며, 필요한 보호 장비와 구조장비를 갖추고 있다.			
10. 관계근로자가 아닌 사람의 출입을 금지하고, 그 내용을 보기 쉬운 장소에 게시하였다.			
11. 밀폐공간 작업장소에 근로자를 입장 및 퇴장시킬 때마다 인원을 점검하였다.			
12. 밀폐공간작업을 위해 허가자에게 밀폐공간작업 허가를 받고 있다.			
13. 관리감독자가 밀폐공간 안전보건조치 사항을 지휘, 점검 등의 업무를 수행하고 있다.			

〈추가 참고자료〉

- KOSHA GUIDE(H-75-2015) 사업장 작업환경 평가지침(안전보건공단 홈페이지-자료마당-법령/지침정보)
- KOSHA GUIDE(X-68-2015) 밀폐공간 위험관리에 관한 기술지침(안전보건공단 홈페이지-자료마당-법령/지침정보)
- KOSHA GUIDE(H-80-2018) 밀폐공간 작업 프로그램 수립 및 시행에 관한 기술지침
- 밀폐공간 질식재해예방 안전작업 가이드(안전보건공단 홈페이지-자료마당-안전보건자료실)

1.3.4 화학설비 격리 및 개방작업

자가진단 항목	네	아니요	비고
1. 화학설비로 연결된 배관의 밸브류 등을 잠그고, 작업 중에는 열지 못하도록 잠금조치하고 표시를 한다.			
2. 밸브를 잠근 후, 열쇠는 화학설비 내부로 들어가는 근로자에게 보관시키고 동일한 근로자에게만 열 수 있도록 한다.			
3. 밸브 잠금조치에도 불구하고 화학물질(질소, 아르곤 등 질식위험 가스 포함) 누출이 우려되면 반드시 맹판을 설치한다.			
4. 맹판을 설치할 때는 표준산업규격에 적합한 맹판을 사용하며 플랜지와 맹판에는 볼트를 빠짐없이 모두 체결한다.			
4. 맹판 설치위치를 표시하는 맹판 목록(Blind list)을 작성한 후 맹판을 설치하며, 설치 후에는 반드시 설치 상태를 확인하고 꼬리표를 부착(Tag-out)한다.			
5. 내부 잔유물을 제거 후 설비에 연결된 모든 배관은 설비로부터 가장 가까운 지점에 맹판을 설치해 물질 유입을 차단한다.			
6. 내부 잔유물을 제거한 후에도 설비 내부 환기를 충분히 실시하고(필요시 환기팬으로 강제환기 실시) 산소 및 가연성·독성 가스농도를 측정한다.			
7. 교반기와 같이 용기 내부에서 움직이는 기계장치를 완전히 분리하여 설비 내부에서 작업 중 불시 작동이 없도록 조치한다.			
8. 화학설비를 개방하기 전 작업책임자 입회, 작업근로자 안전교육 실시, 보호구 착용상태를 반드시 확인한다.			
9. 화학설비를 개방하기 전 연결배관 단관처리 또는 맹판 설치로 완전히 차단되어 있는지 확인한다.			
10. 화학설비를 개방하기 전 맨홀 등이 모두 열려있는 지 확인하고 맨홀 등의 출입구에 관계자 외 출입금지 표시를 부착한다.			
11. 작업공구 외 담배, 라이터 등을 가지고 들어가는 일이 없도록 근로자들에게 미리 주지시킨다.			
12. 작업공간 주변에 화기엄금, 출입금지 등 안전표지를 게시한다.			

〈추가 참고자료〉

- KOSHA GUIDE(P-52-2012) 공장 및 장치의 안전격리에 관한 기술지침
- 현장작업자를 위한 화학설비 작업안전 매뉴얼(안전보건공단 홈페이지-자료마당-안전보건자료실)
- 화학설비 정비보수작업 안전보건관리 매뉴얼(안전보건공단 홈페이지-자료마당-안전보건자료실)
- 중소규모 사업장 화재폭발 사고예방 나침반(안전보건공단 홈페이지-자료마당-안전보건자료실)

1.3.5 화학설비 세척 및 치환작업

자가진단 항목	네	아니요	비고
1. 화학설비의 잔여물이 수용성(아세톤, 에틸알콜 등)일 때 물을 설비 내에 주입하고 배수시키는 방법으로 세척한다.			
2. 화학설비를 물로 세척할 때 증기 배출구를 만들어 설비 내에 증기 공간이 생기지 않도록 한다.			
3. 화학설비 세척에 사용한 물을 하수구로 방류하지 않고, 집수조에 모아 폐수처리(자체 또는 외부 위탁)를 실시한다.			
4. 고온의 스팀에 의한 탄화로 화재 발생 우려가 있는 경우 스팀 세척을 실시하지 않는다.			
5. 스팀 세척 시 설비 내부로 스팀이 유입될 때 정전기로 인해 인화성 유증기의 착화가 발생할 수 있으므로, 도전성 재질의 스팀호스를 사용하고 설비와는 본딩을 실시한다.			
6. 설비 바닥 가까운 연결부위를 통해 스팀을 투입한다.			
7. 스팀 세척 후 설비 내부의 가스를 최소한 15분 이상 안정화시킨 후 가스농도를 측정하여 정확한 측정치를 얻도록 한다.			
8. 가스 농도가 인화하한계의 25% 미만으로 감소되고, 공기가 측면 맨홀로 유입될 경우에 한하여, 화학설비 내·외부 작업을 개시한다.			
9. 스팀 세척 후에는 반드시 공기로 치환하는 작업을 실시하여 설비 내부온도를 충분히 낮춘 후 근로자가 설비 내부로 들어가도록 조치한다.			
10. 화학 세척 시 세척용 화학물질로부터 피부 및 눈을 보호하기 위해 작업 전 근로자들에게 보호구(보호의, 보안경, 내산장갑, 내산장화 등)를 지급하고 착용상태를 점검한다.			
11. 세척용 화학물질 제조사에 문의하여 세척 물질 취급 시의 주의 및 지시사항을 따르도록 한다.			
12. 세척도구 외 담배, 라이터 등을 가지고 들어가는 일이 없도록 근로자들에게 미리 주지시키고 확인한다.			
13. 불활성가스로 치환하고자 하는 경우 치환 가스 사용 전 성분 분석을 실시한다.			
14. 불활성가스로 치환 후 퍼지를 시작할 때는 풍향 등 기상조건과 주변의 화기 사용여부를 확인한다.			
15. 퍼지를 실시할 때 가스를 대량으로 방출하는 경우 배관을 통해 안전한 장소로 방출하도록 조치한다.			

16. 벤트 또는 드레인 밸브 조작할 때 작업책임자가 입회하여 밸브를 한 번에 완전히 개방하지 않고 조금씩 신중하게 열도록 하는 한편, 필요 시 밸브를 신속히 차단할 수 있도록 계속 주시하도록 조치한다.			
17. 치환 후 설비 내부에서 작업하고자 할 때는 먼저 산소농도를 측정하고 작업 중에도 산소농도(18% 이상)를 적정한 수준으로 계속 유지시킨다.			

〈추가 참고자료〉

- KOSHA GUIDE(P-3-2012) 소형탱크 세정작업을 위한 안전에 관한 기술지침
- KOSHA GUIDE(P-37-2012) 인화성 잔류물이 있는 탱크의 청소 및 가스제거에 관한 기술지침
- KOSHA GUIDE(P-80-2011) 불활성가스 치환에 관한 기술지침
- 현장작업자를 위한 화학설비 작업안전 매뉴얼(안전보건공단 홈페이지-자료마당-안전보건자료실)
- 화학설비 정비보수작업 안전보건관리 매뉴얼(안전보건공단 홈페이지-자료마당-안전보건자료실)
- 중소규모 사업장 화재폭발 사고예방 나침반(안전보건공단 홈페이지-자료마당-안전보건자료실)

1.3.6 탱크로리 입・출하 작업

자가진단 항목	네	아니요	비고
1. 반드시 사업장 근로자 입회 하에 입・출하 작업을 실시한다.			
2. 탱크로리 차량을 평편한 곳에 주・정차하고 고임목으로 고정한다.			
3. 차량 시동을 정지하고 주차브레이크를 확실히 제동한다.			
4. 차량의 펌프를 사용하지 않고, 입・출하 작업을 수행할 경우 차량의 키(key)를 뽑아 별도로 보관한다.			
5. 정전기 축적을 방지하기 위해 탱크로리 차체를 접지하며, 접지클램프의 접속부에는 녹이나 이물질이 묻어 있지 않다.			
6. 입・출하 작업 장소 주변에 소화기를 비치하고 소화약제 충전상태를 확인한다.			
7. 탱크로리・저장탱크 간 이송작업 시, 혼유되지 않도록 배관의 색깔이나 명칭을 명확히 확인하여 이송호스를 접속한다.			
8. 배관 접속부와 동일한 크기의 이송호스를 사용한다.			
9. 부득이한 경우가 아니면 저장 유종을 바꿔서 적재하지 않는다.단, 유종을 교체한다면 사전에 탱크 내부를 철저히 세척한다.			
10. 작업 중에는 불꽃, 기계적 마찰, 전기스파크가 발생하지 않도록 주의시키고 현장 상황을 계속 모니터링 한다.			
11. 탱크로리 입・출하 작업 중에는 해당 작업구역으로 지게차, 구내운반차, 외부 화물차량 등이 진입하거나 지나가지 못하도록 차량 운행 제한조치를 철저히 실시한다.			
12. 탱크로리 상부로 올라갈 경우, 작업근로자에게 개인보호구(미끄럼방지 작업화, 안전모 등)를 착용하도록 조치한다.			

〈추가 참고자료〉

- KOSHA GUIDE(G-78-2012) 유해위험물 탱크로리의 검사 및 입출하 등에 관한 기술지침
- 탱크로리 적재 및 하역작업(안전보건공단 홈페이지-자료마당-안전보건자료실)
- 위험물 운송 탱크로리 입출하 작업자의 안전(안전보건공단 홈페이지-자료마당-안전보건자료실)
- 중소규모 사업장 화재폭발 사고예방 나침반(안전보건공단 홈페이지-자료마당-안전보건자료실)

1.3.7 유체 이송 및 투입 작업

* 인화성 액체, 분말 등을 용기(반응기 등)로 이송하거나 해당 용기에서 화학물질을 드럼 등에 받는 작업

자가진단 항목	네	아니요	비고
1. 작업장 내 폭발위험장소를 구분하여 관리하고 있으며, 위험장소에는 방폭전기기계·기구를 설치하였다.			
2. 작업 중 화재가 발생했을 때 즉각 사용할 수 있는 위치에 소화기가 항상 비치되어 있고 소화약제가 적정한 수준으로 충전되어 있다.			
3. 작업장 내 가연성 또는 독성 가스감지경보기가 설치되어 있다.			
4. 작업 중에는 불꽃, 기계적 마찰, 전기스파크 및 정전기가 발생하지 않도록 주의시키고 현장 상황을 계속 모니터링 한다.			
5. 드럼 등 이동용기에 화학물질을 수동으로 주입하거나 소분작업을 실시하는 작업근로자에게 적합한 보호구(방독마스크, 내산장갑·장화·앞치마 등)를 지급하여 착용토록 조치하였다.			
6. 작업근로자 제전복·제전화·제전장갑 착용, 작업장 도전성(금속제) 바닥, 손목 및 발목 접지대 착용 등 인체 대전에 의한 정전기 방지 조치를 실시하고 있다.			
7. 인화성액체를 이송하는 호스는 정전기가 축적되지 않도록 도전성(전기가 잘 통하는 성질)재질로 선정하여 사용하고 있다.			
8. 부득이하게 비도전성(전기가 잘 통하지 않는 성질) 호스를 사용할 때, 최소한 호스의 모든 금속제 부품에는 접지 및 본딩을 한다.			
9. 정전기를 방지하도록 충전용 배관과 용기 사이를 직접 본딩하고 용기에는 전용 접지편이나 접지클램프로 추가 접지한다.			
10. 탱크로리 또는 용기에 인화성액체를 주입할 때 상부에서 액체를 튀기면서 채우면 스플래쉬 필링(Splash filling)으로 인한 정전기 화재가 발생할 수 있음을 알고 있다.			
11. 정전기 방지를 위해 충전용 배관의 끝을 용기의 바닥까지 연장(Dip pipe)하고, 바닥면 근처에서 액체의 흐름이 수평으로 전환되도록 45도의 컷팁(Cut tip)으로 제작하거나 티(Tee)를 부착하였다.			
12. 인화성액체를 용기로 충전할 때, 충전용 배관 출구가 배관 직경의 2배 이상으로 액체에 잠길 때까지 유체 투입속도를 1 m/s 이하로 유지시킨다.			
13. 용기 내부의 인화성 유증기에 의한 화재·폭발 위험분위기 제거를 위해 질소 등 불활성가스를 주입한다.			
14. 원료 등을 소량으로 투입할 때 용기의 맨홀을 열어 일시에 붓지 않고 호퍼나 배관을 통해 조금씩 천천히 투입한다.			

15. 맨홀을 열어 분진 등 고체상태 원료를 일시에 투입할 수 있는 양을 25kg 이내로 제한하며, 그 이상의 투입량에 대해 로터리밸브나 호퍼를 거쳐 투입하도록 조치한다.			
16. 용기의 맨홀로 비도전성 톤백에 담긴 칩 또는 분진상태 원료를 투입할 때 생기는 정전기에 용기 내부의 유증기 착화로 화재가 발생할 수 있음을 알고 있다.			
17. 크레인(호이스트)으로 톤백을 옮긴 후 용기 상부의 맨홀로 원료를 투입할 때, 실수로 펜던트스위치를 잘못 조작하여 맨홀과 톤백 사이에 손이 끼여 상해를 입을 수 있음을 알고 있다.			

〈추가 참고자료〉

- KOSHA GUIDE(E-89-2017) 정전기 재해예방에 관한 기술지침
- KOSHA GUIDE(E-171-2018) 스플래쉬 필링으로 인한 정전기 화재사고 예방에 관한 기술지침
- KOSHA GUIDE(P-75-2011) 인화성액체의 안전한 사용 및 취급에 관한 기술지침
- 탱크로리 적재 및 하역작업(안전보건공단 홈페이지-자료마당-안전보건자료실)
- 위험물 운송 탱크로리 입출하 작업자의 안전(안전보건공단 홈페이지-자료마당-안전보건자료실)
- 중소규모 사업장 화재폭발 사고예방 나침반(안전보건공단 홈페이지-자료마당-안전보건자료실)

1.4 보건

1.4.1 유해화학물질

자가진단 항목	네	아니요	비고
1. 사업장에서 발생하거나 취급하는 유해화학물질에 대해 분류·파악하고 있다.			
2. 사업장에서 취급하는 유해화학물질의 유해성·위험성, MSDS, 노출 시 조치방법 등 관리방안을 근로자에게 교육한다.			
3. 유해화학물질 취급 담당자를 별도 지정하였다.			
4. 유해화학물질 저장시설의 구조는 해당 물질의 유출·누출을 방지하기 위하여 저장하는 물질의 종류·온도·압력 및 사용환경에 적합한 것으로 선정하였다.			
5. 근로자에게 적절한 방호조치 및 개인보호구 지급, 착용하도록 관리한다.			
6. 유해화학물질을 화기나 그 밖에 점화원이 될 우려가 있는 것에 접근, 가열, 마찰시키는 등의 행위를 하지 않는다.			
7. 유해화학물질 용기(소분용기포함)에 시 물질명, 경고표시 등 내용물에 대한 사항을 명확히 표기하였다.			
8. 인화성 또는 독성물질에 의한 화재·폭발·누출을 미리 감지하기 위한 가스 검지 및 경보장치가 설치되어 있다.			
9. 유해화학물질의 성상에 따라 적절한 저장방법을 선정하고, 유해화학물질간의 반응 등으로 인한 사고가 발생하지 않도록 조치하고 있다.			
10. 유해화학물질을 취급하는 곳에 응급 시 근로자가 쉽게 사용할 수 있도록 세척시설과 세안설비를 설치하고 있다.			
11. 가스경보기가 작동할 경우 조치사항을 근로자에게 교육한다.			
12. 취급물질에 적절한 소화기를 작업장에 비치하였다.			
13. 배관 연결부, 밸브 등의 연결부에서 물질의 누출 여부를 정기적으로 점검한다.			
14. 인화성물질을 취급하는 구역은 폭발위험장소로 구분하고, 적정한 방폭설비를 설치하였다.			
15. 가연성(인화성) 물질 보관 시에는 관련 법규에 의거하여 필요 적정수량 이하로 보관하여 관리하고 있다.			

〈추가 참고자료〉
- KOSHA GUIDE(K–1–2011) 유해화학물질 저장·운반 및 취급에 관한 기술지침
- KOSHA GUIDE(G–104–2020) 화재 및 화학물질 누출사고 대응을 위한 비상조치계획에 관한 지침 (안전보건공단 홈페이지–자료마당–법령/지침정보)

1.4.2 소음 또는 진동

자가진단 항목	네	아니요	비고
1. 사업장의 소음 또는 진동 발생 장소·설비 등에 대해 분류하고 있다.			
2. 사업장에서 발생하는 소음 또는 진동에 의한 유해성·위험성 및 관리방안을 근로자에게 주지시키고 있다.			
3. 작업환경측정을 통해 노출되는 소음 또는 진동에 대한 노출수준을 관리하고 있다.			
4. 작업환경측정 결과에 따라 노출수준 저감을 위한 관리방안을 마련하고 있다.			
5. 소음 또는 진동 발생 작업에 근로자를 배치하기 전 근로자의 건강상태와 특성 등을 고려하여 배치하고 있다.			
6. 소음 발생원의 격리, 차폐 등 소음발생수준을 저감시키기 위한 방안을 마련하였다.			
7. 소음 작업에 종사하는 근로자의 청력평가를 정기적으로 실시한다.			
8. 근로자의 건강검사(평가) 결과를 토대로 상담, 의학적 처치 등이 적절히 조치하였다.			
9. 청력보호구는 근로자의 특성과 작업장 환경, 소음발생수준에 맞게 지급되고, 근로자에게 착용법을 교육하고 있다.			
10. 85dB 이상 소음이 발생하는 작업에 대해 청력보존프로그램을 수립·시행하고 있다.			
11. 청력보호가 필요한 곳에 경고판을 부착하였다.			
12. 진동 발생 공구는 적절히 유지보수가 되고 있으며, 진동이 많이 발생하는 기구는 교체하고 있다.			
13. 국소진동공구 사용 등 진동작업에 종사하는 근로자의 건강진단을 정기적으로 실시하고 있다.			
14. 방진장갑 등 진동보호구를 지급하고, 작업자가 진동보호구를 착용하도록 관리한다.			
15. 작업자가 진동에 노출되는 시간을 제한하고, 진동을 저감하기 위한 보조기구 등을 활용하고 있다.			

〈추가 참고자료〉

- KOSHA GUIDE(H-75-2015) 사업장 작업환경 평가지침
- KOSHA GUIDE(H-205-2018) 작업환경상 건강유해요인에 대한 위험성평가 지침
- KOSHA GUIDE(H-7-2012) 청력보존프로그램의 효과 평가지침
- KOSHA GUIDE(H-177-2015) 국소진동공구 취급근로자의 보건관리지침
  (안전보건공단 홈페이지-자료마당-법령/지침정보)

1.4.3 고열 · 한랭

자가진단 항목	네	아니요	비고
1. 고열(한랭)의 유해성 · 위험성을 파악하고, 관리방안을 근로자에게 교육한다.			
2. 작업환경측정 등을 통해 근로자에게 노출되는 고열(한랭) 노출수준을 관리하고 있다.			
3. 측정결과에 따라 적정한 열원 등의 적정한 관리방안을 마련하고 있다.			
4. 근로자를 배치하기 전 근로자의 건강상태와 특성 등을 고려한다.			
5. 열원의 격리와 작업장내 온 · 습도 조절을 위한 냉방장치 등이 설치되어 있다.			
6. 다량의 고열물을 취급하는 설비는 화재를 예방하기 위한 구조로 되어있다.			
7. 비상시 온도를 낮추거나 열을 차단할 수 있는 냉각시스템이 구축되어 있다.			
8. 작업의 강도에 따른 휴식시간을 적절히 부여하고, 쾌적한 휴게공간을 제공하고 있다.			
9. 한랭에 따른 한랭질환 예방을 위하여 휴게공간에 온열기 설치, 따뜻한 음료 비치 등 적절한 조치를 취하고 있다.			
10. 다량의 고열물체 또는 저온물체를 취급하는 장소 등에 관계근로자 외 출입을 금지하고 그 내용을 게시하고 있다.			
11. 고열 또는 한랭 작업 등을 하는 근로자에게 적절한 보호구를 지급하고 착용하도록 관리하고 있다.			

〈추가 참고자료〉

- KOSHA GUIDE(W-12-2017) 고열작업환경 관리지침(안전보건공단 홈페이지-자료마당-법령/지침 정보)

1.4.4 근골격계질환

자가진단 항목	네	아니요	비고
1. 근골격계질환이 발생할 수 있는 위험요인과 작업내용을 파악하고 있다.			
2. 근골격계질환 유해요인조사를 적정하게 실시하고 그 결과를 알리고 있다.			
3. 근골격계질환 발생 우려가 있는 경우 인간공학적 설계, 인력작업 보조설비 및 편의설비를 설치하고 있다.			
4. 부담작업 종사자 교육(유해요인, 징후와 증상, 대처 요령, 올바른 작업자세, 작업도구, 작업시설의 올바른 사용법)을 실시하고 있다.			
5. 취급 물품의 중량, 취급빈도, 운반거리, 운반 속도 등 작업조건에 따라 작업시간 및 휴식시간 등을 적정하게 배분하고 있다.			
6. 중량물의 중량과 무게중심을 표시하고 손잡이를 붙이거나 갈고리, 진공빨판 등을 활용하고 있다.			
7. 중량물 취급자에게 올바른 들기 자세에 대한 교육을 실시하고 있다.			
8. 서서 일하는 근로자 또는 VDT 작업자에게 적절한 작업대, 작업용 의자, 발 받침대 등의 작업환경을 제공하고 있다.			
9. 근골격계 질환 예방을 위한 프로그램을 운영하고 있다.			
10. 근로자가 편히 쉴 수 있는 휴게공간과 휴식시간을 부여한다.			

〈추가 참고자료〉

- KOSHA GUIDE(H-66-2012) 근골격계질환 예방을 위한 작업환경개선 지침
- KOSHA GUIDE(H-9-2012) 근골격계부담작업 유해요인조사 지침
  (안전보건공단 홈페이지-자료마당-법령/지침정보)

1.4.5 근로자 건강관리

자가진단 항목	네	아니요	비고
1. 근로자의 건강을 보호하고, 증진시키기 위한 조직과 체계가 마련되어 있다.			
2. 작업장 내 건강진단 대상 유해인자를 파악하여 관리하고 있다.			
3. 건강진단 대상 유해인자에 노출되고 있는 작업과 근로자를 파악하고 있다.			
4. 근로자의 건강보호 유지를 위하여 정기적인 건강진단을 실시하고 있다.			
5. 건강진단 결과에 따른 사후조치를 실시하고 있다.			
6. 근로자 개인별 건강관리를 위한 상담을 실시하고 이력을 관리하고 있다.			
7. 근로자의 작업 배치시 근로자 개인의 특성과 건강상태 등을 고려하여 작업에 배치하였다.			
8. 근로자가 편히 쉴 수 있는 휴게공간과 휴식시간을 부여한다.			
9. 작업장의 조도와 온·습도는 적절히 유지되고 있다.			
10. 근로자의 건강관리능력을 함양하기 위한 건강증진 프로그램 등 건강증진사업을 시행하고 있다.			

〈추가 참고자료〉

- KOSHA GUIDE(G-37-2012) 근로자의 일반적인 건강관리에 관한 지침
  (안전보건공단 홈페이지-자료마당-법령/지침정보)

1.4.6 응급조치

자가진단 항목	네	아니요	비고
1. 응급상황 발생시 대응체계를 구축하고 있다			
2. 응급상황 발생을 관리할 수 있는 조직을 구성하고 그 직무를 규정하고 있다.			
3. 응급상황 발생시 연락대응 체계를 구축하고 비상연락망을 유지하고 있다.			
4. 응급상황 발생시 근로자들은 신고체계와 보고체계에 대해 숙지하고 있다.			
5. 응급상황 발생시 대응할 수 있는 소화기, 응급처치함, 구조장비 등 비상 물품을 구비하고 있다.			
6. 구급함, 구조장비 등 비상물품의 수량 및 보존기한을 확인하는 점검자를 지정하고 관리한다.			
7. 응급상황에 대비한 훈련을 정기적으로 실시하고 평가하고 있다.			
8. 응급상황이 완료된 후 이를 기록하고 관리하고 있다.			

〈추가 참고자료〉

- KOSHA GUIDE(H-187-2016) 산업재해 형태별 응급처치 요령
  (안전보건공단 홈페이지-자료마당-법령/지침정보)

참고 1 안전 · 보건관리자, 안전보건관리담당자 규모별 선임 대상 업종

■ : 안전관리자 ▲ : 보건관리자*

* ▲가 있는 경우, 보건관리자 중 의사가 없으면 보건전문의 1명을 추가 채용하여야 함

: 안전보건관리담당자(안전관리자나 보건관리자가 없는 20인~50인 미만 사업장〈일부 산업〉)

	대분류		중분류		소분류		세분류	세세분류	20~49	50~99	100~299	300~499	500~999	1000~3999	4000~4999	5000 이상
A	농업, 임업 및 어업(01~03)	01	농업							■▲	■▲	■▲	■▲	■■ ▲	■■ ▲	■■ ▲▲
		02	임업							■▲	■▲	■▲	■▲	■■ ▲	■■ ▲	■■ ▲▲
		03	어업							■▲	■▲	■▲	■▲	■■ ▲	■■ ▲	■■ ▲▲
B	광업(05~08)	05	석탄, 원유 및 천연가스 광업							▲	▲	▲	▲▲	▲▲	▲▲	▲▲
		06	금속 광업							▲	▲	▲	▲▲	▲▲	▲▲	▲▲
		07	비금속광물 광업; 연료용 제외	071	토사석 광업					■▲	■▲	■▲	■■ ▲▲	■■ ▲▲	■■ ▲▲	■■ ▲▲
				072	기타 비금속광물 광업					▲	▲	▲	▲▲	▲▲	▲▲	▲▲
		08	광업 지원 서비스업													
C	제조업(10~34)	10	식료품 제조업							■▲	■▲	■▲	■■ ▲	■■ ▲▲	■■ ▲▲	■■ ▲▲
		11	음료 제조업							■▲	■▲	■▲	■■ ▲	■■ ▲▲	■■ ▲▲	■■ ▲▲
		12	담배 제조업							■▲	■▲	■▲	■▲	■■ ▲▲	■■ ▲▲	■■ ▲▲
		13	섬유제품 제조업; 의복 제외	131	방적 및 가공사 제조업					■▲	■▲	■▲	■▲	■■ ▲▲	■■ ▲▲	■■ ▲▲
				132	직물 직조 및 직물제품 제조업					■▲	■▲	■▲	■▲	■■ ▲▲	■■ ▲▲	■■ ▲▲
				133	편조 원단 제조업					■▲	■▲	■▲	■▲	■■ ▲▲	■■ ▲▲	■■ ▲▲
				134	섬유제품 염색, 정리 및 마무리 가공업					■▲	■▲	■▲	■▲ ▲	■■ ▲▲	■■ ▲▲	■■ ▲▲
				139	기타 섬유제품 제조업					■▲	■▲	■▲	■▲	■■ ▲▲	■■ ▲▲	■■ ▲▲
		14	의복, 의복 액세서리 및 모피제품 제조업	141	봉제의복 제조업					■▲	■▲	■▲	■▲	■■ ▲▲	■■ ▲▲	■■ ▲▲
				142	모피제품 제조업					■▲	■▲	■▲	■▲ ▲	■■ ▲▲	■■ ▲▲	■■ ▲▲
				143	편조의복 제조업					■▲	■▲	■▲	■▲	■■ ▲▲	■■ ▲▲	■■ ▲▲
				144	의복 액세서리 제조업	1441	편조 의복 액세서리 제조업			■▲	■▲	■▲	■▲	■■ ▲▲	■■ ▲▲	■■ ▲▲
						1449	기타 의복 액세서리 제조업			■▲	■▲	■▲	■▲ ▲	■■ ▲▲	■■ ▲▲	■■ ▲▲
		15	가죽, 가방 및 신발 제조업	151	가죽, 가방 및 유사 제품 제조업	1511	모피 및 가죽 제조업			■▲	■▲	■▲	■▲ ▲	■■ ▲▲	■■ ▲▲	■■ ▲▲
						1512	핸드백, 가방 및 기타 보호용 케이스 제조업			■▲	■▲	■▲	■▲	■■ ▲▲	■■ ▲▲	■■ ▲▲
						1519	기타 가죽제품 제조업			■▲	■▲	■▲	■▲	■■ ▲▲	■■ ▲▲	■■ ▲▲
				152	신발 및 신발 부분품 제조업					■▲	■▲	■▲	■▲ ▲	■■ ▲▲	■■ ▲▲	■■ ▲▲
		16	목재 및 나무제품 제조업; 가구 제외							■▲	■▲	■▲	■■ ▲	■■ ▲▲	■■ ▲▲	■■ ▲▲
		17	펄프, 종이 및 종이제품 제조업							■▲	■▲	■▲	■■ ▲	■■ ▲▲	■■ ▲▲	■■ ▲▲
		18	인쇄 및 기록매체 복제업							■▲	■▲	■▲	■▲	■■ ▲▲	■■ ▲▲	■■ ▲▲
		19	코크스, 연탄 및 석유정제품 제조업							■▲	■▲	■▲	■■ ▲▲	■■ ▲▲	■■ ▲▲	■■ ▲▲
		20	화학 물질 및 화학제품 제조업; 의약품 제외							■▲	■▲	■▲	■■ ▲▲	■■ ▲▲	■■ ▲▲	■■ ▲▲
		21	의료용 물질 및 의약품 제조업							■▲	■▲	■▲	■■ ▲▲	■■ ▲▲	■■ ▲▲	■■ ▲▲
		22	고무 및 플라스틱제품 제조업							■▲	■▲	■▲	■■ ▲▲	■■ ▲▲	■■ ▲▲	■■ ▲▲

	대분류	중분류	소분류	세분류	세세분류	20~49	50~99	100~299	300~499	500~999	1000~3999	4000~4999	5000 이상
		23 비금속 광물제품 제조업					■▲	■▲	■▲	■■ ▲▲	■■ ▲▲	■■ ▲▲	■■ ▲▲
		24 1차 금속 제조업					■▲	■▲	■▲	■■ ▲▲	■■ ▲▲	■■ ▲▲	■■ ▲▲
		25 금속 가공제품 제조업; 기계 및 가구 제외					■▲	■▲	■▲	■■ ▲▲	■■ ▲▲	■■ ▲▲	■■ ▲▲
		26 전자 부품, 컴퓨터, 영상, 음향 및 통신장비 제조업					■▲	■▲	■▲	■■ ▲▲	■■ ▲▲	■■ ▲▲	■■ ▲▲
		27 의료, 정밀, 광학 기기 및 시계 제조업					■▲	■▲	■▲	■■ ▲	■■ ▲▲	■■ ▲▲	■■ ▲▲
		28 전기장비 제조업					■▲	■▲	■▲	■■ ▲▲	■■ ▲▲	■■ ▲▲	■■ ▲▲
		29 기타 기계 및 장비 제조업					■▲	■▲	■▲	■■ ▲▲	■■ ▲▲	■■ ▲▲	■■ ▲▲
		30 자동차 및 트레일러 제조업					■▲	■▲	■▲	■■ ▲▲	■■ ▲▲	■■ ▲▲	■■ ▲▲
		31 기타 운송장비 제조업					■▲	■▲	■▲	■■ ▲▲	■■ ▲▲	■■ ▲▲	■■ ▲▲
		32 가구 제조업					■▲	■▲	■▲	■■ ▲▲	■■ ▲▲	■■ ▲▲	■■ ▲▲
		33 기타 제품 제조업					■▲	■▲	■▲	■■ ▲	■■ ▲▲	■■ ▲▲	■■ ▲▲
		34 산업용 기계 및 장비 수리업					■▲	■▲	■▲	■▲	■■ ▲▲	■■ ▲▲	■■ ▲▲
D	전기, 가스, 증기 및 공기 조절 공급업(35)	35 전기, 가스, 증기 및 공기 조절 공급업	351 전기업	3511 발전업			■▲	■▲	■▲	■■ ▲	■■ ▲	■■ ▲	■■ ▲▲
				3512 송전 및 배전업			■▲	■▲	■▲	■▲	■■ ▲	■■ ▲	■■ ▲▲
				3513 전기 판매업			■▲	■▲	■▲	■▲	■■ ▲	■■ ▲	■■ ▲▲
			352 연료용 가스 제조 및 배관공급업				■▲	■▲	■▲	■▲	■■ ▲	■■ ▲	■■ ▲▲
			353 증기, 냉·온수 및 공기 조절 공급업				■▲	■▲	■▲	■▲	■■ ▲	■■ ▲	■■ ▲▲
E	수도, 하수 및 폐기물 처리, 원료 재생업(36~39)	36 수도업					■▲	■▲	■▲	■▲	■■ ▲	■■ ▲	■■ ▲▲
		37 하수, 폐수 및 분뇨 처리업					■▲	■▲	■▲	■▲	■■ ▲	■■ ▲	■■ ▲▲
		38 폐기물 수집, 운반, 처리 및 원료 재생업	381 폐기물 수집, 운반업				■▲	■▲	■▲	■▲	■■ ▲	■■ ▲	■■ ▲▲
			382 폐기물 처리업				■▲	■▲	■▲	■▲	■■ ▲	■■ ▲	■■ ▲▲
			383 해체, 선별 및 원료 재생업				■▲	■▲	■▲	■■ ▲▲	■■ ▲▲	■■ ▲▲	■■ ▲▲
		39 환경 정화 및 복원업					■▲	■▲	■▲	■▲	■■ ▲	■■ ▲	■■ ▲▲
F	건설업(41~42)		1) 안전관리자 공사금액 50억 원 이상부터 1조 원 이상까지 공사금액 기준으로 인원기준 상이 (1명 이상~11명 이상) 2) 보건관리자 공사금액 800억 원 이상(토목공사는 1천억 원 이상) 또는 상시근로자 600명 이상인 경우 1명 이상 1,400억 원이 증가할 때마다 또는 600명이 추가될 때마다 1명씩 추가됨 3) 산업보건의 상시근로자 50인 이상인 경우에 해당, 보건관리자가 의사가 아닌 경우 1명의 산업보건의를 두어야 함										
G	도매 및 소매업(45~47)						■▲	■▲	■▲	■▲	■■ ▲	■■ ▲	■■ ▲▲
H	운수 및 창고업(49~52)						■▲	■▲	■▲	■▲	■■ ▲	■■ ▲	■■ ▲▲
I	숙박 및 음식점업(55~56)						■▲	■▲	■▲	■▲	■■ ▲	■■ ▲	■■ ▲▲
J	정보통신업(58~63)	58 출판업	581 서적, 잡지 및 기타 인쇄물 출판업				■▲	■▲	■▲	■■ ▲	■■ ▲	■■ ▲	■■ ▲▲
			582 소프트웨어 개발 및 공급업										
		59 영상·오디오 기록물 제작 및 배급업					■	■	■	■	■■	■■	■■
		60 방송업					■▲	■▲	■▲	■▲	■■ ▲	■■ ▲	■■ ▲▲
		61 우편 및 통신업					■▲	■▲	■▲	■▲	■■ ▲	■■ ▲	■■ ▲▲
		62 컴퓨터 프로그래밍, 시스템 통합 및 관리업											
		63 정보서비스업											
K	금융 및 보험업(64~66)												

대분류	중분류	소분류	세분류	세세분류	20~49	50~99	100~299	300~499	500~999	1000~3999	4000~4999	5000 이상
L 부동산업(68)	68 부동산업	681 부동산 임대 및 공급업				▲	■▲	■▲	■▲	■■ ▲	■■ ▲	■■ ▲▲
		682 부동산관련 서비스업	6821 부동산 관리업			■▲	■▲	■▲	■▲	■■ ▲	■■ ▲	■■ ▲▲
			6822 부동산 중개, 자문 및 감정 평가업			▲	■▲	■▲	■▲	■■ ▲	■■ ▲	■■ ▲▲
M 전문, 과학 및 기술 서비스업(70~73)	70 연구개발업					■▲	■▲	■▲	■▲	■■ ▲	■■ ▲	■■ ▲▲
	71 전문 서비스업											
	72 건축 기술, 엔지니어링 및 기타 과학기술 서비스업											
	73 기타 전문, 과학 및 기술 서비스업	731 수의업										
		732 전문 디자인업										
		733 사진 촬영 및 처리업	7330 사진 촬영 및 처리업	73301 인물 사진 및 행사용 영상 촬영업								
				73302 상업용 사진 촬영업								
				73303 사진 처리업		▲	■▲	■▲	■▲	■■ ▲	■■ ▲	■■ ▲▲
		739 그 외 기타 전문, 과학 및 기술 서비스업										
N 사업시설 관리, 사업 지원 및 임대 서비스업(74~76)	74 사업시설 관리 및 조경 서비스업					■▲	■▲	■▲	■▲	■■ ▲	■■ ▲	■■ ▲▲
	75 사업 지원 서비스업											
	76 임대업; 부동산 제외					■	■	■	■	■■	■■	■■
O 공공 행정						■▲	■▲	■▲	■▲	■■ ▲	■■ ▲	■■ ▲▲
P 교육 서비스업(85)	85 교육 서비스업	851 초등 교육기관				■▲	■▲	■▲	■▲	■■ ▲	■■ ▲	■■ ▲▲
		852 중등 교육기관				■▲	■▲	■▲	■▲	■■ ▲	■■ ▲	■■ ▲▲
		853 고등 교육기관				■▲	■▲	■▲	■▲	■■ ▲	■■ ▲	■■ ▲▲
		854 특수학교, 외국인학교 및 대안학교				■▲	■▲	■▲	■▲	■■ ▲	■■ ▲	■■ ▲▲
		855 일반 교습학원										
		856 기타 교육기관	8561 스포츠 및 레크리에이션 교육기관	85611 태권도 및 무술 교육기관								
				85612 기타 스포츠 교육기관								
				85613 레크리에이션 교육기관								
				85614 청소년 수련시설 운영업		■▲	■▲	■▲	■▲	■■ ▲	■■ ▲	■■ ▲▲
			8562 예술학원									
			8563 외국어학원 및 기타 교습학원									
			8564 사회교육시설									
			8565 직원 훈련기관									
			8566 기술 및 직업 훈련학원									
			8569 그 외 기타 교육기관									
		857 교육 지원 서비스업										
Q 보건업 및 사회복지 서비스업(86~87)	86 보건업					■▲	■▲	■▲	■▲	■■ ▲	■■ ▲	■■ ▲▲
	87 사회복지 서비스업											
R 예술, 스포츠 및 여가관련 서비스업(90~91)	90 창작, 예술 및 여가관련 서비스업					■	■	■	■	■■	■■	■■
	91 스포츠 및 오락관련 서비스업	911 스포츠 서비스업	9111 경기장 운영업			■	■	■	■	■■	■■	■■
			9112 골프장 및 스키장 운영업	91121 골프장 운영업		■▲	■▲	■▲	■▲	■■ ▲	■■ ▲	■■ ▲▲
				91122 스키장 운영업		■	■	■	■	■■	■■	■■
			9113 기타 스포츠시설 운영업			■	■	■	■	■■	■■	■■
			9119 기타 스포츠 서비스업			■	■	■	■	■■	■■	■■
		912 유원지 및 기타 오락관련 서비스업				■	■	■	■	■■	■■	■■

	대분류	중분류	소분류	세분류	세세분류	20~49	50~99	100~299	300~499	500~999	1000~3999	4000~4999	5000 이상
S	협회 및 단체, 수리 및 기타 개인 서비스업(94~96)	94 협회 및 단체											
S	협회 및 단체, 수리 및 기타 개인 서비스업(94~96)	95 개인 및 소비용품 수리업	951 컴퓨터 및 통신장비 수리업				■▲	■▲	■▲	■▲	■■▲	■■▲	■■▲▲
S	협회 및 단체, 수리 및 기타 개인 서비스업(94~96)	95 개인 및 소비용품 수리업	952 자동차 및 모터사이클 수리업	9521 자동차 수리 및 세차업	95211 자동차 종합 수리업		■▲	■▲	■▲	■■▲▲	■■▲▲	■■▲▲	■■▲▲
S	협회 및 단체, 수리 및 기타 개인 서비스업(94~96)	95 개인 및 소비용품 수리업	952 자동차 및 모터사이클 수리업	9521 자동차 수리 및 세차업	95212 자동차 전문 수리업		■▲	■▲	■▲	■■▲▲	■■▲▲	■■▲▲	■■▲▲
S	협회 및 단체, 수리 및 기타 개인 서비스업(94~96)	95 개인 및 소비용품 수리업	952 자동차 및 모터사이클 수리업	9521 자동차 수리 및 세차업	95213 자동차 세차업		■▲	■▲	■▲	■▲	■■▲	■■▲	■■▲▲
S	협회 및 단체, 수리 및 기타 개인 서비스업(94~96)	95 개인 및 소비용품 수리업	952 자동차 및 모터사이클 수리업	9522 모터사이클 수리업			■▲	■▲	■▲	■▲	■■▲	■■▲	■■▲▲
S	협회 및 단체, 수리 및 기타 개인 서비스업(94~96)	95 개인 및 소비용품 수리업	953 개인 및 가정용품 수리업				■▲	■▲	■▲	■▲	■■▲	■■▲	■■▲▲
S	협회 및 단체, 수리 및 기타 개인 서비스업(94~96)	96 기타 개인 서비스업	961 미용, 욕탕 및 유사 서비스업				■	■	■	■	■■	■■	■■
S	협회 및 단체, 수리 및 기타 개인 서비스업(94~96)	96 기타 개인 서비스업	969 그 외 기타 개인 서비스업	9691 세탁업			■▲	■▲	■▲	■▲	■■▲	■■▲	■■▲▲
S	협회 및 단체, 수리 및 기타 개인 서비스업(94~96)	96 기타 개인 서비스업	969 그 외 기타 개인 서비스업	9692 장례식장 및 관련 서비스업			■	■	■	■	■■	■■	■■
S	협회 및 단체, 수리 및 기타 개인 서비스업(94~96)	96 기타 개인 서비스업	969 그 외 기타 개인 서비스업	9699 그 외 기타 분류 안된 개인 서비스업			■	■	■	■	■■	■■	■■
T	가구 내 고용활동 및 달리 분류되지 않은 자가 소비 생산활동(97~98)												
U	국제 및 외국기관(99)												

※ **건설업 안전관리자 선임기준** : 공사금액 50억 원 이상 800억 원 미만 1명 이상 / 공사금액 800억 원 이상 1,500억 원 미만 2명 이상 / 공사금액 1,500억 원 이상 2,200억 원 미만 3명 이상 / 공사금액 2,200억 원 이상 3천억 원 미만 4명 이상 / 공사금액 3천억 원 이상 3,900억 원 미만 5명 이상 / 공사금액 3,900억 원 이상 4,900억 원 미만 6명 이상 / 공사금액 4,900억 원 이상 6천억 원 미만 7명 이상 / 공사금액 6천억 원 이상 7,200억 원 미만 8명 이상 / 공사금액 7,200억 원 이상 8,500억 원 미만 9명 이상 / 공사금액 8,500억 원 이상 1조 원 미만 10명 이상 / 1조 원 이상 11명 이상

※ **공공행정 등에서 현업업무에 종사하는 사람의 기준**(고용노동부 고시 제2020-62호)

→ **공공행정**에서 현업업무에 해당하는 업무내용(공무직, 공무원 여부와 무관하게 업무내용으로 결정됨)

1. 청사 등 시설물의 경비, 유지관리 업무 및 설비・장비 등의 유지관리 업무
2. 도로의 유지・보수 등의 업무
3. 도로・가로 등의 청소, 쓰레기・폐기물의 수거・처리 등 환경미화 업무
4. 공원・녹지 등의 유지관리 업무
5. 산림조사 및 산림보호 업무
6. 조리 실무 및 급식실 운영 등 조리시설 관련 업무

→ **초등・중등・고등 교육기관, 특수학교・외국인학교 및 대안학교**에서 현업업무에 해당하는 업무내용

1. 학교 시설물 및 설비・장비 등의 유지관리 업무
2. 학교 경비 및 학생 통학 보조 업무
3. 조리 실무 및 급식실 운영 등 조리시설 관련 업무

제5절 폐기물 처리업종 위험요인 파악 및 통제 자율점검표

1. 분야별 위험요인 파악 및 통제

1.1 작업장 일반

1.1.1 작업장 청소 · 청결 · 조도

자가진단 항목	네	아니요	비고
1. 작업으로 인해 작업장이 흐트러지거나 오염될 수 있는 장소를 파악한다.			
2. 작업장의 청소 또는 정리 작업, 오염물 처리 시 개인보호구와 작업 공구・도구를 제공한다.			
3. 청소 및 정리 작업을 위한 작업 시간 및 휴식시간을 부여한다.			
4. 청소 및 정리 작업을 위한 조도를 확보하고 있다.			
5. 무거운 물건 등 중량물 취급할 경우 적절한 작업방법을 사용하고 있다.			
6. 5kg 이상의 중량물 취급 및 보관장소에 중량물 취급주의 표지를 부착하였다.			
7. 작업장 청소 시 분진이 발생할 우려가 있는 장소에는 분진 흩날림 방지를 위한 조치를 하였다.			
8. 인체에 해로운 물질 및 부패하기 쉬운 물질로 인해 작업장이 오염될 수 있는 장소에 수시로 청소한다.			
9. 물이나 그 밖의 액체를 사용하여 세척 및 소독하는 곳의 배수는 편리한 구조로 되어 있다.			
10. 청소 시 발생한 오물 처리를 위한 장소를 지정하였다.			
11. 넘어지거나 미끄러지는 등 위험이 없도록 작업장 바닥 등을 안전하고 청결한 상태로 유지하고 있다.			
12. 유해・위험물질을 취급하는 장소에서는 흡연, 음식물 섭취를 금지한다.			
13. 작업장의 출입구는 근로자가 쉽게 여닫을 수 있도록 설치되었다.			

〈추가 참고자료〉
- KOSHA GUIDE(E-148-2015) 작업장 조명기구의 선정, 설치 및 정비에 관한 기술 지침 (안전보건공단 홈페이지-자료마당-법령/지침정보)

1.1.2 사다리

자가진단 항목	네	아니요	비고
1. 이동식사다리 사용 시 이동통로용 사다리(일자형)와 작업용 사다리(발붙임, A형)를 구분하여 사용한다.			
2. 사다리 기둥, 작업 발판의 상태를 작업을 시작하기 전에 확인한다.			
3. 사다리 작업시 2인 1조로 작업한다.			
4. 사다리 상단은 걸쳐놓은 지점으로부터 60cm 이상 올라가는 등 적정한 길이의 사다리를 사용한다.			
5. 벌어짐 방지장치, 발판 미끄럼 방지 고무패드가 장착된 사다리를 사용한다.			
6. 사다리의 넘어짐・미끄러짐을 방지하기 위해 평탄하고 견고한 지반 또는 바닥에 설치한다.			
7. 바닥과 사다리는 가능한 한 수평을 유지하여 작업한다.			
8. 짧은 사다리 길이를 늘이기 위해 겹쳐 이어 사용하지 않는다.			
9. 사다리의 사용 높이를 임의로 높이기 위해 상자, 리프트, 그 밖에 불안정한 곳에 설치하지 않는다.			
10. 보행자 통행로, 차량 도로, 문이 열리는 곳 등에서 작업할 때 사다리와의 충돌 가능성을 확인한다.			
11. 금속사다리의 경우 내부식성 재료로 만들어졌거나 부식방지 조치가 되어 있다.			
12. 작업 전 사다리 주위 전선, 전기설비 등 감전위험을 확인하고, 부도체 재질의 사다리를 사용한다.			
13. 떨어질 위험이 있는 사다리 작업시 안전모(턱끈 조임) 등 개인보호구를 착용하고 작업한다.			
14. 작업자는 균형을 잃거나 추락의 가능성이 있는 무거운 짐이나 장비를 들고 사다리를 오르내리지 않는다.			
15. 사다리 작업 시 하중이 사다리의 최대 설계하중을 넘지 않도록 준수한다.			
16. 사다리에 기름과 유지 등이 묻었다면 해당 물질을 용제 또는 물 세척으로 제거한다.			
17. 사다리는 수시로 점검하고, 결함이 있는 것들은 수리나 재구매를 하는 등 관리를 하고 있다.			

〈추가 참고자료〉

• KOSHA GUIDE(G-130-2020) 이동식 사다리의 제작과 사용에 관한 기술지침
(안전보건공단 홈페이지-자료마당-법령/지침정보)

1.1.3 통로

자가진단 항목	네	아니요	비고
1. 사업장내 또는 작업장으로 이동할 수 있는 안전한 통로가 설치(구분)되어 있다.			
2. 통로의 바닥 또는 단부에 추락위험을 방지할 수 있는 안전시설(안전난간, 안전덮개, 방호울 등)이 설치되어 있다.			
3. 통로 상부(2m 이내) 및 바닥에 장해물이 없이 청결한 상태로 유지되고 있다.			
4. 통로의 상부에 낙하물의 위험을 방지할 수 있는 안전시설(방호선반 등)이 설치되어 있다.			
5. 사업장내 통로, 작업장으로 이동할 수 있는 통로에 적정 조도(75럭스 이상)를 유지한다.			
6. 상부 작업장으로 이동할 수 있는 통로가 고정되어 있으며, 설치간격, 통로폭 등 작업자가 안전하게 이동할 수 있도록 설치한다.			
7. 임시로 설치한 통로(작업발판 등)의 재료는 튼튼하고, 흔들리지 않도록 고정이 잘 되어 있다.			
8. 통로의 주요부분에 통로표시와 안전표지를 설치하였다. * 안전표지 예시: 보행중 휴대폰 사용금지, 지게차 충돌주의 등			
9. 통로(작업발판)의 단부에 안전시설을 설치하지 못하는 경우 안전대 부착설비를 설치한다.			
10. 작업자가 추락 위험이 있는 통로에서 이동하거나 작업할 경우 안전대를 착용하고, 안전대 부착설비에 고리를 걸도록 관리한다.			
11. 통로의 구조(가설통로, 사다리식 통로, 갱내통로, 계단 등)가 각 종류의 설치기준에 맞게 설치되었다.			
12. 안전시설의 상태를 정기적으로 점검하고, 훼손된 시설은 즉시 유지보수한다.			
13. 비상시 작업장 내에서 탈출할 수 있는 비상구가 적절히 마련되었다.			
14. 비상구임을 알아볼 수 있는 표시를 근로자의 눈에 띄기 쉬운 곳에 부착하였다.			
15. 작업장내 비상 대피경로를 표시하고, 근로자가 해당 내용을 잘 알고 있다.			

〈추가 참고자료〉
- KOSHA GUIDE(G-85-2015)작업장의 통로 및 계단 설치에 관한 기술지침
  (안전보건공단 홈페이지-자료마당-법령/지침정보)

1.2 기계 · 기구

1.2.1 기계 · 기구(일반)

자가진단 항목	네	아니요	비고
1. 기계와 장비의 안전점검을 정기적으로 실시하는 절차가 마련되어 있다.			
2. 모든 기계와 장비는 청결하게 관리되고 적절히 유지보수된다.			
3. 운전 중인 크레인 · 컨베이어 등에 근로자를 탑승시키지 않도록 경고표지 부착, 작업구역 설정 등 조치하였다.			
4. 회전축 · 기어 · 체인 등 근로자가 위험에 처할 우려가 있는 부위에 덮개 · 울 등을 설치하였다.			
5. 동력으로 작동되는 기계에 동력차단장치를 설치하고, 근로자가 작업위치를 이동하지 않고 조작할 수 있는 위치에 설치하였다.			
6. 기계의 운전을 시작할 때 작업방법, 방호장치 등 필요한 사항을 미리 확인한 후 위험 방지를 위하여 필요한 조치를 하였다.			
7. 날아오는 가공물 등에 의한 위험을 방지하기 위해 기계에 덮개 또는 울을 설치하였다.			
8. 기계 또는 방호장치의 결함이 발견된 경우 반드시 정비한 후에 근로자가 사용하도록 한다.			
9. 기계의 정비 · 청소 · 검사 또는 조정 작업 등을 할 때에 근로자가 위험해질 우려가 있으면 해당 기계의 운전을 정지하고, 다른 사람이 그 기계를 운전하는 것을 방지하기 위한 조치(Lock Out Tag Out 등)를 하고 있다.			
10. 기계 등에 설치한 방호장치를 해체하거나 방호장치의 기능을 임의로 정지하지 않는다.			
11. 감전의 위험이 있는 충전부는 방호조치가 되어있다.			
12. 기계 등을 제조 당시의 목적 외의 용도로 사용하지 않는다.			

〈추가 참고자료〉
- KOSHA GUIDE(G-21-2011) 소규모 작업장 내의 안전보건에 관한 안전가이드
- KOSHA GUIDE(M-26-2013) 끼임절단재해 예방을 위한 기술지침
- 폐기물처리업 안전작업 가이드(안전보건공단 홈페이지-자료마당-안전보건자료실)

1.2.2 지게차

자가진단 항목	네	아니요	비고
1. 전조등, 후미등, 방향지시기 및 후진경보장치, 경광등의 정상작동여부를 정기적으로 점검한다.			
2. 백레스트 및 헤드가드가 파손되지 않았다.			
3. 지게차 운전원의 자격을 확인하고, 지정된 자가 운전하도록 관리한다.			
4. 지게차 운전원에게 작업방법, 작업 순서, 운행 경로 등에 관한 내용을 교육한다.			
5. 지게차 운전시 운전원이 안전벨트를 착용하도록 한다.			
6. 지게차에 화물을 적재할 경우에는 운전원의 시야를 가리지 않도록 한다.			
7. 지게차 작업 반경 내에 다른 작업자가 이동하지 않도록 한다.			
8. 작업장을 이동할 때 제한속도를 지정하였다.			
9. 후진, 회전 등 장비 이동 시에 근로자 충돌방지를 위한 후진경보기와 경광등 혹은 후방감지기를 갖추었다.			
10. 지게차 허용하중을 초과하여 적재하지 않는다.			
11. 지게차 운행중에 적재한 화물이 떨어지지 않도록 고정한다.			
12. 하역운반 작업장 바닥은 평탄하고 견고한 곳으로 별도로 지정한다.			
13. 지게차 작업장 이동경로에 적재물을 방치하지 않는다.			
14. 지게차 출입통로, 교차로 등 시야확보가 필요한 장소에 반사경, 신호음장치 등 안전장치가 마련되어 있다.			
15. 작업 종료 후 지게차 열쇠는 별도 관리하고 있다.			

〈추가 참고자료〉

- KOSHA GUIDE(M-185-2015)지게차의 안전작업에 관한 기술지침
  (안전보건공단 홈페이지-자료마당-법령/지침정보)
- KOSHA GUIDE(G-131-2020)생활폐기물 수거 및 처리작업의 안전보건에 관한 기술지침
  (안전보건공단 홈페이지-자료마당-법령/지침정보)
- 건설업, 제조업 자율위험평가 가이드라인(안전보건공단 홈페이지-자료마당-안전보건자료실)
- 안전보건 나침반(건설업, 제조업, 서비스업)(안전보건공단 홈페이지-자료마당-안전보건자료실)

1.2.3 파쇄기 또는 분쇄기(이하 파쇄기)

자가진단 항목	네	아니요	비고
1. 자율안전확인신고(KCs)된 파쇄기를 설치하였다.			
2. 파쇄기 상부 진입 통로 및 승강계단에 추락재해 예방을 위한 작업 발판, 안전난간이 견고하게 설치되었다.			
3. 파쇄기 작업에 대한 안전작업지침을 작성하였다.			
4. 작업시작 전 파쇄기 투입구 덮개, 동력전달부 방호장치 등 방호설비의 체결 유무 등 점검사항을 확인하고 있다.			
5. 비상정지스위치는 돌출형(적색) 구조로 적합한 위치에 설치되었고, 정상적으로 작동한다.			
6. 파쇄기의 안전한 사용을 위하여 안전작업지침 등에 대한 운전자 교육 및 훈련을 실시하고 있다.			
7. 파쇄기 작동 중 파쇄기 하부 및 주변 통행을 통제하고, 별도의 점검 통로를 이용하여 작업을 확인한다.			
8. 파쇄기 방호장치의 연동장치(interlock system) 기능을 주기적으로 점검하고, 임의로 해체하지 않는다.			
9. 파쇄기에 파쇄물을 공급할 때는 적절한 크기의 파쇄물을 투입하고, 과다하게 공급되면 파쇄기가 멈추도록 관리한다.			
10. 파쇄기 내부 및 주변 청소를 할 때에는 반드시 전원을 차단하고, 스위치에 '조작금지' 표지판을 부착한다.			
11. 파쇄기 내부의 이물질 제거 시 안전한 전용의 수공구를 사용하여 제거한다.			
12. 유해화학물질이 포함된 재료를 취급하는 파쇄기의 경우, 국소배기 장치 또는 소화장치 등을 설치하였다.			
13 파쇄기 작업자에게는 안전모, 안전대, 안전화, 방진마스크 등 개인 보호구를 지급하여 착용토록 한다.			

〈추가 참고자료〉

- KOSHA GUIDE(M-126-2013) 파쇄기의 방호조치에 관한 기술지침
- 폐기물처리업 안전작업 가이드(안전보건공단 홈페이지-자료마당-안전보건자료실)
- (파쇄기)안전보건VR 끼임재해예방교재(안전보건공단 홈페이지-자료마당-안전보건자료실)

1.2.4 컨베이어

자가진단 항목	네	아니요	비고
1. 컨베이어 작업에 대한 안전작업지침을 작성하였다.			
2. 컨베이어 작업 시 관리감독자는 원동기 및 풀리 기능의 이상 유무 등 작업 시작 전 점검사항을 확인하고 있다.			
3. 보수·정비·청소 등의 작업자는 조작실 운전 담당자와 상시 연락 체계를 유지하고 있다.			
4. 비상정지 중 또는 사고로 정지중인 컨베이어를 재가동할 경우에 먼저 정지의 원인 및 고장 장소의 보수상황 등을 확인토록하고 있다.			
5. 작업자에게 트러블 발생 시 대응하기 위한 작업절차 및 방법을 교육한다.			
6. 설계 시의 사용목적 이외로 사용하지 않는다.			
7. 작업 전 컨베이어의 안전운전에 필요한 작업표준, 취급요령, 정비방법 등의 교육을 실시하였다.			
8. 근로자가 작업 중 접촉할 우려가 있는 구조물 및 컨베이어의 날카로운 모서리·돌기 등은 제거 혹은 방호 조치하였다.			
9. 경사/수직 컨베이어는 정전, 전압강하 등에 의한 화물 또는 운반구의 이탈 및 역주행을 방지하기 위한 장치가 설치되어 있다.			
10. 벨트 장력을 유지하기 위한 테이크업 장치가 설치되었고, 적정한 장력을 유지하고 있다.			
11. 컨베이어 스크레이퍼, 벨트 크리너 등이 설치되고 정상기능을 유지하고 있다.			
12. 컨베이어 벨트, 풀리, 롤러, 체인, 체인스프로킷, 스크류 등에 근로자 신체의 일부가 말려드는 등 위험발생 부분에 덮개 또는 울이 설치되어 있다.			
13. 테일풀리, 헤드풀리, 리턴롤러 등의 끼임점에 방호울 및 방호가드가 설치되어있다.			
14. 컨베이어 라인에 비상정지장치가 설치되고 정상적으로 작동하고 있다.			
15. 컨베이어 건널다리나 점검통로 주변에 안전난간이 설치되어 있다.			
16. 컨베이어 하부 끼임 등의 위험이 있는 부분으로 통행금지, 낙하물 방지조치 등을 하고 있다.			
17. 컨베이어 양측에 보수점검을 위한 통로가 설치되어 있다.			
18. 컨베이어 주변 통로는 정리정돈 되어 있다.			
19. 컨베이어의 기동·정지 스위치는 명확히 표시되고 쉽게 조작 가능하다.			

20. 컨베이어에 물건 적재 시 편하중이 발생하지 않도록 한다.			
21. 근로자가 작동중인 컨베이어 위를 올라가지 않도록 한다.			
22. 컨베이어 롤러 퇴적물 제거 작업 시 설비 가동 중지 후 청소 작업을 하고 있다.			
23. 보수・정비 작업시 전원을 차단하고, '조작금지' 표지판을 부착하고 있다.			

〈추가 참고자료〉

- KOSHA GUIDE(M-101-2012) 컨베이어의 안전에 관한 기술지침 (안전보건공단 홈페이지-자료마당-법령/지침정보)
- 제조업 자율위험평가 가이드라인(안전보건공단 홈페이지-자료마당-안전보건자료실)

1.2.5 압축기

자가진단 항목	네	아니요	비고
1. 압축기 작업에 대한 안전작업절차서를 작성하여 그 내용을 작업자에게 교육하였다.			
2. 모든 동력전달부(체인, 벨트, 구동축 등)에 방호덮개 등을 설치하여 회전부가 노출되지 않게 조치하였다.			
3. 작업시작 전 압축기 덮개, 방호울, 비상정지장치의 정상 작동유무 등 점검사항을 확인하고 있다.			
4. 압축기 덮개 또는 점검구가 열린 상태에서 압축기가 가동되지 않도록 인터록 장치를 설치하고, 작업개시 전 작동상태를 확인한다.			
5. 폐지압축기에서 분배기로의 이동을 위한 출입문은 연동장치가 설치되어 열린 경우 압축기가 작동되지 않는다.			
6. 폐지압축기 호거(Hogger)에는 방호덮개, 방호울 등이 설치되어 접근이 통제되어 있다.			
7. 제어실・제어반을 압축기에서 충분히 떨어진 안전한 장소에 설치하였다.			
8. 압축기는 지정된 작업자만 조작하고, 외부인의 접근・작동을 금지한다.			
9. 압축기 수리・점검・청소 등의 작업 시 작동(전원)스위치를 off하고 잠금장치(Lock-Out)를 설치한 후, 작업 중임을 표시(Tag-Out)하고 작업하고 있다.			
10. 가연성 압축물을 다루는 경우, 압축물 주변 화기작업을 금지한다.			
11. 유해화학물질(인화성물질 등)이 포함된 재료를 압축하는 경우, 국소배기장치 또는 소화장치 등 취급화학물질의 위험성을 저감시키는 조치를 하였다.			

〈추가 참고자료〉
- KOSHA GUIDE(M-177-2014) 스크랩 압축기 사용 시 안전에 관한 기술지침
- KOSHA GUIDE(G-131-2020)생활폐기물 수거 및 처리작업의 안전보건에 관한 기술지침 (안전보건공단 홈페이지-자료마당-법령/지침정보)
- 제조업 자율위험평가 가이드라인(안전보건공단 홈페이지-자료마당-안전보건자료실)

1.2.6 크레인

자가진단 항목	네	아니요	비고
1. 크레인 작업에 대한 안전작업지침을 작성한다.			
2. 작업 시 관리감독자는 권과방지장치, 브레이크, 클러치 및 운전장치의 기능 등 작업 시작 전 점검사항을 확인하고 있다.			
3. 동력으로 구동되는 것으로 정격하중이 2.0톤 이상인 크레인의 안전검사는 2년마다 정기적으로 받고 있다.			
4. 인양 하물에 적합한 줄걸이 방법을 사용하고 있다.			
5. 크레인을 사용하여 근로자를 운반하거나 달아올린 상태에서 작업을 실시하지 않는다.			
6. 정격하중, 속도, 경고표시 등을 근로자가 보기 쉬운 곳에 관련 내용을 게시하고 있다.			
7. 과부하장지장치, 권과방지장치, 비상정지장치 및 제동장치, 그 밖의 방호장치가 정상적으로 작동하는지 점검한다.			
8. 적재하중을 초과하지 않도록 작업한다.			
9. 훅걸이용 와이어로프 등이 훅으로부터 벗겨지는 것을 방지하기 위한 장치(훅해지장치 등)를 사용하고 있다.			
10. 크레인의 수리·점검 시 크레인이 근로자와 접촉할 위험을 방지하기 위한 감시인을 배치하고, 스토퍼를 설치하였다.			
11. 인양할 하물을 바닥에서 끌어당기거나 밀어내는 작업을 금지하고 있다.			
12. 인양 중인 하물 아래로 작업자가 통과하지 않도록 한다.			
13. 인양할 하물이 보이지 않은 경우 작업을 금지하고 있다.			
14. 신호수를 배치하여 주변 근로자를 통제한다.			
15. 근로자 배치 및 교육, 작업방법, 방호장치 등 필요한 사항에 대한 조치를 실시하였다.			

〈추가 참고자료〉

- KOSHA GUIDE(M-186-2015) 천장주행크레인의 안전작업에 관한 기술지침
- KOSHA GUIDE(M-186-2015) 크레인 달기기구 및 줄걸이 작업용 와이어로프의 작업에 관한 기술지침 (안전보건공단 홈페이지-자료마당-법령/지침정보)
- 제조업 자율위험평가 가이드라인(안전보건공단 홈페이지-자료마당-안전보건자료실)

1.2.7 집게차(집게크레인)

자가진단 항목	네	아니요	비고
1. 집게차 작업반경 내에 근로자 출입을 금지하고 있다.			
2. 급격한 집게차 바디의 회전, 붐대의 신축, 관절의 굴절동작을 금지하고 있다.			
3. 집게차 운전석 탑승용 승강계단 또는 수직사다리를 설치하여 안전하게 탑승하고 있다.			
4. 집게차 운전자에게 안전화, 안전모, 보안경 등 개인보호구를 지급하고, 작업중 보호구 착용 여부를 확인한다.			
5. 집게차 바디의 회전, 붐의 신축, 관절의 굴절, 집게의 조작레버에는 레버명칭을 표기하고, 각 레버의 운동방향은 화살표로 표시하였다.			
6. 작업시작 전 집게차의 유압계통을 점검하여 새는 곳 등이 없는지 확인한다.			
7. 집게크레인 유압시스템 작동스위치는 키(key) 삽입형으로 설치하여 사용하고 있다.			
8. 집게차는 용도 외 다른 목적으로 사용하지 않는다.			
9. 운전자가 운전위치 이탈 시 시동키를 분리하여 소지하고 있다.			
10. 도로 등 이동 시 상부 간섭물에 걸리지 않도록 집게 붐을 최저 높이로 낮춰서 이동한다.			
11. 고압선 등 전선근전작업 시 절연보호구 지급, 전선방호커버 설치, 이격거리 준수 등 안전조치를 확인한 후 작업한다.			

〈추가 참고자료〉

- 붐 및 관절혼합형 집게 크레인(안전보건공단 홈페이지–안전보건자료실)

1.2.8 차량계 하역운반기계(덤프트럭 등)

자가진단 항목	네	아니요	비고
1. 작업계획서를 작성하고, 계획서에 따라 작업하도록 작업지휘자를 지정한다.			
2. 작업자의 건설기계조종사 면허 취득 여부를 확인한다.			
3. 적재함 등 승차석이 아닌 위치에 근로자가 탑승하지는 않도록 한다.			
4. 사업장내 운행속도를 제한하고, 속도 준수 여부를 확인한다.			
5. 운전자가 운전위치 이탈 시 시동키를 분리하고, 브레이크, 고임목을 체결한다.			
6. 하역・운반 중인 화물이나 차량계 하역운반기계에 접촉될 우려가 있는 곳에는 근로자의 출입을 금지한다.			
7. 차량계 하역운반기계에 화물 적재 시 운전자의 시야를 확보한다.			
8. 차량계 하역운반기계에 상・하역 작업 시 전도・전락 위험을 방지하기 위한 조치를 하였다.			
9. 차량계 하역운반기계는 화물의 적재・하역 등 주된 용도 이외로 사용하지 않는다.			
10. 차량계 하역운반기계의 수리 또는 부속장치의 장착 및 해제 작업 시 작업지휘자를 지정하여 작업을 지휘・감독한다.			
11. 차량운행 전 주요 안전장치(제동장치, 전조등, 후미등, 경적 등) 확인 및 이상시 조치 후 운행한다.			
12. 차량은 정기적으로 검사를 받고 있다.			
13. 폐기물을 하역하는 동안 차량들은 차량 하나의 넓이만큼 서로 떨어지도록 배치한다.			
14. 모든 근로자들은 작업장 내에서 쉽게 눈에 띄는 작업복을 착용한다.			

〈추가 참고자료〉
- 산업안전보건기준에 관한 규칙 제171조에서 제178조
- 폐기물처리업 안전작업 가이드(안전보건공단 홈페이지–자료마당–안전보건자료실)
- KOSHA GUIDE(G–131–2020)생활폐기물 수거 및 처리작업의 안전보건에 관한 기술지침 (안전보건공단 홈페이지–자료마당–법령/지침정보)

1.2.9 차량계 건설기계(굴착기, 로더)

자가진단 항목	네	아니요	비고
1. 작업계획서를 작성하고 계획에 따라 작업하고 있다.			
2. 작업 전 건설기계 조종면허 등 운전원의 자격을 확인하고, 지정된 자가 운전하도록 관리한다.			
3. 승차석이 아닌 위치에 근로자는 탑승하지 않는다.			
4. 차량계 건설기계는 주된 용도에만 사용하고 있다.			
5. 운전자가 운전위치 이탈 시 브레이크, 고임목을 체결하고, 시동키를 분리하여 소지하고 있다.			
6. 유도자를 배치하여 근로자와 충돌위험이 없도록 차량계 건설기계를 안전하게 유도하고 있다.			
7. 헤드가드, 전조등, 후방감지카메라, 후진 시 경보기・경광등이 설치되었고, 주기적으로 점검한다.			
8. 지정된 운전자의 면허자격을 확인하고, 유자격 운전자 외 운전을 금지한다.			
9. 차량계 건설기계 작업 시 넘어지거나 굴러떨어짐 위험이 없도록 작업하고 있다.			
10. 사업장내 운행속도를 제한하고, 속도 준수 여부를 확인한다.			
11. 로더의 작업면 후사경, 경광등, 경보기를 설치하고, 작동여부를 주기적으로 확인한다.			
12. 차량은 정기적으로 검사를 받고 있다.			
13. 차량계 건설기계의 붐, 암 등을 올리고 그 하부에서 수리・점검작업 등을 하는 경우, 안전지주, 안전블록 등을 설치한다.			
14. 차량계 건설기계 상부에서 점검 시 근로자에게 안전모, 안전대를 지급하고, 디딤부는 미끄러짐 방지 처리를 실시한다.			

〈추가 참고자료〉

- KOSHA GUIDE(C-48 2013) 건설기계 안전보건작업지침
- 산업안전보건기준에 관한 규칙 제196조에서 제206조

1.2.10 폐기물 수거차량(압착진개차량)

자가진단 항목	네	아니요	비고
1. 파카(개폐장치) 작동 시 폐기물을 투입하지 않도록 교육을 실시하고 있다(파카 작동반경내 출입금지).			
2. 수거 작업자간, 수거작업자와 운전자간 신호방법을 정하여 작업하고 있다.			
3. 폐기물 수거차량이 정지한 상태에서만 수거함 위에서 작업하거나 이동하고 있다.			
4. 폐기물 수거차량의 탑승 가능한 지정좌석 외에 탑승하지 않는다.			
5. 폐기물 수거 중 안전모, 안전화, 보호장갑 등 개인보호구를 착용한다.			
6. 폐기물 수거차량은 안전운행속도를 준수하고 있다.			
7. 폐기물 수거차량이 완전히 멈춘 후 수거작업을 하고 있다.			
8. 폐기물 수거차량의 전조등, 비상등 및 백미러는 정상적으로 작동하고 있다.			
9. 차량후진 시 유도자 배치 및 후방카메라를 설치하여 수거작업자 등과 충돌하지 않도록 하고 있다.			
10. 폐기물 봉투 취급 시 날카로운 물체가 있는지 확인한다.			
11. 중량의 폐기물은 2인 1조 작업하고 있다.			
12. 파카 동작반경 하부에서 수리·청소 작업 시 파카의 불시하강 등을 방지하기 위한 조치를 시행(스토퍼 등)하고 있다.			

〈추가 참고자료〉

- 중대재해사례–압착진개차 적재함(안전보건공단 홈페이지–자료마당–안전보건자료실)
- 생활폐기물 수집운반 안전작업가이드(안전보건공단 홈페이지–자료마당–안전보건자료실)
- KOSHA GUIDE(G–131–2020) 생활폐기물 수거 및 처리작업의 안전보건에 관한 기술지침
- 「생활폐기물 수집·운반작업」 환경미화원 작업안전수칙 가이드(안전보건공단 홈페이지–자료마당–안전보건자료실)

1.3 위험작업

1.3.1 화기 · 용접작업

자가진단 항목	네	아니요	비고
1. 발생하는 화염 또는 스파크 등이 인근 설비 · 장비에 영향이 있다고 판단되는 범위의 지역을 작업구역으로 표시하였다.			
2. 화기 · 용접작업 장소에 근로자의 통행 · 출입을 제한한다.			
3. 화기작업 전에 작업 대상기기 및 작업구역 내에서 인화성 물질 및 독성 물질의 가스 농도를 측정하여 허가서에 기록한다.			
4. 불꽃을 발생하는 내연설비의 장비나 차량 등은 작업구역 내 근로자의 출입을 통제한다.			
5. 화기작업 전 밸브를 차단하거나 맹판을 설치할 때에는 밸브 잠금 표지 및 맹판 설치 표지를 부착한다.			
6. 설비 등 내부에서 화기작업을 수행할 경우에는 배관 및 설비 내의 위험물질을 완전히 비우고 세정한 후에 작업을 수행한다.			
7. 밀폐(제한)공간에서의 작업을 수행할 때에는 작업 전에 밀폐공간 내의 공기를 외부의 신선한 공기로 충분히 치환하는 등의 조치(강제 환기 등) 실시한다.			
8. 용접불티 비산방지 덮개 또는 용접 방화포 등을 설치하고, 개방된 맨홀과 하수구(Sewer) 등은 덮거나 닫는다.			
9. 화재감시자를 지정하여 화기작업을 시작하기 전과 작업 도중 안전 상태를 확인하도록 한다.			
10. 작업 중에 수시로 가스 농도를 측정한다.(분진이 있는 장소는 분진 농도를 추가로 측정)			
11. 화기작업 전에 이동식 소화기 등을 비치한다.			
12. 위 안전조치가 모두 조치되었음을 확인한 후에 작업을 시작하도록 관리한다.			

〈추가 참고자료〉

- 산업재해 예방을 위한 안전보건관리체계 가이드북(고용노동부 홈페이지–정책자료–정책자료실)
- KOSHA GUIDE(D–46–2013) 화학공장의 화재예방에 관한 기술지침(안전보건공단 홈페이지–자료마당–법령/지침정보)
- KOSHA GUIDE(P–94–2019) 안전작업허가지침(안전보건공단 홈페이지–자료마당–법령/지침정보)
- 제조업 자율위험평가 가이드라인(안전보건공단 홈페이지–자료마당–안전보건자료실)
- 냉동 · 물류창고 화재사고예방 매뉴얼(안전보건공단 홈페이지–자료마당–안전보건자료실)

1.3.2 전기작업

자가진단 항목	네	아니요	비고
1. 작업 전로 차단, 잠금장치 및 꼬리표(LOTO) 부착하고 검전기를 이용하여 충전여부를 확인하고 있다.			
2. 전기기구 취급작업 시 전기설비로부터 폭 70cm 이상의 작업공간을 확보하고 있다.			
3. 감전위험이 있는 전기기계・기구 또는 전로의 설치・해체・정비・점검(설비의 유효성을 장비, 도구를 이용하여 확인하는 점검) 등의 작업을 하는 경우에 유자격자가 작업을 수행하고 있다.			
4. 전기기계・기구 및 설비의 전원 접속부인 충전부가 노출되어 있지 않다.			
5. 전기기계・기구 및 설비의 금속재, 철재 등의 외함에 접지시설이 되어있다.			
6. 휴대형 또는 이동형 전동기계의 전원에 누전차단기가 설치되어 있다.			
7. 전기기기 외함에 접지된 접지선이 접지극과 직접 연결되어 있다.(접지 연속성 유무)			
8. 누전여부 체크를 위해 주기적으로 절연저항을 측정하고 기록한다.			
9. 주기적으로 접지저항을 측정하고, 접지 저항값이 기준에 적합하다.			
10. 용접선, 배선, 이동전선 등 절연전선의 피복이 손상되어 있지 않다.			
11. 정전작업 중 타 작업자의 개폐기 오조작 방지를 위하여 분전반 또는 개폐기에 잠금장치나 표지판을 설치하였다.			
12. 변전실 출입문에 잠금장치를 하고, 관계자외 출입금지 표시를 부착하였다.			
13. 변전실 등 특별고압 충전전로에 접근한계거리 표지판이 부착되어 있다.			
14. 근접장소에서의 청소 등의 작업 시 접근한계거리를 유지하여 작업하도록 관리한다.			
15. 낙뢰위험지역에 낙뢰에 의한 위험방지를 위해 피뢰침을 설치하였다.			
16. 피뢰침의 접지 저항치를 측정하여 적정한 수준을 유지한다.			
17. 물 등의 도전성이 높은 액체가 있는 습윤한 장소에서의 이동전선 등은 충분한 절연효과가 있다.			
18. 정전기에 의한 화재, 폭발 등의 위험이 발생할 우려가 있는 경우 해당설비에 접지, 도전성 재료 사용, 제전장치 등 정전기 제거 조치를 하였다.			

19. 전기기계・기구 또는 전로의 설치・해체・정비・점검 등의 전기작업(50V초과 또는 전기에너지가 250VA를 넘는 경우)시 작업계획서를 작성하고 그 계획에 따라 작업을 하였다.			
20. 충전전로 등의 전기 작업을 할 때에는 절연용 보호구, 절연용 방호구 등을 근로자에게 지급・착용토록 한다.			

〈추가 참고자료〉

- 산업재해 예방을 위한 안전보건관리체계 가이드북(고용노동부 홈페이지-정책자료-정책자료실)
- KOSHA GUIDE(E-105-2011) 전기작업안전에 관한 기술지침(안전보건공단 홈페이지-자료마당-법령/지침정보)
- KOSHA GUIDE(O-3-2011) 전기설비의 정비를 위한 일반 기술지침(안전보건공단 홈페이지-자료마당-법령/지침정보)
- 건설업, 제조업 자율위험평가 가이드라인(안전보건공단 홈페이지-자료마당-안전보건자료실)

1.3.3 밀폐공간 작업

자가진단 항목	네	아니요	비고
1. 질식위험공간에 출입전 산소 및 유해가스 농도를 측정한다. ※ 적정공기: 산소 18%~23.5%, 탄산가스 1.5% 미만, 일산화탄소 30ppm 미만, 황화수소 10ppm 미만			
2. 적정공기 상태가 유지되도록 작업전·작업중 지속적으로 환기한다.			
3. 구조작업 시 공기호흡기 등 보호 장비를 착용할 수 있도록 작업장 주변에 비치하였다.			
4. 밀폐공간 유해가스, 산소결핍, 화재·폭발 위험 등에 대하여 사전 조사하였다.			
5. 밀폐공간 보건작업 프로그램을 수립하여 시행하였다.			
6. 작업 시작하는 경우 사전에 산소 및 유해가스농도 측정에 관한 사항, 응급조치요령, 환기설비 가동 등 안전작업방법, 보호구사용 등에 대한 사항을 작업 근로자에게 교육 등을 통해 알리고 있다.			
7. 산소농도, 유해가스측정기, 환기팬, 공기호흡기와 송기마스크 등 호흡용 보호구, 안전대, 구명밧줄, 안전장비 등 사전에 필요한 장비준비·점검·사용법 숙지를 하였다.			
8. 긴급 상황 대비 무전기 등 통신장비를 구비하여 연락체계를 갖추었다.			
9. 감시인은 작업자가 내부에 있을 때는 항상 정위치하며, 필요한 보호 장비와 구조장비를 갖추고 있다.			
10. 관계근로자가 아닌 사람의 출입을 금지하고, 그 내용을 보기 쉬운 장소에 게시하였다.			
11. 밀폐공간 작업장소에 근로자를 입장 및 퇴장시킬 때마다 인원을 점검하였다.			
12. 밀폐공간작업을 위해 허가자에게 밀폐공간작업 허가를 받고 있다.			
13. 관리감독자가 밀폐공간 안전보건조치 사항을 지휘, 점검 등의 업무를 수행하고 있다.			

〈추가 참고자료〉

- KOSHA GUIDE(H-75-2015) 사업장 작업환경 평가지침(안전보건공단 홈페이지-자료마당-법령/지침정보)
- KOSHA GUIDE(X-68-2015) 밀폐공간 위험관리에 관한 기술지침(안전보건공단 홈페이지-자료마당-법령/지침정보)
- KOSHA GUIDE(H-80-2018) 밀폐공간 작업 프로그램 수립 및 시행에 관한 기술지침
- 밀폐공간 질식재해예방 안전작업 가이드(안전보건공단 홈페이지-자료마당-안전보건자료실)

1.4 보건

1.4.1 유해화학물질

자가진단 항목	네	아니요	비고
1. 사업장에서 발생하거나 취급하는 유해화학물질에 대해 분류·파악하고 있다.			
2. 사업장에서 취급하는 유해화학물질의 유해성·위험성, MSDS, 노출 시 조치방법 등 관리방안을 근로자에게 교육한다.			
3. 유해화학물질 취급 담당자를 별도 지정하였다.			
4. 유해화학물질 저장시설의 구조는 해당 물질의 유출·누출을 방지하기 위하여 저장하는 물질의 종류·온도·압력 및 사용환경에 적합한 것으로 선정하였다.			
5. 근로자에게 적절한 방호조치 및 개인보호구 지급, 착용하도록 관리한다.			
6. 유해화학물질을 화기나 그 밖에 점화원이 될 우려가 있는 것에 접근, 가열, 마찰시키는 등의 행위를 하지 않는다.			
7. 유해화학물질 용기(소분용기포함)에 시 물질명, 경고표시 등 내용물에 대한 사항을 명확히 표기하였다.			
8. 인화성 또는 독성물질에 의한 화재·폭발·누출을 미리 감지하기 위한 가스 검지 및 경보장치가 설치되어 있다.			
9. 유해화학물질의 성상에 따라 적절한 저장방법을 선정하고, 유해화학물질간의 반응 등으로 인한 사고가 발생하지 않도록 조치하고 있다.			
10. 유해화학물질을 취급하는 곳에 응급 시 근로자가 쉽게 사용할 수 있도록 세척시설과 세안설비를 설치하고 있다.			
11. 가스경보기가 작동할 경우 조치사항을 근로자에게 교육한다.			
12. 취급물질에 적절한 소화기를 작업장에 비치하였다.			
13. 배관 연결부, 밸브 등의 연결부에서 물질의 누출 여부를 정기적으로 점검한다.			
14. 인화성물질을 취급하는 구역은 폭발위험장소로 구분하고, 적정한 방폭설비를 설치하였다.			

〈추가 참고자료〉
- KOSHA GUIDE(K-1-2011) 유해화학물질 저장·운반 및 취급에 관한 기술지침
- KOSHA GUIDE(G-104-2020) 화재 및 화학물질 누출사고 대응을 위한 비상조치계획에 관한 지침 (안전보건공단 홈페이지-자료마당-법령/지침정보)

1.4.2 소음 또는 진동

자가진단 항목	네	아니요	비고
1. 사업장의 소음 또는 진동 발생 장소·설비 등에 대해 분류하고 있다.			
2. 사업장에서 발생하는 소음 또는 진동에 의한 유해성·위험성 및 관리방안을 근로자에게 주지시키고 있다.			
3. 작업환경측정을 통해 노출되는 소음 또는 진동에 대한 노출수준을 관리하고 있다.			
4. 작업환경측정 결과에 따라 노출수준 저감을 위한 관리방안을 마련하고 있다.			
5. 소음 또는 진동 발생 작업에 근로자를 배치하기 전 근로자의 건강상태와 특성 등을 고려하여 배치하고 있다.			
6. 소음 발생원의 격리, 차폐 등 소음발생수준을 저감시키기 위한 방안을 마련하였다.			
7. 소음 작업에 종사하는 근로자의 청력평가를 정기적으로 실시한다.			
8. 근로자의 건강검사(평가) 결과를 토대로 상담, 의학적 처치 등이 적절히 조치하였다.			
9. 청력보호구는 근로자의 특성과 작업장 환경, 소음발생수준에 맞게 지급되고, 근로자에게 착용법을 교육하고 있다.			
10. 85dB 이상 소음이 발생하는 작업에 대해 청력보존프로그램을 수립·시행하고 있다.			
11. 청력보호가 필요한 곳에 경고판을 부착하였다.			
12. 진동 발생 공구는 적절히 유지보수가 되고 있으며, 진동이 많이 발생하는 기구는 교체하고 있다.			
13. 국소진동공구 사용 등 진동작업에 종사하는 근로자의 건강진단을 정기적으로 실시하고 있다.			
14. 방진장갑 등 진동보호구를 지급하고, 작업자가 진동보호구를 착용하도록 관리한다.			
15. 작업자가 진동에 노출되는 시간을 제한하고, 진동을 저감하기 위한 보조기구 등을 활용하고 있다.			

〈추가 참고자료〉

- KOSHA GUIDE(H-75-2015) 사업장 작업환경 평가지침
- KOSHA GUIDE(H-205-2018) 작업환경상 건강유해요인에 대한 위험성평가 지침
- KOSHA GUIDE(H-7-2012) 청력보존프로그램의 효과 평가지침
- KOSHA GUIDE(H-177-2015) 국소진동공구 취급근로자의 보건관리지침
  (안전보건공단 홈페이지-자료마당-법령/지침정보)

1.4.3 고열 · 한랭

자가진단 항목	네	아니요	비고
1. 고열(한랭)의 유해성 · 위험성을 파악하고, 관리방안을 근로자에게 교육한다.			
2. 작업환경측정 등을 통해 근로자에게 노출되는 고열(한랭) 노출수준을 관리하고 있다.			
3. 측정결과에 따라 적정한 열원 등의 적정한 관리방안을 마련하고 있다.			
4. 근로자를 배치하기 전 근로자의 건강상태와 특성 등을 고려한다.			
5. 열원의 격리와 작업장내 온 · 습도 조절을 위한 냉방장치 등이 설치되어 있다.			
6. 다량의 고열물을 취급하는 설비는 화재를 예방하기 위한 구조로 되어있다.			
7. 비상시 온도를 낮추거나 열을 차단할 수 있는 냉각시스템이 구축되어 있다.			
8. 작업의 강도에 따른 휴식시간을 적절히 부여하고, 쾌적한 휴게공간을 제공하고 있다.			
9. 한랭에 따른 한랭질환 예방을 위하여 휴게공간에 온열기 설치, 따뜻한 음료 비치 등 적절한 조치를 취하고 있다.			
10. 다량의 고열물체 또는 저온물체를 취급하는 장소 등에 관계근로자 외 출입을 금지하고 그 내용을 게시하고 있다.			
11. 고열 또는 한랭 작업 등을 하는 근로자에게 적절한 보호구를 지급하고 착용하도록 관리하고 있다.			

〈추가 참고자료〉
• KOSHA GUIDE(W-12-2017) 고열작업환경 관리지침(안전보건공단 홈페이지-자료마당-법령/지침 정보)

1.4.4 근골격계질환

자가진단 항목	네	아니요	비고
1. 근골격계질환이 발생할 수 있는 위험요인과 작업내용을 파악하고 있다.			
2. 근골격계질환 유해요인조사를 적정하게 실시하고 그 결과를 알리고 있다.			
3. 근골격계질환 발생 우려가 있는 경우 인간공학적 설계, 인력작업 보조설비 및 편의설비를 설치하고 있다.			
4. 부담작업 종사자 교육(유해요인, 징후와 증상, 대처 요령, 올바른 작업자세, 작업도구, 작업시설의 올바른 사용법)을 실시하고 있다.			
5. 취급 물품의 중량, 취급빈도, 운반거리, 운반 속도 등 작업조건에 따라 작업시간 및 휴식시간 등을 적정하게 배분하고 있다.			
6. 중량물의 중량과 무게중심을 표시하고 손잡이를 붙이거나 갈고리, 진공빨판 등을 활용하고 있다.			
7. 중량물 취급자에게 올바른 들기 자세에 대한 교육을 실시하고 있다.			
8. 서서 일하는 근로자 또는 VDT 작업자에게 적절한 작업대, 작업용 의자, 발 받침대 등의 작업환경을 제공하고 있다.			
9. 근골격계 질환 예방을 위한 프로그램을 운영하고 있다.			
10. 근로자가 편히 쉴 수 있는 휴게공간과 휴식시간을 부여한다.			

〈추가 참고자료〉

- KOSHA GUIDE(H-66-2012) 근골격계질환 예방을 위한 작업환경개선 지침
- KOSHA GUIDE(H-9-2012) 근골격계부담작업 유해요인조사 지침
  (안전보건공단 홈페이지-자료마당-법령/지침정보)

1.4.5 근로자 건강관리

자가진단 항목	네	아니요	비고
1. 근로자의 건강을 보호하고, 증진시키기 위한 조직과 체계가 마련되어 있다.			
2. 작업장 내 건강진단 대상 유해인자를 파악하여 관리하고 있다.			
3. 건강진단 대상 유해인자에 노출되고 있는 작업과 근로자를 파악하고 있다.			
4. 근로자의 건강보호 유지를 위하여 정기적인 건강진단을 실시하고 있다.			
5. 건강진단 결과에 따른 사후조치를 실시하고 있다.			
6. 근로자 개인별 건강관리를 위한 상담을 실시하고 이력을 관리하고 있다.			
7. 근로자의 작업 배치시 근로자 개인의 특성과 건강상태 등을 고려하여 작업에 배치하였다.			
8. 근로자가 편히 쉴 수 있는 휴게공간과 휴식시간을 부여한다.			
9. 작업장의 조도와 온·습도는 적절히 유지되고 있다.			
10. 근로자의 건강관리능력을 함양하기 위한 건강증진 프로그램 등 건강증진사업을 시행하고 있다.			

〈추가 참고자료〉
- KOSHA GUIDE(G-37-2012) 근로자의 일반적인 건강관리에 관한 지침
  (안전보건공단 홈페이지-자료마당-법령/지침정보)

1.4.6 응급조치

자가진단 항목	네	아니요	비고
1. 응급상황 발생시 대응체계를 구축하고 있다			
2. 응급상황 발생을 관리할 수 있는 조직을 구성하고 그 직무를 규정하고 있다.			
3. 응급상황 발생시 연락대응 체계를 구축하고 비상연락망을 유지하고 있다.			
4. 응급상황 발생시 근로자들은 신고체계와 보고체계에 대해 숙지하고 있다.			
5. 응급상황 발생시 대응할 수 있는 소화기, 응급처치함, 구조장비 등 비상 물품을 구비하고 있다.			
6. 구급함, 구조장비 등 비상물품의 수량 및 보존기한을 확인하는 점검자를 지정하고 관리한다.			
7. 응급상황에 대비한 훈련을 정기적으로 실시하고 평가하고 있다.			
8. 응급상황이 완료된 후 이를 기록하고 관리하고 있다.			

〈추가 참고자료〉

- KOSHA GUIDE(H-187-2016) 산업재해 형태별 응급처치 요령
(안전보건공단 홈페이지-자료마당-법령/지침정보)

제6절 창고 및 운송업종 위험요인 파악 및 통제 자율점검표

1. 분야별 위험요인 파악 및 통제

1.1 작업장 일반

1.1.1 작업장 청소 · 청결 · 조도

자가진단 항목	네	아니요	비고
1. 작업으로 인해 작업장이 흐트러지거나 오염될 수 있는 장소를 파악한다.			
2. 작업장의 청소 또는 정리 작업, 오염물 처리 시 개인보호구와 작업 공구 · 도구를 제공한다.			
3. 청소 및 정리 작업을 위한 작업 시간 및 휴식시간을 부여한다.			
4. 청소 및 정리 작업을 위한 조도를 확보하고 있다.			
5. 무거운 물건 등 중량물 취급할 경우 적절한 작업방법을 사용하고 있다.			
6. 5kg 이상의 중량물 취급 및 보관장소에 중량물 취급주의 표지를 부착하였다.			
7. 작업장 청소 시 분진이 발생할 우려가 있는 장소에는 분진 흩날림 방지를 위한 조치를 하였다.			
8. 인체에 해로운 물질 및 부패하기 쉬운 물질로 인해 작업장이 오염될 수 있는 장소에 수시로 청소한다.			
9. 물이나 그 밖의 액체를 사용하여 세척 및 소독하는 곳의 배수는 편리한 구조로 되어 있다.			
10. 청소 시 발생한 오물 처리를 위한 장소를 지정하였다.			
11. 넘어지거나 미끄러지는 등 위험이 없도록 작업장 바닥 등을 안전하고 청결한 상태로 유지하고 있다.			
12. 유해 · 위험물질을 취급하는 장소에서는 흡연, 음식물 섭취를 금지한다.			
13. 작업장의 출입구는 근로자가 쉽게 여닫을 수 있도록 설치되었다.			

〈추가 참고자료〉
- KOSHA GUIDE(E-148-2015) 작업장 조명기구의 선정, 설치 및 정비에 관한 기술 지침 (안전보건공단 홈페이지-자료마당-법령/지침정보)

1.1.2 사다리

자가진단 항목	네	아니요	비고
1. 이동식사다리 사용 시 이동통로용 사다리(일자형)와 작업용 사다리(발붙임, A형)를 구분하여 사용한다.			
2. 사다리 기둥, 작업 발판의 상태를 작업을 시작하기 전에 확인한다.			
3. 사다리 작업시 2인 1조로 작업한다.			
4. 사다리 상단은 걸쳐놓은 지점으로부터 60cm 이상 올라가는 등 적정한 길이의 사다리를 사용한다.			
5. 벌어짐 방지장치, 발판 미끄럼 방지 고무패드가 장착된 사다리를 사용한다.			
6. 사다리의 넘어짐·미끄러짐을 방지하기 위해 평탄하고 견고한 지반 또는 바닥에 설치한다.			
7. 바닥과 사다리는 가능한 한 수평을 유지하여 작업한다.			
8. 짧은 사다리 길이를 늘이기 위해 겹쳐 이어 사용하지 않는다.			
9. 사다리의 사용 높이를 임의로 높이기 위해 상자, 리프트, 그 밖에 불안정한 곳에 설치하지 않는다.			
10. 보행자 통행로, 차량 도로, 문이 열리는 곳 등에서 작업할 때 사다리와의 충돌 가능성을 확인한다.			
11. 금속사다리의 경우 내부식성 재료로 만들어졌거나 부식방지 조치가 되어 있다.			
12. 작업 전 사다리 주위 전선, 전기설비 등 감전위험을 확인하고, 부도체 재질의 사다리를 사용한다.			
13. 떨어질 위험이 있는 사다리 작업시 안전모(턱끈 조임) 등 개인보호구를 착용하고 작업한다.			
14. 작업자는 균형을 잃거나 추락의 가능성이 있는 무거운 짐이나 장비를 들고 사다리를 오르내리지 않는다.			
15. 사다리 작업 시 하중이 사다리의 최대 설계하중을 넘지 않도록 준수한다.			
16. 사다리에 기름과 유지 등이 묻었다면 해당 물질을 용제 또는 물 세척으로 제거한다.			
17. 사다리는 수시로 점검하고, 결함이 있는 것들은 수리나 재구매를 하는 등 관리를 하고 있다.			

〈추가 참고자료〉

- KOSHA GUIDE(G-130-2020) 이동식 사다리의 제작과 사용에 관한 기술지침 (안전보건공단 홈페이지-자료마당-법령/지침정보)

1.1.3 통로

자가진단 항목	네	아니요	비고
1. 사업장내 또는 작업장으로 이동할 수 있는 안전한 통로가 설치(구분)되어 있다.			
2. 통로의 바닥 또는 단부에 추락위험을 방지할 수 있는 안전시설(안전난간, 안전덮개, 방호울 등)이 설치되어 있다.			
3. 통로 상부(2m 이내) 및 바닥에 장해물이 없이 청결한 상태로 유지되고 있다.			
4. 통로의 상부에 낙하물의 위험을 방지할 수 있는 안전시설(방호선반 등)이 설치되어 있다.			
5. 사업장내 통로, 작업장으로 이동할 수 있는 통로에 적정 조도(75럭스 이상)를 유지한다.			
6. 상부 작업장으로 이동할 수 있는 통로가 고정되어 있으며, 설치간격, 통로폭 등 작업자가 안전하게 이동할 수 있도록 설치한다.			
7. 임시로 설치한 통로(작업발판 등)의 재료는 튼튼하고, 흔들리지 않도록 고정이 잘 되어 있다.			
8. 통로의 주요부분에 통로표시와 안전표지를 설치하였다. * 안전표지 예시: 보행중 휴대폰 사용금지, 지게차 충돌주의 등			
9. 통로(작업발판)의 단부에 안전시설을 설치하지 못하는 경우 안전대 부착설비를 설치한다.			
10. 작업자가 추락 위험이 있는 통로에서 이동하거나 작업할 경우 안전대를 착용하고, 안전대 부착설비에 고리를 걸도록 관리한다.			
11. 통로의 구조(가설통로, 사다리식 통로, 갱내통로, 계단 등)가 각 종류의 설치기준에 맞게 설치되었다.			
12. 안전시설의 상태를 정기적으로 점검하고, 훼손된 시설은 즉시 유지보수한다.			
13. 비상시 작업장 내에서 탈출할 수 있는 비상구가 적절히 마련되었다.			
14. 비상구임을 알아볼 수 있는 표시를 근로자의 눈에 띄기 쉬운 곳에 부착하였다.			
15. 작업장내 비상 대피경로를 표시하고, 근로자가 해당 내용을 잘 알고 있다.			

〈추가 참고자료〉
- KOSHA GUIDE(G-85-2015)작업장의 통로 및 계단 설치에 관한 기술지침
  (안전보건공단 홈페이지-자료마당-법령/지침정보)

1.2 기계 · 기구

1.2.1 기계 · 기구(일반)

자가진단 항목	네	아니요	비고
1. 기계와 장비의 안전점검을 정기적으로 실시하는 절차가 마련되어 있다.			
2. 모든 기계와 장비는 청결하게 관리되고 적절히 유지보수된다.			
3. 운전 중인 크레인 · 컨베이어 등에 근로자를 탑승시키지 않도록 경고표지 부착, 작업구역 설정 등 조치하였다.			
4. 회전축 · 기어 · 체인 등 근로자가 위험에 처할 우려가 있는 부위에 덮개 · 울 등을 설치하였다.			
5. 동력으로 작동되는 기계에 동력차단장치를 설치하고, 근로자가 작업위치를 이동하지 않고 조작할 수 있는 위치에 설치하였다.			
6. 기계의 운전을 시작할 때 작업방법, 방호장치 등 필요한 사항을 미리 확인한 후 위험 방지를 위하여 필요한 조치를 하였다.			
7. 날아오는 가공물 등에 의한 위험을 방지하기 위해 기계에 덮개 또는 울을 설치하였다.			
8. 기계 또는 방호장치의 결함이 발견된 경우 반드시 정비한 후에 근로자가 사용하도록 한다.			
9. 기계의 정비 · 청소 · 검사 또는 조정 작업 등을 할 때에 근로자가 위험해질 우려가 있으면 해당 기계의 운전을 정지하고, 다른 사람이 그 기계를 운전하는 것을 방지하기 위한 조치(Lock Out Tag Out 등)를 하고 있다.			
10. 기계 등에 설치한 방호장치를 해체하거나 방호장치의 기능을 임의로 정지하지 않는다.			
11. 감전의 위험이 있는 충전부는 방호조치가 되어있다.			
12. 기계 등을 제조 당시의 목적 외의 용도로 사용하지 않는다.			

〈추가 참고자료〉
- KOSHA GUIDE(G-21-2011) 소규모 작업장 내의 안전보건에 관한 안전가이드
- KOSHA GUIDE(M-26-2013) 끼임절단재해 예방을 위한 기술지침
- 창고업 안전보건 실무길잡이(안전보건공단 홈페이지-자료마당-안전보건자료실)

1.2.2 지게차

자가진단 항목	네	아니요	비고
1. 전조등, 후미등, 방향지시기 및 후진경보장치, 경광등의 정상작동여부를 정기적으로 점검한다.			
2. 백레스트 및 헤드가드가 파손되지 않았다.			
3. 지게차 운전원의 자격을 확인하고, 지정된 자가 운전하도록 관리한다.			
4. 지게차 운전원에게 작업방법, 작업 순서, 운행 경로 등에 관한 내용을 교육한다.			
5. 지게차 운전시 운전원이 안전벨트를 착용하도록 한다.			
6. 지게차에 화물을 적재할 경우에는 운전원의 시야를 가리지 않도록 한다.			
7. 지게차 작업 반경 내에 다른 작업자가 이동하지 않도록 한다.			
8. 작업장을 이동할 때 제한속도를 지정하였다.			
9. 후진, 회전 등 장비 이동 시에 근로자 충돌방지를 위한 후진경보기와 경광등 혹은 후방감지기를 갖추었다.			
10. 지게차 허용하중을 초과하여 적재하지 않는다.			
11. 지게차 운행중에 적재한 화물이 떨어지지 않도록 고정한다.			
12. 하역운반 작업장 바닥은 평탄하고 견고한 곳으로 별도로 지정한다.			
13. 지게차 작업장 이동경로에 적재물을 방치하지 않는다.			
14. 지게차 출입통로, 교차로 등 시야확보가 필요한 장소에 반사경, 신호음장치 등 안전장치가 마련되어 있다.			
15. 작업 종료 후 지게차 열쇠는 별도 관리하고 있다.			

〈추가 참고자료〉

- KOSHA GUIDE(M-185-2015)지게차의 안전작업에 관한 기술지침 (안전보건공단 홈페이지-자료마당-법령/지침정보)
- 지게차 작업 전 안전점검-자율안전점검표(안전보건공단 홈페이지-자료마당-안전보건자료실)
- 안전보건 나침반(건설업, 제조업, 서비스업)(안전보건공단 홈페이지-자료마당-안전보건자료실)

1.2.3 컨베이어

자가진단 항목	네	아니요	비고
1. 컨베이어 작업에 대한 안전작업지침을 작성하였다.			
2. 컨베이어 작업 시 관리감독자는 원동기 및 풀리 기능의 이상 유무 등 작업 시작 전 점검사항을 확인하고 있다.			
3. 보수·정비·청소 등의 작업자는 조작실 운전 담당자와 상시 연락 체계를 유지하고 있다.			
4. 비상정지 중 또는 사고로 정지중인 컨베이어를 재가동할 경우에 먼저 정지의 원인 및 고장 장소의 보수상황 등을 확인토록하고 있다.			
5. 작업자에게 트러블 발생 시 대응하기 위한 작업절차 및 방법을 교육한다.			
6. 설계 시의 사용목적 이외로 사용하지 않는다.			
7. 작업 전 컨베이어의 안전운전에 필요한 작업표준, 취급요령, 정비방법 등의 교육을 실시하였다.			
8. 근로자가 작업 중 접촉할 우려가 있는 구조물 및 컨베이어의 날카로운 모서리·돌기 등은 제거 혹은 방호 조치하였다.			
9. 경사/수직 컨베이어는 정전, 전압강하 등에 의한 화물 또는 운반구의 이탈 및 역주행을 방지하기 위한 장치가 설치되어 있다.			
10. 벨트 장력을 유지하기 위한 테이크업 장치가 설치되었고, 적정한 장력을 유지하고 있다.			
11. 컨베이어 스크레이퍼, 벨트 크리너 등이 설치되고 정상기능을 유지하고 있다.			
12. 컨베이어 벨트, 풀리, 롤러, 체인, 체인스프로킷, 스크류 등에 근로자 신체의 일부가 말려드는 등 위험발생 부분에 덮개 또는 울이 설치되어 있다.			
13. 테일풀리, 헤드풀리, 리턴롤러 등의 끼임점에 방호울 및 방호가드가 설치되어있다.			
14. 컨베이어 라인에 비상정지장치가 설치되고 정상적으로 작동하고 있다.			
15. 컨베이어 건널다리나 점검통로 주변에 안전난간이 설치되어 있다.			
16. 컨베이어 하부 끼임 등의 위험이 있는 부분으로 통행금지, 낙하물 방지조치 등을 하고 있다.			
17. 컨베이어 양측에 보수점검을 위한 통로가 설치되어 있다.			
18. 컨베이어 주변 통로는 정리정돈 되어 있다.			
19. 컨베이어의 기동·정지 스위치는 명확히 표시되고 쉽게 조작 가능하다.			

20. 컨베이어에 물건 적재 시 편하중이 발생하지 않도록 한다.			
21. 근로자가 작동중인 컨베이어 위를 올라가지 않도록 한다.			
22. 컨베이어 롤러 퇴적물 제거 작업 시 설비 가동 중지 후 청소 작업을 하고 있다.			
23. 보수・정비 작업시 전원을 차단하고, '조작금지' 표지판을 부착하고 있다.			

〈추가 참고자료〉

- KOSHA GUIDE(M-101-2012) 컨베이어의 안전에 관한 기술지침 (안전보건공단 홈페이지-자료마당-법령/지침정보)
- 제조업 자율위험평가 가이드라인(안전보건공단 홈페이지-자료마당-안전보건자료실)

1.2.4 크레인

자가진단 항목	네	아니요	비고
1. 크레인 작업에 대한 안전작업지침을 작성한다.			
2. 작업 시 관리감독자는 권과방지장치, 브레이크, 클러치 및 운전장치의 기능 등 작업 시작 전 점검사항을 확인하고 있다.			
3. 동력으로 구동되는 것으로 정격하중이 2.0톤 이상인 크레인의 안전검사는 2년마다 정기적으로 받고 있다.			
4. 인양 하물에 적합한 줄걸이 방법을 사용하고 있다.			
5. 크레인을 사용하여 근로자를 운반하거나 달아올린 상태에서 작업을 실시하지 않는다.			
6. 정격하중, 속도, 경고표시 등을 근로자가 보기 쉬운 곳에 관련 내용을 게시하고 있다.			
7. 과부하장지장치, 권과방지장치, 비상정지장치 및 제동장치, 그 밖의 방호장치가 정상적으로 작동하는지 점검한다.			
8. 적재하중을 초과하지 않도록 작업한다.			
9. 훅걸이용 와이어로프 등이 훅으로부터 벗겨지는 것을 방지하기 위한 장치를 사용하고 있다.			
10. 크레인의 수리·점검 시 크레인이 근로자와 접촉할 위험을 방지하기 위한 감시인을 배치하고, 스토퍼를 설치하였다.			
11. 인양할 하물을 바닥에서 끌어당기거나 밀어내는 작업을 금지하고 있다.			
12. 인양 중인 하물 아래로 작업자가 통과하지 않도록 한다.			
13. 인양할 하물이 보이지 않은 경우 작업을 금지하고 있다.			
14. 신호수를 배치하여 주변 근로자를 통제한다.			
15. 근로자 배치 및 교육, 작업방법, 방호장치 등 필요한 사항에 대한 조치를 실시하였다.			

〈추가 참고자료〉

- KOSHA GUIDE(M-186-2015) 천장주행크레인의 안전작업에 관한 기술지침
- KOSHA GUIDE(M-186-2015) 크레인 달기기구 및 줄걸이 작업용 와이어로프의 작업에 관한 기술지침 (안전보건공단 홈페이지-자료마당-법령/지침정보)
- 제조업 자율위험평가 가이드라인(안전보건공단 홈페이지-자료마당-안전보건자료실)

1.2.5 리프트(화물용 승강기)

자가진단 항목	네	아니요	비고
1. 자율안전확인 신고한 리프트를 사용한다.			
2. 안전검사를 2년마다 주기적으로 받고 있다.			
3. 건물 각 층의 승강로 주위에 방호울이 설치되어 있다.			
4. 화물 반입구에 출입문이 설치되어 있으며, 연동장치는 정상적으로 작동한다.			
5. 작업자가 보기 쉬운 곳에 정격하중, 운전속도, 경고표시 등을 표시하였다.			
6. 과부하방지장치, 권과방지장치, 낙하방지장치의 기능이 정상적으로 작동한다.			
7. 비상정지스위치는 돌출형(적색) 구조로 적합한 위치에 설치되었고, 정상적으로 작동한다.			
8. 조작스위치는 승강로 외부의 안전한 위치에 설치되어 있다.			
9. 운반구 외부에 부착된 리미트 스위치는 변형, 훼손 없이 견고하게 설치되어 있다.			
10. 고정볼트 등이 확실히 고정되고 풀림, 변형이 없다.			
11. 달기기구용 와이어로프에 소선 끊어짐이 없으며, 심하게 변형되거나 부식된 경우, 즉시 교체한다.			
12. 달기기구용 체인에 심한 균열 또는 변형이 없고, 훼손된 체인은 즉시 교체한다.			
13. 운전 스위치의 권상, 권하 표시와 운반구의 상·하 작동이 일치한다.			
14. 작업근로자가 작업특성에 맞는 개인보호구를 착용하도록 관리한다.			
15. 고장, 수리, 점검 작업시 주 전원을 차단하고, 잠금장치 및 표지판을 부착하고 작업하고 있다.			
16. 운반구와 출입구 바닥 사이의 간격은 양호하여 끼일 위험이 없다.			
17. 화물용 리프트에는 작업자가 탑승하지 않는다.			

〈추가 참고자료〉
- 산업재해 예방을 위한 안전보건관리체계 가이드북(고용노동부 홈페이지–정책자료–정책자료실)
- 고용노동부 위험기계기구 안전인증고시 및 안전검사 고시(안전보건공단 홈페이지–자료마당–법령/지침정보)
- 제조업 자율위험평가 가이드라인(안전보건공단 홈페이지–자료마당–안전보건자료실)

1.2.6 산업용로봇

자가진단 항목	네	아니요	비고
1. 자율안전확인 신고한 산업용로봇이다. ※ (자율안전확인신고 대상) '13. 3. 1.이후 제조 · 출고된 경우만 해당			
2. 안전검사를 2년마다 주기적으로 받고 있다.			
3. 산업용로봇 작업에 대한 안전작업지침을 작성한다.			
4. 산업용로봇 방호장치*를 설치하고, 정기적으로 작동여부를 확인한다. * 로봇 작동 반경 주변 울타리, 안전매트 또는 광전자식 방호장치			
5. 산업용로봇 방호장치를 임의해제하여 사용하지 않는다.			
6. 수리 · 검사 · 조정 · 청소 · 급유 또는 결과에 대한 확인작업 시 운전을 정지하고, 기동스위치를 잠근 후 열쇠를 별도로 보관한다.			
7. 산업용로봇 작업공간 출입구에 '운전 중 출입금지'표지판을 부착하였다.			
8. 산업용로봇 가동 시 감시인을 배치하여 산업용로봇 가동범위 내에 근로자를 출입하지 못하게 하고 있다.			
9. 비상정지장치가 작업자가 조작하기 쉬운 위치에 있으며, 정상작동하고 있다.			
10. 작업장 바닥에 누유, 포장재 등을 방치하지 않는다.			
11. 전기장치에는 접지가 되어 있다.			

〈추가 참고자료〉

- KOSHA GUIDE(M-61-2017) 산업용 로봇의 사용 등에 관한 안전 기술지침
- 고용노동부 위험기계기구 안전인증고시 및 안전검사 고시(안전보건공단 홈페이지-자료마당-법령/지침정보)
- 제조업 자율위험평가 가이드라인(안전보건공단 홈페이지-자료마당-안전보건자료실)

1.2.7 이륜차(퀵서비스업)

자가진단 항목	네	아니요	비고
1. 이륜차 면허증 미소지자는 이륜차 운행을 금지한다.			
2. 이륜차를 운행하여 물건을 운반하거나 수거 · 배달하는 근로자에게 승차용 안전모를 지급하여 착용토록 하고 있다.			
3. 승차용 안전모를 지급한 후 상시 점검하여 이상이 없는 것을 늘 사용할 수 있도록 관리하고 있다.			
4. 이륜차의 전조등, 제동등, 후미등, 후사경 또는 제동장치가 정상적으로 작동되는지 일상점검을 하고 있다.			
5. 물건 적재 시 편하중 방지 및 떨어짐 방지조치를 실시한다.			
6. 배달종사자가 음주, 과로 시 운전을 금지하고 있다			
7. 이륜차 단말기 거치대에 다량의 수신기를 부착하여 사용할 수 없도록 관리하고 있다.			
8. 배달종사자에게 배달지역의 지리적 특성(과속방지턱, 급커브 구역 등)과 노면상태에 따른 안전운행 방법을 교육한다.			
9. 날씨에 따른 운행 시 주의사항, 위험요인, 감속기준 등을 제시하고 필요시 운행을 제한하는 절차를 가지고 있다.			
10. 배달 종사자가 교통법규를 위반하지 않고 배달 불가능한 시간 내 배달을 금지*하는 등 배달시간을 적절히 부여하고 있다. * 고객의 배달완료 통보 전 배달종사자에게 배달 콜(call) 알림 전송 금지 설정			
11. 배달종사자가 휴식할 수 있는 공간을 마련하고 휴식가능한 시간을 부여하고 있다.			

〈추가 참고자료〉

- 「이륜차 음식배달 종사자 보호」를 위한 안전가이드 라인

1.2.8 화물자동차

자가진단 항목	네	아니요	비고
1. 차량계 하역운반기계는 화물의 적재·하역 등 주된 용도 이외로 사용하지 않는다.			
2. 하역·운반 중인 화물이나 화물차와 하역운반기계에 접촉될 우려가 있는 곳에는 근로자의 출입을 금지한다.			
3. 적재함 등 승차석이 아닌 위치에 근로자가 탑승하지 않도록 한다.			
4. 사업장내 운행속도를 제한하고, 속도 준수 여부를 확인한다.			
5. 화물 적재 시 운전자의 시야를 확보한다.			
6. 지정된 운전자의 면허자격을 확인하고, 유자격 운전자 외 운전을 금지한다.			
7. 운전자가 운전 위치 이탈 시 시동키를 분리하고, 브레이크, 고임목를 체결한다.			
8. 작업계획서를 작성하고, 계획서에 따라 작업하도록 작업지휘자를 지정한다.			
9. 바닥부터 짐 윗면까지의 높이가 2m이상인 화물자동차에 상·하역 작업 시 안전한 승강설비를 설치하고 높이에 맞는 보호구(안전모, 안전대 등)를 착용한다.			
10. 화물자동차에 상·하역 작업시 전도·전락 위험을 방지하기 위한 조치를 하였다.			
11. 화물자동차에 상·하역 작업시 지게차를 이용하는 경우, 작업반경 내 타 작업자 출입금지, 급선회 금지 등 충돌, 끼임 등의 재해를 예방하기 위한 조치를 하고 있다.			
12. 차량계 하역운반기계의 수리 또는 부속장치의 장착 및 해제 작업 시 작업지휘자를 지정하여 작업을 지휘·감독한다.			
13. 차량에 안전삼각대, 소화기 등 안전장구를 휴대한다.			
14. 차량운행 전 주요 안전장치(제동장치, 전조등, 후미등, 경적 등) 확인 및 이상시 조치 후 운행한다.			
15. 화물을 하역하는 동안 차량들은 차량 하나의 넓이만큼 서로 떨어지도록 배치한다.			
16. 로프 풀기, 덮개 벗기기 작업을 하는 경우 적재함 화물의 낙하 위험이 없음을 확인 후 실시한다.			
17. 화물자동차의 휠 및 타이어 내·외부 갈라짐, 부풀어 오름, 내부 강심 노출 여부 등을 확인 후 결함이 발견된 경우, 즉시 수리한 후 운행한다.			
18. 5대 이상 화물자동차 취급 시 특별안전보건교육을 실시한다.			

〈추가 참고자료〉

- 산업안전보건기준에 관한 규칙 제171조에서 제178조, 제187조에서 제190조
- 육상 및 수상운수업 안전보건 실무길잡이(안전보건공단 홈페이지–자료마당–안전보건자료실)
- KOSHA GUIDE(G–101–2013)운송용 차량에서의 작업 시 떨어짐 사고를 방지하기 위한 기술지침(안전보건공단 홈페이지–자료마당–법령/지침정보)

1.2.9 철도차량

자가진단 항목	네	아니요	비고
1. 열차 운행 전 궤도 상태 및 선로의 이상유무를 확인하고 있다.			
2. 입환작업 시 작업인원, 작업량, 작업순서 및 작업방법 등을 포함한 안전작업계획서를 작성하고, 교육을 실시하고 있다.			
3. 입환작업 중 신호수 배치, 작업자간 신호방법를 규정하고, 연결작업 시 지적확인을 실시하고 있다.			
4. 열차가 운행하는 궤도상에서 설비의 보수・점검 중 열차 부딪힘을 방지하기 위한 감시인 배치, 열차 통행 시간 간격을 고려한 대피시간 및 대피공간 확보 등을 확인하고 있다.			
4-1. 열차 운행 중 레일 주변 이동을 금지한다.			
4-2. 열차상판에서 작업시 작업발판 설치, 작업자 절연보호구 지급, 열차 유동방지를 위한 수용바퀴구름막이를 설치한다.			
4-3. 차량 사이에서 연결작업 시 정지신호를 확인하고, 공기관(호스) 분리 시 앵글 콕 잠김 여부를 확인한다.			
5. 철도차량에 오르내릴 때 뛰어서 타거나 내리는 행동을 금지하고 내릴 장소와 인접 선로의 차량 이동 여부를 사전확인 토록 하고 있다.			
6. 수리・검사・조정・청소・급유작업 시 운전을 정지하고, 직업자가 아닌 다른 근로자가 해당 스위치를 조작할 수 없도록 잠금장치(Lockout)를 하고 "수리 중 사용금지" 등의 표지판(Tag out) 등을 설치한다.			
7. 열차 운행을 지시・통제하는 역무실에서는 관련 근로자에게 열차 운행과 관련된 모든 정보를 제공하고 있다.			
8. 보선작업 시에는 열차에 부딪히거나 치일 위험을 방지하기 위해 해당 선로에 대한 열차운행 정지, 운행 감시인 배치 등 작업상황에 따른 안전조치를 하고 있다.			
9. 터널 내부 등 작업장 여건을 감안하여 확성기, 경보기, 무선통신기 등 작업에 적합한 신호장비를 지급하고 있다.			

〈추가 참고자료〉

- 철도・궤도 및 삭도 운수업 안전보건실무길잡이(안전보건공단 홈페이지–자료마당–안전보건자료실)

1.3 위험작업

1.3.1 화기 · 용접작업

자가진단 항목	네	아니요	비고
1. 주변의 가연성물질(단열재 등)에 영향이 있다고 판단되는 범위의 지역을 작업구역으로 표시하였다.			
2. 화기 · 용접작업 장소에 근로자의 통행 · 출입을 제한한다.			
3. 화기작업 전에 작업 대상기기 및 작업구역 내에서 인화성 물질 및 독성 물질의 가스 농도를 측정하여 허가서에 기록한다.			
4. 위험물 저장창고 내부에는 불꽃을 발생하는 내연설비의 장비나 차량, 근로자의 출입을 통제한다.			
5. 냉동 · 냉장창고 내 화기작업 시 위험물질을 완전히 비우거나 방화포를 설치하는 등 화염 또는 스파크 등이 닿지 않도록 격리한 뒤 작업하고 있다.			
6. 냉동 · 냉장창고의 냉매가 암모니아인 경우, – 폭발위험장소를 설정하고, 적정 관리하고 있다. – 암모니아의 누출을 감지할 수 있는 가스감지기를 설치하였다. – 위험상황 발생 시 작업 중지 및 근로자 대피 매뉴얼이 있다.			
7. 밀폐(제한)공간에서의 작업을 수행할 때에는 작업 전에 밀폐공간 내의 공기를 외부의 신선한 공기로 충분히 치환하는 등의 조치(강제환기 등) 실시한다.			
8. 화기작업 전 용접불티 비산방지 덮개 또는 용접 방화포 등 불꽃 비산 방지조치를 하고 이동식 소화기 등을 비치한다.			
9. 화재감시자를 지정하여 화기작업을 시작하기 전과 작업 도중 안전상태를 확인하도록 한다.			
10. 작업 중에 수시로 가스 농도를 측정한다.(폭발의 위험이 있는 가연성 분진이 있는 장소는 분진농도를 추가로 측정)			
11. 화재 · 폭발 · 누출사고가 발생할 수 있는 위험물질을 별도의 옥외 저장소에 보관하고 별도 안전관리를 실시하고 있다.			
12. 위 안전조치가 모두 조치되었음을 확인한 후에 작업을 시작하도록 관리한다.			

〈추가 참고자료〉
- 산업재해 예방을 위한 안전보건관리체계 가이드북(고용노동부 홈페이지–정책자료–정책자료실)
- KOSHA GUIDE(P–94–2019) 안전작업허가지침(안전보건공단 홈페이지–자료마당–법령/지침정보)
- 제조업 자율위험평가 가이드라인(안전보건공단 홈페이지–자료마당–안전보건자료실)
- 냉동 · 물류창고 화재사고예방 매뉴얼(안전보건공단 홈페이지–자료마당–안전보건자료실)

1.3.2 전기작업

자가진단 항목	네	아니요	비고
1. 작업 전로 차단, 잠금장치 및 꼬리표(LOTO) 부착하고 검전기를 이용하여 충전여부를 확인하고 있다.			
2. 전기기구 취급작업 시 전기설비로부터 폭 70cm 이상의 작업공간을 확보하고 있다.			
3. 감전위험이 있는 전기기계・기구 또는 전로의 설치・해체・정비・점검(설비의 유효성을 장비, 도구를 이용하여 확인하는 점검) 등의 작업을 하는 경우에 유자격자가 작업을 수행하고 있다.			
4. 전기기계・기구 및 설비의 전원 접속부인 충전부가 노출되어 있지 않다.			
5. 전기기계・기구 및 설비의 금속재, 철재 등의 외함에 접지시설이 되어있다.			
6. 휴대형 또는 이동형 전동기계의 전원에 누전차단기가 설치되어 있다.			
7. 전기기기 외함에 접지된 접지선이 접지극과 직접 연결되어 있다.(접지 연속성 유무)			
8. 누전여부 체크를 위해 주기적으로 절연저항을 측정하고 기록한다.			
9. 주기적으로 접지저항을 측정하고, 접지 저항값이 기준에 적합하다.			
10. 용접선, 배선, 이동전선 등 절연전선의 피복이 손상되어 있지 않다.			
11. 정전작업 중 타 작업자의 개폐기 오조작 방지를 위하여 분전반 또는 개폐기에 잠금장치나 표지판을 설치하였다.			
12. 변전실 출입문에 잠금장치를 하고, 관계자외 출입금지 표시를 부착하였다.			
13. 변전실 등 특별고압 충전전로에 접근한계거리 표지판이 부착되어 있다.			
14. 근접장소에서의 청소 등의 작업 시 접근한계거리를 유지하여 작업하도록 관리한다.			
15. 낙뢰위험지역에 낙뢰에 의한 위험방지를 위해 피뢰침을 설치하였다.			
16. 피뢰침의 접지 저항치를 측정하여 적정한 수준을 유지한다.			
17. 물 등의 도전성이 높은 액체가 있는 습윤한 장소에서의 이동전선 등은 충분한 절연효과가 있다.			
18. 정전기에 의한 화재, 폭발 등의 위험이 발생할 우려가 있는 경우 해당설비에 대하여 확실한 방법으로 접지, 도전성 재료 사용, 제전장치 등 정전기 제거 조치를 하였다.			

19. 전기기계·기구 또는 전로의 설치·해체·정비·점검 등의 전기작업(50V초과 또는 전기에너지가 250VA를 넘는 경우)시 작업계획서를 작성하고 그 계획에 따라 작업을 하였다.			
20. 충전전로 등의 전기 작업을 할 때에는 절연용 보호구, 절연용 방호구 등을 근로자에게 지급·착용토록 한다.			

〈추가 참고자료〉

- 산업재해 예방을 위한 안전보건관리체계 가이드북(고용노동부 홈페이지-정책자료-정책자료실)
- KOSHA GUIDE(E-105-2011) 전기작업안전에 관한 기술지침(안전보건공단 홈페이지-자료마당-법령/지침정보)
- KOSHA GUIDE(O-3-2011) 전기설비의 정비를 위한 일반 기술지침(안전보건공단 홈페이지-자료마당-법령/지침정보)
- 건설업, 제조업 자율위험평가 가이드라인(안전보건공단 홈페이지-자료마당-안전보건자료실)

1.3.3 밀폐공간 작업

자가진단 항목	네	아니요	비고
1. 질식위험공간에 출입전 산소 및 유해가스 농도를 측정한다. ※ 적정공기: 산소 18%~23.5%, 탄산가스 1.5% 미만, 일산화탄소 30ppm 미만, 황화수소 10ppm 미만			
2. 적정공기 상태가 유지되도록 작업전·작업중 지속적으로 환기한다.			
3. 구조작업 시 공기호흡기 등 보호 장비를 착용할 수 있도록 작업장 주변에 비치하였다.			
4. 밀폐공간 유해가스, 산소결핍, 화재·폭발 위험 등에 대하여 사전 조사하였다.			
5. 밀폐공간 보건작업 프로그램을 수립하여 시행하였다.			
6. 작업 시작하는 경우 사전에 산소 및 유해가스농도 측정에 관한 사항, 응급조치요령, 환기설비 가동 등 안전작업방법, 보호구사용 등에 대한 사항을 작업 근로자에게 교육 등을 통해 알리고 있다.			
7. 산소농도, 유해가스측정기, 환기팬, 공기호흡기와 송기마스크 등 호흡용 보호구, 안전대, 구명밧줄, 안전장비 등 사전에 필요한 장비준비·점검·사용법 숙지를 하였다.			
8. 긴급 상황 대비 무전기 등 통신장비를 구비하여 연락체계를 갖추었다.			
9. 감시인은 작업자가 내부에 있을 때는 항상 정위치하며, 필요한 보호 장비와 구조장비를 갖추고 있다.			
10. 관계근로자가 아닌 사람의 출입을 금지하고, 그 내용을 보기 쉬운 장소에 게시하였다.			
11. 밀폐공간 작업장소에 근로자를 입장 및 퇴장시킬 때마다 인원을 점검하였다.			
12. 밀폐공간작업을 위해 허가자에게 밀폐공간작업 허가를 받고 있다.			
13. 관리감독자가 밀폐공간 안전보건조치 사항을 지휘, 점검 등의 업무를 수행하고 있다.			

〈추가 참고자료〉
- KOSHA GUIDE(H-75-2015) 사업장 작업환경 평가지침(안전보건공단 홈페이지-자료마당-법령/지침정보)
- KOSHA GUIDE(X-68-2015) 밀폐공간 위험관리에 관한 기술지침(안전보건공단 홈페이지-자료마당-법령/지침정보)
- KOSHA GUIDE(H-80-2018) 밀폐공간 작업 프로그램 수립 및 시행에 관한 기술지침
- 밀폐공간 질식재해예방 안전작업 가이드(안전보건공단 홈페이지-자료마당-안전보건자료실)

1.4 보건

1.4.1 유해화학물질

자가진단 항목	네	아니요	비고
1. 사업장에서 발생하거나 취급하는 유해화학물질에 대해 분류・파악하고 있다.			
2. 사업장에서 취급하는 유해화학물질의 유해성・위험성, MSDS, 노출시 조치방법 등 관리방안을 근로자에게 교육한다.			
3. 유해화학물질 취급 담당자를 별도 지정하였다.			
4. 유해화학물질 저장시설의 구조는 해당 물질의 유출・누출을 방지하기 위하여 저장하는 물질의 종류・온도・압력 및 사용환경에 적합한 것으로 선정하였다.			
5. 근로자에게 적절한 방호조치 및 개인보호구 지급, 착용하도록 관리한다.			
6. 유해화학물질을 화기나 그 밖에 점화원이 될 우려가 있는 것에 접근, 가열, 마찰시키는 등의 행위를 하지 않는다.			
7. 유해화학물질 용기(소분용기포함)에 시 물질명, 경고표시 등 내용물에 대한 사항을 명확히 표기하였다.			
8. 인화성 또는 독성물질에 의한 화재・폭발・누출을 미리 감지하기 위한 가스 검지 및 경보장치가 설치되어 있다.			
9. 유해화학물질의 성상에 따라 적절한 저장방법을 선정하고, 유해화학물질간의 반응 등으로 인한 사고가 발생하지 않도록 조치하고 있다.			
10. 유해화학물질을 취급하는 곳에 응급 시 근로자가 쉽게 사용할 수 있도록 세척시설과 세안설비를 설치하고 있다.			
11. 가스경보기가 작동할 경우 조치사항을 근로자에게 교육한다.			
12. 취급물질에 적절한 소화기를 작업장에 비치하였다.			
13. 배관 연결부, 밸브 등의 연결부에서 물질의 누출 여부를 정기적으로 점검한다.			
14. 인화성물질을 취급하는 구역은 폭발위험장소로 구분하고, 적정한 방폭설비를 설치하였다.			

〈추가 참고자료〉
- KOSHA GUIDE(K-1-2011) 유해화학물질 저장・운반 및 취급에 관한 기술지침
- KOSHA GUIDE(G-104-2020) 화재 및 화학물질 누출사고 대응을 위한 비상조치계획에 관한 지침 (안전보건공단 홈페이지-자료마당-법령/지침정보)

1.4.2 소음 또는 진동

자가진단 항목	네	아니요	비고
1. 사업장의 소음 또는 진동 발생 장소·설비 등에 대해 분류하고 있다.			
2. 사업장에서 발생하는 소음 또는 진동에 의한 유해성·위험성 및 관리방안을 근로자에게 주지시키고 있다.			
3. 작업환경측정을 통해 노출되는 소음 또는 진동에 대한 노출수준을 관리하고 있다.			
4. 작업환경측정 결과에 따라 노출수준 저감을 위한 관리방안을 마련하고 있다.			
5. 소음 또는 진동 발생 작업에 근로자를 배치하기 전 근로자의 건강상태와 특성 등을 고려하여 배치하고 있다.			
6. 소음 발생원의 격리, 차폐 등 소음발생수준을 저감시키기 위한 방안을 마련하였다.			
7. 소음 작업에 종사하는 근로자의 청력평가를 정기적으로 실시한다.			
8. 근로자의 건강검사(평가) 결과를 토대로 상담, 의학적 처치 등이 적절히 조치하였다.			
9. 청력보호구는 근로자의 특성과 작업장 환경, 소음발생수준에 맞게 지급되고, 근로자에게 착용법을 교육하고 있다.			
10. 85dB 이상 소음이 발생하는 작업에 대해 청력보존프로그램을 수립·시행하고 있다.			
11. 청력보호가 필요한 곳에 경고판을 부착하였다.			
12. 진동 발생 공구는 적절히 유지보수가 되고 있으며, 진동이 많이 발생하는 기구는 교체하고 있다.			
13. 국소진동공구 사용 등 진동작업에 종사하는 근로자의 건강진단을 정기적으로 실시하고 있다.			
14. 방진장갑 등 진동보호구를 지급하고, 작업자가 진동보호구를 착용하도록 관리한다.			
15. 작업자가 진동에 노출되는 시간을 제한하고, 진동을 저감하기 위한 보조기구 등을 활용하고 있다.			

〈추가 참고자료〉
- KOSHA GUIDE(H-75-2015) 사업장 작업환경 평가지침
- KOSHA GUIDE(H-205-2018) 작업환경상 건강유해요인에 대한 위험성평가 지침
- KOSHA GUIDE(H-7-2012) 청력보존프로그램의 효과 평가지침
- KOSHA GUIDE(H-177-2015) 국소진동공구 취급근로자의 보건관리지침
  (안전보건공단 홈페이지-자료마당-법령/지침정보)

1.4.3 고열 · 한랭

자가진단 항목	네	아니요	비고
1. 고열 · 한랭의 유해성 · 위험성을 파악하고, 관리방안을 근로자에게 교육한다.			
2. 작업환경측정 등을 통해 근로자에게 노출되는 고열 · 한랭 노출수준을 관리하고 있다.			
3. 근로자를 배치하기 전 근로자의 건강상태와 특성 등을 고려하여 배치하고 있다.			
4. 열원의 격리와 작업장 내 온 · 습도 조절을 위한 냉방장치 등이 설치되어 있다.			
5. 다량의 고열물체 또는 저온물체를 취급하는 장소 등에 관계근로자 외 출입을 금지하고 그 내용을 게시하고 있다.			
6. 작업의 강도에 따른 휴식시간을 적절히 부여하고, 쾌적한 휴게공간을 제공하고 있다.			
7. 폭염에 따른 온열질환 예방을 위하여 휴게공간에 에어컨 설치, 식염 및 차가운 음료 비치 등 적절한 조치를 취하고 있다.			
8. 폭염에 따른 창고 내부의 온도를 주기적으로 확인하고, 온열질환이 발생하지 않도록 조치하고 있다.			
9. 한랭에 따른 한랭질환 예방을 위하여 휴게공간에 온열기 설치, 따뜻한 음료 비치 등 적절한 조치를 취하고 있다.			
10. 한랭작업에 따른 방한모, 방한화, 방한장갑 및 방한복 등 적절한 보호구를 지급하고 착용하여 작업하도록 관리한다.			
11. 냉동 · 냉장창고의 출입문 비상정지장치, 탭스위치, 경보장치 등의 정상 작동여부를 주기적으로 확인한다.			
12. 냉동 · 냉장창고의 출입문이 임의로 잠기지 않도록 조치하고, 내부에서 수동개폐가 가능한 구조로 설치되어 있다.			
13. 냉동 · 냉장창고의 온도, 예상작업시간을 사전에 파악하고 창고 내 작업 중인 근로자와 수시로 연락하여 작업상황을 공유한다.			
14. 냉동 · 냉장창고의 출입문을 잠그는 경우에는 항상 내부에 작업자가 있는지 확인하고 있다.			
15. 한랭으로 인한 건강장해(저체온증 등) 발생 시 대응절차 등을 마련하고 시행하고 있다.			

〈추가 참고자료〉

- KOSHA GUIDE(W-12-2017) 고열작업환경 관리지침(안전보건공단 홈페이지-자료마당-법령/지침정보)
- 창고업 안전보건 실무길잡이(안전보건공단 홈페이지-자료마당-안전보건자료실)

1.4.4 근골격계질환

자가진단 항목	네	아니요	비고
1. 근골격계질환이 발생할 수 있는 위험요인과 작업내용을 파악하고 있다.			
2. 근골격계질환 유해요인조사를 적정하게 실시하고 그 결과를 알리고 있다.			
3. 근골격계질환 발생 우려가 있는 경우 인간공학적 설계, 인력작업 보조설비 및 편의설비를 설치하고 있다.			
4. 부담작업 종사자 교육(유해요인, 징후와 증상, 대처 요령, 올바른 작업자세, 작업도구, 작업시설의 올바른 사용법)을 실시하고 있다.			
5. 취급 물품의 중량, 취급빈도, 운반거리, 운반 속도 등 작업조건에 따라 작업시간 및 휴식시간 등을 적정하게 배분하고 있다.			
6. 중량물의 중량과 무게중심을 표시하고 손잡이를 붙이거나 갈고리, 진공빨판 등을 활용하고 있다.			
7. 중량물 취급자에게 올바른 들기 자세에 대한 교육을 실시하고 있다.			
8. 서서 일하는 근로자 또는 VDT 작업자에게 적절한 작업대, 작업용 의자, 발 받침대 등의 작업환경을 제공하고 있다.			
9. 근골격계 질환 예방을 위한 프로그램을 운영하고 있다.			
10. 근로자가 편히 쉴 수 있는 휴게공간과 휴식시간을 부여한다.			

〈추가 참고자료〉

- KOSHA GUIDE(H-66-2012) 근골격계질환 예방을 위한 작업환경개선 지침
- KOSHA GUIDE(H-9-2012) 근골격계부담작업 유해요인조사 지침
  (안전보건공단 홈페이지-자료마당-법령/지침정보)

1.4.5 근로자 건강관리

자가진단 항목	네	아니요	비고
1. 근로자의 건강을 보호하고, 증진시키기 위한 조직과 체계가 마련되어 있다.			
2. 작업장 내 건강진단 대상 유해인자를 파악하여 관리하고 있다.			
3. 건강진단 대상 유해인자에 노출되고 있는 작업과 근로자를 파악하고 있다.			
4. 근로자의 건강보호 유지를 위하여 정기적인 건강진단을 실시하고 있다.			
5. 건강진단 결과에 따른 사후조치를 실시하고 있다.			
6. 근로자 개인별 건강관리를 위한 상담을 실시하고 이력을 관리하고 있다.			
7. 근로자의 작업 배치시 근로자 개인의 특성과 건강상태 등을 고려하여 작업에 배치하였다.			
8. 근로자가 편히 쉴 수 있는 휴게공간과 휴식시간을 부여한다.			
9. 작업장의 조도와 온·습도는 적절히 유지되고 있다.			
10. 근로자의 건강관리능력을 함양하기 위한 건강증진 프로그램 등 건강증진사업을 시행하고 있다.			

〈추가 참고자료〉
- KOSHA GUIDE(G-37-2012) 근로자의 일반적인 건강관리에 관한 지침
  (안전보건공단 홈페이지-자료마당-법령/지침정보)
- 철도 기관사 직업건강 가이드라인(안전보건공단 홈페이지-자료마당-안전보건자료실)

1.4.6 응급조치

자가진단 항목	네	아니요	비고
1. 응급상황 발생시 대응체계를 구축하고 있다			
2. 응급상황 발생을 관리할 수 있는 조직을 구성하고 그 직무를 규정하고 있다.			
3. 응급상황 발생시 연락대응 체계를 구축하고 비상연락망을 유지하고 있다.			
4. 응급상황 발생시 근로자들은 신고체계와 보고체계에 대해 숙지하고 있다.			
5. 응급상황 발생시 대응할 수 있는 소화기, 응급처치함, 구조장비 등 비상 물품을 구비하고 있다.			
6. 구급함, 구조장비 등 비상물품의 수량 및 보존기한을 확인하는 점검자를 지정하고 관리한다.			
7. 응급상황에 대비한 훈련을 정기적으로 실시하고 평가하고 있다.			
8. 응급상황이 완료된 후 이를 기록하고 관리하고 있다.			

〈추가 참고자료〉

- KOSHA GUIDE(H-187-2016) 산업재해 형태별 응급처치 요령
  (안전보건공단 홈페이지-자료마당-법령/지침정보)

참고 1-1 창고 및 운송관련 서비스업 주요 사고사례

자동차 운전종사자 – 화물차량 운전

조심조심 코리아

주요 위험 요인

교통사고

- 야간 졸음운전에 의한 교통사고

떨어짐(추락)

- 차량적재함에 화물 고정 시 로프가 고리에서 이탈되어 바닥으로 추락

근골격계질환

- 장시간 운전으로 인한 근골격계 질환 발생

작업안전대책

교통사고

- 장시간 운전 중 주기적인 휴식
- 교통신호 및 제한속도 준수, 안전벨트 착용

신호 및 속도 준수

적재함에서 떨어짐

- 화물 고정 시 화물결속기(깔깔이바) 사용
- 적재함 상부로 접근 시 전용 승강설비 사용
- 추락위험 장소 작업 시 안전모 착용 철저

안전모 착용

근골격계질환

- 장시간 운전 시 주기적으로 스트레칭 실시

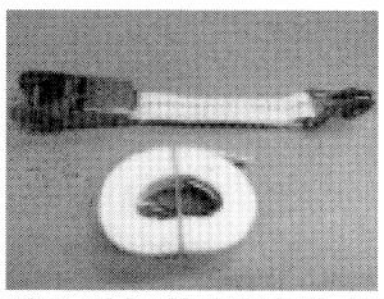

화물 결속기(깔깔이바) 사용

www.kosha.or.kr | 032-5100-500 안전보건공단

참고 1-2 창고 및 운송관련 서비스업 주요 사고사례

2018-교육미디어-774

중대재해사례 _ 산재사망사고 절반으로 줄입시다!

화장실을 다녀오는 근로자가 폐스티로폼 운반 지게차와 충돌

재해 개요

1차 선별된 폐스티로폼을 지게차로 2차 선별장으로 운반하던 중 화장실에 다녀오던 근로자를 미처 보지 못하고 충돌

재해발생 원인

> 지게차 운행경로 및 보행자 통로 미확보
> 지게차 접촉 방지조치 미실시
> 지게차 작업계획서 미작성 및 작업지휘자 미지정

재해예방 대책

- 작업장 내 보행자통로 확보
- 지게차 접촉 방지조치 철저
- 작업계획서 작성, 근로자 고지 및 작업지휘자 배치

관련 법령

산안법, 안전보건기준에 관한 규칙 및 KOSHA Guide 등

- 산업안전보건기준에 관한 규칙 제22조(통로의 설치)
- 산업안전보건기준에 관한 규칙 제38조(사전조사 및 작업계획서 작성)
- 산업안전보건기준에 관한 규칙 제39조(작업지휘자의 지정)
- 산업안전보건기준에 관한 규칙 제40조(신호)
- 산업안전보건기준에 관한 규칙 제172조(접촉의 방지)
- 고용노동부 고시(제2015-47) 운반하역 표준안전 작업지침
- KOSHA Guide(M-185-2015) 지게차의 안전작업에 관한 기술지침
- KOSHA Guide(G-100-2013) 지게차의 운전자의 안전교육훈련에 관한 기술지침

고용노동부 산업재해예방 안전보건공단

참고 1-3 창고 및 운송관련 서비스업 주요 사고사례

중대재해사례 _ 산재사망사고 절반으로 줄입시다!

2018-교육미디어-781

작업장 보행 중 제품 상차를 위해 후진하던 지게차와 충돌

재해 개요

작업자가 트레일러 후미에서 H-beam 적재장소로 이동 중 제품 상차를 위해 후진하는 지게차에 부딪힘

재해발생 원인

> 작업장 내 보행자 통로 미확보
> 지게차 작업 반경 내 근로자 출입제한 조치 미실시
> 작업지휘자 미지정 및 작업계획서 미작성

재해예방 대책

- 작업장 내 보행자 통로 확보
- 운행통로에 운행을 방해하는 장애물을 완전히 제거
- 차량계 하역운반기계를 사용하는 작업 시 작업계획서 작성 및 작업지휘자 지정하여 해당 작업을 하는 장소에 관계 근로자가 아닌 사람의 출입을 금지

관련 법령

산안법, 안전보건기준에 관한 규칙 및 KOSHA Guide 등

- 산업안전보건기준에 관한 규칙 제22조(통로의 설치)
- 산업안전보건기준에 관한 규칙 제38조(사전조사 및 작업계획서 작성)
- 산업안전보건기준에 관한 규칙 제39조(작업지휘자의 지정)
- 산업안전보건기준에 관한 규칙 제40조(신호)
- 산업안전보건기준에 관한 규칙 제172조(접촉의 방지)
- 산업안전보건기준에 관한 규칙 제177조(싣거나 내리는 작업)
- 고용노동부 고시(제2015-47) 운반하역 표준안전 작업지침
- KOSHA Guide(M-185-2015) 지게차의 안전작업에 관한 기술지침
- KOSHA Guide(G-100-2013) 지게차의 운전자의 안전교육훈련에 관한 기술지침

고용노동부 산업재해예방 안전보건공단

참고 1-4 창고 및 운송관련 서비스업 주요 사고사례

중대재해사례 _ 산재사망사고 절반으로 줄입시다!

2018-교육미디어-657

화물자동차에서 화물적재 작업 중 차량에서 떨어짐

재해 개요

화물차량에 화물(옥수수대)을 적재한 후 고무바로 고정하는 중에
고무바가 끊어지면서 화물 상부에 있던 근로자가 떨어짐

재해 발생 원인

- 화물 고정용 고무바 노후로 파단
- 차량계 하역운반기계 작업계획서 미작성
- 재해자 개인보호구 미착용

재해 예방 대책

- 고무바의 정기적인 안전점검 및 교체 실시
- 차량계 하역운반기계 작업계획서 작성 및 이행
- 근로자 개인보호구 착용

관련 법령
산안법, 안전보건기준에 관한 규칙 및 KOSHA Guide 등

- 산업안전보건기준에 관한 규칙 제32조(보호구의 지급 등)
- 산업안전보건기준에 관한 규칙 제38조(사전조사 및 작업계획서의 작성 등)

고용노동부 산업재해예방 안전보건공단

참고 1-5 창고 및 운송관련 서비스업 주요 사고사례

2013-교육미디어-1433

재해사례 (화물 트레일러) 화물 트레일러에 적재된 원목이 떨어짐

조심조심 코리아 운수창고통신업

부두 작업장에서 로더를 이용하여 25톤 트레일러 화물차량에 원목 상차작업 중 차량 측면에서 약 800kg 원목에 화주표시 락카를 칠하고 있는 작업자의 상반신에 원목이 굴러 떨어져 맞음

재해발생 원인

- 떨어짐 등의 위험방지를 위한 작업계획서 미작성 및 작업지휘자 미지정
- 결속되지 않은 적재된 원목이 있는 상태에서 위험장소에 접근
- 화물이 떨어지거나 날아올 위험이 있는 작업시 안전모 등 안전보호구 미착용

안전작업 방법 TIP

1. 작업지휘자 또는 유도자를 배치하고 작업계획서에 따라 작업을 지휘하여 안전작업 실시
   - 원목 상차, 하역 또는 운반 중 접촉되어 위험해질 우려가 있는 장소에 출입금지 조치 및 원목을 안전하게 결속한 후 작업 실시
2. 물체가 떨어지거나 날아올 위험이 있는 작업의 경우 작업조건에 맞는 안전모 착용

안전보건공단

참고 1-6 창고 및 운송관련 서비스업 주요 사고사례

운송수행 종사자 – 퀵서비스 배송작업

조심조심 코리아

주요 위험 요인

교통사고

- 오토바이 운전 중 신호 미준수, 보호구 미착용으로 사망

넘어짐, 부딪힘, 떨어짐

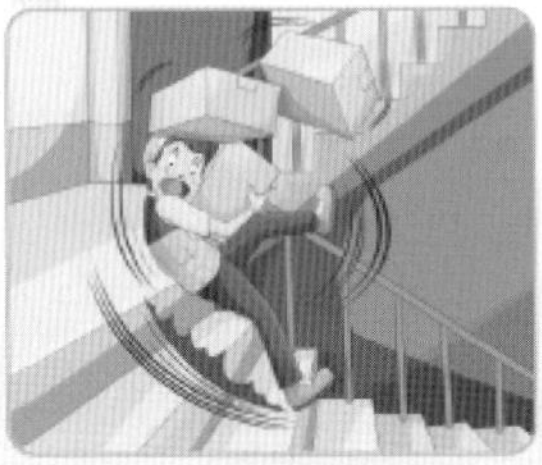

- 계단에서 미끄러져 넘어짐
- 물품운반 시 시야확보 부족으로 장애물에 충돌

근골격계질환

- 무거운 박스를 인력에 의해 옮기던 중 허리에 통증을 느낌

작업안전대책

교통사고

- 규정속도 준수 등 교통안전수칙 준수
- 헬멧 · 무릎보호대 등 보호구 반드시 착용

보호구는 반드시 착용

넘어짐, 부딪힘, 떨어짐

- 계단 승강 시 난간 손잡이를 잡고 이동
- 박스 운반 시 시야확보 필요
- 물품 운송작업 시 미끄럼 방지화 착용

난간 손잡이를 잡고 안전하게 이동

근골격계질환

- 물품박스 운반 시 손수레 사용
- 작업 전 · 후 스트레칭 자주 실시

www.kosha.or.kr | 032-5100-500

산업재해예방 안전보건공단

참고 1-7 창고 및 운송관련 서비스업 주요 사고사례

화물열차 차장, 신호 및 수송 종사자 – 입환작업

조심조심 코리아

주요 위험 요인

부딪힘(충돌)

- 운행 중인 철도차량에 부딪힘

떨어짐(추락)

- 운행 중인 철도차량에 승강 중 떨어짐

끼임(협착)

- 열차 연결 및 분리작업 중 끼임

작업안전대책

부딪힘(충돌)

- 작업계획서 작성 및 변경시 교육
- 운행감시인 배치로 방호거리 확보
- 대피공간 확보
- 경보기, 확성기 등 신호장비 지급

작업자 대피공간 확보

떨어짐(추락)

- 열차운행 중 오르거나 내림 금지
- 탑승위치에 미끄럼방지 발판 및 손잡이 설치

끼임(협착)

- 입환작업 시 관계자외 출입금지 조치
- 차륜막이 등 열차유동 방지조치

입환작업 시 출입금지 표지판 설치

제7절 임업종 위험요인 파악 및 통제 자율점검표

1. 분야별 위험요인 파악 및 통제

1.1 작업장 일반

1.1.1 숲가꾸기 · 가지치기 · 풀베기 등

자가진단 항목	네	아니요	비고
1. 급경사지에서 인력에 의한 작업은 가급적 금지하고, 불가피한 경우 경사 방향으로 작업한다.			
2. 급경사지 등 위험장소는 작업 전 지형조사 등을 통해 위험성을 파악하여 제거하거나, 위험장소임을 표시한다.			
3. 벌목, 가지치기, 풀베기 작업 시 보호안경, 안전모, 안전화 등 적절한 보호구를 지급하고 착용토록 한다.			
4. 작업 전 관리감독자가 현장확인 및 근로자 교육 여부 등을 확인하고, 기상 악화 시 작업을 중지하도록 관리한다.			
5. 기계톱 연료 등 인화성 물질을 사용할 때 화재에 대비하여 주변 화기 관리 및 연료 취급 주의사항을 근로자에게 교육한다.			
6. 작업 중 화재에 대비한 간이 소화설비를 비치하고, 화재 발생시 근로자에게 대피방법을 교육한다.			
7. 낫, 기계톱, 고지톱, 예초기 등을 들고 이동할 경우 주변 근로자와 접촉, 경사지에서 미끄러짐 등에 대비하여 날 덮개, 보호캡 등을 부착한다.			
8. 태풍 등으로 도심지역에 불안전하게 걸쳐 쓰러진 나무는 아래로 떨어지지 않도록 지지대, 이동식크레인 등을 통해 견고히 고정 후 작업한다.			
9. 중량물 취급 시 작업계획서를 작성하여 작업자에게 주지하고 계획서에 따라 작업을 실시한다.			

〈참고자료〉
- 임업 안전보건 실무 길잡이 (안전보건공단 홈페이지–자료마당–통합자료실)
- KOSHA GUIDE(X–12–2012) 산림작업시 안전보건 리스크 관리 지침
  (안전보건공단 홈페이지–자료마당–법령/지침정보)

1.1.2 사다리

자가진단 항목	네	아니요	비고
1. 이동식사다리 사용 시 이동통로용 사다리(일자형)와 작업용 사다리(발붙임, A형)를 구분하여 사용한다.			
2. 작업을 시작하기 전에 사다리 기둥, 작업 발판의 상태를 확인한다.			
3. 사다리 작업 시 2인 1조로 작업한다.			
4. 사다리 상단은 걸쳐놓은 지점으로부터 60cm 이상 올라가는 등 적정한 길이의 사다리를 사용한다.			
5. 벌어짐 방지장치, 발판 미끄럼 방지 고무패드가 장착된 사다리를 사용한다.			
6. 사다리의 넘어짐·미끄러짐을 방지하기 위해 평탄하고 견고한 지반 또는 바닥에 설치한다.			
7. 바닥과 사다리는 가능한 한 수평을 유지하여 작업한다.			
8. 짧은 사다리 길이를 늘이기 위해 겹쳐 이어서 사용하지 않는다.			
9. 사다리의 사용 높이를 임의로 높이기 위해 상자, 리프트, 그 밖에 불안정한 곳에 설치하지 않는다.			
10. 보행자 통행로, 차량 도로 등에서 작업할 때 사다리와의 충돌 가능성을 확인한다.			
11. 금속사다리의 경우 내부식성 재료로 만들어졌거나 부식방지 조치가 되어 있다.			
12. 가로수 작업 전 주변 전선, 전기설비 등 감전위험을 확인하여 안전거리를 확보하고, 부도체 재질의 사다리를 사용한다.			
13. 사다리 작업시 안전모(턱끈 조임) 등 개인보호구를 착용하고 작업한다.			
14. 작업자는 균형을 잃거나 추락의 가능성이 있는 무거운 짐이나 장비를 들고 사다리를 오르내리지 않는다.			
15. 사다리 작업 시 하중이 사다리의 최대 설계하중을 넘지 않도록 준수한다.			
16. 사다리에 기름과 유지 등이 묻었다면 해당 물질을 용제 또는 물 세척으로 제거한다.			
17. 사다리는 수시로 점검하고, 결함이 있는 경우 수리하거나 재구매한다.			

〈참고자료〉
- KOSHA GUIDE(G-130-2020) 이동식 사다리의 제작과 사용에 관한 기술지침 (안전보건공단 홈페이지-자료마당-법령/지침정보)

1.2 기계 · 기구

1.2.1 기계 · 기구(일반)

자가진단 항목	네	아니요	비고
1. 기계와 장비의 안전점검을 정기적으로 실시한다.			
2. 모든 기계와 장비는 청결하게 관리되고 적절히 유지 · 보수된다.			
3. 목재파쇄기 등 동력기계의 회전축 · 기어 · 체인 등 근로자가 위험에 처할 우려가 있는 부위에 덮개 · 울 등을 설치하였다.			
4. 동력으로 작동되는 기계에 동력차단장치를 설치하고, 근로자가 작업위치를 이동하지 않고 조작할 수 있는 위치에 설치하였다.			
5. 기계의 운전을 시작할 때 작업방법, 방호장치 등 필요한 사항을 미리 확인한 후 위험 방지를 위하여 필요한 조치를 하였다.			
6. 작업자가 장비에 충돌하지 않도록 이동식 장비의 이동경로와 작업자 이동경로를 구분하였다.			
7. 기계 또는 방호장치의 결함이 발견된 경우 반드시 정비한 후에 근로자가 사용하도록 한다.			
8. 기계톱, 목재파쇄기 등 기계의 정비 · 청소 · 검사 또는 조정 작업 시 해당 기계의 운전을 정지하고, 다른 사람이 그 기계를 운전하는 것을 방지하기 위한 조치를 하고 있다.			
9. 기계 등에 설치한 방호장치를 해체하거나 방호장치의 기능을 임의로 정지하지 않는다.			

〈참고자료〉
- 임업 안전보건 실무 길잡이 (안전보건공단 홈페이지–자료마당–통합자료실)
- KOSHA GUIDE(X–12–2012) 산림작업시 안전보건 리스크 관리 지침 (안전보건공단 홈페이지–자료마당–법령/지침정보)

1.2.2 기계톱

자가진단 항목	네	아니요	비고
1. 기계톱 사용 전에 볼트・너트 체결상태, 톱날, 방호장치* 상태, 누유 여부 등을 확인한 후 작업을 시작한다. * 전방 방호판, 체인 브레이크 조작판, 체인잡이, 진동방지장치 등			
2. 기계톱 시동 전 주변에 근로자와 연료, 장애물이 없는지 확인하고, 지면에서 기계톱을 작동시킨다.			
3. 킥백(Kick Back)현상*을 방지하기 위해 기계톱 톱날 회전 방향에 맞는 절단 방법을 준수하여 작업한다. * 회전하는 톱체인(가이드바) 끝의 상단부분이 어떤 물체에 닿아서 체인톱이 작업자 쪽으로 튀는 현상			
4. 연료 용기는 연료누출이 없고, 위험물질 경고표지를 부착하였다.			
5. 작업자에게 안전모, 보안경, 방진장갑 등 작업에 적절한 보호구를 지급・착용토록 한다.			
6. 기계톱 작업 시 섬유조직이 톱날의 회전을 멈추게 할 수 있는 안전바지 및 무릎보호대를 착용한다.			
7. 다른 지점으로 이동하거나, 톱을 사용하지 않을 때는 체인톱날이 돌지 않게 체인 브레이크를 사용하고, 먼 거리 이동 시 엔진을 정지하고 안전덮개를 부착한다.			
8. 기계톱의 정비・청소・급유 등을 할 때 반드시 기계톱의 운전을 정지한 후에 작업을 실시한다.			
9. 작업 전 작업자 및 신호수가 작업구역, 작업 순서 및 방법, 신호체계 등을 숙지하였는지 확인한 후 작업을 시작한다.			
10. 기계톱에 설치된 방호장치를 임의로 해체하거나 기능을 정지하지 않는다.			

〈추가 참고자료〉

- 임업 안전보건 실무 길잡이 (안전보건공단 홈페이지-자료마당-통합자료실)
- KOSHA GUIDE(G-63-2011) 기계톱을 이용한 벌목작업에 관한 기술지침 (안전보건공단 홈페이지-자료마당-법령/지침정보)
- 산업안전보건기준에 관한 규칙 제405조(벌목작업 시 등의 위험방지), 제406조(벌목의 신호 등)
- 고용노동부 고시 제2020-25호 벌목 표준안전 작업지침

1.2.3 예초기

자가진단 항목	네	아니요	비고
1. 예초기 사용 전에 볼트·너트 체결상태, 칼날 조임상태, 방호장치의 크기 및 위치, 누유 여부 등을 확인한 후 작업을 시작한다.			
2. 예초기 날의 부딪힘에 대비하여 날 덮개를 부착하고, 임의로 날 덮개를 해체하지 않는다.			
3. 예초기의 비상정지 또는 동력차단장치가 정상적으로 작동한다.			
4. 예초기 날의 킥백(Kick Back) 등의 위험에 대비하여 항상 우측에서 좌측방향으로 작업한다.			
5. 예초기 작업 시 안전거리(작업반경 10m 이상)를 확보하고, 작업반경 내 다른 근로자의 접근을 금지한다.			
6. 연료 용기는 연료누출이 없고, 위험물질 경고표지를 부착하였다.			
6. 돌, 파편 등 비래사고를 대비하여 작업자에게 안전모, 안전화, 보호장갑, 보안면 등 개인보호구를 지급·착용토록 한다.			

〈추가 참고자료〉

- 임업 안전보건 실무 길잡이 (안전보건공단 홈페이지–자료마당–통합자료실)
- KOSHA GUIDE(G–69–2011) 예초기 작업에 관한 기술지침
  (안전보건공단 홈페이지–자료마당–법령/지침정보)

1.2.4 소형집재기(아키야윈치)

자가진단 항목	네	아니요	비고
1. 산악지역 이동 전 평지에서 장력을 조절하는 밴드식 브레이크 작동 상태를 숙지하고 있다.			
2. 목표물 견인 완료 후 밴드식 브레이크를 서서히 작동하여 견인된 물체가 미끄러져 내려가지 않도록 주의하여 작업하고 있다.			
3. 윈치 고정도르래는 윈치와 수평으로 설치하여 윈치가 장력을 받아도 공중으로 떠오르지 않도록 고정한다.			
4. 윈치 고정도르래 및 주 도르래 또는 이동 도르래가 설치된 견인로프 내각에서는 작업을 금지하고 있다.			
5. 견인로프 사용강도를 확인하여 작업에 맞는 견인로프를 사용한다.			
6. 과도하게 마모된 견인로프는 즉시 교체하고, 주기적으로 오일을 도포하여 부식을 방지하고 있다.			
7. 소형집재기 작업자는 전문 교육기관에서 관련 교육을 이수한 후 작업하도록 관리한다.			

1.2.5 트랙터집재기(파미윈치)

자가진단 항목	네	아니요	비고
1. 트랙터를 지면에 안전하게 정차·고정 후 작업하고 있다.			
2. 작업한계 중량을 준수하여 작업한다.			
3. 신설된 임도 및 연약지반 확인을 철저히 한 후 이동하고, 지반다짐 조치 후 이동·작업하고 있다.			
4. 원목 쵸킹 후 위험지역 밖으로 대피한 후 집재기 운전자에게 음성, 무전기 등을 통해 신호한다.			
5. 발의 위치를 확인하고 지면에 집재기를 고정한다.			
6. 작업자의 자격증 보유, 교육 이수 여부 등을 확인한다.			

〈추가 참고자료〉
- 임업 안전보건 실무 길잡이 (안전보건공단 홈페이지-자료마당-통합자료실)
- 고용노동부 고시 제2020-25호 벌목 표준안전 작업지침

1.2.6 삭도집재기(가선집재기, 타워야더)

자가진단 항목	네	아니요	비고
1. 차량 또는 트랙터를 지면에 안정되게 정차하고, 아웃트리거 고정 후 작업한다.			
2. 타워 삭도선의 허용범위 내 충분한 장력을 주어 설치하고, 삭도선과 가이라인 각도를 정확하게 분석·설치 후 고정한다.			
3. 집재노선이 가능한 일직선이 되도록 하고, 버팀줄은 가공본줄 후방 20~30°, 내각이 40~60° 되도록 좌우 균등하게 설치한다.			
4. 벌도목 묶음 후 충분한 안전거리를 두고 대피하고, 원목의 당김을 기계수에게 음성, 무전기 등을 통해 신호한다.			
5. 삭도집재기 기계수는 전문 교육기관에서 교육을 이수하고, 경험이 많고 숙달된 근로자가 작업토록 하고 있다.			
6. 삭도집재기 작업 시 가선 아래에서 작업을 금지한다.			
7. 쵸커맨(와이어로프를 나무에 거는 작업자)은 집재목보다 위쪽에서 작업한 후 안전한 대피장소로 대피토록 한다.			

〈추가 참고자료〉

- 임업 안전보건 실무 길잡이 (안전보건공단 홈페이지-자료마당-통합자료실)

1.2.7 우드그랩(원목집게) 장착 굴착기

자가진단 항목	네	아니요	비고
1. 작업장소의 지형, 지반상태 등을 고려한 작업계획서를 작성하고, 계획서에 따라 작업하고 있다.			
2. 유도자를 배치하여 근로자와 충돌위험이 없도록 작업한다.			
3. 승차석이 아닌 위치에 근로자 탑승을 금지한다.			
4. 굴착기 운전면허를 소지하고 산지 및 경사지 운행 유경험자가 운전토록 하고 있다.			
5. 운전자는 운전 시 안전벨트를 항상 착용하고 있다.			
6. 운전자가 운전위치 이탈 시 리퍼, 우드그랩 등 작업장치를 지면에 내려 놓고 시동키를 분리한다.			
7. 작업 지휘 시 원목, 장비별 특성에 따라 일정한 표준방법을 정하여 신호하고 있다.			
8. 굴착기, 미니포워드 붐대와 원목길이의 2배 이상 반경 내 운전자 외 접근을 금지한다.			
9. 차량계 건설기계 작업 시 넘어지거나 굴러떨어짐 위험이 없도록 작업하고 있다.			
10. 폭풍, 폭우, 폭설 등의 악천후 시 우드그랩 작업을 중지한다.			
11. 우드그랩 장착 굴착기는 전조등, 경보장치, 헤드가드 등이 정상적으로 작동한다.			
12. 차량은 정기적으로 검사를 받고 있다.			
13. 굴착기의 붐, 암 등을 올리고 그 하부에서 수리·점검작업 등을 하는 경우, 안전지주, 안전블록 등을 설치하여 안전하게 작업한다.			

〈추가 참고자료〉
- KOSHA GUIDE(C-48 2013) 건설기계 안전보건작업지침
- 산업안전보건기준에 관한 규칙 제196조에서 제206조
- 임업 안전보건 실무 길잡이 (안전보건공단 홈페이지-자료마당-통합자료실)

1.2.8 화물자동차(트레일러 등)

자가진단 항목	네	아니요	비고
1. 차량계 하역운반기계는 화물의 적재·하역 등 주된 용도 이외로 사용하지 않는다.			
2. 하역·운반 중인 화물이나 화물차와 하역운반기계에 접촉될 우려가 있는 곳에는 근로자의 출입을 금지한다.			
3. 적재함 등 승차석이 아닌 위치에 근로자가 탑승하지 않도록 한다.			
4. 작업장 내 운행속도를 제한하고, 속도 준수 여부를 확인한다.			
5. 차량계 하역운반기계에 화물 적재 시 운전자의 시야를 확보한다.			
6. 지정된 운전자 외 운전을 금지하고, 운전자가 운전위치 이탈 시 시동키를 분리하고, 브레이크, 고임목을 체결한다.			
7. 작업지휘자를 지정하여 작업계획서에 따라 작업을 지휘한다.			
8. 작업계획서를 작성하고, 계획서에 따라 작업하는지 확인한다.			
9. 바닥부터 짐 윗면까지의 높이가 2m 이상인 화물자동차에 짐을 싣거나 내리는 경우 안전한 승강설비를 설치하고 높이에 맞는 보호구(안전모 등)를 착용한다.			
10. 화물자동차에 싣거나 내리는 작업을 할 때 전도·전락 위험을 방지하기 위한 조치를 한다.			
11. 원목을 싣거나 내리기 위해 우드그랩 부착 굴착기 등 건설기계 이용 시 작업반경 내 작업자 출입금지, 급선회 금지 등 충돌, 끼임 등의 재해를 예방하기 위한 조치를 하고 있다.			
12. 차량계 하역운반기계의 수리 또는 부속장치의 장착 및 해제 작업 시 작업지휘자를 지정하여 작업을 지휘·감독한다.			
13. 차량에는 백미러, 룸미러 및 CCTV, 자동덮개 등이 설치되어 있다.			
14. 운전자는 운전 시 안전벨트를 항상 착용한다.			
15. 차량운행 전 안전과 직결되는 주요 장치(제동장치, 전조등, 후미등, 경적 등) 확인 및 이상시 조치 후 작업한다.			
16. 화물을 하역하는 동안 차량들은 차량 하나의 넓이만큼 서로 떨어지도록 배치한다.			
17. 와이어, 로프 풀기 등 작업을 하는 경우 적재함 화물의 낙하 위험이 없음을 확인 후 실시한다.			
18. 화물자동차의 휠 및 타이어 내·외부 갈라짐, 부풀어 오름, 내부 강심 노출 여부 등을 확인 후 결함이 발견된 경우, 즉시 타이어 교체 등 필요한 수리작업을 실시한 후 운행한다.			
19. 차량에 안전삼각대, 소화기 등 안전장구를 휴대한다.			

〈추가 참고자료〉

- 산업안전보건기준에 관한 규칙 제171조에서 제178조, 제187조에서 제190조
- KOSHA GUIDE(G-101-2013)운송용 차량에서의 작업 시 떨어짐 사고를 방지하기 위한 기술지침(안전보건공단 홈페이지-자료마당-법령/지침정보)

1.3 위험작업

1.3.1. 벌목작업

자가진단 항목	네	아니요	비고
1. 걸려있는 벌도목은 절단작업을 금지하고, 목재 돌림대・소형윈치・지렛대 등을 이용해 안전하게 쓰러뜨린 후 작업을 실시한다.			
2. 벌목작업 시 인접 수목・지형・풍속 등을 고려해 안전한 방향을 선택하고, 충분한 수구(방향베기) 및 노치각을 만들어 목재의 쪼개짐이 없이 완전히 쓰러지도록 절단한다.			
3. 절단 수목의 가슴높이 직경이 20cm 이상일 경우 노치각을 30° 이상으로 만들고, 뿌리부분 지름의 4분의 1 이상 3분의 1 이하 수구를 만들고 벌목작업을 실시토록 하고 있다.			
4. 벌목작업 시 대피장소는 벌도방향의 뒤편 양방향 45°로 대피로와 대피장소를 정하고 뿌리・넝쿨과 같은 장애물을 제거한다.			
5. 벌목작업 시 지정된 대피장소로 다른 근로자가 대피한 것을 확인한 후 벌목작업을 실시한다.			
6. 벌목하려는 나무를 중심으로 수목 높이의 2배 이상 안전거리를 확보한다.			
7. 걸려있는 나무를 받치고 있는 나무를 벌목하거나 걸린 나무 밑에서의 작업을 금지한다.			
8. 벌목작업 시 일정한 신호방법을 정하여 전 작업자에게 주지시키고 있다.			
9. 벌목 작업자에게 개인보호구(안전모, 안전화, 보안경, 보호대 등)를 지급하고 올바르게 착용하고 작업토록 하고 있다.			
10. 킥백 현상 발생에 대비 안내판 코 윗부분이 나무에 접촉하지 않도록 작업한다.			
11. 벌목 방향을 통제할 수 없을 정도로 강한 바람 또는 방향이 불규칙하게 불면 벌목작업을 중지한다.			

〈추가 참고자료〉
- KOSHA GUIDE(G-63-2011) 기계톱을 이용한 벌목작업에 관한 기술지침 (안전보건공단 홈페이지-자료마당-법령/지침정보)
- 산업안전보건기준에 관한 규칙 제405조(벌목작업 시 등의 위험방지), 제406조(벌목의 신호 등)
- 고용노동부 고시 제2020-25호 벌목 표준안전 작업지침
- 임업 안전보건 실무 길잡이 (안전보건공단 홈페이지-자료마당-통합자료실)

1.3.2 조재작업

자가진단 항목	네	아니요	비고
1. 경사지에서 조재작업을 할 때 말뚝 등으로 목재의 굴러떨어짐을 방지하기 위한 조치를 실시하고 있다.			
2. 조재작업 시작 전에 작업에 지장을 줄 수 있는 주위의 나뭇가지 등을 제거한다.			
3. 경사지에서 조재작업 시 작업자의 발이 나무 밑으로 향하지 않게 주의해서 작업하고 있다.			
4. 기계톱으로 조재작업을 할 때 왼쪽 다리를 오른쪽 다리보다 앞으로 내어 어깨넓이만큼 벌려 견고하게 서고, 기계톱이 튕기지 않도록 뒷손잡이를 오른쪽 무릎(다리)에 대는 등 안전한 자세로 작업을 하고 있다.			
5. 킥백 현상 발생에 대비하여 안내판 코 윗부분이 나무에 접촉하지 않도록 작업하고 있다.			
6. 굵은 나무를 자를 때에는 줄기가 쪼개지거나 가이드 바가 끼일 가능성을 고려하여 작업한다.			
7. 기계톱을 이용한 원목 조재작업 시 압력부위에 끼이면 엔진 시동을 끄고 지렛대나 쐐기를 이용하고 제거한다.			
8. 지면에 떠 있는 나무 절단 시 나무 위에 올라서거나 나무 밑에서 작업하지 않는다.			
9. 인력으로 쌓을 때 목재의 높이는 1m를 초과하지 않도록 하고, 꼭 필요한 경우라 하더라도 2m를 넘지 않도록 한다.			

〈추가 참고자료〉

- 임업 안전보건 실무 길잡이 (안전보건공단 홈페이지–자료마당–통합자료실)
- 고용노동부 고시 제2020–25호 벌목 표준안전 작업지침

1.3.3 집재 · 운재작업

자가진단 항목	네	아니요	비고
1. 기계 집재장치와 운재 삭도의 조립, 해체, 변경, 수리 등의 작업 또는 집재작업 또는 운재작업 시에는 작업책임자를 지정한다.			
2. 작업책임자, 집재기 운전자, 운재삭도의 제동기 취급자는 매일 작업 전후에 장비를 점검한다.			
3. 원목집게 등의 작업용구를 사용하는 자는 작업시작 전에 점검하고 있다.			
4. 집재 및 운재작업을 할 경우 위험이 예상되는 통로, 반출로 등에는 위험표지판을 설치하여 근로자의 출입을 금지한다.			
5. 기계 집재장치 또는 운재삭도의 운전 중, 운전자는 운전위치를 떠나지 않고 있다.			
6. 임도변에서 집재할 때에는 활강목이 튀어나와 안전사고의 위험이 높으므로 작업 시 통행을 제한한다.			
7. 벌도목을 잘라 쌓아올리는 작업은 항상 안전한 평지에서 진행하고 경사진 곳에서는 하지 않는다.			
8. 인력으로 쌓아올릴 때 목재의 높이는 1m를 초과하지 않도록 하고, 꼭 필요한 경우라 하더라도 2m를 넘지 않도록 한다.			
9. 집재장치 또는 운재삭도의 와이어로프 상태를 주기적으로 점검한다.			

〈추가 참고자료〉
- KOSHA GUIDE(G-63-2011) 기계톱을 이용한 벌목작업에 관한 기술지침 (안전보건공단 홈페이지-자료마당-법령/지침정보)
- 고용노동부 고시 제2020-25호 벌목 표준안전 작업지침
- 임업 안전보건 실무 길잡이 (안전보건공단 홈페이지-자료마당-통합자료실)

1.3.4 풀베기 작업

자가진단 항목	네	아니요	비고
1. 예초작업자에게 개인보호구(안전모, 보안면, 귀마개, 안전보호복, 안전장갑, 다리보호대, 안전화 등)를 지급・착용토록 한다.			
2. 예초기 날접촉예방장치를 설치하고, 작업 중에 해제하지 않는다.			
3. 예초기 엔진 시동 시 작업자는 칼날과 안전거리를 확보하고 칼날이 지면이나 장애물에 닿지 않도록 하고 있다.			
4. 올바른 자세를 유지하고 앞 방향에서 상단→하단, 우측→좌측으로 작업하고 있다. ※ 좌측→우측으로 작업할 경우, 킥백이 발생할 수 있음			
5. 작업시 안전공간(작업반경 10m)을 확보하면서 작업하고 있다.			
6. 예초기 날의 각도는 지면으로부터 5~10°로, 높이는 10cm 내외로 유지하면서 작업하고 있다.			
7. 예초기를 어깨에 메는 경우 예초기 날이 지면에 닿지 않도록 하고, 메는 과정 중 예초기가 작동되지 않게 스로틀레버는 손대지 않고 있다.			
8. 작업 중 예초기 날을 무릎 높이 이상 들어 올리지 않고 작업하고 있다.			
9. 작업 중 예초기 날이 돌 또는 굵은 나무 등의 방해물에 부딪히지 않도록 주의하면서 작업하고 있다.			
10. 작업중지 또는 이동 시 반드시 엔진을 정지하고, 작업자 간 안전거리를 유지하여 작업한다.			
11. 덩굴 제거 작업 시 굵기가 가늘고 허리 이상의 높이에 있는 것은 낫을 사용한다.			

〈추가 참고자료〉

- 임업 안전보건 실무 길잡이 (안전보건공단 홈페이지–자료마당–통합자료실)

1.3.5 가지치기 작업

자가진단 항목	네	아니요	비고
1. 어깨 높이 이상의 가지치기를 할 경우, 기계톱 사용을 금지하고 고지톱 등을 사용하고 있다.			
2. 고지톱 사용 시 나뭇가지가 떨어져 머리, 눈 부상 위험이 있으므로 안전모, 보호안경 등을 착용하고 있다.			
3. 고지톱과 작업자의 각도가 45° 내외를 유지하는 안정된 자세를 취하여 떨어지는 나뭇가지에 맞지 않도록 하고 있다.			
4. 사다리를 이용하여 나무 위로 올라가 작업하는 형태는 가급적 지양하고, 고지톱 등 대체 도구를 이용하여 작업한다.			
5. 부득이하게 나무 위로 올라가야 할 경우, 안전대 등 보호구를 착용하고 있다.			
6. 고지톱 작업 시 주변 15m 이내 다른 사람의 출입을 제한한다.			

〈추가 참고자료〉

- 임업 안전보건 실무 길잡이 (안전보건공단 홈페이지-자료마당-통합자료실)

1.4 보건

1.4.1 방제약제 등 화학물질 사용

자가진단 항목	네	아니요	비고
1. 방제약제 등 화학물질 사용에 따른 응급상황에 대비하여 비상계획을 수립하고 비상대응체계를 구축하고 있다.			
2. 작업현장별 비상대응 담당자를 지정하고, 근로자에게 신고체계 및 보고체계에 대해 교육하고 있다.			
3. 방제약제의 독성 및 유해·위험성, 인체에 미치는 영향, 응급처치 방법 등에 대하여 교육하고 있다.			
4. 방제약제, 기계톱 연료 등 화학물질의 오용 등을 예방하기 위하여 작업공간 내 별도 보관장소를 지정하여 보관·사용하고 있다.			
5. 방제작업 전 약품 사용법을 숙지하고, 약품 노출에 대비하여 적절한 개인보호구* 지급 및 착용 여부를 확인하고 있다. * 안전복, 안전화, 마스크, 비닐장갑, 모자 등			
6. 방제작업 시 바람을 등지고 작업하며, 먹고 마시고 흡연하는 것을 금지하고 있다.			
7. 방제작업 후 손과 얼굴 등 노출된 부위를 충분히 씻는다.			
8. 방제작업 후 작업도구는 깨끗이 씻어서 보관한다.			
9. 사용한 방제약제 용기는 빈병 수집장에 안전하게 수집하여 소각 또는 매장하고 있다.			
10. 기계톱 연료·윤활유 등 화학물질 사용에 따른 물질안전보건자료(MSDS)를 비치하고, 해당 물질에 대한 교육을 실시하고 있다.			

〈추가 참고자료〉
- 임업 안전보건 실무 길잡이 (안전보건공단 홈페이지–자료마당–통합자료실)
- 산업안전보건기준에 관한 규칙 제670조(농약원재료 방제작업 시의 조치)
- KOSHA GUIDE(W–19–2012) 농약방제작업 근로자 안전보건에 관한 기술지침 (안전보건공단 홈페이지–자료마당–법령/지침정보)

1.4.2 진드기, 벌, 뱀 등 곤충 및 동물매개 감염

자가진단 항목	네	아니요	비고
1. 곤충 및 동물매개 감염에 따른 응급상황에 대비하여 비상계획을 수립하고 비상대응체계를 구축하고 있다.			
2. 작업현장별 비상대응 담당자를 지정하고, 근로자에게 신고체계 및 보고체계에 대해 교육하고 있다.			
3. 곤충 및 동물매개 감염에 대한 안전조치, 상황별 응급처치방법 마련 및 구급용품을 비치하고, 근로자에게 교육하고 있다.			
4. 작업 전 작업장 내 벌집이 있거나 독사 등이 서식하고 있는지 확인하며, 적절한 작업복·개인보호구* 지급 및 착용여부를 확인하고 있다. * 긴옷, 벌망, 목이 긴 안전화 등			
5. 진드기 기피제 및 벌 출몰 시 퇴치할 수 있는 스프레이를 현장에 충분히 비치하고 사용하도록 하고 있다.			
6. 곤충이나 동물에 물렸는지 확인하고, 이상증상 발생 시 즉시 병원 이송하여 의사의 진료를 받도록 하고 있다.			
7. 휴식 중 사용할 수 있는 돗자리를 지급하고 있으며, 근로자가 풀밭에 앉거나 눕지 않도록 관리감독 하고 있다.			
8. 작업 후 목욕을 하도록 지도하고 있으며, 착용한 작업복 및 돗자리는 세척하여 햇볕에 말린다.			

〈참고자료〉

- 임업 안전보건 실무 길잡이 (안전보건공단 홈페이지-자료마당-통합자료실)
- 산업안전보건기준에 관한 규칙 제603조(예방조치), 제604조(노출 후 관리)
- KOSHA GUIDE(G-64-2011) 벌목작업 현장의 응급처치에 관한 지침 (안전보건공단 홈페이지-자료마당-법령/지침정보)

1.4.3 고열장해 및 한랭장해 예방

자가진단 항목	네	아니요	비고
1. 고열장해 및 한랭장해에 따른 응급상황에 대비하여 비상계획을 수립하고 비상대응체계를 구축하고 있다.			
2. 작업현장별 비상대응 담당자를 지정하고, 근로자에게 신고체계 및 보고체계에 대해 교육하고 있다.			
3. 고열장해 및 한랭장해에 대한 안전조치, 상황별 응급처치방법을 마련하고, 근로자에게 교육하고 있다.			
4. 작업시기, 작업장의 특성에 맞는 작업복*을 지급하고, 착용여부를 확인하고 있다. * 고열: 모자, 쿨토시 등, 한랭: 방한복, 장갑 등			
5. 작업 전 고열 및 한랭장해 예방을 위한 간이 휴게시설 등을 설치하고, 주기적으로 휴식을 취할 수 있도록 적절한 휴식시간을 부여한다.			
6. 고열장해 예방을 위해 휴게시설에 물과 소금 등을 충분히 비치하고, 15분 간격으로 수분을 섭취할 수 있도록 하고 있다.			
7. 이상증상 발생 시 즉시 병원 이송하여 의사의 진료를 받도록 하고 있다.			

〈추가 참고자료〉
- 임업 안전보건 실무 길잡이 (안전보건공단 홈페이지–자료마당–통합자료실)
- 산업안전보건기준에 관한 규칙 제566조(휴식 등), 제567조(휴게시설의 설치), 제570조(세척시설 등), 제571조(소금과 음료수 등의 비치)
- KOSHA GUIDE(G–64–2011) 벌목작업 현장의 응급처치에 관한 지침 (안전보건공단 홈페이지–자료마당–법령/지침정보)

1.4.4 소음 및 진동작업

자가진단 항목	네	아니요	비고
1. 기계톱 및 벌목용 기계·기구 사용에 따른 소음에 대한 피해를 최소화하기 위해 귀마개 지급·착용 등 소음 감소대책 마련하여 근로자에게 주지하고 있다.			
2. 장기적 소음노출에 따른 청력 보호를 위하여 적절한 보호구를 선정하고, 근로자에게 지급하여 착용하도록 하고 있다.			
3. 기계톱, 예초기 등 진동 기계·기구가 정상적으로 유지될 수 있도록 상시 점검하여 보수하는 등 관리를 하고 있다.			
4. 진동작업이 인체에 미치는 영향과 증상, 보호구 착용방법, 진동 기계·기구 관리방법, 진동장해 예방방법 등을 근로자가 알고 있다.			
5. 진동작업에 적절한 진동보호구를 선정하고, 근로자에게 지급하여 착용하도록 하고 있다.			
6. 예초기 사용 등 중작업 시 작업시간과 휴식시간을 정하여 연속 작업을 제한한다. * 예: 50분 작업 후 10분 휴식 등			

〈참고자료〉
- 임업 안전보건 실무 길잡이 (안전보건공단 홈페이지–자료마당–통합자료실)
- 산업안전보건기준에 관한 규칙 제3편 제4장(소음 및 진동에 의한 건강장해의 예방)
- KOSHA GUIDE(M–51–2012) 작업장의 소음제어에 관한 기술지침
- KOSHA GUIDE(M–75–2016) 공압 시스템의 소금 감소에 관한 기술지침
  (안전보건공단 홈페이지–자료마당–법령/지침정보)

1.4.5 근골격계질환

자가진단 항목	네	아니요	비고
1. 근골격계질환이 발생할 수 있는 위험요인과 작업을 파악하고 있다.			
2. 근골격계질환 유해요인조사를 실시하고, 그 결과를 근로자에게 공유한다.			
3. 근골격계질환 발생 우려가 있는 경우 인간공학적 설계, 인력작업 보조설비 및 편의설비를 설치하고 있다.			
4. 유해요인, 징후와 증상, 대처 요령, 올바른 작업자세, 작업도구, 작업시설의 올바른 사용법을 근로자에게 교육한다.			
5. 취급 물품의 중량, 취급빈도, 운반거리, 운반 속도 등 작업조건에 따라 작업시간 및 휴식시간 등을 적정하게 배분하고 있다.			
6. 근골격계 질환 예방을 위한 프로그램을 운영하고 있다.			
6. 근로자가 편히 쉴 수 있는 간이 휴게공간 등과 휴식시간을 부여한다.			

〈참고자료〉

- 임업 안전보건 실무 길잡이 (안전보건공단 홈페이지–자료마당–통합자료실)
- KOSHA GUIDE(H–66–2012) 근골격계질환 예방을 위한 작업환경개선 지침
- KOSHA GUIDE(H–9–2012) 근골격계부담작업 유해요인조사 지침

1.4.6 응급조치

자가진단 항목	네	아니요	비고
1. 응급상황 발생 시 대응체계를 구축하고 있다.			
2. 응급상황 발생을 관리할 수 있는 조직을 구성하고 그 직무를 규정하고 있다.			
3. 응급상황 발생 시 연락대응 체계를 구축하고 비상연락망을 유지하고 있다.			
4. 응급상황 발생 시 근로자들은 신고체계와 보고체계에 대해 숙지하고 있다.			
5. 응급상황 발생 시 대응할 수 있는 소화기, 응급 처치함, 구조장비 등 비상 물품을 구비하고 있다.			
6. 응급상황에 대비한 훈련을 정기적으로 실시하고 평가하고 있다.			
7. 응급상황이 완료된 후 이를 기록하고 관리하고 있다.			

〈참고자료〉

- KOSHA GUIDE(H-187-2016) 산업재해 형태별 응급처치 요령
- KOSHA GUIDE(G-64-2011) 벌목작업 현장의 응급처치에 관한 지침
  (안전보건공단 홈페이지-자료마당-법령/지침정보)

참고 1-1 벌목작업 주요 사고사례(1)

재해개요

작업현장에서 옆나무에 걸려 있는 나무를 벌목하는 순간 바람 등으로 걸려 있는 나무가 갑자기 떨어지면서 나무 아래로 이동하는 작업자의 머리를 강타하여 사망

재해발생 원인

- 작업구역 내 위험지역 관리 미흡 및 작업자간 신호체계 부재
- 안전모 등 개인보호구 미착용

재해예방 대책

- 작업 현장 이동 시 걸려 있는 나무 등 떨어지거나 넘어질 위험이 있는 곳이 있는지 사전 확인하여 위험지역 설정 및 위험요인 제거
- 선두에서 이동하며 위험요인을 처음 발견한 근로자는 위험지역을 알리고 주변에 접근하지 않도록 테이프 등으로 접근 금지 표시

참고 1-2 벌목작업 주요 사고사례(2)

재해개요

벌목작업 중 산 아래 방향에서 동료 근로자들이 벌목하는 것을 보고 나무가 쓰러지는 방향을 근로자가 없는 곳으로 의도하여 벌목하였으나, 벌도목이 산 아래 방향으로 넘어가 동료 근로자가 맞아 사망

재해발생 원인

- 위험 지역 내에서 안전거리를 확보하지 않고 동료 근로자가 작업 실시
- 수구각 따기를 실시하지 않아 의도하지 않은 방향으로 나무가 넘어감

재해예방 대책

- 벌목하려는 나무의 높이 2배 이내에 근로자가 출입하지 않도록 안전거리를 유지하여 작업
- 가슴높이 직경 20cm 이상의 나무는 반드시 수구각 따기를 실시하여 의도한 방향으로 안전하게 넘어갈 수 있도록 작업

참고 1-3 벌목작업 주요 사고사례(3)

재해개요

벌목작업 후 생산된 목재의 운재작업과 동시에 주변 정리작업 도중 상부로부터 굴러 내려온 벌도목이 그루터기에 부딪혀 방향이 바뀌면서 이동하던 작업자의 두부를 강타하여 사망

재해발생 원인

- 작업간 신호·연락체계 없이 위험작업 구역 내 동시 작업 실시
- 안전모 등 개인보호구 미착용

재해예방 대책

- 집재 또는 운재 등의 작업 시 벌도목의 진행방향을 고려한 위험작업구간을 설정하고 작업구간 내 근로자 출입 제한
- 개인보호구 착용 및 신규채용자에 대한 안전교육 철저

참고 1-4 벌목작업 주요 사고사례(4)

재해개요

굴착법면 상부에서 굴착기에 부착된 우드그랩(원목집재기)을 이용하여 약 7m 아래 폐목 야적장으로 폐목 투하작업을 진행하던 중 폐목 야적장 근처로 이동 중이던 작업자를 가격하여 사망

재해발생 원인

- 폐목 투하작업 시 작업구간에 울타리 또는 울 등 미설치
- 차량계 하역운반기계, 중량물 취급작업 시 작업지휘자 미지정

재해예방 대책

- 위험 작업 구역 내 출입금지를 위한 울타리 또는 울 등 설치
- 차량계 하역운반기계, 중량물 취급작업 시 작업지휘자를 지정하여 근로자 출입 통제

참고 1-5 벌목작업 주요 사고사례(5)

재해개요

타워야더로 원목을 아래로 방출하던 중 초커로프를 걸어 올리라는 신호를 보내는 중 집재목이 경사지 아래 방향으로 흐르면서 경사 아래에 서 있던 작업원의 가슴을 가격하여 사망

재해발생 원인

- 위험지역 내에서 작업위치 및 대피장소 미지정
- 작업자 간 신호체계 미흡
  - 기계수와 쵸커맨간 분명한 신호에 따라 작업의 순서, 작업자의 대피여부 등을 확인 후 실행해야 하나 이를 소홀히 함.

재해예방 대책

- 가선 아래 등 위험지역 내 작업을 금지하고, 쵸커맨은 집재목 위쪽에서 작업하고 안전한 대피장소를 미리 선정, 대피
- 작업자 간 신고체계 확립 및 가선이 출렁이지 않도록 주의하여 정확히 기계 조작

참고 1-6 기계톱 주요 사고사례

재해개요

작업자가 바닥에 놓인 작은 나뭇가지를 절단하기 위하여 기계톱을 대는 순간 킥백(반동)이 발생하여 튀어오르는 기계톱에 맞아 사망함.

재해발생 원인

- 나무에 몸을 가까이 대지 않는 채 기계톱을 들고 팔만 뻗어 작업 중 기계톱 상부의 킥백(반동) 발생 부위가 나무에 부딪히면서 갑자기 튀어오름
- 기계톱 체인브레이크 미작동

재해예방 대책

- 나무 절단 시 몸을 가까이 대고 기계톱의 상부 또는 하부를 이용하여 안정된 자세에서 작업(킥백 발생위험 부위가 나무에 닿지 않도록 주의)
- 기계톱 체인 브레이크 주기적으로 점검 실시

참고 1-7 예초기 주요 사고사례

재해개요

예초기로 풀베기 작업 중 예초기 날이 돌에 부딪혀 파편이 튀면서 작업자의 안전보호망을 강타하여 망이 뚫리면서 작업자 실명

재해발생 원인

- 파편으로부터 눈을 보호할 수 있는 견고한 구조의 안면 보호대 미착용
- 예초기 날이 돌 등에 부딪히지 않도록 하는 안전작업절차 소홀

재해예방 대책

- 예초기 작업 시 예초기 날, 돌, 나뭇가지 등 파편에 대비, 안면을 보호할 수 있는 견고한 재질의 보호구 착용
- 예초기 작업 시 돌, 굵은 나뭇가지 등 방해물에 부딪히지 않도록 주의하고, 작업면의 상태를 확인하여 작업 실시

참고 1-8 가지치기 작업 주요 사고사례

재해개요

고지톱을 이용하여 가지치기 작업 시 눈 보호를 위한 보호구 등을 착용하지 않은 상태에서 나무 바로 밑에서 절단된 가지가 떨어지면서 눈을 다침

재해발생 원인

- 고지톱 작업 시 절단하려는 가지의 바로 밑에서 작업
- 보안면 또는 보안경 등 개인보호구 미착용

재해예방 대책

- 가지치기 작업 시 고지톱과 작업자의 각도가 45°가 되도록 자세를 취하여 절단되는 가지가 작업자의 머리 위로 떨어지지 않도록 작업
- 절단된 나뭇가지에 머리, 눈 등의 부상 위험이 있으므로 안전모, 얼굴 및 눈 보호를 위한 안면 보호구 착용

제8절 채석업 위험요인 파악 및 통제 자율점검표

1. 작업장 일반

1.1 작업장 청소 · 청결 · 조도

자가진단 항목	네	아니요	비고
1. 작업으로 인해 작업장이 흐트러지거나 오염될 수 있는 장소를 파악한다.			
2. 작업장의 청소 또는 정리 작업, 오염물 처리 시 개인보호구와 작업공구 · 도구를 제공한다.			
3. 청소 및 정리 작업을 위한 작업 시간 및 휴식시간을 부여한다.			
4. 청소 및 정리 작업을 위한 조도를 확보하고 있다.			
5. 무거운 물건 등 중량물 취급할 경우 적절한 작업방법을 사용하고 있다.			
6. 5kg 이상의 중량물 취급 및 보관장소에 중량물 취급주의 표지를 부착하였다.			
7. 작업장 청소 시 분진이 발생할 우려가 있는 장소에는 분진 흩날림 방지를 위한 조치를 하였다.			
8. 인체에 해로운 물질 및 부패하기 쉬운 물질로 인해 작업장이 오염될 수 있는 장소에 수시로 청소한다.			
9. 물이나 그 밖의 액체를 사용하여 세척 및 소독하는 곳의 배수는 편리한 구조로 되어 있다.			
10. 청소 시 발생한 오물 처리를 위한 장소를 지정하였다.			
11. 넘어지거나 미끄러지는 등 위험이 없도록 작업장 바닥 등을 안전하고 청결한 상태로 유지하고 있다.			
12. 유해 · 위험물질을 취급하는 장소에서는 흡연, 음식물 섭취를 금지한다.			
13. 작업장의 출입구는 근로자가 쉽게 여닫을 수 있도록 설치되었다.			

〈추가 참고자료〉
- KOSHA GUIDE(E-148-2015) 작업장 조명기구의 선정, 설치 및 정비에 관한 기술 지침 (안전보건공단 홈페이지-자료마당-법령/지침정보)

1.2 통로

자가진단 항목	네	아니요	비고
1. 사업장내 또는 작업장으로 이동할 수 있는 안전한 통로가 설치(구분)되어 있다.			
2. 통로의 바닥 또는 단부에 추락위험을 방지할 수 있는 안전시설(안전난간, 안전덮개, 방호울 등)이 설치되어 있다.			
3. 통로 상부(2m 이내) 및 바닥에 장해물이 없이 청결한 상태로 유지되고 있다.			
4. 통로의 상부에 낙하물의 위험을 방지할 수 있는 안전시설(방호선반 등)이 설치되어 있다.			
5. 사업장내 통로, 작업장으로 이동할 수 있는 통로에 적정 조도(75럭스 이상)를 유지한다.			
6. 상부 작업장으로 이동할 수 있는 통로가 고정되어 있으며, 설치간격, 통로폭 등 작업자가 안전하게 이동할 수 있도록 설치한다.			
7. 임시로 설치한 통로(작업발판 등)의 재료는 튼튼하고, 흔들리지 않도록 고정이 잘 되어 있다.			
8. 통로의 주요부분에 통로표시와 안전표지를 설치하였다. * 안전표지 예시: 보행중 휴대폰 사용금지, 지게차 충돌주의 등			
9. 통로(작업발판)의 단부에 안전시설을 설치하지 못하는 경우 안전대 부착설비를 설치한다.			
10. 작업자가 추락 위험이 있는 통로에서 이동하거나 작업할 경우 안전대를 착용하고, 안전대 부착설비에 고리를 걸도록 관리한다.			
11. 통로의 구조(가설통로, 사다리식 통로, 갱내통로, 계단 등)가 각 종류의 설치기준에 맞게 설치되었다.			
12. 안전시설의 상태를 정기적으로 점검하고, 훼손된 시설은 즉시 유지보수한다.			
13. 비상시 작업장 내에서 탈출할 수 있는 비상구가 적절히 마련되었다.			
14. 비상구임을 알아볼 수 있는 표시를 근로자의 눈에 띄기 쉬운 곳에 부착하였다.			
15. 작업장내 비상 대피경로를 표시하고, 근로자가 해당 내용을 잘 알고 있다.			

〈추가 참고자료〉

- KOSHA GUIDE(G-85-2015)작업장의 통로 및 계단 설치에 관한 기술지침
  (안전보건공단 홈페이지-자료마당-법령/지침정보)

2. 기계기구 · 설비

2.1 기계 · 기구(일반)

자가진단 항목	네	아니요	비고
1. 기계와 장비의 안전점검을 정기적으로 실시하는 절차가 마련되어 있다.			
2. 모든 기계와 장비는 청결하게 관리되고 적절히 유지보수된다.			
3. 운전 중인 크레인·컨베이어 등에 근로자를 탑승시키지 않도록 경고표지 부착, 작업구역 설정 등 조치하였다.			
4. 회전축·기어·체인 등 근로자가 위험에 처할 우려가 있는 부위에 덮개·울 등을 설치하였다.			
5. 동력으로 작동되는 기계에 동력차단장치를 설치하고, 근로자가 작업위치를 이동하지 않고 조작할 수 있는 위치에 설치하였다.			
6. 기계의 운전을 시작할 때 작업방법, 방호장치 등 필요한 사항을 미리 확인한 후 위험 방지를 위하여 필요한 조치를 하였다.			
7. 날아오는 가공물 등에 의한 위험을 방지하기 위해 기계에 덮개 또는 울을 설치하였다.			
8. 기계 또는 방호장치의 결함이 발견된 경우 반드시 정비한 후에 근로자가 사용하도록 한다.			
9. 기계의 정비·청소·검사 또는 조정 작업 등을 할 때에 근로자가 위험해질 우려가 있으면 해당 기계의 운전을 정지하고, 다른 사람이 그 기계를 운전하는 것을 방지하기 위한 조치(Lock Out Tag Out 등)를 하고 있다.			
10. 기계 등에 설치한 방호장치를 해체하거나 방호장치의 기능을 임의로 정지하지 않는다.			
11. 감전의 위험이 있는 충전부는 방호조치가 되어있다.			
12. 기계 등을 제조 당시의 목적 외의 용도로 사용하지 않는다.			

〈추가 참고자료〉

- KOSHA GUIDE(G-21-2011) 소규모 작업장 내의 안전보건에 관한 안전가이드
- KOSHA GUIDE(M-26-2013) 끼임절단재해 예방을 위한 기술지침

2.2 천공기

자가진단 항목	네	아니요	비고
1. 천공기 작업구역에 지반평탄작업 및 침하방지조치를 실시하였다.			
2. 천공기 작업범위 내에 작업 관계자외 출입 금지 조치가 되어 있다.			
3. 천공기 건설기계 등록 여부 및 운전자가 유자격자임을 확인하였다.			
4. 케이싱 등의 적재 시에는 구름방지용 쐐기목 등을 설치하도록 하였다.			
5. 천공부분으로 작업자가 추락하지 않도록 견고한 덮개를 설치한다.			
6. 토사층과 암반층과의 경계부는 공벽 붕괴 취약부로서 케이싱을 사용할 경우 암반층에 모든 부분이 근입될 수 있도록 관리하고 있다.			
7. 케이싱을 사용하는 경우 반드시 2 줄걸이를 실시하고 샤클과 와이어로프의 상태를 주기적으로 확인한다.			
8. 장비일보 등을 활용하여 작업명, 기계운전원, 작업 시간, 고장 및 이상유무 등 천공기의 이력을 모두 기록하고 있다.			
9. 천공기 사용중에는 수리작업은 금지한다.			
10. 천공작업에 필요한 소모품은 사전준비 한다. (비트, 로드, 슬리브, 생크로드 등)			
11. 점성이 강한 토질에서 케이싱을 인발할 때에는 장력이 과다하게 작용되므로 충분한 내력 확보 여부를 확인한다.			
12. 과부하경보장치, 경사각지시계, 수평계 설치여부, 하중표시장치의 설치여부 및 정상기능 유지상태, 정격하중표(조종석에서 잘 보이는 곳)의 부착상태, 권과방지장치 설치상태 및 정상기능 유지상태를 작업 전 확인한다.			

〈추가 참고자료〉

- KOSHA GUIDE(C-48-2013) 건설기계 안전보건작업지침
- (교안)천공기 운전자의 안전보건(안전보건공단 홈페이지-자료마당-안전보건자료실)
- (특수형태근로종사자)천공기 운전자이 안전보건(안전보건공단 홈페이지-자료마당-안전보건자료실)

2.3 유체 이송설비(펌프, 압축기)

자가진단 항목	네	아니요	비고
1. 회전기기의 조립・설치, 회전방향 및 정상작동 상태를 확인하였다.			
2. 최초 설치 시 축정렬을 실시하였고 커플링 설치상태도 적정하게 유지관리하고 있다.			
3. 흡입측으로 이물질이 유입되지 않도록 필요시 필터 또는 스트레이너를 설치하였다.			
4. 폭발위험장소에 위치하는 경우, 회전기기 모터를 방폭형으로 설치하였다.			
5. 펌프, 압축기의 토출측에 체크밸브 및 압력계가 설치되어 있다.			
6. 정변위(용적식) 펌프 및 압축기를 과압으로부터 보호하기 위해 안전밸브가 설치되어 있다.			
7. 온도계, 압력계, 유량계 등 계측장치가 설치되어 있고, 파손되거나 고장없이 정상기능을 유지하고 있다.			
8. 회전부위에 방호덮개, 울 등이 설치되어 있고 파손 또는 탈락 없이 정상기능을 유지하고 있다.			
9. 윤활유가 준비되어 있고 회전기기에 제대로 주입되어 있다.			
10. 기름걸레(면보루)를 사용 후 뚜껑이 달린 불연성용기에 보관하고, 최대한 빠른 시일 내에 처리한다.			
11. 펌프와 압축기 흡입 및 토출측 배관에 적정한 재질과 규격의 개스킷으로 설치되어 있다.			
12. 다단 압축기 가동 시 중간냉각기(Intercooler)로 냉각수 또는 냉동수 공급 및 순환 관련 정상작동 상태를 확인한다.			
13. 공기압축기 토출배관, 공기저장탱크, 유분리기를 주기적으로 점검하여 윤활유 및 탄화물 축적 여부를 확인하고 있다.			
14. 펌프와 압축기 설비에 누설은 없는지 육안으로 자주 확인한다.			
15. 가연성가스 압축기의 실링용 오일 속에 용해된 가연성가스의 폭발성 혼합기 형성으로 인한 윤활유탱크의 폭발방지를 위해 탱크에 질소를 충진하였다.			

〈추가 참고자료〉
- KOSHA GUIDE(D-64-2018) 원심펌프의 최소유량 선정 및 펌프 설치 등에 관한 기술지침
- KOSHA GUIDE(M-108-2018) 화학설비의 설치에 관한 기술지침

2.4 컨베이어

자가진단 항목	네	아니요	비고
1. 컨베이어 작업에 대한 안전작업지침을 작성하였다.			
2. 컨베이어 작업 시 관리감독자는 원동기 및 풀리 기능의 이상 유무 등 작업 시작 전 점검사항을 확인하고 있다.			
3. 보수・정비・청소 등의 작업자는 조작실 운전 담당자와 상시 연락체계를 유지하고 있다.			
4. 비상정지 중 또는 사고로 정지중인 컨베이어를 재가동할 경우에 먼저 정지의 원인 및 고장 장소의 보수상황 등을 확인토록하고 있다.			
5. 작업자에게 트러블 발생 시 대응하기 위한 작업절차 및 방법을 교육한다.			
6. 설계 시의 사용목적 이외로 사용하지 않는다.			
7. 작업 전 컨베이어의 안전운전에 필요한 작업표준, 취급요령, 정비방법 등의 교육을 실시하였다.			
8. 근로자가 작업 중 접촉할 우려가 있는 구조물 및 컨베이어의 날카로운 모서리・돌기 등은 제거 혹은 방호 조치하였다.			
9. 경사/수직 컨베이어는 정전, 전압강하 등에 의한 화물 또는 운반구의 이탈 및 역주행을 방지하기 위한 장치가 설치되어 있다.			
10. 벨트 장력을 유지하기 위한 테이크업 장치가 설치되었고, 적정한 장력을 유지하고 있다.			
11. 컨베이어 스크레이퍼, 벨트 크리너 등이 설치되고 정상기능을 유지하고 있다.			
12. 컨베이어 벨트, 풀리, 롤러, 체인, 체인스프로킷, 스크류 등에 근로자 신체의 일부가 말려드는 등 위험발생 부분에 덮개 또는 울이 설치되어 있다.			
13. 테일풀리, 헤드풀리, 리턴롤러 등의 끼임점에 방호울 및 방호가드가 설치되어있다.			
14. 컨베이어 라인에 비상정지장치가 설치되고 정상적으로 작동하고 있다.			
15. 컨베이어 건널다리나 점검통로 주변에 안전난간이 설치되어 있다.			
16. 컨베이어 하부 끼임 등의 위험이 있는 부분으로 통행금지, 낙하물 방지조치 등을 하고 있다.			
17. 컨베이어 양측에 보수점검을 위한 통로가 설치되어 있다.			
18. 컨베이어 주변 통로는 정리정돈 되어 있다.			
19. 컨베이어의 기동・정지 스위치는 명확히 표시되고 쉽게 조작 가능하다.			

20. 컨베이어에 물건 적재 시 편하중이 발생하지 않도록 한다.			
21. 근로자가 작동중인 컨베이어 위를 올라가지 않도록 한다.			
22. 컨베이어 롤러 퇴적물 제거 작업 시 설비 가동 중지 후 청소 작업을 하고 있다.			
23. 보수・정비 작업시 전원을 차단하고, '조작금지' 표지판을 부착하고 있다.			

〈추가 참고자료〉

- KOSHA GUIDE(M-101-2012) 컨베이어의 안전에 관한 기술지침 (안전보건공단 홈페이지-자료마당-법령/지침정보)
- 제조업 자율위험평가 가이드라인(안전보건공단 홈페이지-자료마당-안전보건자료실)

2.5 파쇄기(Crusher)

자가진단 항목	네	아니요	비고
1. 자율안전확인신고(KCs)된 파쇄기를 설치하였다.			
2. 파쇄기 상부 진입 통로 및 승강계단에 추락재해 예방을 위한 작업 발판, 안전난간이 견고하게 설치되었다.			
3. 파쇄기 작업에 대한 안전작업지침을 작성하였다.			
4. 작업시작 전 파쇄기 투입구 덮개, 동력전달부 방호장치 등 방호설비의 체결 유무 등 점검사항을 확인하고 있다.			
5. 비상정지스위치는 돌출형(적색) 구조로 적합한 위치에 설치되었고, 정상적으로 작동한다.			
6. 파쇄기의 안전한 사용을 위하여 안전작업지침 등에 대한 운전자 교육 및 훈련을 실시하고 있다.			
7. 파쇄기 작동 중 파쇄기 하부 및 주변 통행을 통제하고, 별도의 점검 통로를 이용하여 작업을 확인한다.			
8. 파쇄기 방호장치의 연동장치(interlock system) 기능을 주기적으로 점검하고, 임의로 해체하지 않는다.			
9. 파쇄기에 파쇄물을 공급할 때는 적절한 크기의 파쇄물을 투입하고, 과다하게 공급되면 파쇄기가 멈추도록 관리한다.			
10. 파쇄기 내부 및 주변 청소를 할 때에는 반드시 전원을 차단하고, 스위치에 '조작금지' 표지판을 부착한다.			
11. 파쇄기 내부의 이물질 제거 시 안전한 전용의 수공구를 사용하여 제거한다.			
12. 원석 하차지역에 경광등 또는 경보음의 신호설비를 설치하여 작업자가 있을 때에는 하차작업이 이루어지지 않도록 한다.			
13. 파쇄기 작업자에게는 안전모, 안전대, 안전화, 방진마스크 등 개인 보호구를 지급하여 착용토록 한다.			

〈추가 참고자료〉

- KOSHA GUIDE(M-126-2013) 파쇄기의 방호조치에 관한 기술지침
- 폐기물처리업 안전작업 가이드(안전보건공단 홈페이지-자료마당-안전보건자료실)
- (시멘트제조업)롤크러셔 보수 안전작업(안전보건공단 홈페이지-자료마당-안전보건자료실)
- (파쇄기)안전보건VR 끼임재해예방교재(안전보건공단 홈페이지-자료마당-안전보건자료실)

2.6 크레인

자가진단 항목	네	아니요	비고
1. 크레인 작업에 대한 안전작업지침을 작성한다.			
2. 작업 시 관리감독자는 권과방지장치, 브레이크, 클러치 및 운전장치의 기능 등 작업 시작 전 점검사항을 확인하고 있다.			
3. 동력으로 구동되는 것으로 정격하중이 2.0톤 이상인 크레인의 안전검사는 2년마다 정기적으로 받고 있다.			
4. 인양 하물에 적합한 줄걸이 방법을 사용하고 있다.			
5. 크레인을 사용하여 근로자를 운반하거나 달아올린 상태에서 작업을 실시하지 않는다.			
6. 정격하중, 속도, 경고표시 등을 근로자가 보기 쉬운 곳에 관련 내용을 게시하고 있다.			
7. 과부하장지장치, 권과방지장치, 비상정지장치 및 제동장치, 그 밖의 방호장치가 정상적으로 작동하는지 점검한다.			
8. 적재하중을 초과하지 않도록 작업한다.			
9. 훅걸이용 와이어로프 등이 훅으로부터 벗겨지는 것을 방지하기 위한 장치(훅해지장치 등)를 사용하고 있다.			
10. 크레인의 수리・점검 시 크레인이 근로자와 접촉할 위험을 방지하기 위한 감시인을 배치하고, 스토퍼를 설치하였다.			
11. 인양할 하물을 바닥에서 끌어당기거나 밀어내는 작업을 금지하고 있다.			
12. 인양 중인 하물 아래로 작업자가 통과하지 않도록 한다.			
13. 인양할 하물이 보이지 않은 경우 작업을 금지하고 있다.			
14. 신호수를 배치하여 주변 근로자를 통제한다.			
15. 근로자 배치 및 교육, 작업방법, 방호장치 등 필요한 사항에 대한 조치를 실시하였다.			

〈추가 참고자료〉

- KOSHA GUIDE(M-186-2015) 천장주행크레인의 안전작업에 관한 기술지침
- KOSHA GUIDE(M-186-2015) 크레인 달기기구 및 줄걸이 작업용 와이어로프의 작업에 관한 기술지침 (안전보건공단 홈페이지-자료마당-법령/지침정보)
- 제조업 자율위험평가 가이드라인(안전보건공단 홈페이지-자료마당-안전보건자료실)

2.7 차량계 하역운반기계(덤프트럭 등)

자가진단 항목	네	아니요	비고
1. 작업계획서를 작성하고, 계획서에 따라 작업하도록 작업지휘자를 지정한다.			
2. 작업자의 건설기계조종사 면허 취득 여부를 확인한다.			
3. 적재함 등 승차석이 아닌 위치에 근로자가 탑승하지는 않도록 한다.			
4. 사업장내 운행속도를 제한하고, 속도 준수 여부를 확인한다.			
5. 운전자가 운전위치 이탈 시 시동키를 분리하고, 브레이크, 고임목을 체결한다.			
6. 하역・운반 중인 화물이나 차량계 하역운반기계에 접촉될 우려가 있는 곳에는 근로자의 출입을 금지한다.			
7. 차량계 하역운반기계에 화물 적재 시 운전자의 시야를 확보한다.			
8. 차량계 하역운반기계에 상・하역 작업 시 전도・전락 위험을 방지하기 위한 조치를 하였다.			
9. 차량계 하역운반기계는 화물의 적재・하역 등 주된 용도 이외로 사용하지 않는다.			
10. 차량계 하역운반기계의 수리 또는 부속장치의 장착 및 해제 작업 시 작업지휘자를 지정하여 작업을 지휘・감독한다.			
11. 차량운행 전 주요 안전장치(제동장치, 전조등, 후미등, 경적 등) 확인 및 이상시 조치 후 운행한다.			
12. 차량은 정기적으로 검사를 받고 있다.			
13. 폐기물을 하역하는 동안 차량들은 차량 하나의 넓이만큼 서로 떨어지도록 배치한다.			
14. 모든 근로자들은 작업장 내에서 쉽게 눈에 띄는 작업복을 착용한다.			

〈추가 참고자료〉

- 산업안전보건기준에 관한 규칙 제171조에서 제178조
- 폐기물처리업 안전작업 가이드(안전보건공단 홈페이지–자료마당–안전보건자료실)
- KOSHA GUIDE(G–131–2020)생활폐기물 수거 및 처리작업의 안전보건에 관한 기술지침 (안전보건공단 홈페이지–자료마당–법령/지침정보)

2.8 차량계 건설기계(굴착기, 로더)

자가진단 항목	네	아니요	비고
1. 작업계획서를 작성하고 계획에 따라 작업하고 있다.			
2. 작업 전 건설기계 조종면허 등 운전원의 자격을 확인하고, 지정된 자가 운전하도록 관리한다.			
3. 승차석이 아닌 위치에 근로자는 탑승하지 않는다.			
4. 차량계 건설기계는 주된 용도에만 사용하고 있다.			
5. 운전자가 운전위치 이탈 시 브레이크, 고임목을 체결하고, 시동키를 분리하여 소지하고 있다.			
6. 유도자를 배치하여 근로자와 충돌위험이 없도록 차량계 건설기계를 안전하게 유도하고 있다.			
7. 헤드가드, 전조등, 후방감지카메라, 후진 시 경보기·경광등이 설치되었고, 주기적으로 점검한다.			
8. 지정된 운전자의 면허자격을 확인하고, 유자격 운전자 외 운전을 금지한다.			
9. 차량계 건설기계 작업 시 넘어지거나 굴러떨어짐 위험이 없도록 작업하고 있다.			
10. 사업장내 운행속도를 제한하고, 속도 준수 여부를 확인한다.			
11. 로더의 작업면 후사경, 경광등, 경보기를 설치하고, 작동여부를 주기적으로 확인한다.			
12. 차량은 정기적으로 검사를 받고 있다.			
13. 차량계 건설기계의 붐, 암 등을 올리고 그 하부에서 수리·점검작업 등을 하는 경우, 안전지주, 안전블록 등을 설치한다.			
14. 차량계 건설기계 상부에서 점검 시 근로자에게 안전모, 안전대를 지급하고, 디딤부는 미끄러짐 방지 처리를 실시한다.			

〈추가 참고자료〉
- KOSHA GUIDE(C-48 2013) 건설기계 안전보건작업지침
- 산업안전보건기준에 관한 규칙 제196조에서 제206조

2.9 지게차

자가진단 항목	네	아니요	비고
1. 전조등, 후미등, 방향지시기 및 후진경보장치, 경광등의 정상작동여부를 정기적으로 점검한다.			
2. 백레스트 및 헤드가드가 파손되지 않았다.			
3. 지게차 운전원의 자격을 확인하고, 지정된 자가 운전하도록 관리한다.			
4. 지게차 운전원에게 작업방법, 작업 순서, 운행 경로 등에 관한 내용을 교육한다.			
5. 지게차 운전시 운전원이 안전벨트를 착용하도록 한다.			
6. 지게차에 화물을 적재할 경우에는 운전원의 시야를 가리지 않도록 한다.			
7. 지게차 작업 반경 내에 다른 작업자가 이동하지 않도록 한다.			
8. 작업장을 이동할 때 제한속도를 지정하였다.			
9. 후진, 회전 등 장비 이동 시에 근로자 충돌방지를 위한 후진경보기와 경광등 혹은 후방감지기를 갖추었다.			
10. 지게차 허용하중을 초과하여 적재하지 않는다.			
11. 지게차 운행중에 적재한 화물이 떨어지지 않도록 고정한다.			
12. 하역운반 작업장 바닥은 평탄하고 견고한 곳으로 별도로 지정한다.			
13. 지게차 작업장 이동경로에 적재물을 방치하지 않는다.			
14. 지게차 출입통로, 교차로 등 시야확보가 필요한 장소에 반사경, 신호음장치 등 안전장치가 마련되어 있다.			
15. 작업 종료 후 지게차 열쇠는 별도 관리하고 있다.			

〈추가 참고자료〉

- KOSHA GUIDE(M-185-2015)지게차의 안전작업에 관한 기술지침
  (안전보건공단 홈페이지-자료마당-법령/지침정보)
- KOSHA GUIDE(G-131-2020)생활폐기물 수거 및 처리작업의 안전보건에 관한 기술지침
  (안전보건공단 홈페이지-자료마당-법령/지침정보)
- 건설업, 제조업 자율위험평가 가이드라인(안전보건공단 홈페이지-자료마당-안전보건자료실)
- 안전보건 나침반(건설업, 제조업, 서비스업)(안전보건공단 홈페이지-자료마당-안전보건자료실)

2.10 다이아몬드 와이어 쏘우

자가진단 항목	네	아니요	비고
1. 가동 중인 톱날 등으로 절단위험이 있는 곳은 통행을 금지한다.			
2. 통행이나 근접작업을 할 경우 기계를 정지시킨 후 작업하도록 지침 및 교육을 실시한다.			
3. 기계를 작동할 경우 각 작업자의 위치를 확인하고 안전장치의 이상 유무를 확인한 후 실시한다.			
4. 절단 완료 시 해체된 구조물의 낙하방지 및 안전거리 등을 확보하였다.			
5. 기계 운전자는 충분히 경험이 있는 유경험자로 선정하고 담당자 이외에는 조작을 금지하도록 하였다.			
6. 작업 전 와이어의 안정성 검토를 충분히 실시하였다. (와이어 파절로 인한 안전사고가 발생하지 않도록 검토하였다.)			
7. 절단 대상물의 절단면적을 고려하여 와이어 길이를 결정하였다.			
8. 절단면에 고온이 발생하므로 냉각수 공급설비가 구축되어 있다.			
9. 와이어 교체 기준이 수립되어 있다.			

〈추가 참고자료〉

- 해체공사표준안전작업지침(고용노동부고시 제2020-11호)
- 건축물 해제공사 안전관리 매뉴얼(서울특별시)
- (기타금속제품제조업)밴드쏘우 (안전보건공단 홈페이지-자료마당-안전보건자료실)

3. 위험작업

3.1 화기 · 용접작업

자가진단 항목	네	아니요	비고
1. 발생하는 화염 또는 스파크 등이 인근 설비 · 장비에 영향이 있다고 판단되는 범위의 지역을 작업구역으로 표시하였다.			
2. 화기 · 용접작업 장소에 근로자의 통행 · 출입을 제한한다.			
3. 화기작업 전에 작업 대상기기 및 작업구역 내에서 인화성 물질 및 독성 물질의 가스 농도를 측정하여 허가서에 기록한다.			
4. 불꽃을 발생하는 내연설비의 장비나 차량 등은 작업구역 내 근로자의 출입을 통제한다.			
5. 화기작업 전 밸브를 차단하거나 맹판을 설치할 때에는 밸브 잠금 표지 및 맹판 설치 표지를 부착한다.			
6. 설비 등 내부에서 화기작업을 수행할 경우에는 배관 및 설비 내의 위험물질을 완전히 비우고 세정한 후에 작업을 수행한다.			
7. 밀폐(제한)공간에서의 작업을 수행할 때에는 작업 전에 밀폐공간 내의 공기를 외부의 신선한 공기로 충분히 치환하는 등의 조치(강제 환기 등) 실시한다.			
8. 용접불티 비산방지 덮개 또는 용접 방화포 등을 설치하고, 개방된 맨홀과 하수구(Sewer) 등은 덮거나 닫는다.			
9. 화재감시자를 지정하여 화기작업을 시작하기 전과 작업 도중 안전 상태를 확인하도록 한다.			
10. 작업 중에 수시로 가스 농도를 측정한다.(분진이 있는 장소는 분진 농도를 추가로 측정)			
11. 화기작업 전에 이동식 소화기 등을 비치한다.			
12. 위 안전조치가 모두 조치되었음을 확인한 후에 작업을 시작하도록 관리한다.			

〈추가 참고자료〉
- 산업재해 예방을 위한 안전보건관리체계 가이드북(고용노동부 홈페이지–정책자료–정책자료실)
- KOSHA GUIDE(D-46-2013) 화학공장의 화재예방에 관한 기술지침(안전보건공단 홈페이지–자료마당–법령/지침정보)
- KOSHA GUIDE(P-94-2019) 안전작업허가지침(안전보건공단 홈페이지–자료마당–법령/지침정보)
- 제조업 자율위험평가 가이드라인(안전보건공단 홈페이지–자료마당–안전보건자료실)
- 냉동 · 물류창고 화재사고예방 매뉴얼(안전보건공단 홈페이지–자료마당–안전보건자료실)

3.2 전기작업

자가진단 항목	네	아니요	비고
1. 작업 전로 차단, 잠금장치 및 꼬리표(LOTO) 부착하고 검전기를 이용하여 충전여부를 확인하고 있다.			
2. 전기기구 취급작업 시 전기설비로부터 폭 70cm 이상의 작업공간을 확보하고 있다.			
3. 감전위험이 있는 전기기계・기구 또는 전로의 설치・해체・정비・점검(설비의 유효성을 장비, 도구를 이용하여 확인하는 점검) 등의 작업을 하는 경우에 유자격자가 작업을 수행하고 있다.			
4. 전기기계・기구 및 설비의 전원 접속부인 충전부가 노출되어 있지 않다.			
5. 전기기계・기구 및 설비의 금속재, 철재 등의 외함에 접지시설이 되어있다.			
6. 휴대형 또는 이동형 전동기계의 전원에 누전차단기가 설치되어 있다.			
7. 전기기기 외함에 접지된 접지선이 접지극과 직접 연결되어 있다.(접지 연속성 유무)			
8. 누전여부 체크를 위해 주기적으로 절연저항을 측정하고 기록한다.			
9. 주기적으로 접지저항을 측정하고, 접지 저항값이 기준에 적합하다.			
10. 용접선, 배선, 이동전선 등 절연전선의 피복이 손상되어 있지 않다.			
11. 정전작업 중 타 작업자의 개폐기 오조작 방지를 위하여 분전반 또는 개폐기에 잠금장치나 표지판을 설치하였다.			
12. 변전실 출입문에 잠금장치를 하고, 관계자외 출입금지 표시를 부착하였다.			
13. 변전실 등 특별고압 충전전로에 접근한계거리 표지판이 부착되어 있다.			
14. 근접장소에서의 청소 등의 작업 시 접근한계거리를 유지하여 작업하도록 관리한다.			
15. 낙뢰위험지역에 낙뢰에 의한 위험방지를 위해 피뢰침을 설치하였다.			
16. 피뢰침의 접지 저항치를 측정하여 적정한 수준을 유지한다.			
17. 물 등의 도전성이 높은 액체가 있는 습윤한 장소에서의 이동전선 등은 충분한 절연효과가 있다.			
18. 정전기에 의한 화재, 폭발 등의 위험이 발생할 우려가 있는 경우 해당설비에 접지, 도전성 재료 사용, 제전장치 등 정전기 제거 조치를 하였다.			

19. 전기기계 · 기구 또는 전로의 설치 · 해체 · 정비 · 점검 등의 전기작업(50V초과 또는 전기에너지가 250VA를 넘는 경우)시 작업계획서를 작성하고 그 계획에 따라 작업을 하였다.			
20. 충전전로 등의 전기 작업을 할 때에는 절연용 보호구, 절연용 방호구 등을 근로자에게 지급 · 착용토록 한다.			

〈추가 참고자료〉

- 산업재해 예방을 위한 안전보건관리체계 가이드북(고용노동부 홈페이지–정책자료–정책자료실)
- KOSHA GUIDE(E–105–2011) 전기작업안전에 관한 기술지침(안전보건공단 홈페이지–자료마당–법령/지침정보)
- KOSHA GUIDE(O–3–2011) 전기설비의 정비를 위한 일반 기술지침(안전보건공단 홈페이지–자료마당–법령/지침정보)
- 건설업, 제조업 자율위험평가 가이드라인(안전보건공단 홈페이지–자료마당–안전보건자료실)

3.3 밀폐공간 작업

자가진단 항목	네	아니요	비고
1. 질식위험공간에 출입전 산소 및 유해가스 농도를 측정한다. ※ 적정공기: 산소 18%~23.5%, 탄산가스 1.5% 미만, 일산화탄소 30ppm 미만, 황화수소 10ppm 미만			
2. 적정공기 상태가 유지되도록 작업전·작업중 지속적으로 환기한다.			
3. 구조작업 시 공기호흡기 등 보호 장비를 착용할 수 있도록 작업장 주변에 비치하였다.			
4. 밀폐공간 유해가스, 산소결핍, 화재·폭발 위험 등에 대하여 사전 조사하였다.			
5. 밀폐공간 보건작업 프로그램을 수립하여 시행하였다.			
6. 작업 시작하는 경우 사전에 산소 및 유해가스농도 측정에 관한 사항, 응급조치요령, 환기설비 가동 등 안전작업방법, 보호구사용 등에 대한 사항을 작업 근로자에게 교육 등을 통해 알리고 있다.			
7. 산소농도, 유해가스측정기, 환기팬, 공기호흡기와 송기마스크 등 호흡용 보호구, 안전대, 구명밧줄, 안전장비 등 사전에 필요한 장비준비·점검·사용법 숙지를 하였다.			
8. 긴급 상황 대비 무전기 등 통신장비를 구비하여 연락체계를 갖추었다.			
9. 감시인은 작업자가 내부에 있을 때는 항상 정위치하며, 필요한 보호 장비와 구조장비를 갖추고 있다.			
10. 관계근로자가 아닌 사람의 출입을 금지하고, 그 내용을 보기 쉬운 장소에 게시하였다.			
11. 밀폐공간 작업장소에 근로자를 입장 및 퇴장시킬 때마다 인원을 점검하였다.			
12. 밀폐공간작업을 위해 허가자에게 밀폐공간작업 허가를 받고 있다.			
13. 관리감독자가 밀폐공간 안전보건조치 사항을 지휘, 점검 등의 업무를 수행하고 있다.			

〈추가 참고자료〉

- KOSHA GUIDE(H-75-2015) 사업장 작업환경 평가지침(안전보건공단 홈페이지-자료마당-법령/지침정보)
- KOSHA GUIDE(X-68-2015) 밀폐공간 위험관리에 관한 기술지침(안전보건공단 홈페이지-자료마당-법령/지침정보)
- KOSHA GUIDE(H-80-2018) 밀폐공간 작업 프로그램 수립 및 시행에 관한 기술지침
- 밀폐공간 질식재해예방 안전작업 가이드(안전보건공단 홈페이지-자료마당-안전보건자료실)

4. 보건관리

4.1 소음 또는 진동

자가진단 항목	네	아니요	비고
1. 사업장의 소음 또는 진동 발생 장소・설비 등에 대해 분류하고 있다.			
2. 사업장에서 발생하는 소음 또는 진동에 의한 유해성・위험성 및 관리방안을 근로자에게 주지시키고 있다.			
3. 작업환경측정을 통해 노출되는 소음 또는 진동에 대한 노출수준을 관리하고 있다.			
4. 작업환경측정 결과에 따라 노출수준 저감을 위한 관리방안을 마련하고 있다.			
5. 소음 또는 진동 발생 작업에 근로자를 배치하기 전 근로자의 건강상태와 특성 등을 고려하여 배치하고 있다.			
6. 소음 발생원의 격리, 차폐 등 소음발생수준을 저감시키기 위한 방안을 마련하였다.			
7. 소음 작업에 종사하는 근로자의 청력평가를 정기적으로 실시한다.			
8. 근로자의 건강검사(평가) 결과를 토대로 상담, 의학적 처치 등이 적절히 조치하였다.			
9. 청력보호구는 근로자의 특성과 작업장 환경, 소음발생수준에 맞게 지급되고, 근로자에게 착용법을 교육하고 있다.			
10. 85dB 이상 소음이 발생하는 작업에 대해 청력보존프로그램을 수립・시행하고 있다.			
11. 청력보호가 필요한 곳에 경고판을 부착하였다.			
12. 진동 발생 공구는 적절히 유지보수가 되고 있으며, 진동이 많이 발생하는 기구는 교체하고 있다.			
13. 국소진동공구 사용 등 진동작업에 종사하는 근로자의 건강진단을 정기적으로 실시하고 있다.			
14. 방진장갑 등 진동보호구를 지급하고, 작업자가 진동보호구를 착용하도록 관리한다.			
15. 작업자가 진동에 노출되는 시간을 제한하고, 진동을 저감하기 위한 보조기구 등을 활용하고 있다.			

〈추가 참고자료〉
- KOSHA GUIDE(H-75-2015) 사업장 작업환경 평가지침
- KOSHA GUIDE(H-205-2018) 작업환경상 건강유해요인에 대한 위험성평가 지침
- KOSHA GUIDE(H-7-2012) 청력보존프로그램의 효과 평가지침
- KOSHA GUIDE(H-177-2015) 국소진동공구 취급근로자의 보건관리지침
  (안전보건공단 홈페이지-자료마당-법령/지침정보)

4.2 고열 · 한랭

자가진단 항목	네	아니요	비고
1. 고열(한랭)의 유해성 · 위험성을 파악하고, 관리방안을 근로자에게 교육한다.			
2. 작업환경측정 등을 통해 근로자에게 노출되는 고열(한랭) 노출수준을 관리하고 있다.			
3. 측정결과에 따라 적정한 열원 등의 적정한 관리방안을 마련하고 있다.			
4. 근로자를 배치하기 전 근로자의 건강상태와 특성 등을 고려한다.			
5. 열원의 격리와 작업장내 온 · 습도 조절을 위한 냉방장치 등이 설치되어 있다.			
6. 다량의 고열물을 취급하는 설비는 화재를 예방하기 위한 구조로 되어있다.			
7. 비상시 온도를 낮추거나 열을 차단할 수 있는 냉각시스템이 구축되어 있다.			
8. 작업의 강도에 따른 휴식시간을 적절히 부여하고, 쾌적한 휴게공간을 제공하고 있다.			
9. 한랭에 따른 한랭질환 예방을 위하여 휴게공간에 온열기 설치, 따뜻한 음료 비치 등 적절한 조치를 취하고 있다.			
10. 다량의 고열물체 또는 저온물체를 취급하는 장소 등에 관계근로자 외 출입을 금지하고 그 내용을 게시하고 있다.			
11. 고열 또는 한랭 작업 등을 하는 근로자에게 적절한 보호구를 지급하고 착용하도록 관리하고 있다.			

〈추가 참고자료〉

- KOSHA GUIDE(W-12-2017) 고열작업환경 관리지침(안전보건공단 홈페이지-자료마당-법령/지침 정보)

4.3 근골격계질환

자가진단 항목	네	아니요	비고
1. 근골격계질환이 발생할 수 있는 위험요인과 작업내용을 파악하고 있다.			
2. 근골격계질환 유해요인조사를 적정하게 실시하고 그 결과를 알리고 있다.			
3. 근골격계질환 발생 우려가 있는 경우 인간공학적 설계, 인력작업 보조설비 및 편의설비를 설치하고 있다.			
4. 부담작업 종사자 교육(유해요인, 징후와 증상, 대처 요령, 올바른 작업자세, 작업도구, 작업시설의 올바른 사용법)을 실시하고 있다.			
5. 취급 물품의 중량, 취급빈도, 운반거리, 운반 속도 등 작업조건에 따라 작업시간 및 휴식시간 등을 적정하게 배분하고 있다.			
6. 중량물의 중량과 무게중심을 표시하고 손잡이를 붙이거나 갈고리, 진공빨판 등을 활용하고 있다.			
7. 중량물 취급자에게 올바른 들기 자세에 대한 교육을 실시하고 있다.			
8. 서서 일하는 근로자 또는 VDT 작업자에게 적절한 작업대, 작업용 의자, 발 받침대 등의 작업환경을 제공하고 있다.			
9. 근골격계 질환 예방을 위한 프로그램을 운영하고 있다.			
10. 근로자가 편히 쉴 수 있는 휴게공간과 휴식시간을 부여한다.			

〈추가 참고자료〉

- KOSHA GUIDE(H-66-2012) 근골격계질환 예방을 위한 작업환경개선 지침
- KOSHA GUIDE(H-9-2012) 근골격계부담작업 유해요인조사 지침
  (안전보건공단 홈페이지-자료마당-법령/지침정보)

4.4 근로자 건강관리

자가진단 항목	네	아니요	비고
1. 근로자의 건강을 보호하고, 증진시키기 위한 조직과 체계가 마련되어 있다.			
2. 작업장 내 건강진단 대상 유해인자를 파악하여 관리하고 있다.			
3. 건강진단 대상 유해인자에 노출되고 있는 작업과 근로자를 파악하고 있다.			
4. 근로자의 건강보호 유지를 위하여 정기적인 건강진단을 실시하고 있다.			
5. 건강진단 결과에 따른 사후조치를 실시하고 있다.			
6. 근로자 개인별 건강관리를 위한 상담을 실시하고 이력을 관리하고 있다.			
7. 근로자의 작업 배치시 근로자 개인의 특성과 건강상태 등을 고려하여 작업에 배치하였다.			
8. 근로자가 편히 쉴 수 있는 휴게공간과 휴식시간을 부여한다.			
9. 작업장의 조도와 온·습도는 적절히 유지되고 있다.			
10. 근로자의 건강관리능력을 함양하기 위한 건강증진 프로그램 등 건강증진사업을 시행하고 있다.			

〈추가 참고자료〉

- KOSHA GUIDE(G-37-2012) 근로자의 일반적인 건강관리에 관한 지침
  (안전보건공단 홈페이지-자료마당-법령/지침정보)

4.5 응급조치

자가진단 항목	네	아니요	비고
1. 응급상황 발생시 대응체계를 구축하고 있다			
2. 응급상황 발생을 관리할 수 있는 조직을 구성하고 그 직무를 규정하고 있다.			
3. 응급상황 발생시 연락대응 체계를 구축하고 비상연락망을 유지하고 있다.			
4. 응급상황 발생시 근로자들은 신고체계와 보고체계에 대해 숙지하고 있다.			
5. 응급상황 발생시 대응할 수 있는 소화기, 응급처치함, 구조장비 등 비상 물품을 구비하고 있다.			
6. 구급함, 구조장비 등 비상물품의 수량 및 보존기한을 확인하는 점검자를 지정하고 관리한다.			
7. 응급상황에 대비한 훈련을 정기적으로 실시하고 평가하고 있다.			
8. 응급상황이 완료된 후 이를 기록하고 관리하고 있다.			

〈추가 참고자료〉

- KOSHA GUIDE(H-187-2016) 산업재해 형태별 응급처치 요령
  (안전보건공단 홈페이지-자료마당-법령/지침정보)

참고 1 안전 · 보건관리자, 안전보건관리담당자 규모별 선임 대상 업종

■ : 안전관리자 ▲ : 보건관리자*

* ▲가 있는 경우, 보건관리자 중 의사가 없으면 보건전문의 1명을 추가 채용하여야 함

 : 안전보건관리담당자(안전관리자나 보건관리자가 없는 20인~50인 미만 사업장〈일부 산업〉)

	대분류	중분류	소분류	세분류	세세분류	20~49	50~99	100~299	300~499	500~999	1000~3999	4000~4999	5000 이상
A	농업, 임업 및 어업(01~03)	01 농업					■▲	■▲	■▲	■▲	■■ ▲	■■ ▲	■■ ▲▲
		02 임업					■▲	■▲	■▲	■▲	■■ ▲	■■ ▲	■■ ▲▲
		03 어업					■▲	■▲	■▲	■▲	■■ ▲	■■ ▲	■■ ▲▲
B	광업(05~08)	05 석탄, 원유 및 천연가스 광업					▲	▲	▲	▲▲	▲▲	▲▲	▲▲
		06 금속 광업					▲	▲	▲	▲▲	▲▲	▲▲	▲▲
		07 비금속광물 광업; 연료용 제외	071 토사석 광업				■▲	■▲	■▲	■■ ▲▲	■■ ▲▲	■■ ▲▲	■■ ▲▲
			072 기타 비금속광물 광업				▲	▲	▲	▲▲	▲▲	▲▲	▲▲
		08 광업 지원 서비스업											
C	제조업(10~34)	10 식료품 제조업					■▲	■▲	■▲	■■ ▲	■■ ▲▲	■■ ▲▲	■■ ▲▲
		11 음료 제조업					■▲	■▲	■▲	■■ ▲	■■ ▲▲	■■ ▲▲	■■ ▲▲
		12 담배 제조업					■▲	■▲	■▲	■▲	■■ ▲▲	■■ ▲▲	■■ ▲▲
		13 섬유제품 제조업; 의복 제외	131 방적 및 가공사 제조업				■▲	■▲	■▲	■▲	■■ ▲▲	■■ ▲▲	■■ ▲▲
			132 직물 직조 및 직물제품 제조업				■▲	■▲	■▲	■▲	■■ ▲▲	■■ ▲▲	■■ ▲▲
			133 편조 원단 제조업				■▲	■▲	■▲	■▲	■■ ▲▲	■■ ▲▲	■■ ▲▲
			134 섬유제품 염색, 정리 및 마무리 가공업				■▲	■▲	■▲	■▲ ▲	■■ ▲▲	■■ ▲▲	■■ ▲▲
			139 기타 섬유제품 제조업				■▲	■▲	■▲	■▲	■■ ▲▲	■■ ▲▲	■■ ▲▲
		14 의복, 의복 액세서리 및 모피제품 제조업	141 봉제의복 제조업				■▲	■▲	■▲	■▲	■■ ▲▲	■■ ▲▲	■■ ▲▲
			142 모피제품 제조업				■▲	■▲	■▲	■▲ ▲	■■ ▲▲	■■ ▲▲	■■ ▲▲
			143 편조의복 제조업				■▲	■▲	■▲	■▲	■■ ▲▲	■■ ▲▲	■■ ▲▲
			144 의복 액세서리 제조업	1441 편조 의복 액세서리 제조업			■▲	■▲	■▲	■▲	■■ ▲▲	■■ ▲▲	■■ ▲▲
				1449 기타 의복 액세서리 제조업			■▲	■▲	■▲	■▲ ▲	■■ ▲▲	■■ ▲▲	■■ ▲▲
		15 가죽, 가방 및 신발 제조업	151 가죽, 가방 및 유사 제품 제조업	1511 모피 및 가죽 제조업			■▲	■▲	■▲	■▲ ▲	■■ ▲▲	■■ ▲▲	■■ ▲▲
				1512 핸드백, 가방 및 기타 보호용 케이스 제조업			■▲	■▲	■▲	■▲	■■ ▲▲	■■ ▲▲	■■ ▲▲
				1519 기타 가죽제품 제조업			■▲	■▲	■▲	■▲	■■ ▲▲	■■ ▲▲	■■ ▲▲
			152 신발 및 신발 부분품 제조업				■▲	■▲	■▲	■▲ ▲	■■ ▲▲	■■ ▲▲	■■ ▲▲
		16 목재 및 나무제품 제조업; 가구 제외					■▲	■▲	■▲	■■ ▲	■■ ▲▲	■■ ▲▲	■■ ▲▲
		17 펄프, 종이 및 종이제품 제조업					■▲	■▲	■▲	■■ ▲	■■ ▲▲	■■ ▲▲	■■ ▲▲
		18 인쇄 및 기록매체 복제업					■▲	■▲	■▲	■▲	■■ ▲▲	■■ ▲▲	■■ ▲▲
		19 코크스, 연탄 및 석유정제품 제조업					■▲	■▲	■▲	■■ ▲▲	■■ ▲▲	■■ ▲▲	■■ ▲▲
		20 화학 물질 및 화학제품 제조업; 의약품 제외					■▲	■▲	■▲	■■ ▲▲	■■ ▲▲	■■ ▲▲	■■ ▲▲
		21 의료용 물질 및 의약품 제조업					■▲	■▲	■▲	■■ ▲▲	■■ ▲▲	■■ ▲▲	■■ ▲▲
		22 고무 및 플라스틱제품 제조업					■▲	■▲	■▲	■■ ▲▲	■■ ▲▲	■■ ▲▲	■■ ▲▲

대분류	중분류	소분류	세분류	세세분류	20~49	50~99	100~299	300~499	500~999	1000~3999	4000~4999	5000 이상
	23 비금속 광물제품 제조업					■▲	■▲	■▲	■■ ▲▲	■■ ▲▲	■■ ▲▲	■■ ▲▲
	24 1차 금속 제조업					■▲	■▲	■▲	■■ ▲▲	■■ ▲▲	■■ ▲▲	■■ ▲▲
	25 금속 가공제품 제조업; 기계 및 가구 제외					■▲	■▲	■▲	■■ ▲▲	■■ ▲▲	■■ ▲▲	■■ ▲▲
	26 전자 부품, 컴퓨터, 영상, 음향 및 통신장비 제조업					■▲	■▲	■▲	■■ ▲▲	■■ ▲▲	■■ ▲▲	■■ ▲▲
	27 의료, 정밀, 광학 기기 및 시계 제조업					■▲	■▲	■▲	■■ ▲	■■ ▲▲	■■ ▲▲	■■ ▲▲
	28 전기장비 제조업					■▲	■▲	■▲	■■ ▲▲	■■ ▲▲	■■ ▲▲	■■ ▲▲
	29 기타 기계 및 장비 제조업					■▲	■▲	■▲	■■ ▲▲	■■ ▲▲	■■ ▲▲	■■ ▲▲
	30 자동차 및 트레일러 제조업					■▲	■▲	■▲	■■ ▲▲	■■ ▲▲	■■ ▲▲	■■ ▲▲
	31 기타 운송장비 제조업					■▲	■▲	■▲	■■ ▲▲	■■ ▲▲	■■ ▲▲	■■ ▲▲
	32 가구 제조업					■▲	■▲	■▲	■■ ▲▲	■■ ▲▲	■■ ▲▲	■■ ▲▲
	33 기타 제품 제조업					■▲	■▲	■▲	■■ ▲	■■ ▲▲	■■ ▲▲	■■ ▲▲
	34 산업용 기계 및 장비 수리업					■▲	■▲	■▲	■▲	■■ ▲▲	■■ ▲▲	■■ ▲▲
D 전기, 가스, 증기 및 공기 조절 공급업(35)	35 전기, 가스, 증기 및 공기 조절 공급업	351 전기업	3511 발전업			■▲	■▲	■▲	■■ ▲	■■ ▲	■■ ▲	■■ ▲▲
			3512 송전 및 배전업			■▲	■▲	■▲	■▲	■■ ▲	■■ ▲	■■ ▲▲
			3513 전기 판매업			■▲	■▲	■▲	■▲	■■ ▲	■■ ▲	■■ ▲▲
		352 연료용 가스 제조 및 배관공급업				■▲	■▲	■▲	■▲	■■ ▲	■■ ▲	■■ ▲▲
		353 증기, 냉·온수 및 공기 조절 공급업				■▲	■▲	■▲	■▲	■■ ▲	■■ ▲	■■ ▲▲
E 수도, 하수 및 폐기물 처리, 원료 재생업(36~39)	36 수도업					■▲	■▲	■▲	■▲	■■ ▲	■■ ▲	■■ ▲▲
	37 하수, 폐수 및 분뇨 처리업					■▲	■▲	■▲	■▲	■■ ▲	■■ ▲	■■ ▲▲
	38 폐기물 수집, 운반, 처리 및 원료 재생업	381 폐기물 수집, 운반업				■▲	■▲	■▲	■▲	■■ ▲	■■ ▲	■■ ▲▲
		382 폐기물 처리업				■▲	■▲	■▲	■▲	■■ ▲	■■ ▲	■■ ▲▲
		383 해체, 선별 및 원료 재생업				■▲	■▲	■▲	■■ ▲▲	■■ ▲▲	■■ ▲▲	■■ ▲▲
	39 환경 정화 및 복원업					■▲	■▲	■▲	■▲	■■ ▲	■■ ▲	■■ ▲▲
F 건설업(41~42)	1) 안전관리자 공사금액 50억 원 이상부터 1조 원 이상까지 공사금액 기준으로 인원기준 상이 (1명 이상~11명 이상) 2) 보건관리자 공사금액 800억 원 이상(토목공사는 1천억 이상) 또는 상시근로자 600명 이상인 경우 1명 이상 1,400억 원이 증가할 때마다 또는 600명이 추가될 때마다 1명씩 추가됨 3) 산업보건의 상시근로자 50인 이상인 경우에 해당, 보건관리자가 의사가 아닌 경우 1명의 산업보건의를 두어야 함											
G 도매 및 소매업(45~47)						■▲	■▲	■▲	■▲	■■ ▲	■■ ▲	■■ ▲▲
H 운수 및 창고업(49~52)						■▲	■▲	■▲	■▲	■■ ▲	■■ ▲	■■ ▲▲
I 숙박 및 음식점업(55~56)						■▲	■▲	■▲	■▲	■■ ▲	■■ ▲	■■ ▲▲
J 정보통신업(58~63)	58 출판업	581 서적, 잡지 및 기타 인쇄물 출판업				■▲	■▲	■▲	■■ ▲	■■ ▲	■■ ▲	■■ ▲▲
		582 소프트웨어 개발 및 공급업										
	59 영상·오디오 기록물 제작 및 배급업					■	■	■	■	■■	■■	■■
	60 방송업					■▲	■▲	■▲	■▲	■■ ▲	■■ ▲	■■ ▲▲
	61 우편 및 통신업					■▲	■▲	■▲	■▲	■■ ▲	■■ ▲	■■ ▲▲
	62 컴퓨터 프로그래밍, 시스템 통합 및 관리업											
	63 정보서비스업											
K 금융 및 보험업(64~66)												

대분류	중분류	소분류	세분류	세세분류	20~49	50~99	100~299	300~499	500~999	1000~3999	4000~4999	5000 이상
L 부동산업(68)	68 부동산업	681 부동산 임대 및 공급업				▲	■▲	■▲	■▲	■■▲	■■▲	■■▲▲
		682 부동산관련 서비스업	6821 부동산 관리업			■▲	■▲	■▲	■▲	■■▲	■■▲	■■▲▲
			6822 부동산 중개, 자문 및 감정 평가업			▲	■▲	■▲	■▲	■■▲	■■▲	■■▲▲
M 전문, 과학 및 기술 서비스업(70~73)	70 연구개발업					■▲	■▲	■▲	■▲	■■▲	■■▲	■■▲▲
	71 전문 서비스업											
	72 건축 기술, 엔지니어링 및 기타 과학기술 서비스업											
	73 기타 전문, 과학 및 기술 서비스업	731 수의업										
		732 전문 디자인업										
		733 사진 촬영 및 처리업	7330 사진 촬영 및 처리업	73301 인물 사진 및 행사용 영상 촬영업								
				73302 상업용 사진 촬영업								
				73303 사진 처리업		▲	■▲	■▲	■▲	■■▲	■■▲	■■▲▲
		739 그 외 기타 전문, 과학 및 기술 서비스업										
N 사업시설 관리, 사업 지원 및 임대 서비스업(74~76)	74 사업시설 관리 및 조경 서비스업					■▲	■▲	■▲	■▲	■■▲	■■▲	■■▲▲
	75 사업 지원 서비스업											
	76 임대업; 부동산 제외					■	■	■	■	■■	■■	■■
O 공공 행정						■▲	■▲	■▲	■▲	■■▲	■■▲	■■▲▲
P 교육 서비스업(85)	85 교육 서비스업	851 초등 교육기관				■▲	■▲	■▲	■▲	■■▲	■■▲	■■▲▲
		852 중등 교육기관				■▲	■▲	■▲	■▲	■■▲	■■▲	■■▲▲
		853 고등 교육기관				■▲	■▲	■▲	■▲	■■▲	■■▲	■■▲▲
		854 특수학교, 외국인학교 및 대안학교				■▲	■▲	■▲	■▲	■■▲	■■▲	■■▲▲
		855 일반 교습학원										
		856 기타 교육기관	8561 스포츠 및 레크리에이션 교육기관	85611 태권도 및 무술 교육기관								
				85612 기타 스포츠 교육기관								
				85613 레크리에이션 교육기관								
				85614 청소년 수련시설 운영업		■▲	■▲	■▲	■▲	■■▲	■■▲	■■▲▲
			8562 예술학원									
			8563 외국어학원 및 기타 교습학원									
			8564 사회교육시설									
			8565 직원 훈련기관									
			8566 기술 및 직업 훈련학원									
			8569 그 외 기타 교육기관									
		857 교육 지원 서비스업										
Q 보건업 및 사회복지 서비스업(86~87)	86 보건업					■▲	■▲	■▲	■▲	■■▲	■■▲	■■▲▲
	87 사회복지 서비스업											
R 예술, 스포츠 및 여가관련 서비스업(90~91)	90 창작, 예술 및 여가관련 서비스업					■	■	■	■	■■	■■	■■
	91 스포츠 및 오락관련 서비스업	911 스포츠 서비스업	9111 경기장 운영업			■	■	■	■	■■	■■	■■
			9112 골프장 및 스키장 운영업	91121 골프장 운영업		■▲	■▲	■▲	■▲	■■▲	■■▲	■■▲▲
				91122 스키장 운영업		■	■	■	■	■■	■■	■■
			9113 기타 스포츠시설 운영업			■	■	■	■	■■	■■	■■
			9119 기타 스포츠 서비스업			■	■	■	■	■■	■■	■■
		912 유원지 및 기타 오락관련 서비스업				■	■	■	■	■■	■■	■■

대분류	중분류	소분류	세분류	세세분류	20~49	50~99	100~299	300~499	500~999	1000~3999	4000~4999	5000 이상
S 협회 및 단체, 수리 및 기타 개인 서비스업(94~96)	94 협회 및 단체											
	95 개인 및 소비용품 수리업	951 컴퓨터 및 통신장비 수리업				■▲	■▲	■▲	■▲	■■ ▲	■■ ▲	■■ ▲▲
		952 자동차 및 모터사이클 수리업	9521 자동차 수리 및 세차업	95211 자동차 종합 수리업		■▲	■▲	■▲	■■ ▲▲	■■ ▲▲	■■ ▲▲	■■ ▲▲
				95212 자동차 전문 수리업		■▲	■▲	■▲	■■ ▲▲	■■ ▲▲	■■ ▲▲	■■ ▲▲
				95213 자동차 세차업		■▲	■▲	■▲	■▲	■■ ▲	■■ ▲	■■ ▲▲
			9522 모터사이클 수리업			■▲	■▲	■▲	■▲	■■ ▲	■■ ▲	■■ ▲▲
		953 개인 및 가정용품 수리업				■▲	■▲	■▲	■▲	■■ ▲	■■ ▲	■■ ▲▲
	96 기타 개인 서비스업	961 미용, 욕탕 및 유사 서비스업				■	■	■	■	■■	■■	■■
		969 그 외 기타 개인 서비스업	9691 세탁업			■▲	■▲	■▲	■▲	■■ ▲	■■ ▲	■■ ▲▲
			9692 장례식장 및 관련 서비스업			■	■	■	■	■■	■■	■■
			9699 그 외 기타 분류 안된 개인 서비스업			■	■	■	■	■■	■■	■■
T 가구 내 고용활동 및 달리 분류되지 않은 자가 소비 생산활동(97~98)												
U 국제 및 외국기관(99)												

※ **건설업 안전관리자 선임기준** : 공사금액 50억 원 이상 800억 원 미만 1명 이상 / 공사금액 800억 원 이상 1,500억 원 미만 2명 이상 / 공사금액 1,500억 원 이상 2,200억 원 미만 3명 이상 / 공사금액 2,200억 원 이상 3천억 원 미만 4명 이상 / 공사금액 3천억 원 이상 3,900억 원 미만 5명 이상 / 공사금액 3,900억 원 이상 4,900억 원 미만 6명 이상 / 공사금액 4,900억 원 이상 6천억 원 미만 7명 이상 / 공사금액 6천억 원 이상 7,200억 원 미만 8명 이상 / 공사금액 7,200억 원 이상 8,500억 원 미만 9명 이상 / 공사금액 8,500억 원 이상 1조 원 미만 10명 이상 / 1조 원 이상 11명 이상

※ **공공행정 등에서 현업업무에 종사하는 사람의 기준**(고용노동부 고시 제2020-62호)

→ **공공행정**에서 현업업무에 해당하는 업무내용(공무직, 공무원 여부와 무관하게 업무내용으로 결정됨)

1. 청사 등 시설물의 경비, 유지관리 업무 및 설비・장비 등의 유지관리 업무
2. 도로의 유지・보수 등의 업무
3. 도로・가로 등의 청소, 쓰레기・폐기물의 수거・처리 등 환경미화 업무
4. 공원・녹지 등의 유지관리 업무
5. 산림조사 및 산림보호 업무
6. 조리 실무 및 급식실 운영 등 조리시설 관련 업무

→ **초등・중등・고등 교육기관, 특수학교・외국인학교 및 대안학교**에서 현업업무에 해당하는 업무내용

1. 학교 시설물 및 설비・장비 등의 유지관리 업무
2. 학교 경비 및 학생 통학 보조 업무
3. 조리 실무 및 급식실 운영 등 조리시설 관련 업무

CHAPTER

06 중대시민재해 해석

제1절 중대시민재해 다중이용시설 위험요인 파악 및 통제 자율점검표

1. 중대시민재해 예방 체크리스트

연번	중대시민재해 예방	확인결과 상(하)반기
1	필요한 안전인력을 확보하였음.	☐
2	필요한 안전예산을 편성하고 집행하였음.	☐
3	안전점검 계획을 수립(문서화)하고, 수행하였음(점검 위탁 포함).	☐
4	안전계획을 수립(문서화(하고, 시행하였음.	☐
5	재해예방 업무처리절차를 마련(문서화)하고, 이행하였음.	☐
6	도급・용역・위탁 기준과 절차를 마련하고 이행하였음 ※ 제3자에게 공중이용시설의 운영・관리 업무를 도급, 용역, 위탁 등을 한 경우에만 해당	☐
7	안전점검에 따른 개선 사항에 대하여 모두 조치하였음. – 안전・보건 관계법령에 따른 개선명령을 포함	☐
8	재해 예방을 위해 종사자 자체 안전교육을 실시하였음. – 안전・보건 관계법령에 따른 안전교육도 포함	☐
9	비상대피훈련을 포함하여 자체 훈련을 실시하였음. – 소방관서와 합동훈련시 갈음 가능	☐
10	안전・보건 관련 법령의 의무 이행사항을 점검하였음. – 다중이용업소법에 따른 정기점검(매분기) – 소방시설법에 따른 자체점검(매년) – 영업 또는 시설 관련 법률의 안전・보건 관련 의무	☐

위와 같이 중대시민재해 예방 체크리스트를 작성(확인) 하였음.

20 . . .

경영책임자등: (서명)

공중이용시설의 관계부처 및 지자체 등에서는 안전계획서 작성 지도시 이 해설서에서 정하지 않은 사항은 추가·또는 변경할 수 있음. 공중이용시설의 경영책임자 등도 이 계획서를 참조하되, 해당 영업·시설 등의 규모·유형을 고려하여 작성하여야 함.

1.1 문서작성 및 기록관리

- 차기년도 안전계획은 [매년 12월 31일]까지 작성하여 내용을 검토한 후 [경영책임자 등 : 홍길동(실명)]에게 최종 승인을 받는다.

1.2 일반개요

<table>
<tr><th colspan="2">구분</th><th colspan="4">일반 현황</th></tr>
<tr><td colspan="2">① 명 칭</td><td colspan="4"></td></tr>
<tr><td colspan="2">② 도로명주소</td><td colspan="4"></td></tr>
<tr><td colspan="2">③ 연 락 처</td><td colspan="2">□ 안전·보건책임자______________</td><td colspan="2">□ 사무실______________</td></tr>
<tr><td colspan="2" rowspan="4">④ 규모 / 구조</td><td colspan="2">□ 건축면적_____m²</td><td colspan="2">□ 연면적______________</td></tr>
<tr><td colspan="4">□ 위치 지상________층 / 지하________층</td></tr>
<tr><td colspan="4">□ 건물구조________________</td></tr>
<tr><td colspan="4">□ 용도____________________</td></tr>
<tr><td colspan="2" rowspan="3">⑤ 인 원 현 황</td><td colspan="2">□ 거주인원_______명</td><td colspan="2">□ 근무인원_______명</td></tr>
<tr><td colspan="2">□ 고령자_________명</td><td colspan="2">□ 영유아_________명</td></tr>
<tr><td colspan="4">□ 장애인(이동/시각/청각/언어_______명</td></tr>
<tr><td rowspan="9">안전·보건관리 현황</td><td rowspan="4">⑥
담당자
지정현황</td><td colspan="2">안전·보건 책임자</td><td colspan="2">안전·보건 책임보조자</td></tr>
<tr><td>성명</td><td>지정일자</td><td>성명</td><td>지정일자</td></tr>
<tr><td></td><td></td><td></td><td></td></tr>
<tr><td colspan="4">☎ (유선) (휴대전화)</td></tr>
<tr><td rowspan="2">⑦
업무위탁</td><td colspan="2">□ 대행업체: ______________
□ 면허번호: ______________</td><td colspan="2">□ 연락처: ______________
□ 대행기간: 년 원 일 ~ 년 월 일</td></tr>
<tr><td colspan="4">※ 안전·보건관리를 대행·위탁하는 경우만 작성</td></tr>
<tr><td>⑧
보험가입
(화재 등)</td><td>가입기간</td><td>보험사명</td><td>가입대상</td><td>가입금액</td></tr>
<tr><td></td><td colspan="4"></td></tr>
</table>

<table>
<tr><td rowspan="2">⑨
안전·보건예산
(단위: 천원)</td><td>점검비용</td><td>보수·보강비용</td><td rowspan="2">⑩ 안전·보건
인력
(단위: 명)</td><td>수행인력
(기존종사자 중에서
지정 가능)</td></tr>
<tr><td>0000천원</td><td>0000천원</td><td>00천원</td></tr>
<tr><td rowspan="2">⑪
안전·보건점검</td><td colspan="2">내용</td><td>일정(매분기)</td><td>개선사항 조치</td></tr>
<tr><td></td><td></td><td></td><td></td></tr>
</table>

※ (참고) 작성요령

용어의 정의	작성방법
① **명칭** 사업자등록증의 상호, 법인명(단체명)	① **명칭** 일반과세자는 “상호”, 법인사업자는 “법인명(단체명)”을 기재합니다.
② **도로명주소** 사업자등록증의 사업장 소재지	② **도로명주소** 도로명주소로 기재합니다.(아래 예시) – (단독건물) 서울특별시 00구 00대로00길 00 (00동) – (업무용빌딩) 서울특별시 00구 00대로 00, 00호 (00로)
③ **연락처** 비상시 연락가능한 연락처	③ **연락처** 사무실 : 02–0000–0000 / 일반전화 안전·보건책임자 : 010–0000–0000 / 휴대전화
④ **규모** 건축물대장의 일반현황	④ **규모** 건축물대장을 기준을 기재합니다. – 바닥면적, 연면적 : 건축물대장 참조 기재 – 위치 : 건축물 전체를 사용하는 영장은 건축물 대장의 층수 기재(예시. 지하 00층 / 지상 00층), 건축물의 일부층에 위치할 경우 건축물 대장의 층수 및 영업장 위치치 층 표기(예시. 지하 00층 / 지상 00층 중 00층에 위치) – 건물구조 : 건축물 현황의 구조 기재(예시. 철근콘크리트 구조) – 용도 : 건축물 현황의 용도 기재(예시. 휴게음식점)
⑤ **인원현황** 해당 영업장에 실제 상주하는 인원	⑤ **인원현황** 해당 영업장에 실제 상주하는 인원을 기재합니다. – 거주인원 : 고시원, 산후조리원 등 해당 영업장에서 숙식하는 인원 – 근무인원 : 영업장 운영을 위해 근로하는 인원(국민연금 가입대상 뿐만아니라 임시로 근무하는 아르바이트 직원 등 모두 포함하여 기재) – 거주 및 근무인원 중 고령자/영유아/장애인 등 재난 약자의 수를 각각 기재

⑥ 담당자 지정현황 안전·보건관리 담당자 지정현황	⑥ 담당자 지정현황 안전·보건관리를 담당하는 책임자 등을 기재합니다. – 안전·보건 책임자 : 다중이용업소법(영업주), 소방시설법(소방안전관리자), 초고층재난관리법(총괄재난관리자)등 개별 영업·시설 등 관련 법률에 따른 안전·보건관리 담당자 중 책임자를 지정하여 기재 ※ 별도 자격 기준을 정하고 있지 않으므로 영업장 내 안전·보건업무를 책임지는 인원을 지정 – 안전·보건 책임보조자 : "안전·보건 책임자"를 보조할 수 있는 담당자를 지정하여 기재
⑦ 업무위탁 안전·보건 관계 법령에 따라 업무위탁 현황	⑦ 업무위탁 소방시설법 제20조에 따라 소방안전관리 업무를 소방시설관리업자에게 대행한 경우 대행업체의 현황과 계약 내역을 기재합니다.
⑧ 보험가입 안전·보건 관련 보험가입 현황	⑧ 보험가입 안전·보건 관련 보험가입 현황을 기재합니다. – 예시) 재난안전법에 따른 "재난안전의무보험", 다중이용업소법 따른 "화재배상책임보험" 등
⑨ 안전·보건예산 안전·보건에 투입되는 예산현황	⑨ 안전·보건예산 안전·보건 관계 법령에 따라 준수해야하는 의무이행에 필요한 소요비용을 기재합니다.(예산 산정기준 : 1년)
⑩ 안전·보건인력 안전·보건에 투입되는 인력	⑩ 안전·보건인력 "⑥"의 안전·보건관리 책임자(보조자)를 포함한 안전·보건업무를 수행하는 인력을 기재합니다.
⑪ 안전·보건점검 안전·보건 관계 법령에 따라 이행하는 점검 현황 등	⑪ 안전·보건점검 다중이용업소법 제13조에 따른 "정기점검", 소방시설법 제25조에 따른 "자체점검", 해당 영업·시설관련 안전·보건 법령과 관련된 점검 내역을 기재합니다.

1.3 안전 · 보건관리

① 구분	② 관리항목	③ 관리주기				④ 관리계획
		주	월	분기	연	
점검	안전시설 등 점검		✔			안전시설 등 육안점검
교육	소방안전교육			✔		자체 안전교육 실시
훈련	자체소방훈련				✔	합동소방훈련 실시

※ (참고) 작성요령

용어의 정의	작성방법
① 구분 안전 · 보건 관련 법령에 따라 실시하는 점검, 교육, 훈련 및 기타 안전 · 보건 관리계획	① 구분 업무성격에 따라 "점검", "교육", "훈련", "기타"로 구분하여 기재합니다.
② 관리항목 점검, 교육, 훈련 및 기타 구분에 따라 실시하는 세부 관리항목	② 관리항목 법령에 따라 실시하거나 자율적으로 실시하는 세부 관리항목을 기재합니다.(아래예시) – 점검 : 다중이용업소법에 따른 정기점검 – 교육 : 다중이용업소법에 따른 소방안전교육 – 훈련 : 소방시설법에 따른 소방훈련 등
③ 관리주기 법령에 따른 법정 실시 주기 또는 자율적으로 이행하는 수행주기	③ 관리주기 법령에 따른 법정 실시 주기 또는 자율적으로 이행하는 수행주기를 선택합니다.(아래예시) – 점검: 다중이용업소법에 따른 정기점검(분기) – 교육: 다중이용업소법에 따른 소방안전교육(연) – 훈련 : 소방시설법에 따른 소방훈련 등(연)
④ 관리계획 관리항목의 세부 실시계획	④ 관리계획 관리항목의 세부 실행계획을 간략히 작성

1.4 중대사고 예방 및 홍보

홍보방법	계획	홍보방법	계획
□ 홍보주간(기간) 운영		□ 홍보물(리플렛, 스티커) 배부	
□ 포스터, 표어 전시		□ 현수막, 배너 설치	
□ 영상물 상영		□ 모바일 App, SNS 활용	
□ 체험시설(체험관)견학		□ 구내 캠페인 방송	
□ 무서, 이메일 공지		□ 기타( )	
비고			

※ (참고) 작성요령

작성방법
■ 중대사고 예방에 관한 홍보방법 및 계획을 작성 ① 홍보방법 중 해당되는 사항을 선택: ✔ ② 선택한 홍보 실시계획을 간략히 기재 〈예시〉 • 홍보주간(기간)운영 / '22. 11월 ~ 12월, 전 직원 전파

1.5 화기(火氣) 등 취급의 감독(해당하는 경우만 작성)

순번	허가일자	허가장소	작업종류	안전·보건감시인

※ (참고) 작성요령

작성방법
■ 화기(火氣) 등 안전·보건과 관련한 취급에 주의가 필요한 작업 시 안전·보건 감시인을 지정하고 사전에 허가받은 시간·장소에서 작업 실시하고, 허가사항을 기록합니다.

1.6 초기대응대 구성(해당 영업 · 시설등의 종사자로 구성)

<table>
<tr><th colspan="7">조직개요</th></tr>
<tr><td rowspan="2">편성</td><td>① 초기 대응대</td><td colspan="5">□ 편성인원: 대장 명, 부대장 명, 대원 명
□ 조직구성: □ 지휘통제팀(명) □ 현장대응팀(명)</td></tr>
<tr><td>② 초기 대응체계</td><td colspan="5">□ 편성인원: _____명, A조(_____명) □ B조(_____명) □ C조(_____명)</td></tr>
<tr><td colspan="2">③ 운영시간</td><td colspan="5">□ 주간편성(~ 시) □ 야간편성(~ 시) □ 휴일(공휴일)</td></tr>
<tr><th colspan="7">④ 대원편성 및 임무현황</th></tr>
<tr><th colspan="2" rowspan="2">구분</th><th rowspan="2">소속</th><th rowspan="2">성명</th><th rowspan="2">개별임무</th><th colspan="2">비상연락체계</th></tr>
<tr><th>사무실</th><th>개인</th></tr>
<tr><td colspan="2">대장</td><td>인사팀</td><td>홍길동</td><td>대응총괄</td><td></td><td></td></tr>
<tr><td colspan="2">부대장</td><td></td><td></td><td></td><td></td><td></td></tr>
<tr><td rowspan="2">지휘판</td><td rowspan="2">⑤ 지휘통제</td><td>관리팀</td><td>김철수</td><td>사고발생시 상황 전파</td><td></td><td></td></tr>
<tr><td></td><td></td><td></td><td></td><td></td></tr>
<tr><td rowspan="8">대응반</td><td rowspan="8">⑥ 현장대응</td><td></td><td>김영희</td><td>시설 긴급보수</td><td></td><td></td></tr>
<tr><td rowspan="2">시설팀</td><td></td><td></td><td></td><td></td></tr>
<tr><td></td><td></td><td></td><td></td></tr>
<tr><td rowspan="2"></td><td rowspan="2"></td><td></td><td></td><td></td></tr>
<tr><td></td><td></td><td></td></tr>
<tr><td rowspan="2"></td><td rowspan="2"></td><td></td><td></td><td></td></tr>
<tr><td></td><td></td><td></td></tr>
<tr><td colspan="5">* 각 구역별로 2인 이상을 선정</td></tr>
<tr><td colspan="2" rowspan="5">⑦ 초기 대응체계</td><td rowspan="2">구분</td><td>A조( )</td><td>B조( )</td><td>C조( )</td><td>D조( )</td></tr>
<tr><td>(__~__시)</td><td>(__~__시)</td><td>(__~__시)</td><td>(__~__시)</td></tr>
<tr><td></td><td></td><td></td><td></td><td></td></tr>
<tr><td></td><td></td><td></td><td></td><td></td></tr>
<tr><td colspan="5">* 비고</td></tr>
</table>

※ (참고) 작성요령

용어의 정의	작성방법
① 초기대응대 최초 재난발생시 현황 파악, 신고 및 거주자·이용자 등에게 비상전파와 피난유도의 역할을 하는 사람	① 초기대응대 (편성인원) 대장과 부대장, 대원으로 구성하되 조별 2인 이상 편성 (조직구성) ㉠ 지휘통제팀 : 건축물의 특성을 잘 알고 재난현장을 총괄할 수 있는 인원으로 구성, ㉡ 현장대응팀 : 실질적으로 현장에서 초기대응을 할 수 있는 사람으로 구성(비상전파, 유도대피, 안전조치 등)
② 초기대응체계 재난 및 안전관리를 위해 건물내 근무자 및 거주자를 중심으로 조직을 구성·운영	② 초기대응체계 화재, 지진, 테러 등에 따른 인적 또는 물적 피해를 최소한으로 억제할 수 있도록 편성(예 : 지휘팀, 초기소화팀, 피난유도팀, 통보연락팀, 구출구호팀 등으로 편성)
③ 운영시간 항시 재난 발생 대비를 위해 24시간 운영체제로 구성	③ 운영시간 (주간편성) 근무시간 내 즉시 대응할 수 있는 시간대로 편성 (야간편성) 근무시간 외 상주하는 인원으로 산정하되 비상주의 경우는 항상 비상연락체계가 구성되어 1시간 이내 현장에 도착할 수 있도록 편성
⑤ 지휘통제 조직구성원에게 각자의 임무를 부여하고 안전한 재난활동을 할 수 있도록 지원·통제함.	⑤ 지휘통제 비상전파를 통해 초기대응체계를 구축할 수 있는 사람으로 구성
⑥ 현장대응 재난발생시 인적 또는 물적 피해를 최소한으로 억제하기 위한 활동	⑥ 현장대응 초기대응대에 편성되어 있는 사람으로 안전시설 및 안전조치 임무를 원활히 수행할 수 있는 사람으로 구성
⑦ 초기 대응체계 건축물의 유형에 따라 각 팀별(소화팀, 피난유도팀 등)을 구성하여 신속히 재난을 대응하는 체계	⑦ 초기 대응체계 초기대응대에 편성되어 있는 사람으로 재난상황이 종료이 완료될 때 까지 현장활동의 피로도 등을 감안하여 시간대별로 나누어 임무를 수행할 수 있도록 구성

1.7 비상연락체계 구축

구분	대응방법 및 절차
① 비상경보	화재경보방식(□일제경보, □우선경보)에 따라 화재경보 □ 일제경보방식 : 전층[_____~_____층] 화재경보 □ 우선경보방식 : 발화층+직상층(층)+지하층 화재경보
② 상황전파	안전사고 전파 시 다음 방법에 따라 상황전파 □ 육성 □ 경종 □ 비상방송(자동/수동) □ 시각경보기 □ 초기대응대 비상소집(비상방송 및 비상연락망) ☎ 종합방재실(수신반)__________ : / 기타 :__________
사고신고	

비고: 종합방재실(수신반) _____________: / 근무시간: _____________

※ (참고) 작성요령

용어의 정의	작성방법
① 비상경보설비 화재가 발생했을 때에 화재를 발견한 사람이 손가락으로 작동스위치를 누르면 수신기에서는 신호를 인식하여 화재발생 사실을 벨 또는 사렌을 건물전체에 울려 화재발생을 알리는 설비를 말한다.  ← 발신기 누름버튼 스위치 위치	① 비상경보설비 (일제경보방식) 어떠한 층에 화재발생시 층 구별 없이 전층에 경보하는 방식으로 전체층의 건물 층수를 기재 (우선경보방식) 지하층을 제외한 5층이상, 300㎡를 초과하는 대상일 경우 - 지하1층에서 화재발생시 : 지하층 전층 + 지상 1층 경보설비 작동 - 지상1층에서 화재발생시 : 지하층전층 + 지상 2층 경보설비 작동 - 지상2층에서 화재발생시 : 지상2층 + 지상3층 경보설비 작동
② 상황전파 재난의 규모, 피해상황, 이용자 인원 등을 1차적으로 119에 신고하고, 재난상황에 대해 비상방송설비, 휴대용 확성기 등을 활용하여 피난자에게 피난방향이나 화재상황을 알려 혼란 방지에 유의하여 피난안내를 반복적으로 실시	② 상황전파 (예시) 현재 9층 00호에서 화재가 발생하였습니다. 입주자들은 즉시 피난층으로 대피하시기 바랍니다. 대피시 유도등 또는 유도표시를 따라 계단을 이용해 대피하시되 엘리베이터는 절대 사용하지 마시고 노약자를 우선적으로 도와주시기 바랍니다. 다시한번 안내말씀 드립니다. ※ 육성 또는 비상방송설비 등을 활용해 상황 전파

1.8 공공기관 출동현황

구분	주요내용	비고
관할기관	00소방서 00119안전센터로 부터 00km 떨어짐 00경찰서 00지구대로부터 00km 떨어짐	
연소 확대 우려구역(건물)	본 건물 옆에 있는 00빌딩과 00미터 이격되어 연소 확대 우려는 없을 것으로 보임	
집결지	본 건물의 정면 오른쪽 주차장에 소방차 등 집결 필요	
소방차 진입계획	초기대응대 인력중 00명이 소방차 진입을 안내 등	

1.9 교육훈련 및 자체평가

[____년____제____차] 교육훈련 및 평가계획

구분	주요내용			
명칭	화재시 발생시 이용객 피난대피 훈련			
일자/장소	일자 : 년 월 일 / 장소			
종류	대상	□ 초기대응대 □ 재실자, 거주자		
	이론	□ 강의식	□ 세미나	
	실습	□ ①도상훈련	□ ②종합훈련	□ ③부분(기능)훈련
④교육계획				
⑤훈련계획				
⑥평가계획	평가일시	년 월 일	평가자 (경영책임자등)	(서명)
	평가방법			
비고:				

※ (참고) 작성요령

용어설명 및 작성방법	
① 도상훈련 재난이나 유사상황 발생시를 대비하여 실제훈련을 하지 않고 재난상황을 가상하여 하는 훈련	④ 교육계획 수립에 포함할 사항(예시) – 재난 발생 장소 확인 방법 – 재난의 신고 및 전파 등의 방법 – 초기 대응 및 신체 방호 방법 – 층별 거주자 및 입점자 등의 피난유도 방법 – 구조 및 응급구호 방법 – 현장통제와 재난의 대응 및 수습에 관한 사항 – 재난 발생 시 임무, 재난유형별 대처 및 행동요령에 관한 사항 – 2차 피해 방지 및 저감에 관한 사항 – 외부기관 출동 관련 상황 인계에 관한 사항
② 종합훈련 재난유형을 부여하여 가용할 수 있는 장비, 인력, 유관기관 등을 동원하여 실제상황처럼 재난대비를 위한 훈련	⑤ 훈련계획에 포함할 사항(예시) – 화재시나리오 상정 – 발생장소 확인 – 소방기관 통보 – 건물내의 전파 – 초기진화 – 피난유도 및 종합강평
③ 부분(기능)훈련 대형재난발생시 일어날 수 있는 모든 여건의 일부분만 집중하여 하는 훈련 예) 피난대피 훈련, 응급처치 교육, 화재초기 진압교육 등	⑥ 평가계획 경영책임자등은 훈련 종료 후 바로 훈련결과에 대한 강평 및 검토회의를 개최하고, 미비한 점과 개선 해야할 사항 등에 대해 토의하되, 검토회의는 원칙적으로 훈련 참가자 전원이 참석하도록 한다.

※ 안전·보건 관계 법령에 따라 실시하여야 하는 교육·훈련도 포함하여 교육·훈련계획을 수립

1.10 피난대책 수립

<table>
<tr><th>구분</th><th colspan="3">피난절차 및 방법</th></tr>
<tr><td>경보설비</td><td colspan="3">□ 경종(□전층 □부분층) □비상방송설비 □기타(　　　　)</td></tr>
<tr><td rowspan="2">피난인원</td><td colspan="3">□ 상시거주(명) □ 상시근무(명) □ 유동인원(명)
<table>
<tr><th>층(구역별)</th><th>피난인원</th><th>층(구역별)</th><th>피난인원</th></tr>
<tr><td></td><td></td><td></td><td></td></tr>
<tr><td></td><td></td><td></td><td></td></tr>
<tr><td></td><td></td><td></td><td></td></tr>
</table></td></tr>
<tr><td colspan="3">□ ①재해약자 현황(해당사항에 ☑ 표시)
<table>
<tr><th rowspan="2">□노인</th><th rowspan="2">□영유아</th><th rowspan="2">□어린이</th><th rowspan="2">□임산부</th><th colspan="5">장애유형</th></tr>
<tr><th>□이동</th><th>□시각</th><th>□청각</th><th>□언어</th><th>□인지</th></tr>
<tr><td></td><td></td><td></td><td></td><td></td><td></td><td></td><td></td><td></td></tr>
</table>
* 노인[65세↑], 영유아[6세↓], 어린이(13세↓), 임산부 및 장애인</td></tr>
<tr><td rowspan="3">②피난경로</td><td>□ 제1피난로</td><td colspan="2"></td></tr>
<tr><td>□ 제2피난로</td><td colspan="2"></td></tr>
<tr><td>□ 옥상피난</td><td colspan="2">□ 옥상출입[□ 상시개방 □ 상시폐쇄(잠금장치)]
□ 자동개폐장치(□ 유 □ 무) □ 옥상광장(□ 유 □ 무)</td></tr>
<tr><td rowspan="5">피난보조</td><th>재해약자</th><th>피난동선</th><th>피난방법</th></tr>
<tr><td>어린이 10명</td><td>중앙계단을 통해 이동</td><td>초기대응대에서 인솔</td></tr>
<tr><td></td><td></td><td></td></tr>
<tr><td></td><td></td><td></td></tr>
<tr><td></td><td></td><td></td></tr>
<tr><td>집결지</td><td colspan="3">인원파악하기 위해 지상 주차장00구역에 집결
(내부 고립자 발생시 해당사항을 긴급구조기관에 전달)</td></tr>
</table>

※ (참고) 작성요령

용어설명 및 작성방법	
① 재해약자 장애인・노인・임산부・영유아・어린이 등 이동이 어려운 사람을 말한다.	① 재해약자 – 재해약자가 있는 경우만 작성 – 평소에 재해약자 유형별로 인원을 파악하고, 화재등 사고 발생시 대피경로를 확보하고, 교육・훈련 실시
② 피난경로 재난유형을 부여하여 가용할 수 있는 장비, 인력, 유관기관 등을 동원하여 실제상황처럼 재난대비를 위한 훈련 화재 발생 시 등 비상시 해당 영업장・시설의 내부로부터 지상・옥상 또는 그 밖의 안전한 곳으로 피난할 수 있는 대피 경로	② 피난경로 – 해당 영업장・시설의 출입구에서 가장 빠르고 안전하게 지상・옥상 또는 그 밖의 안전한 곳으로 갈 수 있는 경로를 기재 – 각 층의 피난기구(완강기, 미끄럼대, 구조대, 피난사다리 등)를 활용하는 방법도 함께 기재

※ 안전・보건 관계 법령에 따라 실시하여야 하는 교육・훈련도 포함하여 교육・훈련계획을 수립

1.11 피해복구

- 화재, 붕괴, 균열 등으로 인한 피해 복구 계획을 실행하기 위한 장/단기 피해복구 계획의 주요내용은 아래와 같다.

구분	주요내용
단기 복구	화재발생 후 관련 소방시설 등의 작동여부를 점검하고, 불량사항은 모두 수리
장기 복구	복구 기간 동안 관계인(관리자, 점유자, 소유자)이 사용할 장소를 확보
	소방시설이 정상작동하기 전까지는 건물 사용 금지
비고	

- 화재, 붕괴, 균열 등 피해 복구를 위한 지원기관, 지원내용 및 연락처는 아래와 같다.

구분	지원내용	연락처
지자체(OO과)	관계인의 임시생활시설 마련	
비고		

2. 수탁기관 안전관리능력 평가(예시)

2.1 평가항목 마련

- 도급・용역・위탁 등을 받는 기관을 선정할 때 재해예방을 위한 조치능력 및 안전관리역량을 확인할 수 있는 평가항목을 마련한다(기관별로 기존 평가항목에 추가하여 평가도 가능).
- 평가항목별 배점 및 상・중・하의 배점은 기업 또는 기관별 상황과 여건을 고려하여 설정한다.

〈평가 항목 및 기준 예시〉

평가항목	평가기준	평가결과		
		상	중	하
안전 인력 및 예산 현황	• 안전전문인력(관련 자격증 보유자, 관련 학과 졸업자 등) 보유 현황 • 안전 예산 현황(안전 예산 편성항목, 매출액 대비 비중 등)			
안전관리규정・지침・매뉴얼 현황	• 법정 보유 안전관리규정/지침/매뉴얼 구비 여부			
재해대응체계 현황	• 재해신고・보고절차도 유무 • 재해대응 조직 및 업무분장 현황 • 유관기관 비상연락망 유무			
교육 및 훈련실적	• 교육 및 훈련 프로그램 유무 • 최근 3년간 안전교육 및 훈련 실적			
중대재해 발생에 따른 행정처분 등	• 최근 3년 내 중대재해 발생 횟수 • 중대재해로 인한 행정처분 유무 및 처분정도			

※ (참고) 작성요령

평가방법
「중대재해처벌법 시행령」 제10조 제8호에 따라 공중이용시설 또는 공중교통수단의 운영・관리 업무의 도급, 용역, 위탁 등을 하는 경우 그 수탁기관이 해당 영업・시설 등의 이용자나 그 밖의 사람의 안전을 확보할 수 있는지에 대한 평가기준과 절차를 마련한 것입니다. 해당 영업・시설 등의 규모・형태 등에 맞는 자체 기준을 마련하여 평가해야 한다. * 예시) 안전관리 업무를 수행하기 위한 자격증 보유자 비중에 따라 상중하의 배점 구분

2.2 안전관리 비용 기준

- 수탁자의 중대시민재해 예방을 위한 관리비용은 도급·용역·위탁받은 업무의 안전관리에 필요한 비용이므로 안전관리비용을 도급·용역·위탁비용에 계상하도록 하여야 한다.
  - 안전관리비용은 도급·용역·위탁 준공시 실사용한 금액으로 정산함
  - 중대시민재해 예방을 위해 필요한 비용의 예시

> • 유해·위험요인 발견 시 긴급안전점검, 긴급안전조치, 정비·보수·보강 등 개선을 위한 비용(예시 : 난간, 창문 등 파손으로 추락방지 등)
> • 시설의 기능 유지, 안전 관련 시설 및 설비의 설치 비용(예시 : 건축물 내력벽 보강시설 설치, 소방시설 등 유지관리 등)
> • 중대시민재해 발생에 대비한 재해대응 절차도, 이용자를 위한 비상대피지도 등의 제작·개선 비용(예시 : 이용자의 안전한 이용을 위한 피난안내도 설치조치 등)
> • 중대시민재해 발생 시 원인 개선을 위한 종사자 교육 또는 이용자 안내 조치 비용
> • 안전관리에 필요한 물품·보호구 및 장비 구입 비용

  - 안전관리비 계상 사례

> • 공연장 사례 : 공연법에 따라 객석수, 관람인원에 따라 안전관리비를 계상
>   – 공연장 운영자 : 객석수 500석 이상 1% 이상,
>   – 공연장 외의 장소에서 공연을 하려는 자 : 1천명 이상 관람 예상 1.15% 이상, 3천명 이상 관람 예상 1.21% 이상 계상
> • 건설현장 사례: 산업안전보건법에 의한 건설현장 산업안전보건관리비는 공사종류 및 규모에 따라 1.38%~3.43% 계상

제2절 중대시민재해 원료 · 제조물 위험요인 파악 및 통제 자율점검표

1. 중대재해처벌법의 구조

중대재해처벌법의 구조

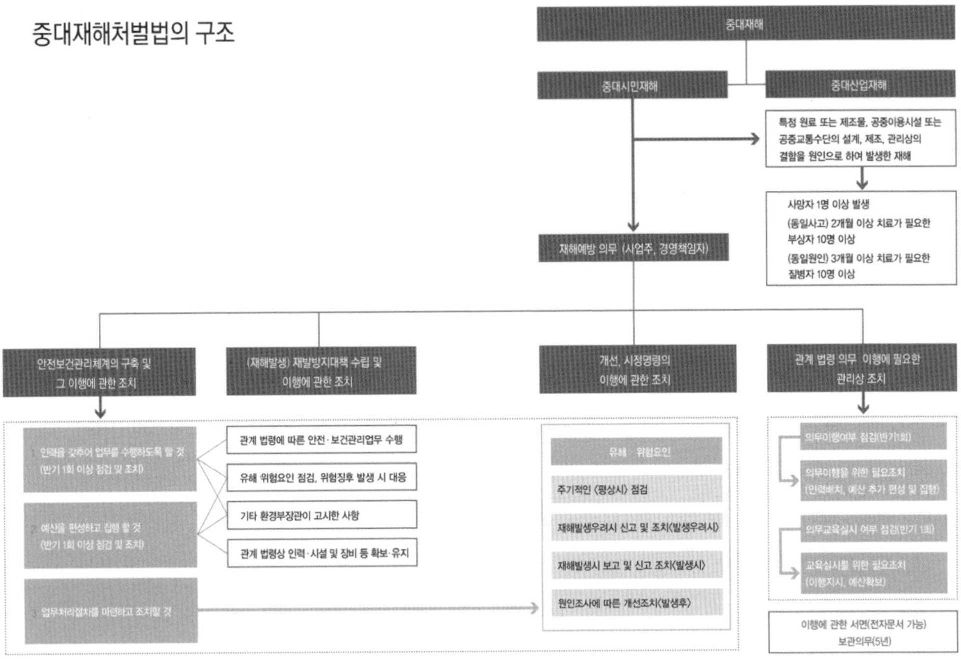

1.1 원료 · 제조물 관련 중대시민재해의 정의

특정 원료 또는 제조물의 설계, 제조, 관리상의 결함을 원인으로 하여 발생한 재해로서 다음 결과 중 하나를 야기한 경우를 말한다(중대재해처벌법 제2조 제3호).

- 사망자 1명 이상 발생
- 동일한 사고로 2개월 이상 치료가 필요한 부상자 10명 이상 발생
- 동일한 원인으로 3개월 이상 치료가 필요한 질병자 10명 이상 발생

사업주 또는 경영책임자가 중대재해처벌법상 안전·보건확보의무(법 제9조)를 위반하여 중대시민재해가 발생한 경우 중대재해처벌법 상 형사처벌의 대상이 된다(법 제10조).

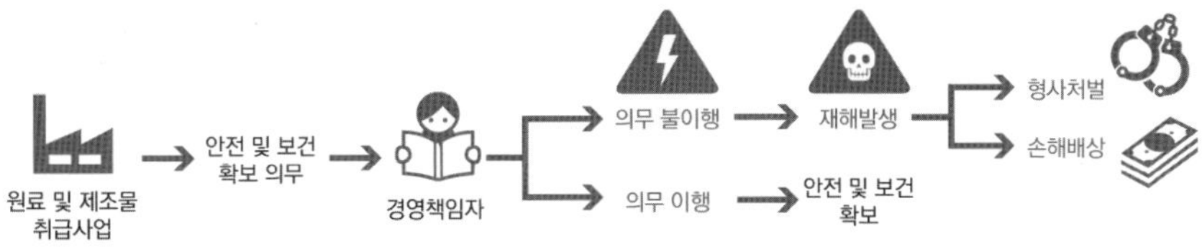

※ 사고결과에 따라 형사처벌의 정도가 달라지며(법 제10조 및 제11조), 형사처벌 외에도 민사상 손해배상책임이 가중됨(제15조) 상세한 내용은 다음장에서 설명함

1.1.1 중대시민재해의 범위

【중대산업재해의 제외】 중대재해처벌법 은 중대재해를 중대산업재해와 중대 시민재해로 구별하면서, 중대시민재해에서 중대산업재해를 제외하고 있음(중대재해처벌법 제2조 제3호) 중대산업재해의 의미에 대해서는 본 가이드북 “05.Q&A”를 참고

【장소적 범위】 중대재해처벌법 은 사업주나 법인 또는 기관이 실질적으로 지배·운영·관리하는 사업 또는 사업장에서 생산·제조·판매·유통 중인 원료나 제조물의 설계, 제조, 관리상의 결함으로 중대재해가 발생하지 않도록 사업주나 경영책임자 등에 안전 및 보건 확보의무를 부여하고 있으며 사업주, 법인 또는 기관의 사업 또는 사업장이 다음에 해당하는 경우 일반적으로 실질적인 지배·운영·관리하는 경우로 볼 수 있음

- 소유권, 점유권, 임차권 등 장소, 시설, 설비에 대한 권리를 가지고 있는 경우
- 사업 또는 사업장의 생산·제조·판매·유통 중인 원료나 제조물로 인한 유해·위험 요인을 통제할 수 있는 경우
- 보수·보강을 실시하여 안전하게 관리해야 하는 의무를 가지는 경우 등

1.1.2 중대시민재해 사례

아래 사례는 중대재해처벌법 제정 전 제조물의 결함으로 사망·상해사고

가 발생한 사례로서 당시 중대재해처벌법 의 존재를 가정하여 법을 적용하면 다음과 같이 판단될 수 있다.

〈중대시민재해 사례 예시〉

구분	내용
사건명(1)	변압 변류기 폭발사건
사실관계	• 변압변류기 내부에서 가열된 절연유가 쏟아져 甲과 乙을 덮쳐 전신에 중화상을 입고 甲은 화상으로 인한 패혈증 및 폐부전증 등으로 사망한 사건 • 대법원은 원심판결을 파기하고 사건을 서울고등법원에 환송함으로써 피고회사의 제조물책임에 있어서 제품의 하자를 인정함 – 내구년한 전에 발생한 절연파괴는 위와 같은 절연열화를 최소화하는 방법을 취하지 않은 구조 내지 제조상의 결함이 있는 것으로 추정함 • 사업장 내에서 발생한 사고이나, 제조사의 사업장이 아닌 곳에서 제조된 물건을 구입하여 사업장 내에서 사용 중 발생한 사고로 제조물에 의한 사고로 볼 수 있음
피해규모	사망 1명 중화상 1명
중대재해법 적용	• 위와 같은 제조상의 결함이 사업주 또는 경영책임자의 안전・보건확보 의무 위반*으로 발생한 것이라면 중대재해처벌법상 처벌대상임 * (예) 유해・위험요인 점검 인력이 없었거나 있었더라도 적정업무를 수행하기에 인력 등이 부족했던 것을 사업주 등이 확인하거나 보고받고도 아무런 조치를 취하지 않은 경우 등
사건명(2)	가습기 살균제 사건
사실관계	• 미생물 번식과 물때 발생을 예방하기 위해 가습기 내의 물에 첨가한 가습기살균제로 인해 산모, 영유아 등이 폐손상 등으로 사망하거나 폐질환 등 건강상 피해를 입은 사건임 – 2012년 2월 폐손상 환자 사례와 같은 조직병리 소견이 동물에서 관철됨에 따라 가습기 살균제와 폐손상과의 인과관계를 최종확인
피해규모	2021년 10월 31일 기준 피해 신청자 수는 총 7,598명으로 사망자는 1,724명 (영유아 290명 포함)
중대재해법 적용	• 위와 같은 제조물의 설계상 또는 제조상의 결함이 사업주 등의 안전보건확보* 의무위반으로 인한 것이었다면 중대재해처벌법에 따라 처벌될 가능성이 있음 * (예) 위와 같은 유해・위험요인을 주기적으로 점검하고 해당 위험요인 발견시 조치와 관련된 업무처리절차가 마련되어 있지 않았고, 이와 같은 사실을 사업주 등이 확인하였음에도 불구하고 아무런 조치를 취하지 않은 경우
사건명(3)	구미 불산가스 누출 사건
사실관계	• 2012년 9월 주식회사 OOOO구미 공장에서 탱크 컨테이너의 생산설비로 불화수소를 이송하기 위하여 밸브를 연결하는 작업 중 불화수소가 누출 • 현장에서 작업 중이던 4명의 근로자와 펌프수리업체 직원 1명이 사망 – 탱크 컨테이너에서 계속 누출된 불화수소는 인근 사업장과 지역주민,사고를 수습하던 관계자들에게도 영향을 주어 사망 5명, 입원치료 12명, 건강검진 7,162명, 농작물 237.9ha, 가축 3,209두, 차량 1,138대 등의 피해 발생

피해규모	사망 5명, 중상해 12명, 경상해 7162명 ※ 주민: 병원진료 7,162건
중대재해법 적용	• 위와 같은 원료의 관리상 결함이 사업주 등의 안전보건확보* 의무위반으로 인한 것이었다면 중대재해처벌법에 따라 처벌될 가능성이 있음 * (예) 위와 같은 관리상의 결함이 안전·보건 관계 법령에 따른 의무불이행으로 발생한 것이었고, 사업주 등은 점검 결과 이러한 사실을 알게 되었음에도 불구하고 의무이행을 위한 조치를 취하지 않은 경우
사건명(4)	거제 백병원 집단환자 발생사건
사실관계	• 2002년 10월 OO제약 근이완제 '갈라민주'를 맞고 1명 사망 등 집단 쇼크사고를 일으킨 사건 • 식약처의 조사결과 OO제약 근육이완제 갈라민주(H005)에서 혐기성인 "엔테로박터크로아케"균과 호기성인 "코리네박테리움세로시스"균, "바실루스세레우스"균이 검출됐다고 발표하였음 – 특히 OO제약 주사제 멸균기 등 생산설비가 전반적으로 노후했으며 제조관리 책임자가 없는 상태에서 제조지시서의 임의 발행, 생산담당자의 공정 불량품을 재생하는 등 GMP규정을 준수하지 않음으로써 발생된 인위적 사고라고 밝혔음 – 8개월 동안 제조관리약사가 근무하지 않은 것으로 확인됨에 따라 전 품목 생산 중단조치를 내림
중대재해법 적용	• 위와 같은 제조물의 제조상 결함이 사업주 등의 안전보건확보* 의무위반으로 인한 것이었다면 중대재해처벌법에 따라 처벌될 가능성이 있음 * (예) 위와 같은 제조상 결함이 안전·보건 관계 법령에 따른 의무불이행 (인력 배치 요건 불이행)으로 발생한 것이었고, 사업주 등은 점검결과 이러한 사실을 알게 되었음에도 불구하고 의무이행을 위한 조치를 취하지 않은 경우

1.2 책임의 주체인 경영책임자 등의 범위

1.2.1 책임의 주체

【사업주】 자신의 사업을 영위하는 자, 타인의 노무를 제공받아 사업을 하는 자(법 제2조 제8호)를 말하며 이때 자신의 사업을 영위하는 자란 타인의 노무를 제공받음이 없이 자신의 사업을 하는 자로 한정하고 있는 산업안전보건법 에 따른 사업주 보다 넓은 개념이다.

【경영책임자】 사업을 대표·총괄하는 책임이 있는 사람 또는 이에 준하여 안전·보건에 관한 업무를 담당하는 사람(법 제2조 제9호 가목)으로서 통상적인 경우 기업의 "대표이사"를 의미하지만, 대표이사가 아니더라도 실질적으로 사업을 대표하고 안전·보건 확보의무 이행에 최종적 결정권

을 가진 자가 있는 경우 그 자가 경영책임자에 해당할 수 있다(중앙행정기관, 지방자치단체, 공공기관, 지방공기업의 장 포함).

→ 사업주 및 경영책임자의 상세한 내용은 본 가이드북 "05.Q&A"를 참고

1.2.2 적용범위와 시행시기

- **50명 이상인 사업 또는 사업장**
  (건설업의 경우 공사금액 50억 원 이상의 공사) – 2022. 1. 27부터
- **개인사업자 또는 상시 근로자가 50명 미만인 사업 또는 사업장**
  (건설업의 경우에는 공사금액 50억 원 미만의 공사) – 2024. 1. 27부터
  (법 부칙 제1조 제1항)

【주의】 상시 근로자가 5명 미만인 사업 또는 사업장의 사업주(개인사업주 한정) 또는 경영책임자에게는 중대산업재해와 관련된 규정이 적용되지 않지만, 중대시민재해에 있어서는 이와 같은 적용 예외가 없음

1.3 중대시민재해 발생 시 처벌

안전·보건확보 의무 불이행으로 중대시민재해가 발생하면 경영책임자 등은 형사처벌된다(법 제10조).

- 사망자 1명 이상 발생 : 1년 이상 징역, 10억 원 이하 벌금
- 동일한 사고로 2개월 이상 치료가 필요한 부상자가 10명 이상 발생 : 7년 이하 징역, 1억 원 이하 벌금
- 동일한 원인으로 3개월 이상 치료가 필요한 질병자가 10명 이상 발생 : 7년 이하 징역, 1억 원 이하 벌금

1.3.1 민사책임의 가중 : 징벌적 손해배상(5배)

고의 또는 중과실로 중대시민재해를 발생하게 한 경우 사업주 등은 중대시민재해로 손해를 입은 사람에 대하여 그 손해액의 5배를 넘지 아니하는 범위에서 배상책임을 부담하게 된다(법 제15조).

※ 사업주 또는 경영책임자는 중대재해처벌법 상 "안전·보건확보의무"를 이행하지 않음으로써 중대시민재해를 발생시킨 경우에만 형사처벌의 대상임

1.3.2 양벌규정 : 경영책임자 등 외 법인 또는 기관도 처벌

법인 또는 기관의 경영책임자 등이 그 법인 또는 기관의 업무에 관하여 그 행위자를 벌하는 외에 그 법인 또는 기관도 벌금형의 처벌을 받는다(법 제11조).

- 사망자 1명 이상 발생 : 50억 이하 벌금
- 기타 중대시민재해 : 10억 이하 벌금

2. 원료 · 제조물 정의

2.1 원료 · 제조물의 의미

중대시민재해는 원료 · 제조물의 설계, 제조, 관리상의 결함으로 발생하는 재해이다.

2.1.1 원료

법적인 정의는 없지만 제조에 투입되는 것을 말하며, 일반적으로 "어떤 물건을 만드는데 들어가는 재료"라는 의미로 사용된다.

2.1.2 제조물

제조되거나 가공된 동산을 말하며, 다른 동산이나 부동산의 일부도 포함한다.

「제조물책임법」 제2조
"제조물"이란 제조되거나 가공된 동산(다른 동산이나 부동산의 일부를 구성하는 경우를 포함한다)을 말한다.

> "…제조물은 원재료에 설계 · 가공 등의 행위를 가하여
> 새로운 물품으로 제조 또는 가공된 동산으로서
> 상업적 유통에 제공되는 것을 말하고…"
>
> – 대법원 2013. 7. 12. 선고 판결

2.2 원료 · 제조물의 범위

2.2.1 모든 원료 · 제조물

그 범위를 법에서 정하지 않고 있어 기본적으로 모든 원료・제조물을 대상으로 볼 수 있으며, 제조물의 속성상 인체유해성이 없는 경우(승강기, 자동차 등)도 있으나, 이러한 것도 관리상 결함이 있는 경우 유해・위험이 존재하므로 중대시민재해 예방을 위한 조치를 취해야 한다.

나아가 상식적으로 본래 해롭지 않은 원료・제조물이라도 결과적으로 중대시민재해를 발생시킬 수 있는 정도의 인체 유해성이 발생할 가능성이 있다면 이를 예방하기 위한 안전・보건 확보의무를 이행해야 한다.

2.2.2 원료 · 제조물의 생산 · 제조 · 판매 · 유통

중대재해처벌법 은 생산・제조・판매・유통 과정의 원료・제조물에 적용되므로, 사업자의 모든 영업과정이 포함되며, 이 과정에서 이용되는 원료・제조물이 적용대상이 된다.

이용자의 부주의로 인한 사고 또는 「재난 및 안전관리 기본법」 제3조 제1호 가목의 자연재난으로 인한 사고 등은 원료 및 제조물을 생산・제조・판매・유통하는 기업 또는 기관의 관리범위를 벗어나는 것이므로, 이러한 사고・재난은 중대시민재해에 해당하지 않는다.

3. 안전보건관리체계 구축

안전보건관리체계의 구축방법

사업자는 사업과 관련된 안전・보건 관계 법령에 따른 안전・보건확보 의무를 이행해야 하며, 관련 법령에 해당 규정이 없더라도 사업자의 판단에 따라 취급하는 원료・제조물로 인한 유해・위험 요인을 감소할 수 있는 안전보건관리체계를 구축해야 함

3.1 안전보건 인력배치 및 업무부여

"사업주 및 경영책임자는 다음의 업무를 수행할 인력을 갖추고 중대재해예방을 위한 업무를 부여할 것"

「중대재해처벌법 시행령」 제8조 제1호
1 안전·보건 관계 법령에 따른 안전·보건 관리 업무의 수행
2 유해·위험요인의 점검과 위험징후 발생 시 대응
3 기타 환경부장관이 고시하는 사항

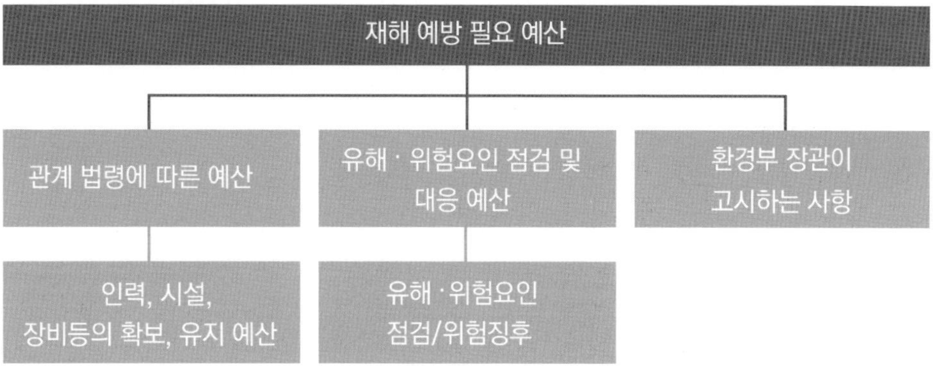

3.1.1 관계 법령에 따른 안전·보건 관리 업무

안전·보건 관계 법령에 관련 인력 요건이 있다면 그 요건을 충족한 인력을 갖추고 해당 인력이 안전·보건 업무를 적절하게 수행할 수 있도록 해야 함

→ 안전·보건 관계 법령상 안전보건담당자 등의 배치와 업무에 대해서는 본 가이드북 "06. 참고"의 법령상 인력기준표 확인

【관계 법령에 내용이 없는 경우】 관계 법령에 안전·보건인력 배치 및 업무부여와 관련된 규정이 없는 경우 아래 2)의 유해·위험요인 점검 및 대응을 위한 인력을 갖추고 업무를 부여하는 조치를 하면 된다.

【안전·보건 업무】 유해·위험 요인 점검 및 대응, 시설 및 장비 관리, 품질관리, 안전 교육, 관련 서류작성 및 보관 등이 이에 해당된다.

※ 반드시 새로운 인력을 갖추어야 하는 것은 아니며, 기존 안전·보건 인력의 활용도 가능 하지만, 적절한 업무수행을 위한 조직규모와 자격을 갖추어야 함

3.1.2 유해 · 위험요인의 점검 및 징후발생 시 대응 업무

경영책임자등은 유해 · 위험요인의 점검과 위험징후 발생 시 대응을 위한 인력을 갖추어 중대시민재해 예방을 위한 업무를 수행하도록 해야 함

[유해 · 위험요인 점검 및 대응을 위한 인력의 배치와 업무부여]

① 유해 · 위험요인이 발견 또는 신고 접수된 경우 긴급안전점검, 긴급안전조치, 정비 · 보수 · 보강 등 개선을 위한 업무
② 시설의 기능 유지, 안전 관련 시설 및 설비의 설치 업무
③ 중대시민재해 발생에 대비한 재해대응 절차도, 이용자를 위한 비상대피지도 등의 제작 · 개선을 위한 업무
④ 중대시민재해 발생 시 원인 개선을 위한 종사자 교육 또는 이용자 안내 조치 등의 업무
⑤ 안전관리에 필요한 물품 · 보호구 및 장비 구입 등의 업무

※ 반드시 새로운 인력을 갖추어야 하는 것은 아니며, 기존 안전 · 보건 인력의 활용도 가능하지만, 적절한 업무수행을 위한 조직규모와 자격을 갖추어야 함

→ 개별 관계 법령상 유해 · 위험요인의 점검사항은 이 가이드북의 "05.Q&A"를 참고

→ **【점검 및 대응업무의 내용】** 구체적인 유해 · 위험요인의 점검 및 징후발생 시 대응 업무의 내용은 본 가이드북 "04.3. 업무처리절차 마련 및 조치" 중 "유해 · 위험요인의 점검 및 대응방법" 참고

3.1.3 환경부 장관이 고시하는 사항
(2022년 1월 27일 고시 예정, 행정예고 중으로 변경될 수 있음)

환경부 장관 고시(안)

제3조(인력 확보) 사업주와 경영책임자 등은 다음 각 호의 사항을 이행하는 데 필요한 인력을 확보한다.

1. 법 제9조 제1항 제4호의 안전 · 보건 관계 법령에 따른 안전 · 보건 관리 업무
2. 원료, 제조물의 생산 · 제조시 안전점검, 안전진단, 성능시험, 성능평가, 품질 검사, 안전정보 알림, 품질관리체계 운영, 유해 · 위험요인 신고접수 및 처리 등 유해 · 위험요인 점검업무
3. 원료, 제조물의 보관 · 유통시 보관 · 진열 위생관리, 제품표시확인, 부패 · 변질 · 유통기한 관리, 안전정보 알림, 안전운송, 유해 · 위험요인 신고접수 및 처리 등 유해 · 위험요인 점검업무
4. 유해 · 위험요인이 발견 또는 신고 접수된 경우 제2호 또는 제3호에 따른 긴급안전점검을 실시하고 사업주 또는 경영책임자 등에게 보고하고, 조치가 필요한 경우 해당 원료 및 제조물의 파기, 수거, 판매중지, 또는 관련 시설 등의 정비, 보수, 보강 등 긴급안전조치 및 조치결과통보 업무

5. 법 제9조 제1항 제4호의 안전·보건 관계 법령에 따른 안전보건교육, 직무교육, 관리자교육, 판매자교육, 기술교육, 위생관리교육 등 의무교육

3.1.3 인력배치 및 업무부여 시 고려사항

인력배치 및 업무부여의 기준 사업형태, 규모 등 개별 기업의 상황에 맞는 인력을 갖추고 업무를 부여해야 하며, 이를 위해서는 다음을 고려할 필요가 있음

[인력배치 및 업무부여 시 고려사항]

- 가능한 범위에서 안전·보건 관련 업무와 관련된 자격을 갖추고 충분한 경험이 있는 자를 우선적으로 배치
- 근무위치는 대상이 되는 사업장 등과 인접하도록 함으로써 실질적인 업무수행이 가능하도록 할 것
- 적절한 업무를 수행할 수 있도록 충분한 업무시간을 확보하고 그 외 업무를 과도하게 부여하지 않을 것

3.2 안전보건 예산 편성 및 집행

"경영책임자는 다음 사항을 이행하는데 필요한 예산을 편성하고 집행해야 함"

「중대재해처벌법 시행령」 제8조 제2호

1 안전·보건 관계 법령에 따른 인력·시설 및 장비 등의 확보·유지

2 유해·위험요인의 점검과 위험징후 발생 시 대응

3 기타 환경부장관이 고시하는 사항

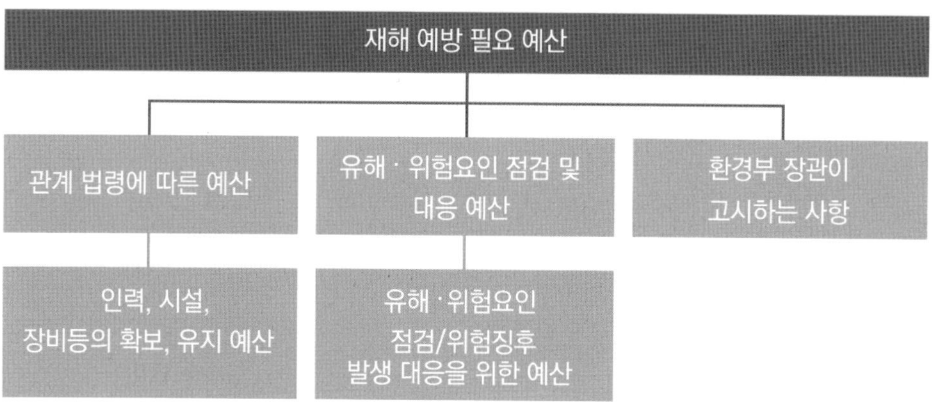

3.2.1 관계 법령에 따른 인력 · 시설 및 장비 등의 확보 · 유지를 위한 예산

안전 · 보건 관계 법령상 관련 인력, 시설 및 장비 등을 갖추고 이를 유지하기 위한 예산을 편성하고 집행했는지 여부를 경영책임자 등이 확인하고 조치할 의무를 부담함 관계 법령에 따른 필요예산은 ① 인건비, ② 시설 · 장비 확보 · 유지관리비, ③ 안전 점검 비용, ④ 기타비용으로 편성할 수 있다.

[관계 법령에 따른 예산편성]

1. (인건비) 원료 · 제조물 안전관리 업무/시설 · 설비 유지보수 업무 수행인력의 인건비
2. (시설 · 장비확보 · 유지관리비) 원료 · 제조물 취급시설 등의 안전과 정비 · 점검을 위한 신규 시설 및 장비 확보비용, 기존 시설 및 장비의 보수 등을 위한 비용
3. (안전점검비용) 정기안전점검, 정밀안전진단, 긴급안전점검 등의 비용(위탁시 위탁비용으로 별도 기재)
4. (기타비용) 재해발생 및 우려시 안전조치비, 계획수립, 안전교육, 관련 서류작성 및 보관 등의 행정비용

【관계 법령에 내용이 없는 경우】 관계 법령에 인력, 시설 및 장비 등과 관련된 규정이 없는 경우 아래 2)의 유해 · 위험요인 점검 및 대응을 위한 예산을 편성하고 집행할 의무를 부담한다(주요 안전 보건 관계 법령상 필요 예산).

구분	예산
고압가스법	• (제조/저장/판매) 시설/기술 기준 준수 및 유지 예산 • (수입) 시설/기술 기준 준수 및 유지 예산 • (운반) 운반차량 기준 준수 및 유지 예산
농약관리법	• (제조/수입/판매) 시설 및 장비 요건 준수 및 유지 예산
마약류관리법	• (제조/수입/판매) 시설기준 준수 및 유지 예산
비료관리법	• 생산시설 기준 준수 및 유지 예산
화학제품안전법	• (제조/수입) 제조 및 보관 시설 기준 준수 및 유지 예산
식품위생법	• (제조/가공/운반/판매/보존) 시설 기준 준수 및 유지 예산 • (급식) 시설기준 준수 및 유지 예산
약사법	• (약국) 시설기준 준수 및 유지 예산 • (제조/수입) 기준 준수 및 유지 예산

의료기기법	• (제조/수입) 시설과 제조 · 수입 및 품질관리체계 유지 예산
화약류 단속법	• (판매) 시설기준 준수 및 유지 예산
화학물질관리법	• (취급) 취급기준, 취급시설기준 준수 및 유지 예산 • (운반) 운반장비 및 시설기준 준수 및 유지예산

3.2.2 유해 · 위험요인의 점검과 위험징후 발생 시 대응 예산

경영책임자 등은 안전 · 보건 관계 법령상 규정의 유무와 관계없이 유해 · 위험요인의 점검 및 위험징후 발생 시 대응을 위한 인력, 시설, 장비, 시스템 운영 등에 필요한 예산을 편성하고 집행할 의무를 부담한다.

[유해 · 위험요인 점검 및 대응을 위한 예산]

① 유해 · 위험요인의 점검 및 대응을 위한 인력 및 조직을 갖추고 업무를 부여하기 위한 비용(인건비 등)
② 유해 · 위험요인이 발견 또는 신고 접수된 경우 긴급안전점검, 긴급안전조치, 정비 · 보수 · 보강 등 개선을 위한 비용
③ 시설의 기능 유지, 안전 관련 시설 및 설비의 설치 비용
④ 중대시민재해 발생에 대비한 재해대응 절차도, 이용자를 위한 비상대피지도 등의 제작 · 개선 비용
⑤ 중대시민재해 발생 시 원인 개선을 위한 종사자 교육 또는 이용자 안내 조치 비용
⑥ 안전관리에 필요한 물품 · 보호구 및 장비 구입 비용

※ 안전 · 보건 관계 법령에 유해 · 위험요인의 점검 및 대응 업무가 법정되어 있을 경우 위 예산은 "1) 관계 법령에 따른 인력 · 시설 및 장비 등의 확보 · 유지를 위한 예산"과 중복될 수 있는데 이 경우 유해 · 위험요인 점검을 위한 별도의 예산을 편성하고 집행해야 하는 것은 아님

→ 유해 · 위험요인의 점검 및 위험징후 발생시 대응을 위한 업무의 구체적인 이행방법은 이 가이드북 "04. 3. 1)"을 참고

3.2.3 환경부 장관이 고시하는 사항

(2022년 1월 27일 고시 예정, 행정예고 중으로 변경될 수 있음)

환경부 장관 고시(안)

제4조(예산 편성·집행) 사업주와 경영책임자 등은 다음 각 호의 사항을 이행하는 데 필요한 예산을 편성·집행한다.

1. 법 제9조 제1항 제4호의 안전·보건 관계 법령에 따른 인력·시설 및 장비 등의 확보·유지
2. 유해·위험요인의 점검을 위한 인력·시설 및 장비 등의 확보·유지
3. 유해·위험요인이 발견 또는 신고 접수된 경우 긴급안전점검 및 조치가 필요한 경우 긴급안전조치
4. 법 제9조 제1항 제4호의 안전·보건 관계 법령에 따른 안전보건교육, 직무교육, 관리자교육, 판매자교육, 기술교육, 위생관리교육 등 의무교육

3.3 업무처리절차 마련 및 조치 의무

"경영책임자는 다음의 사항을 포함하는 업무처리절차를 마련하고 그에 따른 조치를 할 것"

「중대재해처벌법 시행령」 제8조 제3호, 제4호

① 유해·위험요인의 주기적인 점검

② 제보나 위험징후의 감지 등을 통해 발견된 유해·위험요인을 확인한 결과 중대시민재해의 발생 우려가 있는 경우의 신고 및 조치

③ 중대시민재해가 발생한 경우의 보고, 신고 및 조치

④ 중대시민재해 원인조사에 따른 개선조치

3.3.1 업무처리절차 마련 및 조치 의무 대상

아래 특정 원료·제조물을 취급하는 경우에 업무처리절차를 마련해야 한다.

〈중대재해처벌법 시행령 [별표5]의 원료 · 제조물〉

구분	예산
고압가스법	• 독성가스(제28조 제2항 제13호)
농약관리법	• 농약, 천연식물보호제, 원제 및 농약활용기자재 (제2조 제1호, 제1호의2, 제3호 및 제3호의2)
마약류관리법	• 마약류(제2조 제1호)
비료관리법	• 보통비료 및 부산물비료(제2조 제2호 및 제3호)
화학제품안전법	• 살생물물질 및 살생물제품(제3조 제7호 및 제8호)
식품위생법	• 식품, 식품첨가물, 기구 및 용기 · 포장(제2조 제1호, 제2호, 제4호 및 제5호)
약사법	• 의약품, 의약외품, 동물용 의약품 · 의약외품(제2조 제4호 및 제7호, 제85조 제1항)
원자력안전법	• 방사성물질(제2조 제5호)
의료기기법	• 의료기기(제2조 제1항)
화약류 단속법	• 화약류(제2조 제3항)
화학물질관리법	• 유해화학물질(제2조 제7호)
기타	• 위 원료 · 제조물에 준하는 것으로 관계 중앙행정기관의 장이 지정 · 고시하는 생명 · 신체에 유해한 원료 · 제조물

3.3.2 소상공인 제외

소상공인*은 업무처리절차를 마련할 필요가 없음. 그러나 업무처리절차를 사전에 마련할 의무가 없는 것일 뿐 상기 안전 · 보건확보의무를 이행할 의무를 부담한다.

* 소상공인 : 「소상공인기본법」 제2조에 따른 소상공인 → ① 상시 근로자 10명 미만, ② 업종별 상시 근로자 수가 「소상공인기본법 시행령」에서 정하는 기준에 해당할 것

1) 유해 · 위험요인의 주기적 점검

[별표5]의 원료 · 제조물을 취급하는 경영책임자 등은 유해 · 위험요인의 주기적 점검을 위한 "업무처리절차"를 사전에 마련해야 하며, 유해 · 위험요인을 파악할 때 업종, 규모 등 사업장 실정에 따라 적절한 방법을 사용해야 한다.

※ 안전 · 보건 관계 법령에 이에 관한 내용이 규정되어 있는 경우 아래의 내용을 고려하여 그 의무이행을 위한 절차를 마련하면 되는 것이고, 추가적인 의무를 부담하는 것이 아님

【유해 · 위험요인 점검 방법】 유해 · 위험요인의 점검은 아래를 고려하여 진행하되, 특별한 사정이 없으면 순회점검 방법을 포함하는 것이 권장된다.
(고용노동부, 산업안전보건공단, 사업장 위험성평가 매뉴얼)

[유해 · 위험요인 점검 방법]

- 사업장 순회점검에 의한 방법
- 청취조사에 의한 방법
- 안전보건 자료에 의한 방법
- 안전보건 체크리스트에 의한 방법
- 그 밖에 사업장의 특성에 적합한 방법

주요 안전 · 보건 관계 법령상 유해 · 위험요인 점검절차나 방법의 예는 아래와 같다.

주요 안전 · 보건 관계 법령상 유해 · 위험요인의 점검 방법

① 화학물질관리법 화학사고예방관리계획서 이행의무(제23조의2 제1항) → 자체 점검계획(안전계획 내) → 안전관리 목표 및 방향성에 대한 주기적인 검토 · 보완 및 개선계획, 설비 · 장치의 안전관리 계획 및 점검계획(화학사고예방관리계획서 작성고시)에 따른 이행

② 고압가스법 안전관리규정 작성의무(제11조) → 탱크운반, 자율검사를 위한 검사장비 보유 및 자율검사요원의 관리에 관한 사항(시행규칙 [별표15]) → 안전관리규정의 이행

③ 건강기능식품법 자가품질검사의무(제21조) → 주기적 자가품질검사(시행 규칙 [별표 7]) / 원재료 검사 확인의무(제21조의2) → 건강기능식품 기준 및 규정 고시, 건강기능식품 원재료 진위검사에 관한 고시에 따른 원재료 검사 이행

④ 광산안전법 성능검사(제9조), 안전규정제정(제11조) → 광산안전사항 점검(근로자 준수사항, 화약사용 사항, 전기 · 기계설비 안전, 광해방지 등) 이행

⑤ 농약관리법 자체검사업무(제24조 제2항), 판매관리업무(제23조), 농약 등의 안전사용 기준 등의 준수 의무

2) 유해 · 위험요인의 주기적 점검, 신고 및 조치 업무처리절차

경영책임자 등은 유해 · 위험요인을 주기적으로 점검하도록 하고, 확인결과 중대시민 재해의 발생 우려가 있거나 신고가 있는 경우 응급조치 시행, 관계 행정기관에 신고 절차 등 업무처리절차를 마련해야 함

업무처리절차의 특별한 형식은 없으나 유해·위험요인의 발굴, 유해·위험요인의 신고, 유해·위험요인의 확인에 따른 조치를 포함하여, 다음의 업무처리절차 표준(안) 예시를 기업 또는 기관의 특성에 따라 수정하여 활용할 수 있다.

→ 업무처리절차의 마련과 안전·보건 관계 법령의 관계에 대한 예는 이 가이드북 "06.참고"를 참고

〈업무처리절차 표준(안) 예시〉

<table>
<tr><th colspan="6">1. 사업장 일반현황</th></tr>
<tr><td>상호(명칭)</td><td></td><td>업종</td><td>취급하는 원료제조물 종류</td><td>안전보건 담당자</td><td></td></tr>
<tr><td>연락처</td><td colspan="5">사업장, 안전보건 담당자, 사무실 등</td></tr>
<tr><td>주소(사업장)</td><td colspan="5"></td></tr>
<tr><th colspan="6">2. 유해·위험요인 목록 및 안전장치</th></tr>
<tr><td colspan="6">① 사업장에서 생산, 제조, 판매, 유통하는 원료/제조물 관련 유해·위험요인 목록</td></tr>
<tr><td colspan="6">② 안전장치·장비 목록 및 배치도</td></tr>
<tr><th colspan="6">3. 유해·위험요인 점검</th></tr>
<tr><td>내용</td><td>추진일정</td><td>추진절차</td><td>예산 확보 여부</td><td colspan="2">미확보시 조치계획</td></tr>
<tr><td>(점검대상/내용 등)</td><td>점검주기,
수시점검 요건
및 준비사항 등</td><td>결과보고,
피드백 절차 등</td><td></td><td colspan="2"></td></tr>
<tr><th colspan="6">4. 유해·위험요인의 신고 및 확인에 따른 조치</th></tr>
<tr><td>① 내부 대응</td><td colspan="5">비상 연락체계 및 비상 대응조직 상세, 신고접수 및 조치방안 등</td></tr>
<tr><td>② 외부 대응</td><td colspan="5">관계기관의 신속한 보고 및 신고 절차</td></tr>
<tr><th colspan="6">5. 중대시민재해 발생 시 보고, 신고 및 조치 계획</th></tr>
<tr><td colspan="6">① 사고 발생 시 비상 연락체계(신고, 전파절차 등) 및 가동중지에 관한 절차 등</td></tr>
<tr><td colspan="6">② 응급조치계획(가동중지, 회수, 응급구호조치 등)</td></tr>
<tr><th colspan="6">6. 원인조사 및 개선조치</th></tr>
<tr><td colspan="6">① 사고원인조사 및 재발방지계획</td></tr>
<tr><td colspan="6">② 단기 및 중장기 사고복구 계획</td></tr>
</table>

(1) 유해 · 위험요인의 발굴

경영책임자등은 안전보건 담당자로 하여금 주기적인 점검 등을 통해 유해·위험요인을 발굴할 수 있도록 업무처리절차를 마련할 의무를 부담하며, 안전보건 담당자가 이와 같은 절차를 이행하고 있는지 점검하고 조치할 의무를 부담한다.

(2) 유해 · 위험요인의 신고

경영책임자등은 안전보건 담당자 및 현장 작업자의 참여*를 기반으로 유해·위험 요인을 발굴할 수 있도록 해야 하며, 이를 위해서 "누구나" 신고할 수 있는 절차가 공식적·공개적이어야 한다.

* 하청업체, 파견업체, 공급·판매업체 및 고객도 유해·위험요인을 발굴하거나 알게 된 경우 해당 요인을 관련 사업자에게 신고·제보할 수 있도록 해야 함

※ 신고자는 「공익신고자보호법」에 따라 보호받을 수 있음. 또한 누구든지 공익신고자 등에게 공익신고 등을 이유로 불이익조치를 할 수 없음(동법 제15조). 불이익조치가 있다면 경우에 따라 3년 이하의 징역 또는 3천만 원 이하의 벌금/2년 이하의 징역 또는 2천만 원 이하의 처벌을 받게 됨(제30조)

(3) 유해 · 위험요인의 확인에 따른 조치

유해·위험요인의 발굴, 신고 또는 조치요구 시, 안전보건 담당자 등은 유해·위험 요인을 확인하고, 경미한 경우 자체 개선을 실시함. 만약 신고에 의한 확인하는 경우 신고자에게도 조치결과를 알려주어야 함. 유해·위험요인이 심각한 경우, 안전보건 담당자는 경영책임자에게 보고하고, 경영책임자는 이를 보완할 수 있는 조치를 지시하고 결과를 확인해야 한다.

경영책임자 등은 유해·위험요인 점검 결과를 관계 행정기관에 보고해야 한다.

[유해 · 위험요인 점검 결과 보고사항]

- 원료 · 제조물의 유해성 · 위해성에 관한 정보
- 원료 · 제조물의 확인된 정보와 다른 새로운 정보

【징후발생과 대응】 안전보건 담당자가 위험징후 대응업무를 이행할 수 있으며, 위험 징후에 대한 대응인력이 갖추어져 있어야 할 뿐만 아니라 이에 대한 업무가 공식적으로 부여되어 있어야 한다.

위험징후가 발생한 때에는 생산 · 제조 · 판매 · 유통되고 있는 원료 · 제조물에 대하여 다음 사항을 고려한 긴급대응방안을 마련하고 필요한 조치를 취할 수 있어야 한다.

[유해 · 위험요인 점검 결과 보고사항]

- 해당 원료 · 제조물의 종류
- 해당 원료 · 제조물 등으로 인하여 인체에 미치는 위해의 종류 및 정도
- 판매 등의 금지가 필요한 경우 이에 관한 사항
- 해당 원료 · 제조물의 이용자 등에 대한 긴급대응요령 등의 교육 · 홍보에 관한 사항
- 관계 행정기관 또는 지방자치단체에 대한 보고절차

위험징후 대응 업무를 담당하는 인력은 위 사항을 포함한 대응방안을 마련하고 실행할 수 있는 역량*을 갖추어야 한다.

* 이러한 역량은 아래에서 설명할 교육실시 및 점검 · 조치의무와 관련이 있다. 업무담당자들의 역량강화는 주어진 교육의무의 성실한 수행에서 시작된다.

【제조 · 생산의 중지】 유해 · 위험 요인이 제거되지 않고, 안전 · 보건 확보 수준이 전반적으로 미흡할 경우 원칙적으로 전면 생산 · 제조의 중지가 필요함* 안전보건 담당자 등이 유해 · 위험요인이 확인된 현장에 출동하여 생산 · 제조의 중지를 명령하는 등의 절차

【가동중단】 원료 · 제조물을 생산 · 제조하는 자는 위해방지를 위한 응급조치와 신고 외에도 중대시민재해 발생 가능성의 중대성 · 시급성이 인정되는 경우 취급시설의 가동을 중단해야 함

【판매업자】 판매업자의 경우 위 조치에 추가하여 보관 진열된 원료 · 제조물 등의 회수, 유통중단 등을 위한 조치를 취해야 함

〈유해 · 위험요인 발견시 징후 대응 절차 업무흐름도 표준(안)〉

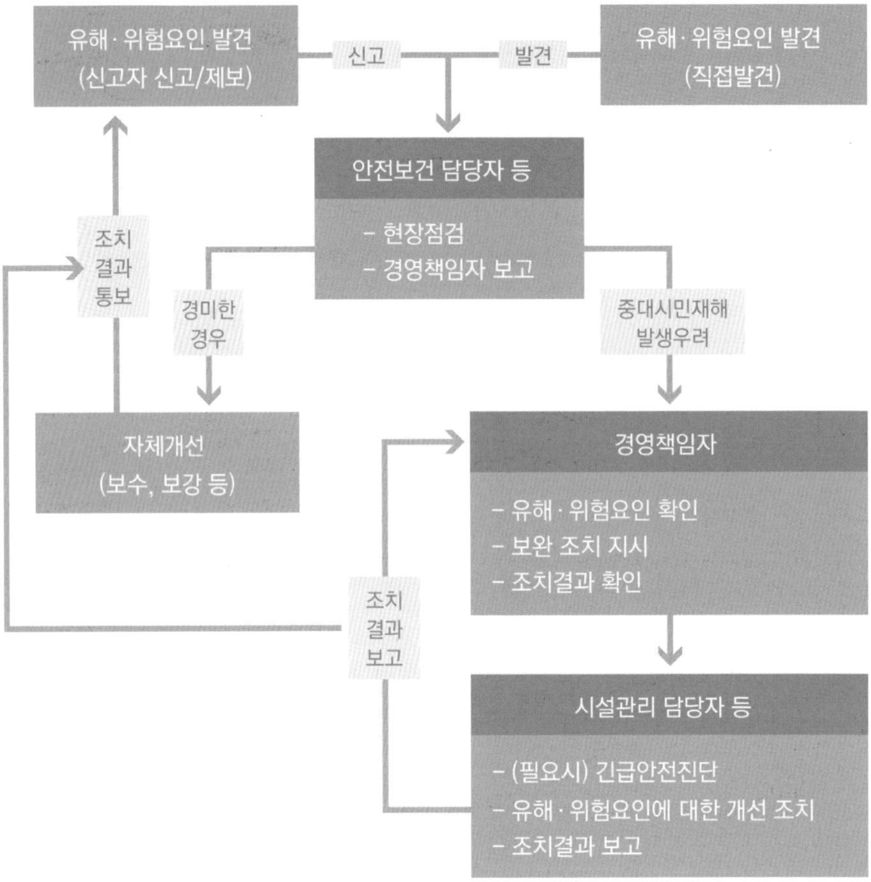

3) 중대시민재해 발생시 보고 · 신고 및 조치

> **중대시민재해가 발생하면 안전보건 담당자는 경찰서, 소방서에 신고하고, 관계 행정기관에 상황을 보고하며, 재해자에 대하여 긴급구호조치, 긴급안전조치 등을 시행해야 함**
> **또한 중대시민재해 발생 상황을 경영책임자 등에게 보고해야 함**

중대시민재해 발생시 신고사항

① 사고 발생 시간 및 장소

② 사고내용 및 사고원인 사고 피해 현황– 피해확산 현황, 현장 응급조치 현황, 대피 현황 등

③ 신고자 및 사업장 책임자 연락처(성명, 전화번호)

경영책임자 등은 안전관리 담당자의 대응상황 및 조치사항을 보고받고 필요시 추가 피해방지 조치를 지시하며, 상황 종료 후 피해 원인조사 및 개선대책 등 재발방지대책 마련을 지시해야 한다. 이에 따라 안전관리 담당자는 경영책임자 등의 지시사항을 이행하고, 조치 결과를 경영책임자 등과 관계 행정기관에 보고할 수 있어야 한다.

〈중대시민재해 발생시 신고 및 보고체계 예시〉

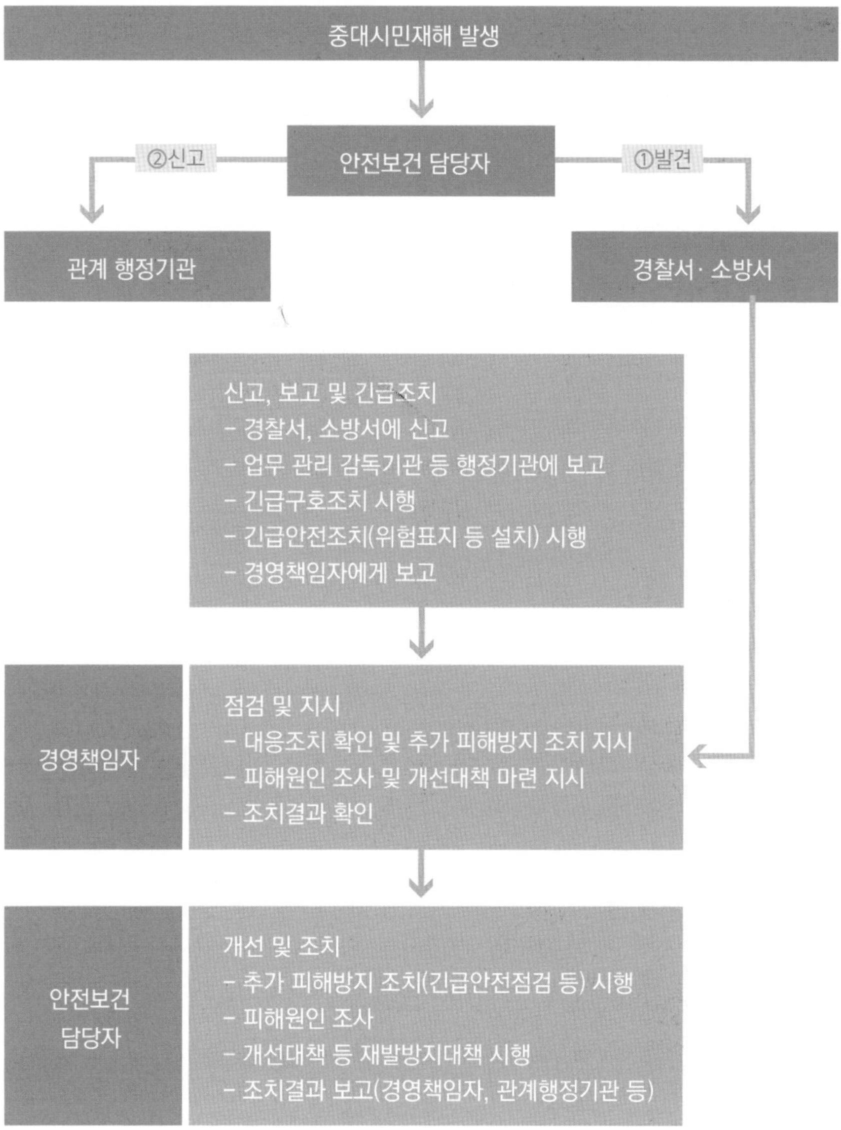

제3절 중대시민재해 시설물 · 공중교통수단 위험요인 파악 및 통제 자율점검표

1. 중대재해처벌법 및 가이드라인 소개

1.1 공중이용시설

1.1.1 국토교통분야 공중이용시설

▣ 공중이용시설의 분류

- 국토교통분야의 공중이용시설은 대부분 시설물안전법에 따라 안전관리를 수행 중인 제1 · 2종 시설물로,(시행령 별표3, 24~26p),
  - ① 도로시설(도로교량, 도로터널) ② 철도시설(철도교량, 철도터널) ③ 항만시설 ④ 댐시설 ⑤ 건축물 ⑥ 하천시설 ⑦ 상하수도시설 ⑧ 옹벽 및 절토사면 등
- 준공 후 10년이 경과된 토목시설(시행령 제3조 제4호 가목~라목)은 '시설물안전법에 따른 도로시설 또는 철도시설'(①, ②)과 유사하며,
  - 실내공기질관리법 상 시설 중 지하역사 또는 각종 여객터미널도 '시설물안전법에 따른 건축물'(⑤)과 유사하므로, 이 가이드라인에서 마련한 사항을 참고하여 적용 가능하다.

1.1.2 대상여부 확인방법

▣ 「시설물안전법」상 제 1 · 2종 시설물

- 시설물안전법 대상 공중이용시설의 경우 시설물통합정보관리시스템(FMS)을 통해 관리 중이므로, 제1 · 2종 시설물의 경우 FMS에서 시설물의 유형과 세부 분류, 주요 제원 등 정보를 확인하여 공중이용시설의 범위에 해당하

는지 확인할 수 있다.

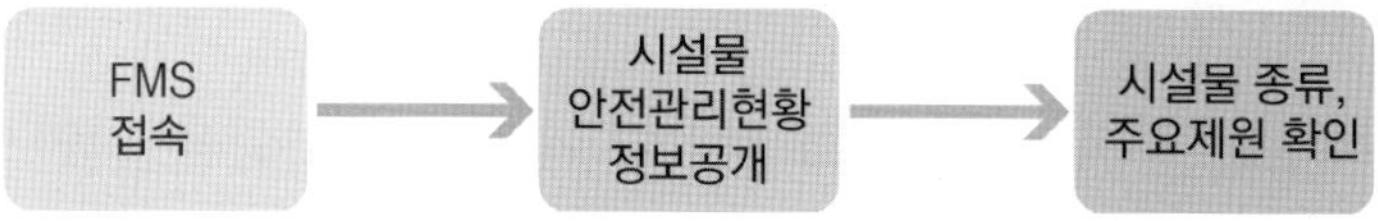

※ 시설물통합정보관리시스템(FMS): https://www.fms.or.kr

- **도로시설**(준공 후 10년이 경과된 도로터널 · 도로교량 등)
  - 「도로법」 제56조에 따라 작성하여 보관 중인 도로대장에서 준공년도 등 정보를 확인하여 공중이용시설의 범위에 해당하는지 확인할 수 있다.
- 건축물
  - 건축물대장에서 용도, 연면적 등 정보를 확인하여 공중이용시설의 범위에 해당하는지 확인할 수 있다.

1.2 공중교통수단

「중대재해처벌법」 제2조

제2조(정의) 이 법에서 사용하는 용어의 뜻은 다음과 같다.

5. "공중교통수단"이란 불특정다수인이 이용하는 다음 각 목의 어느 하나에 해당하는 시설을 말한다.
   가. 「도시철도법」 제2조 제2호에 따른 도시철도의 운행에 사용되는 도시철도 차량
   나. 「철도산업발전기본법」 제3조 제4호에 따른 철도차량 중 동력차 · 객차(「철도사업법」 제2조 제5호에 따른 전용철도에 사용되는 경우는 제외한다)
   다. 「여객자동차 운수사업법 시행령」 제3조 제1호 라목에 따른 노선 여객자동차운송 사업에 사용되는 승합자동차
   라. 「해운법」 제2조 제1호의2의 여객선
   마. 「항공사업법」 제2조 제7호에 따른 항공운송사업에 사용되는 항공기

1.2.1 일반사항

■ 공중교통수단 개념

- 공중교통수단은 그 설계, 제조, 설치, 관리상의 결함을 원인으로 중대시민재해가 발생하지 않도록 법률에서 경영책임자에 안전·보건 확보의무를 수행하도록 정한 대상이다.
- 도시철도 차량(법률 제2조 제5호 가목), 철도 차량(나목), 시외버스 차량(다목), 여객선(라목), 운송용 항공기(마목)로 구분된다.

1.2.2 국토교통분야 공중교통수단

- 국토교통분야의 공중교통수단은 ① 철도차량(도시철도차량 포함), ② 시외버스차량 ③ 운송용 항공기이다.

분류	세부대상
도시철도차량	「도시철도법」 제2조 제2호에 따른 도시철도*의 운행에 사용되는 도시철도차량 * 도시교통의 원활한 소통을 위하여 도시교통권역에서 건설·운영하는 철도·모노레일·노면전차·선형유도전동기·자기부상열차 등 궤도에 의한 교통시설 및 교통수단
철도차량	「철도산업발전기본법」 제3조 제4호에 따른 철도차량* 중 동력차·객차(전용철도 제외) * 선로를 운행할 목적으로 제작된 동력차·객차·화차 및 특수차
시외버스	「여객자동차 운수사업법 시행령」 제3조 제1호 라목에 따른 노선 여객자동차운송사업에 사용되는 승합자동차 * 운행계통을 정하고 중·대형 승합자동차를 사용하여 여객을 운송하는 사업으로, 시외우등고속버스, 시외고속버스, 시외고급고속버스, 시외우등직행버스, 시외직행버스, 시외고급직행버스, 시외우등일반버스, 시외일반버스 등이 해당
운송용 항공기	「항공사업법」 제2조 제7호에 따른 항공운송사업*에 사용되는 항공기 * 국내항공운송사업, 국제항공운송사업, 소형항공운송사업

1.3 사업주, 경영책임자 등

「중대재해처벌법」 제2조

제2조(정의) 이 법에서 사용하는 용어의 뜻은 다음과 같다.

8. "사업주"란 자신의 사업을 영위하는 자, 타인의 노무를 제공받아 사업을 하

는 자를 말한다.

9. "경영책임자등"이란 다음 각 목의 어느 하나에 해당하는 자를 말한다.
   가. 사업을 대표하고 사업을 총괄하는 권한과 책임이 있는 사람 또는 이에 준하여 안전보건에 관한 업무를 담당하는 사람
   나. 중앙행정기관의 장, 지방자치단체의 장, 「지방공기업법」에 따른 지방공기업의 장, 「공공기관의 운영에 관한 법률」 제4조부터 제6조까지의 규정에 따라 지정된 공공기관의 장

1.3.1 사업주

▣ 일반사항

- '사업주'란 자신의 사업을 영위하는 자, 타인의 노무를 제공받아 사업을 하는 자를 말한다.
- 이때 '자신의 사업을 영위하는 자'란 타인의 노무를 제공받음이 없이 자신의 사업을 영위하는 자를 말하므로, 중대재해처벌법에 따른 사업주는 "근로자를 사용하여 사업을 하는 자"로 한정하고 있는 산업안전보건법에 따른 사업주보다 넓은 개념이다.

1.3.2 경영책임자 등

▣ 일반사항

- '경영책임자 등'이란, 사업을 대표하고 사업을 총괄하는 권한과 책임이 있는 사람 또는 이에 준하여 안전보건에 관한 업무를 담당하는 사람을 말한다.
  - '사업을 대표하고 사업을 총괄하는 권한과 책임이 있는 사람'이란 대외적으로 해당 사업을 대표하고, 대내적으로 해당 사업의 사무를 총괄하여 집행하는 사람을 말하며, 통상적으로 기업의 경우에는 원칙적으로 상법상의 대표이사를 말함※ 상법 제389조(대표이사) ①회사는 이사회의 결의로 회사를 대표할 이사를 선정하여야 한다.
  - 다만, 형식상의 직위 명칭에 관계없이 '실질적으로' 사업을 대표하고

전체 사업을 총괄하는 권한과 책임이 있는 사람이 안전・보건 확보의무 이행에 관한 최종적인 의사결정권을 가진다고 볼 수 있는 경우에는 그가 경영책임자에 해당할 수 있다.

- 따라서 해당 사업에서의 ① 직무 ② 책임과 권한 ③ 기업의 의사결정구조 등을 종합적으로 고려하여 최종적으로 경영책임자에 해당하는지를 판단하여야 한다.

- '이에 준하여 안전보건에 관한 업무를 담당하는 사람'이란 사업 또는 사업장 전반의 안전 및 보건에 관한 조직・인력・예산 등에 관하여 총괄하여 권한과 책임이 있는 사람으로서 대표이사 등 최고경영책임자에 준하여 전적인 권한과 책임을 가지는 등 최종 결정권을 가진 사람을 의미한다.

▣ 공공부문 적용

- 중앙행정기관의 장, 지방자치단체의 장, 「지방공기업법」에 따른 지방공기업의 장, 「공공기관의 운영에 관한 법률」 제4조부터 제6조까지의 규정에 따라 지정된 공공기관의 장이다.
  - '중앙행정기관의 장'은 「정부조직법」 제2조 제2항에 따라 설치된 부・처・청과 방송통신위원회, 공정거래위원회, 국민권익위원회, 금융위원회, 개인정보보호위원회, 원자력안전위원회 등 행정기관의 '장'을 의미한다.

    ※ 정부조직법에서 '중앙행정기관'으로 포괄하지 않는 대법원, 국회 등 헌법기관의 경우에는 중대재해처벌법 제2조 제9호 가목에 따라 경영책임자를 판단하여야 함

  - '지방자치단체의 장'은 「지방자치법」 제2조 제1항의 특별시, 광역시, 특별자치시, 도, 특별자치도 및 시, 군, 구의 '장'을 의미한다.
  - '공공기관'의 경우 「지방공기업법」에 따른 지방공기업의 장, 「공공기관의 운영에 관한 법률」 제4조부터 제6조까지의 규정에 따라 지정된 공공기관의 장이 경영책임자에 해당한다.

1.4 실질적으로 지배 · 운영 · 관리

- 중대재해처벌법은 사업주나 법인 또는 기관이 실질적으로 지배 · 운영 · 관리하는 공중이용시설 또는 공중이용수단에서 중대재해가 발생하지 않도록 사업주나 경영책임자 등에 안전 및 보건 확보의무를 부여한다.
- 사업주, 법인 또는 기관이 공중이용시설이나 공중교통수단에 대해 ① 소유권, 점유권, 임차권 등 장소, 시설, 설비에 대한 권리를 가지고 있거나, ② 공중이용시설 또는 공중교통수단의 유해 · 위험요인을 통제할 수 있거나, ③ 보수 · 보강을 실시하여 안전하게 관리해야 하는 의무를 가지는 경우 등을 일반적으로 실질적인 지배 · 운영 · 관리하는 경우로 본다.

1.5 안전 및 보건 확보의무

「중대재해처벌법」 제9조

② 사업주 또는 경영책임자 등은 사업주나 법인 또는 기관이 실질적으로 지배 · 운영 · 관리하는 공중이용시설 또는 공중교통수단의 설계, 설치, 관리상의 결함으로 인한 그 이용자 또는 그 밖의 사람의 생명, 신체의 안전을 위하여 다음 각 호에 따른 조치를 하여야 한다.

1. 재해예방에 필요한 인력 · 예산 · 점검 등 안전보건관리체계의 구축 및 그 이행에 관한 조치
2. 재해 발생 시 재발방지 대책의 수립 및 그 이행에 관한 조치
3. 중앙행정기관 · 지방자치단체가 관계 법령에 따라 개선, 시정 등을 명한 사항의 이행에 관한 조치
4. 안전 · 보건 관계 법령에 따른 의무이행에 필요한 관리상의 조치

1.5.1 개념

- 중대재해 예방을 위해 사업주와 경영책임자 등이 준수하도록 한 사항으로, 대부분 현장에서 이행되어야 하는 안전조치, 재발방지대책 수립 등이 원활히 진행되도록 체계를 마련하고 관리상의 조치를 할 것을 규

정한 것이다.

- 종전 안전법령이 대부분 '현장에서 직접 이행되어야 하는 안전조치 또는 행위'를 규정한 것과는 다르게, 인력과 예산 등 핵심요소의 배치를 결정하는 권한과 책임을 가진 사람이 중대재해 예방을 위한 사항을 반영하여 기업 또는 기관을 경영하도록 하려는 취지이다.
- 특히, '재해예방에 필요한 인력・예산・점검 등 안전보건관리체계의 구축 및 이행에 관한 조치'와 '안전・보건 관계법령에 따른 의무 이행에 필요한 관리상의 조치'는 경영책임자의 주요 의무사항으로 자세히 안내한다.

☞ 경영책임자의 주요 의무사항에 대하여는 가이드라인 27p~68p 참고

1.6. 붙임_공중이용시설의 범위

「중대재해처벌법 시행령」 제3조

제3조(공중이용시설) 법 제2조 제4호 각 목 외의 부분 본문에서 "대통령령으로 정하는 시설" 이란 다음 각 호의 시설을 말한다.

1. 법 제2조 제4호 가목의 시설 중 별표 2에서 정하는 시설
2. 법 제2조 제4호 나목의 시설물 중 별표 3에서 정하는 시설물. 다만, 다음 각 목의 건축물은 제외한다.
   가. 주택과 주택 외의 시설을 동일 건축물로 건축한 건축물
   나. 건축물의 주용도가 「건축법 시행령」 별표 1 제14호 나목 2)의 오피스텔인 건축물
3. 법 제2조 제4호 다목의 영업장
4. 법 제2조 제4호 라목의 시설 중 다음 각 목의 시설(제2호의 시설물은 제외한다)
   가. 「도로법」 제10조 각 호의 도로에 설치된 연장 20미터 이상인 도로교량 중 준공 후 10년이 지난 도로교량
   나. 「도로법」 제10조 제4호부터 제7호까지에서 정한 지방도・시도・군도・구도의 도로 터널과 「농어촌도로 정비법 시행령」 제2조 제1호의 터널 중 준공 후 10년이 지난 도로 터널
   다. 「철도산업발전기본법」 제3조 제2호의 철도시설 중 준공 후 10년이 지난 철도교량
   라. 「철도산업발전기본법」 제3조 제2호의 철도시설 중 준공 후 10년이 지난

철도터널(특별시 및 광역시 외의 지역에 있는 철도터널로 한정한다)

마. 다음의 시설 중 개별 사업장 면적이 2천 제곱미터 이상인 시설 1) 「석유 및 석유대체연료 사업법 시행령」 제2조 제3호의 주유소 2) 「액화석유가스의 안전관리 및 사업법」 제2조 제4호의 액화석유가스 충전사업의 사업소

바. 「관광진흥법 시행령」 제2조 제1항 제5호 가목의 종합유원시설업의 시설 중 같은 법 제33조 제1항에 따른 안전성검사 대상인 유기시설 또는 유기기구

[법 제2조 제4호 가목의 시설 중 공중이용시설(시행령 별표 2)]

1. 모든 지하역사(출입통로 · 대합실 · 승강장 및 환승통로와 이에 딸린 시설을 포함)
2. 연면적 2천 제곱미터 이상인 지하도 상가(지상건물에 딸린 지하층의 시설을 포함한다. 이하 같다). 이 경우 연속되어 있는 둘 이상의 지하도상가의 연면적 합계가 2천 제곱미터 이상인 경우를 포함한다.
3. 철도역사의 시설 중 연면적 2천 제곱미터 이상인 대합실
4. 「여객자동차 운수사업법」 제2조 제5호의 여객자동차터미널 중 연면적 2천 제곱미터 이상인 대합실
5. 「항만법」 제2조 제5호의 항만시설 중 연면적 5천 제곱미터 이상인 대합실
6. 「공항시설법」 제2조 제7호의 공항시설 중 연면적 1천 5백 제곱미터 이상인 여객터미널
7. 「도서관법」 제2조 제1호의 도서관 중 연면적 3천 제곱미터 이상인 것
8. 「박물관 및 미술관 진흥법」 제2조 제1호 및 제2호의 박물관 및 미술관 중 연면적 3천 제곱미터 이상인 것
9. 「의료법」 제3조 제2항의 의료기관 중 연면적 2천 제곱미터 이상이거나 병상 수 100개 이상인 것
10. 「노인복지법」 제34조 제1항 제1호의 노인요양시설 중 연면적 1천 제곱미터 이상인 것
11. 「영유아보육법」 제2조 제3호의 어린이집 중 연면적 430제곱미터 이상인 것
12. 「어린이놀이시설 안전관리법」 제2조 제2호의 어린이놀이시설 중 연면적 430제곱미터 이상인 실내 어린이놀이시설
13. 「유통산업발전법」 제2조 제3호의 대규모점포. 다만, 「전통시장 및 상점가 육성을 위한 특별법」 제2조 제1호의 전통시장은 제외한다.
14. 「장사 등에 관한 법률」 제29조에 따른 장례식장 중 지하에 위치한 시설로서 연면적 1천 제곱미터 이상인 것
15. 「전시산업발전법」 제2조 제4호의 전시시설 중 옥내시설로서 연면적 2천 제곱미터 이상인 것
16. 「건축법」 제2조 제2항 제14호의 업무시설 중 연면적 3천 제곱미터 이상인 것. 다만, 「건축법 시행령」 별표 1 제14호 나목 2)의 오피스텔은 제외한다.

17. 「건축법」 제2조 제2항에 따라 구분된 용도 중 둘 이상의 용도에 사용되는 건축물로서 연면적 2천 제곱미터 이상인 것. 다만, 「건축법 시행령」 별표 1 제2호의 공동주택 또는 같은 표 제14호 나목 2)의 오피스텔이 포함된 경우는 제외한다.
18. 「공연법」 제2조 제4호의 공연장 중 객석 수 1천석 이상인 실내 공연장
19. 「체육시설의 설치·이용에 관한 법률」 제2조 제1호의 체육시설 중 관람석 수 1천석 이상인 실내 체육시설

비고: 둘 이상의 건축물로 이루어진 시설의 연면적은 개별 건축물의 연면적을 모두 합산한 면적으로 한다.

[법 제2조 제4호 나목의 시설물 중 공중이용시설(시행령 별표 3)]

1. 교량	
가. 도로교량	1) 상부구조형식이 현수교, 사장교, 아치교 및 트러스교인 교량 2) 최대 경간장 50미터 이상의 교량 3) 연장 100미터 이상의 교량 4) 폭 6미터 이상이고 연장 100미터 이상인 복개구조물
나. 철도교량	1) 고속철도 교량 2) 도시철도의 교량 및 고가교 3) 상부구조형식이 트러스교 및 아치교인 교량 4) 연장 100미터 이상의 교량
2. 터널	
가. 도로터널	1) 연장 1천 미터 이상의 터널 2) 3차로 이상의 터널 3) 터널구간이 연장 100미터 이상인 지하차도 4) 고속국도, 일반국도, 특별시도 및 광역시도의 터널 5) 연장 300미터 이상의 지방도, 시도, 군도 및 구도의 터널
나. 철도터널	1) 고속철도 터널 2) 도시철도 터널 3) 연장 1천미터 이상의 터널 4) 특별시 또는 광역시에 있는 터널
3. 항만	
가. 방파제, 파제제 및 호안	1) 연장 500미터 이상의 방파제 2) 연장 500미터 이상의 파제제 3) 방파제 기능을 하는 연장 500미터 이상의 호안
나. 계류시설	1) 1만톤급 이상의 원유부이식 계류시설(부대시설인 해저송유관을 포함한다)

	2) 1만톤급 이상의 말뚝구조의 계류시설 3) 1만톤급 이상의 중력식 계류시설
4. 댐	1) 다목적댐, 발전용댐, 홍수전용댐 2) 지방상수도전용댐 3) 총저수용량 1백만톤 이상의 용수전용댐
5. 건축물	1) 고속철도, 도시철도 및 광역철도 역 시설 2) 16층 이상이거나 연면적 3만 제곱미터 이상의 건축물 3) 연면적 5천 제곱미터 이상(각 용도별 시설의 합계를 말한다)의 문화・집회 시설, 종교시설, 판매시설, 운수시설 중 여객용 시설, 의료시설, 노유자시설, 수련시설, 운동시설, 숙박시설 중 관광숙박시설 및 관광휴게시설
6. 하천	
가. 하구둑	1) 하구둑 2) 포용조수량 1천만 톤 이상의 방조제
나. 제방	국가하천의 제방[부속시설인 통관(通管) 및 호안(護岸)을 포함한다]
다. 보	국가하천에 설치된 다기능 보
7. 상하수도	
가. 상수도	1) 광역상수도 2) 공업용수도 3) 지방상수도
나. 하수도	공공하수처리시설 중 1일 최대처리용량 500톤 이상인 시설
8. 옹벽 및 절토사면 (깎기비탈면)	1) 지면으로부터 노출된 높이가 5미터 이상인 부분의 합이 100미터 이상인 옹벽 2) 지면으로부터 연직(鉛直)높이(옹벽이 있는 경우 옹벽 상단으로부터의 높이를 말한다) 30미터 이상을 포함한 절토부(땅깎기를 한 부분을 말한다) 로서 단일 수평연장 100미터 이상인 절토사면

비고

1. "도로"란 「도로법」 제10조의 도로를 말한다.
2. 교량의 "최대 경간장"이란 한 경간(徑間)에서 상부구조의 교각과 교각의 중심선 간의 거리를 경간장으로 정의할 때, 교량의 경간장 중에서 최댓값을 말한다. 한 경간 교량에 대해서는 교량 양측 교대의 흉벽 사이를 교량 중심선에 따라 측정한 거리를 말한다.
3. 교량의 "연장"이란 교량 양측 교대의 흉벽 사이를 교량 중심선에 따라 측정한 거리를 말한다.
4. 도로교량의 "복개구조물"이란 하천 등을 복개하여 도로의 용도로 사용하는 모든 구조물을 말한다.
5. 터널 및 지하차도의 "연장"이란 각 본체 구간과 하나의 구조로 연결된 구간을 포함한 거리를 말한다.
6. "방파제, 파제제 및 호안"이란 「항만법」 제2조 제5호 가목 2)의 외곽시설을 말한다.
7. "계류시설"이란 「항만법」 제2조 제5호 가목 4)의 계류시설을 말한다.
8. "댐"이란 「저수지・댐의 안전관리 및 재해예방에 관한 법률」 제2조 제1호의 저수지・ 댐을 말한다.
9. 위 표 제4호의 지방상수도전용댐과 용수전용댐이 위 표 제7호 가목의 광역상수도・공업용수도 또

는 지방상수도의 수원지시설에 해당하는 경우에는 위 표 제7호의 상하수도시설로 본다.

10. 위 표의 건축물에는 그 부대시설인 옹벽과 절토사면을 포함하며, 건축설비, 소방설비, 승강기설비 및 전기설비는 포함하지 않는다.

11. 건축물의 연면적은 지하층을 포함한 동별로 계산한다. 다만, 2동 이상의 건축물이 하나의 구조로 연결된 경우와 둘 이상의 지하도상가가 연속되어 있는 경우에는 연면적의 합계로 한다.

12. 건축물의 층수에는 필로티나 그 밖에 이와 비슷한 구조로 된 층을 포함한다.

13. "건축물"은 「건축법 시행령」 별표 1에서 정한 용도별 분류를 따른다.

14. "운수시설 중 여객용 시설"이란 「건축법 시행령」 별표 1 제8호의 운수시설 중 여객자동차터미널, 일반철도역사, 공항청사, 항만여객터미널을 말한다.

15. "철도역 시설"이란 「철도의 건설 및 철도시설 유지관리에 관한 법률」 제2조 제6호 가목의 역 시설(물류시설은 제외한다)을 말한다. 다만, 선하역사(시설이 선로 아래 설치되는 역사를 말한다)의 선로구간은 연속되는 교량시설물에 포함하고, 지하역사의 선로구간은 연속되는 터널시설물에 포함한다.

16. 하천시설물이 행정구역 경계에 있는 경우 상위 행정구역에 위치한 것으로 한다.

17. "포용조수량"이란 최고 만조(滿潮) 시 간척지에 유입될 조수(潮水)의 양을 말한다.

18. "방조제"란 「공유수면 관리 및 매립에 관한 법률」 제37조, 「농어촌정비법」 제2조 제6호, 「방조제관리법」 제2조 제1호 및 「산업입지 및 개발에 관한 법률」 제20조 제1항에 따라 설치한 방조제를 말한다.

19. 하천의 "통관"이란 제방을 관통하여 설치한 원형 단면의 문짝을 가진 구조물을 말한다.

20. 하천의 "다기능 보"란 용수 확보, 소수력 발전이나 도로(하천을 횡단하는 것으로 한정한다) 등 두 가지 이상의 기능을 갖는 보를 말한다.

21. 위 표 제7호의 상하수도의 광역상수도, 공업용수도 및 지방상수도에는 수원지시설, 도수관로・송수관로(터널을 포함한다) 및 취수시설을 포함하고, 정수장, 취수・가압펌프장, 배수지, 배수관로 및 급수시설은 제외한다.

제4절 주요 의무사항 이행 가이드라인

[중대재해 예방을 위한 주요 의무사항]

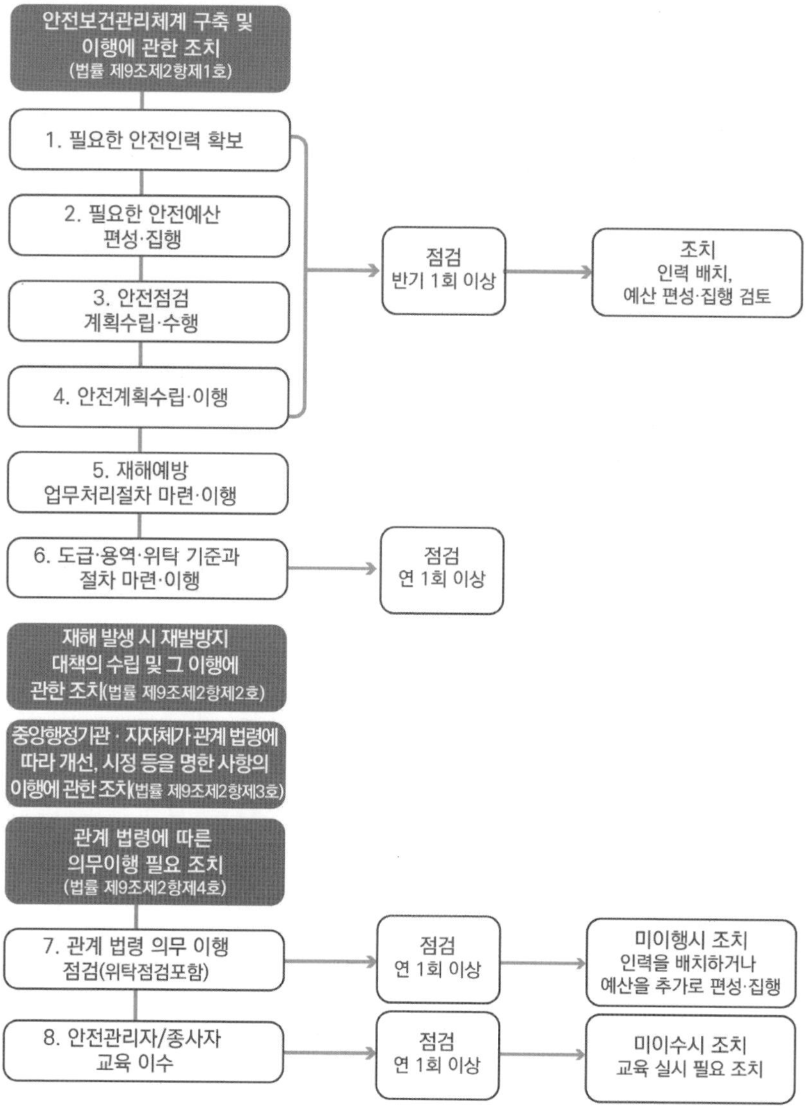

1. 안전 · 보건관리체계 구축 및 이행에 관한 조치

1.1 대상별 안전 · 보건 관계법령

※ 사업주, 법인 또는 기관이 운영 중인 공중이용시설 및 공중교통수단의 규모와 유형에 따라 적용되는 안전 · 보건 관계법령은 다를 수 있다.

「중대재해처벌법 시행령」 제11조

제11조 (공중이용시설 · 공중교통수단 관련 안전 · 보건 관계 법령에 따른 의무이행에 필요한 관리상의 조치)

① 법 제9조 제2항 제4호에서 "안전 · 보건 관계 법령"이란 해당 공중이용 시설 · 공중교통수단에 적용되는 것으로서 이용자나 그 밖의 사람의 안전 · 보건을 확보하는 데 관련되는 법령을 말한다.

1.1.1 안전 · 보건 관계법령의 기준

- 안전 · 보건 관계 법령은 해당 공중이용시설 · 공중교통수단에 적용되는 것으로서 이용자나 그 밖의 사람의 안전 · 보건을 확보하는 데 관련되는 법령을 말한다. 구체적으로는
  ① 공중이용시설 또는 공중교통수단의 안전 확보를 목적으로 하는 법률,
  ② 대상을 이용하는 국민의 안전을 위해 의무를 부과하는 법률,
  ③ 공중이용시설 및 공중교통수단을 구성하는 구조체, 시설, 설비, 부품 등의 안전에 대하여 안전점검, 보수 · 보강 등을 규정하는 법률,
  ④ 이용자의 안전을 위해 관리자, 종사자가 관련 교육을 이수토록 규정하는 법률 등을 안전 · 보건 관계법령으로 보고자 한다.
- 공중이용시설 또는 공중교통수단의 구조안전, 이용안전, 화재안전 등이 아닌 효율적인 이용, 원활한 교통흐름, 경제적인 가치를 고려한 성능개선 등 부가적인 목적을 가진 법령은 일반적으로는 안전 · 보건 관계법령에 해당하지 않는다.

- 또한, 공중이용시설 및 공중교통수단을 구성하는 요소 외에, 안전 외 목적을 위해 부가로 설치된 부대시설, 공작물 등에 대하여 규정하는 법령도 일반적으로 해당하지 않는다.

1.1.2 공중이용시설 대상별 안전·보건 관계법령의 예시

1) 도로시설(도로교량, 도로터널)

분류	세부 분류	관계법령
도로교량	1) 상부구조형식이 현수교, 사장교, 아치교 및 트러스교인 교량 2) 최대 경간장 50미터 이상의 교량 3) 연장 100미터 이상의 교량 4) 폭 6미터 이상이고 연장 100미터 이상인 복개구조물	시설물안전법
도로터널	1) 연장 1천미터 이상의 터널 2) 3차로 이상의 터널 3) 터널구간이 연장 100미터 이상인 지하차도 4) 고속국도, 일반국도, 특별시도 및 광역시도의 터널 5) 연장 300미터 이상의 지방도, 시도, 군도 및 구도의 터널	

2) 철도시설

- 철도교량, 철도터널

분류	세부 분류	관계법령
철도교량	1) 고속철도 교량 2) 도시철도의 교량 및 고가교 3) 상부구조형식이 트러스교 및 아치교인 교량 4) 연장 100미터 이상의 교량	시설물안전법, 철도건설법, 철도안전법
철도터널	1) 고속철도 터널 2) 도시철도 터널 3) 연장 1천미터 이상의 터널 4) 특별시 또는 광역시에 있는 터널	

- 철도역사, 대합실 등

분류	세부 분류	관계법령
철도역 시설	1) 고속철도, 도시철도 및 광역철도 역 시설 2) 연면적 5천 제곱미터 이상 운수시설 중 여객용 시설	시설물안전법, 철도물관리법

3) 공항시설(여객터미널): 시설물안전법, 건축물관리법

4) 항만시설(방파제, 파제제, 호안): 시설물안전법, 항만법

5) 댐시설(다목적, 발전용, 홍수전용댐 등): 시설물안전법, 댐건설관리법, 저수지댐법

6) 건축물

분류	세부 분류	관계법령
건축물	1) 고속철도, 도시철도 및 광역철도 역 시설 2) 16층 이상이거나 연면적 3만 제곱미터 이상의 건축물 3) 연면적 5천 제곱미터 이상(각 용도별 시설의 합계를 말한다)의 문화·집회 시설, 종교시설, 판매시설, 운수시설 중 여객용 시설, 의료시설, 노유자시설, 수련시설, 운동시설, 숙박시설 중 관광숙박시설 및 관광 휴게시설	시설물안전법, 건축물관리법, 초고층재난 관리법*

* 초고층재난관리법은 층수가 50층 이상 또는 높이가 200m 이상인 건축물 등에 적용

7) 하천시설(하구둑, 제방·보): 시설물안전법, 하천법

8) 상하수도시설: 시설물안전법, 수도법, 하수도법

9) 옹벽 및 절토사면: 시설물안전법

분류	세부 분류	관계법령
옹벽	지면으로부터 노출된 높이가 5미터 이상인 부분의 합이 100미터 이상인 옹벽	시설물안전법
절토사면	지면으로부터 연직(鉛直)높이(옹벽이 있는 경우 옹벽 상단으로부터의 높이를 말한다) 30미터 이상을 포함한 절토부(땅깎기를 한 부분을 말한다)로서 단일 수평연장 100미터 이상인 절토사면	

1.1.3 공중교통수단 대상별 안전·보건 관계법령

1) 철도 분야(도시철도 차량, 철도 차량): 철도안전법

2) 버스 분야(시외버스): 교통안전법, 여객자동차 운수사업법, 자동차관리법

3) 항공 분야(운송용 항공기): 항공안전법

1.2 필요한 인력 확보

※ 재해예방에 필요한 인력은 해당 공중이용시설 및 공중교통수단을 운영하는 사업주, 법인 또는 기관의 상황과 여건에 따라 달라질 수 있다.

「중대재해처벌법 시행령」 제10조

1. 다음 각 목의 사항을 이행하는 데 필요한 인력을 갖추어 중대시민재해 예방을 위한 업무를 수행하도록 할 것
   가. 법 제9조 제2항 제4호의 안전·보건 관계 법령에 따른 안전관리 업무의 수행
   나. 제4호에 따라 수립된 안전계획의 이행
   다. 그 밖에 공중이용시설 또는 공중교통수단과 그 이용자나 그 밖의 사람의 안전에 관하여 국토교통부장관이 정하여 고시하는 사항

1.2.1 일반사항

▣ 인력 확보 의무

- 사업주 또는 경영책임자가 중대재해 예방을 위해 필요한 업무를 수행하는 인력을 확보하도록 한다. 다만, 공중이용시설 및 공중교통수단의 유형과 규모가 다양하고 이를 운영하는 기업 또는 기관의 상황과 여건도 다를 수 있는 점을 감안하여, 해설서에서는 확보해야 할 안전인력의 수를 직접 규정하기보다는 수행해야 하는 안전업무를 제시해야 하고 경영책임자 등은 각 기업 또는 기관에서 안전업무를 수행하는 인력이 충분히 확보되었는지 확인하고, 시민의 안전·보건 확보를 위해 필요한 경우 추가로 편성하여야 한다. 다만, 모든 경우에 인력을 추가 확보하라는 의미는 아니며, 기존에 있는 안전인력을 활용하여 충분히 업무수행이 가능할 경우, 추가 인력을 확보하지 않아도 해당 의무를 이행한 것으로 볼 수 있다.
- 점검의무사업주 또는 경영책임자 등은 인력확보에 관한 사항을 반기 1회 이상 점검하고, 직접 점검하지 않은 경우에는 점검이 끝난 후 지체

없이 점검 결과를 보고받아야 한다(시행령 제10조 제5호). 또한, 점검 또는 보고 결과에 따라 추가 인력을 배치하거나 인력에게 부여된 업무를 충실히 수행하도록 지시하는 등 중대시민재해 예방에 필요한 조치를 해야 한다(시행령 제10조 제6호).

1.2.2 안전·보건 관계법령에 따른 안전관리 업무의 수행(가목)

▣ 법령에 따른 안전관리 업무

- 안전점검, 보수·보강, 안전조치 업무 등이 있으며, 다음과 같이 구분 가능
  ① **안전점검 업무**: 법률에서 정기적으로 공중이용시설 또는 공중교통수단에 대해 실시하도록 규정한 안전점검, 정기점검, 정기안전점검, 안전진단, 정밀진단, 정밀안전진단, 긴급점검, 긴급안전점검 등 정기적인 점검 업무

  ※ 대표 예시: 시설물안전법에 따른 정기안전점검, 정밀안전점검, 정밀안전진단 등

  ② **보수·보강 업무**: 공중이용시설 및 공중교통수단에 대한 점검의 결과로 중대한 결함 등이 발견되었을 때, 법률 및 시행령에서 의무적으로 수행토록 한 보수·보강 등의 업무

  ※ 대표 예시 : 시설물안전법에 따른 정밀안전진단 등의 결과로 중대한 결함이 발견되었을 때 이에 대한 보수·보강 업무

  ③ **안전조치 업무**: 법률에서 규정한 긴급안전조치, 공중이용시설 사용제한·사용금지·해체, 용도제한, 위험표지의 설치 등의 업무

주요 공중이용시설 및 공중교통수단에 대한 관계 법령에 따른 안전인력 관련 사례는 국도·고속국도 등 p.70, 철도시설 p.82, 철도차량 p.84, 공항시설(여객터미널) p.97, 항공기 p.98, 하구둑·제방·보 p.111, 건축물(업무시설) p.120에 제시함

1.2.3 안전계획의 이행(나목)

- 공중이용시설 또는 공중교통수단의 안전점검 등의 실시와 점검·정비, 보수·보강 등 계획으로 수립한 사항이 잘 이행될 수 있도록 인력을 확

보하여야 한다. 안전계획의 내용을 직접 이행하는 인력, 안전계획에 포함된 항목의 이행여부와 이행 정도를 점검하는 데 필요한 인력 등을 '안전계획의 이행' 관련 인력으로 볼 수 있다.

1.2.4 국토교통부 고시로 정한 사항의 이행(다목)

▣ 고시 제정 목적

- 안전·보건 관계법령에 따른 안전관리 업무의 수행(가목)이나 시행령 제10조 제4호에 따라 수립된 안전계획의 이행(나목) 이외에, 기업 또는 기관이 인력을 확보해야 할 대상 업무를 고시로 추가 규정한다.

  ※ 공중이용시설 및 공중교통수단의 재해예방에 필요한 인력 및 예산 편성지침 (안) (국토교통부 고시는 마련 중이며, 세부적인 사항은 추후 변동될 수 있음)

- 공중이용시설 및 공중교통수단의 유형과 규모가 다양하고 이를 운영하는 기업 또는 기관의 상황과 여건도 다를 수 있는 점을 감안하여, 확보해야 할 안전인력의 수를 직접 규정하기보다는 수행해야 하는 안전업무를 규정하고, 경영책임자 등은 기업 또는 기관에서 안전업무를 수행하는 인력이 충분히 확보되었는지 확인하고 시민의 안전·보건 확보를 위해 필요한 경우 추가로 편성하여야 한다. 다만, 모든 경우에 인력을 추가 확보하라는 의미는 아니며, 기존에 있는 안전인력을 활용하여 충분히 업무 수행이 가능할 경우, 추가 인력을 확보하지 않아도 해당 의무를 이행한 것으로 볼 수 있다.

▣ 고시(안) 주요내용(인력 확보 업무)

- 유해·위험요인 확인·점검 업무
  - 유해·위험요인을 확인하고 점검하여 재해를 일으킬 수 있는 요인을 사전에 파악하여 관리하도록 업무처리절차를 마련하는 것을 사업주, 경영책임자 등의 의무로 규정하였으므로, 이러한 의무가 잘 이행되도록 하기 위해 사업주, 경영책임자 등이 유해·위험요인을 확인하거나 점검하는 업무를 수행하는 인력을 확보하도록 고시로 규정하며

또한, 공중이용시설 및 공중교통수단의 유해·위험요인의 예는 다음과 같다.

분야		유해·위험요인 예시	
교량	교면포장 및 데크표면 균열·손상	• 포장불량 • 포장손상(A) • 신축이음 파손(B)	 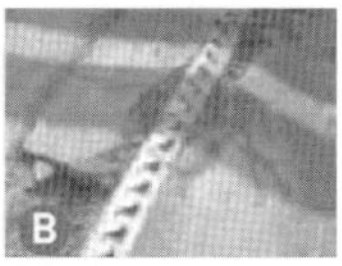
	난간/연석 손상	• 배수구, 배수관 등 막힘(A) • 누수로 인한 구조물 부식 • 난간/연석 파손(B)등	 
터널	노면 균열·손상	• 포장불량 • 포장손상(A, B)	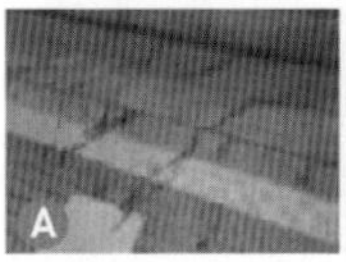 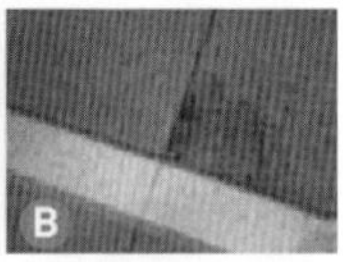
	안전시설 손상	• 방호벽, 가드레일 손상 및 결함(A) • 고정부 손상 및 전도 우려(B) 등	 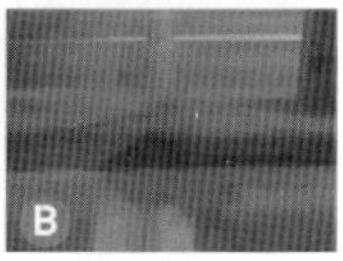
건축물	안전시설, 구조체 손상	• 난간 손상, 미설치(A) • 구조체 손상(B)	 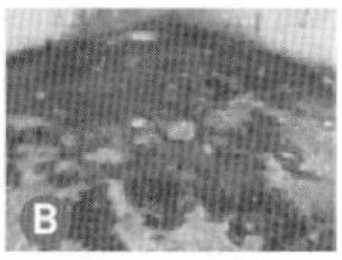
	내·외부 마감재 손상	• 내부 마감손상으로 균열 발생(A) • 외부 마감재 손상(B)	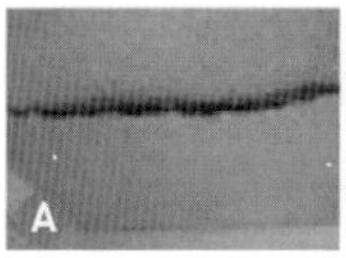 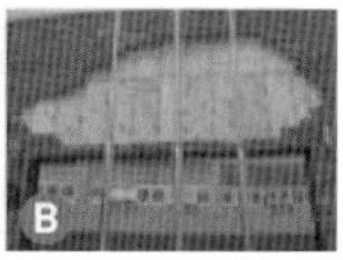
철도 차량	부품 손상	차량부품의 과도한 마모, 탈락 등	–

- 유해·위험요인이 발견되거나 신고가 접수된 경우 긴급안전점검, 긴급안전조치, 정비·보수·보강 등 개선을 위한 업무를 해야 한다. 유해·위험요인이 발견되거나 신고가 접수된 경우 현장에서 대응조치가 원활히 진행될 수 있도록 업무처리절차를 마련하는 것을 사업주, 경영책임자 등의 의무로 규정 하였으므로, 이러한 의무가 잘 이행되도록 하기 위해 사업주, 경영책임자 등이 '유해·위험요인 발견·신고 시 안전조치 등 개선업무 수행인력'을 확보하도록 고시로 규정한다.

- 교량, 터널 분야 : 노면·교면의 포장 균열·손상 발생신고 접수 시, 이에 대한 긴급 안전점검 및 보수·보강 조치, 이용자에 대한 이용제한 조치 등 업무
- 철도 분야 : 철도차량 운행에 필요한 부품 탈락 등 위험요인 발생신고 접수 시, 이에 대한 긴급안전점검 및 부품 교체 조치, 차량 운행제한 조치 등 업무

1.3 필요한 예산 확보

※ 재해예방에 필요한 예산은 해당 공중이용시설 및 공중교통수단을 운영하는 사업주, 법인 또는 기관의 상황과 여건에 따라 달라질 수 있다.

「중대재해처벌법 시행령」 제10조

2. 다음 각 목의 사항을 이행하는 데 필요한 예산을 편성·집행할 것
   가. 법 제9조 제2항 제4호의 안전·보건 관계 법령에 따른 인력·시설 및 장비 등의 확보·유지와 안전점검 등의 실시
   나. 제4호에 따라 수립된 안전계획의 이행
   다. 그 밖에 공중이용시설 또는 공중교통수단과 그 이용자나 그 밖의 사람의 안전에 관하여 국토교통부장관이 정하여 고시하는 사항

1.3.1 일반사항

▣ 예산 편성의무

- 중대재해 예방을 위해 필요하다고 인정되는 업무에 대하여 사업주 또는 경영책임자는 이를 수행하는 예산을 편성하여 집행하도록 의무사항을 규정한다. 다만, 공중이용시설 및 공중교통수단의 유형과 규모가 다양하고 이를 운영하는 기업 또는 기관의 상황과 여건도 다를 수 있는 점을 감안하여, 편성해야 할 안전예산의 규모를 직접 규정하기보다는 예산을 투입할 안전업무를 규정한다.
  - 경영책임자 등은 각 법인·기관에서 안전업무를 수행하는 데 필요한 예산이 충분히 편성되었는지 확인하고, 시민의 안전·보건 확보를 위해 필요한 경우 예산을 추가 편성하여야 한다.

- 다만, 모든 경우에 예산을 추가 확보하라는 의미는 아니며, 기존에 있는 안전예산을 활용하여 충분히 업무 수행이 가능할 경우, 추가 예산을 확보하지 않아도 해당 의무를 이행한 것으로 볼 수 있다.

▣ 점검의무

- 사업주 또는 경영책임자 등은 예산 편성·배치에 관한 사항을 반기 1회 이상 점검하고, 직접 점검하지 않은 경우에는 점검이 끝난 후 지체 없이 점검 결과를 보고받아야 한다(시행령 제10조 제5호).
  - 또한, 점검 또는 보고 결과에 따라 예산을 추가로 편성하거나 계획된 용도대로 집행하도록 지시하는 등 필요한 조치를 해야 한다(시행령 제10조 제6호).

1.3.2 안전·보건 관계법령에 따른 안전관리 업무의 수행(가목)

▣ 관계 법령에 따른 안전관리 예산에는 안전점검 비용, 보수·보강 비용, 안전조치 비용, 인건비 등이 있다.

- **안전점검 비용**: 법률에서 정기적으로 공중이용시설 또는 공중교통수단에 대해 실시하도록 규정한 안전점검, 정기점검, 정기안전점검, 안전진단, 정밀진단, 정밀 안전진단, 긴급점검, 긴급안전점검 등 업무에 예산을 투입하여야 한다.

  ※ 대표 예시 : 시설물안전법에 따른 정기안전점검, 정밀안전점검, 정밀안전진단 등

- **보수·보강 비용**: 공중이용시설 및 공중교통수단에 대한 점검의 결과로 중대한 결함 등이 발견되었을 때, 법률 및 시행령에서 수행토록 한 시설물 보수·보강 등의 비용이다.

  ※ 대표 예시 : 시설물안전법에 따른 정밀안전진단 등의 결과로 중대한 결함이 발견되었을 때 이에 대한 보수·보강 업무

③ **안전조치 비용**: 법률에서 규정한 긴급안전조치, 사용제한·사용금지·해체, 용도 제한, 위험표지의 설치 등의 비용이다.

④ **인건비** : 법령에서 규정한 안전점검, 보수·보강, 안전조치, 수행하는 인력의 고용, 운영 비용이다.

※ 그 외에 법정 안전계획의 수립, 법정 안전교육의 실시 등에 소요되는 비용도 안전 관련 예산으로 볼 수 있음

> 주요 공중이용시설 및 공중교통수단에 대한 관계 법령에 따른 안전예산 관련 사례는 국도·고속국도 등 p.70, 철도시설 p.82, 철도차량 p.84, 공항시설(여객터미널) p.97, 항공기 p.98, 하구둑·제방·보 p.111, 건축물(업무시설) p.120에 제시함

1.3.3 안전계획의 이행(나목)

- 공중이용시설 또는 공중교통수단의 안전점검 등의 실시와 점검·정비, 보수·보강 등 계획으로 수립한 사항이 잘 이행될 수 있도록 예산을 편성·집행해야 한다.
  - 안전계획의 이행여부와 정도를 점검하는 데 소요되는 예산도 '안전계획의 이행' 관련 사항으로 볼 수 있다.

1.3.4 국토교통부 고시로 정한 사항의 이행(다목)

▣ 고시 제정 목적

- 안전·보건 관계법령에 따른 안전관리 업무의 수행이나 시행령 제10조 제4호에 따라 수립된 안전계획의 이행 이외에, 기업 또는 기관이 안전예산을 확보해야 할 대상업무를 고시로 추가 규정한다.

※ 공중이용시설 및 공중교통수단의 재해예방에 필요한 인력 및 예산 편성지침 (안)(국토교통부 고시는 마련 중이며, 세부적인 사항은 추후 변동될 수 있음)

- 공중이용시설 및 공중교통수단의 유형과 규모가 다양하고 이를 운영하는 기업 또는 기관의 상황과 여건도 다를 수 있는 점을 감안하여, 확보해야 할 안전예산의 규모를 직접 규정하기보다는 수행해야 하는 안전업무를 규정한다.
  - 해당 업무를 수행하는 예산을 꼭 추가 확보하라는 의미는 아니며, 기존에 있는 안전예산을 활용하여 충분히 업무 수행이 가능할 경우, 추가 예산을 확보하지 않아도 해당 의무를 이행한 것으로 볼 수 있다.

■ 고시(안) 주요내용 (예산 확보 업무)

- 유해 · 위험요인 확인 · 점검
  - 유해 · 위험요인을 확인하고 점검하여 재해를 일으킬 수 있는 요인을 사전에 파악하여 관리하도록 업무처리절차를 마련하는 것을 사업주, 경영책임자 등의 의무로 규정 하였으므로, 이러한 의무가 잘 이행되도록 하기 위해 사업주, 경영책임자 등이 '유해 · 위험요인 확인 · 점검관련 예산'을 편성하도록 고시로 규정한다. 또한, 공중이용시설 및 공중교통수단의 유해 · 위험요인의 예는 다음과 같다.

분야		유해 · 위험요인 예시	
교량	교면포장 및 데크표면 균열 · 손상	• 포장불량 • 포장손상(A) • 신축이음 파손(B)	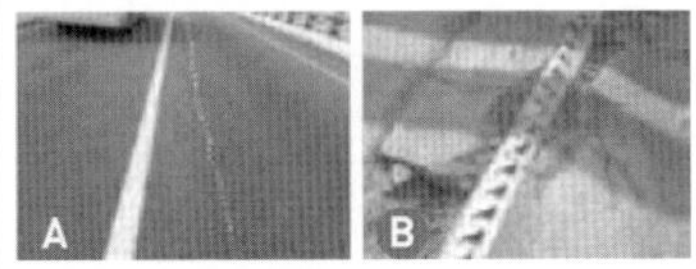
	난간/연석 손상	• 배수구, 배수관 등 막힘(A) • 누수로 인한 구조물 부식 • 난간/연석 파손(B)등	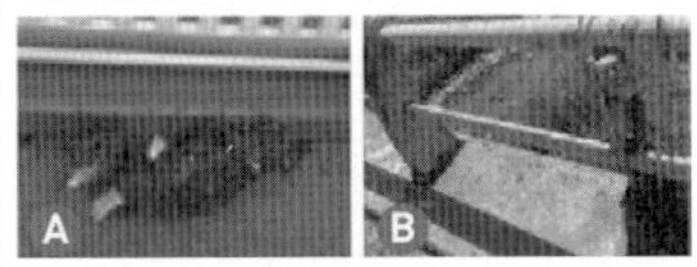
터널	노면 균열 · 손상	• 포장불량 • 포장손상(A, B)	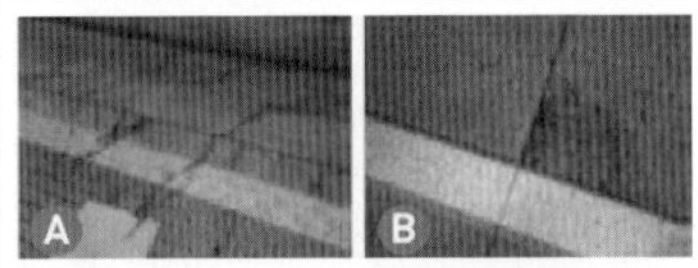
	안전시설 손상	• 방호벽, 가드레일 손상 및 결함(A) • 고정부 손상 및 전도 우려(B) 등	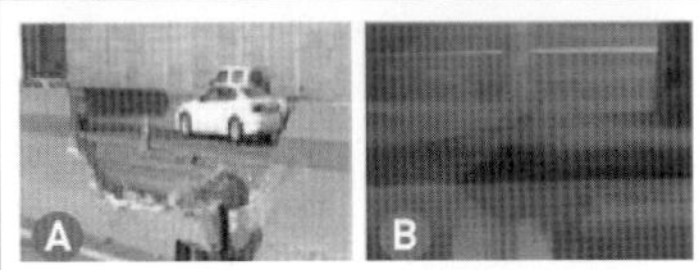
건축물	안전시설, 구조체 손상	• 난간 손상, 미설치(A) • 구조체 손상(B)	
	내 · 외부 마감재 손상	• 내부 마감손상으로 균열 발생(A) • 외부 마감재 손상(B)	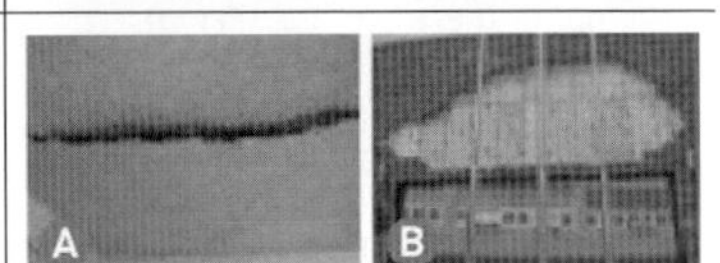
철도 차량	부품 손상	차량부품의 과도한 마모, 탈락 등	–

- 유해·위험요인이 발견 또는 신고 접수된 경우 긴급안전점검, 긴급안전 조치, 정비·보수·보강 등 개선해야 한다.

> • 교량, 터널 분야 예시 : 노면·교면의 포장 균열·손상 발생신고 접수 시, 이에 대한 긴급안전점검 및 보수·보강 조치, 이용자에 대한 이용제한 조치 등 업무
> • 철도 분야 예시 : 차량운행에 필요한 부품 탈락 등 위험요인 발생신고 접수 시, 이에 대한 긴급안전점검 및 부품 교체 조치, 차량 운행제한 조치 등 업무

- 중대시민재해 발생 시 원인 개선과 유사사례 방지 등을 위한 종사자 교육 또는 이용자 안내 조치해야 한다.

> • 교육예시 : 유사사례 방지를 위한 사례공유 교육, 이용자의 안전한 이용을 위한 안내판 설치조치 등

- 안전관리에 필요한 시설 및 설비의 설치, 물품·보호구 및 장비의 구입해야 한다.

> • 안전 물품 예시 : 안전표지판, 안전삼각대, 비상탈출용망치, 안전경광봉 등
> • 안전 장비 예시: 차량 차체 진단장비, 철도차량 점검 특수 해머, 차량 수리·보수 리프트 점검·교체 장비 등

- 시행령 제11조에 따른 안전의무 이행 점검 비용은 안전·보건 관계법령에 따라 의무가 이행되었는지 점검하는 비용을 확보하도록 규정한다.

1.4 관계법령에 따른 안전점검 수행

> ※ 관계법령에 따른 안전점검의 종류와 주기는 해당 공중이용시설 및 공중교통수단의 안전 등급, 규모 등에 따라 달라질 수 있음

> **중대재해처벌법 시행령 제11조**
>
> 3. 공중이용시설 또는 공중교통수단에 대한 법 제9조 제2항 제4호의 안전·보건 관계 법령에 따른 안전점검 등을 계획하여 수행되도록 할 것

1.4.1 개념

▣ 안전점검의 정의

- 안전점검이란 경험과 기술을 갖춘 자가 육안이나 점검기구 등으로 검사하여 공중 이용시설 또는 공중교통수단에 내재된 유해·위험요인을 조사하는 행위를 말한다.

▣ 주요 규정사항

- 사업주 또는 경영책임자 등은 안전·보건 관계법령에 따른 안전점검이 수행될 수 있도록 하여 운영 대상의 안전상태를 확인하고, 재해를 유발할 수 있는 요소를 사전에 파악하고 관리할 수 있도록 해야 하고, 사업주 또는 경영책임자 등은 안전점검의 계획 수립과 수행에 관련된 사항을 반기 1회 이상 점검하고, 직접 점검하지 않은 경우에는 점검이 끝난 후 지체 없이 점검 결과를 보고받아야 한다. 또한, 점검 또는 보고 결과에 따라 안전점검 이행을 지시하는 등 중대시민재해 예방에 필요한 조치를 해야 한다.

1.4.2 공중이용시설 대상별 안전점검의 예시

1) 철도시설

- 철도교량, 철도 터널

관계법령	관련 조항 및 의무		점검주기
시설물안전법	제11조	정기안전점검	• A·B·C등급: 반기에 1회 이상 • D·E등급: 연 3회 이상
		정밀안전점검	• A등급: 3년에 1회 이상 • B·C등급: 2년에 1회 이상 • D·E등급: 1년에 1회 이상
	제12조	정밀안전진단	• A등급: 6년에 1회 이상 • B·C등급: 5년에 1회 이상 • D·E등급: 4년에 1회 이상
철도건설법	제29조	정기점검	시설별 별도주기 결정
	제31조	정밀진단	• A등급: 6년에 1회 이상 • B·C등급: 5년에 1회 이상 • D·E등급: 4년에 1회 이상

- 철도역사, 대합실 등

관계법령	관련 조항 및 의무		점검주기
시설물안전법	제11조	정기안전점검	• A · B · C등급: 반기에 1회 이상 • D · E등급: 연 3회 이상
		정밀안전점검	• A등급: 4년에 1회 이상 • B · C등급: 3년에 1회 이상 • D · E등급: 2년에 1회 이상
	제12조	정밀안전진단	• A등급: 6년에 1회 이상 • B · C등급: 5년에 1회 이상 • D · E등급: 4년에 1회 이상
건축물관리법	제13조	정기점검	• 최초 5년 이후 3년 단위
	제16조	정밀진단	• 필요시

- 항만시설(방파제, 파제제, 호안)

관계법령	관련 조항 및 의무		점검주기
시설물안전법	제11조	정기안전점검	• A · B · C등급: 반기에 1회 이상 • D · E등급: 연 3회 이상
		정밀안전점검	• A등급: 3년에 1회 이상 • B · C등급: 2년에 1회 이상 • D · E등급: 1년에 1회 이상
	제12조	정밀안전진단	• A등급: 6년에 1회 이상 • B · C등급: 5년에 1회 이상 • D · E등급: 4년에 1회 이상

- 건축물

관계법령	관련 조항 및 의무		점검주기
시설물안전법	제11조	정기안전점검	• A · B · C등급: 반기에 1회 이상 • D · E등급: 연 3회 이상
		정밀안전점검	• A등급: 4년에 1회 이상 • B · C등급: 3년에 1회 이상 • D · E등급: 2년에 1회 이상
	제12조	정밀안전진단	• A등급: 6년에 1회 이상 • B · C등급: 5년에 1회 이상 • D · E등급: 4년에 1회 이상
건축물관리법	제13조	정기점검	• 최초 5년 이후 3년 단위
	제16조	정밀진단	• 필요시

• 하천시설(하구둑, 제방 · 보)

관계법령	관련 조항 및 의무		점검주기
시설물안전법	제11조	정기안전점검	• A · B · C등급: 반기에 1회 이상 • D · E등급: 연 3회 이상
		정밀안전점검	• A등급: 3년에 1회 이상 • B · C등급: 2년에 1회 이상 • D · E등급: 1년에 1회 이상
	제12조	정밀안전진단	• A등급: 6년에 1회 이상 • B · C등급: 5년에 1회 이상 • D · E등급: 4년에 1회 이상
하천법	제13조	정기점검	• 연 2회 이상
	제74조	하천관리상황 점검	• 매년 6월 이전

• 그 외에 도로시설(도로교량, 도로터널), 항만시설, 상하수도시설, 옹벽 및 절토사면은 시설물안전법에 따른 정기안전점검, 정밀안전점검, 정밀안전진단을 필수안전점검으로 본다.

관계법령	관련 조항 및 의무		점검주기
시설물안전법	제11조	정기안전점검	• A · B · C등급: 반기에 1회 이상 • D · E등급: 연 3회 이상
		정밀안전점검	• A등급: 3년에 1회 이상 • B · C등급: 2년에 1회 이상 • D · E등급: 1년에 1회 이상
	제12조	정밀안전진단	• A등급: 6년에 1회 이상 • B · C등급: 5년에 1회 이상 • D · E등급: 4년에 1회 이상

1.4.3 공중교통수단 대상별 안전점검의 예시

1) 철도 분야(도시철도 차량, 철도 차량)

관계법령	관련 조항 및 의무		점검주기
철도안전법	제38조의12	정밀안전진단	• 5년 단위

2) 버스 분야(시외버스 차량)

관계법령	관련 조항 및 의무		점검주기
자동차관리법	제43조	정기검사	• 1년 단위(차령 8년 이하) • 6개월 단위(차령 8년 초과)

3) 항공 분야(운송용 항공기)

관계법령	관련 조항 및 의무		점검주기
항공안전법	제90조	안전운항체계 검사	• 운항시작 전

주요 공중이용시설 및 공중교통수단에 대한 관계 법령에 따른 안전점검 관련 사례는 국도·고속 국도 등 p.72, 철도시설 p.85, 철도차량 p.86, 공항시설(여객터미널) p.100, 항공기 p.100, 하구둑·제방·보 p.113, 건축물(업무시설) p.122에 제시함

1.5 안전계획 수립

※ 안전계획의 형식과 내용은 해당 공중이용시설 및 공중교통수단을 운영하는 사업주, 법인 또는 기관의 상황과 여건에 따라 달라질 수 있음

중대재해처벌법 시행령 제10조

4. 공중이용시설 또는 공중교통수단에 대해 연 1회 이상 다음 각 목의 내용이 포함된 안전계획을 수립하게 하고, 충실히 이행하도록 할 것. 다만, 공중이용시설에 대해 「시설물의 안전 및 유지관리에 관한 특별법」 제6조에 따라 시설물에 대한 안전 및 유지관리계획을 수립·시행하거나 공중이용시설 또는 공중교통수단에 대해 철도운영자가 「철도안전법」 제6조에 따라 연차별 시행계획을 수립·추진하는 경우로서 사업주 또는 경영책임자 등이 그 수립 여부 및 내용을 직접 확인하거나 보고받은 경우에는 안전계획을 수립하여 이행한 것으로 본다.
   가. 공중이용시설 또는 공중교통수단의 안전과 유지관리를 위한 인력의 확보에 관한 사항
   나. 공중이용시설의 안전점검 또는 정밀안전진단의 실시와 공중교통수단의 점검·정비(점검·정비에 필요한 장비를 확보하는 것을 포함한다)에 관한 사항
   다. 공중이용시설 또는 공중교통수단의 보수·보강 등 유지관리에 관한 사항

1.5.1 개념

▣ 주요 규정사항

- 사업주 또는 경영책임자 등은 연 1회 이상 안전계획이 수립하도록 하여 계획에 포함된 내용이 충실히 이행되도록 하고, 반기 1회 이상 안전계획의 이행에 관한 사항을 점검하고, 직접 점검하지 않은 경우에는 점검이 끝난 후 지체 없이 점검 결과를 보고받아야 한다. 또한, 점검 또는 보고 결과에 따라 안전계획에 포함된 사항의 이행을 지시하는 등 중대시민재해 예방에 필요한 조치를 해야 한다.

▣ 안전계획 수립을 갈음할 수 있는 조건

- 시설물안전법상 시설에 대해 관리계획을 수립·시행하는 경우 또는 철도안전법상 철도시설 또는 철도차량에 대해 연차별 시행계획을 수립·추진하는 경우는, 별도의 안전계획 작성 없이도 각 문서를 직접 확인하거나 보고받음으로써 해당 의무를 갈음할 수 있다.

▣ 안전계획 주요 포함내용

- 안전계획은 공중이용시설 또는 공중교통수단의 제원과 유형, 기업 또는 기관에서 그 운영·관리에 투입하는 안전 예산·인력, 대상에 대한 안전점검 및 유지관리 계획 등을 포함하여 작성하여야 한다.

1.5.2 안전계획 표준(안) 예시

※ 안전계획 표준(안)은 기업 또는 기관의 특성에 따라 수정하여 활용

1) 하나의 공중이용시설을 운영하는 기업 또는 기관

- 〈표〉 형식의 간단한 안전계획 표준(안) 활용

〈안전계획 표준(안) : 단일 공중이용시설 운영 · 관리 기관용〉

○○년 안전계획

○○기관, ○○년 ○○월

1. 공중이용시설 개요

공중이용시설명		소유자		(사진대지)
관리주체		준공년도		
소재지				
공중이용시설 현황(제원 등)				

2. 안전 예산 및 인력 현황

구분		내용
안전 예산	① 안전점검 비용	• 공중이용시설에 대한 정기안전점검, 정밀안전진단, 긴급안전점검 등의 비용
	② 보수 · 보강 비용	• 시설의 안전과 정비 · 점검을 위한 장비 확보비용 • 시설물의 보수 · 보강 등의 비용
	③ 안전조치 비용	• 공중이용시설에 대한 긴급안전조치, 이용제한 등 안전조치 등 비용
	④ 인건비	• 안전점검 또는 보수 · 보강 업무 수행인력 인건비
	⑤ 기타 비용	• 그 외 안전확보에 소요되는 비용
안전인력		• 안전점검 또는 보수 · 보강 업무 수행인력

3. ○○년 추진계획 및 점검

구분		내용	추진일정	예산 확보 여부	미확보 시 조치계획
안전점검 등	정기안전점검	(점검대상, 점검내용 등)			
	정밀안전점검	(점검대상, 점검내용 등)			
	정밀안전진단	(점검대상, 점검내용 등)			
유지관리	관리1	(보수 · 보강 대상, 수량 등)			
	관리2	(보수 · 보강 대상, 수량 등)			

2) 하나의 공중교통수단을 운영하는 기업 또는 기관

- 〈표〉 형식의 간단한 안전계획 표준(안) 활용

〈안전계획 표준(안) : 단일 공중교통수단 운영 · 관리 기관용〉

<table>
<tr><th colspan="6">○○년 안전계획</th></tr>
<tr><td colspan="6" align="right">○○기관, ○○년 ○○월</td></tr>
<tr><td colspan="6">1. 공중교통수단 개요</td></tr>
<tr><td colspan="2">공중교통수단명</td><td></td><td>소유자</td><td></td><td rowspan="4">(사진대지)</td></tr>
<tr><td colspan="2">관리주체</td><td></td><td>준공년도</td><td></td></tr>
<tr><td colspan="2">소재지</td><td colspan="3"></td></tr>
<tr><td colspan="2">공중교통수단
현황(제원 등)</td><td colspan="3"></td></tr>
<tr><td colspan="6">2. 안전 예산 및 인력 현황</td></tr>
<tr><td rowspan="5">안전
예산</td><td>① 안전점검 비용</td><td colspan="4">• 공중교통수단에 대한 정기안전점검, 정밀안전진단, 긴급안전점검 등의 비용</td></tr>
<tr><td>② 보수 · 보강 비용</td><td colspan="4">• 공중교통수단의 정비, 보수 · 보강, 부품 교체 등 비용</td></tr>
<tr><td>③ 안전조치 비용</td><td colspan="4">• 공중교통수단에 대한 긴급안전조치, 운행제한 등 안전조치 등 비용</td></tr>
<tr><td>④ 인건비</td><td colspan="4">• 안전점검 또는 보수 · 보강 업무 수행인력 인건비</td></tr>
<tr><td>⑤ 기타 비용</td><td colspan="4">• 그 외 안전확보에 소요되는 비용</td></tr>
<tr><td colspan="2">안전인력</td><td colspan="4">• 안전점검 또는 보수 · 보강 업무 수행인력</td></tr>
</table>

<table>
<tr><td colspan="6">3. ○○년 추진계획 및 점검</td></tr>
<tr><th colspan="2">구분</th><th>내용</th><th>추진일정</th><th>예산
확보 여부</th><th>미확보 시
조치계획</th></tr>
<tr><td rowspan="3">안전점검 등</td><td>정기안전점검</td><td>(점검대상, 점검내용 등)</td><td></td><td></td><td></td></tr>
<tr><td>정밀안전점검</td><td>(점검대상, 점검내용 등)</td><td></td><td></td><td></td></tr>
<tr><td>정밀안전진단</td><td>(점검대상, 점검내용 등)</td><td></td><td></td><td></td></tr>
<tr><td rowspan="2">유지관리</td><td>관리1</td><td>(보수 · 보강 대상, 수량 등)</td><td></td><td></td><td></td></tr>
<tr><td>관리2</td><td>(보수 · 보강 대상, 수량 등)</td><td></td><td></td><td></td></tr>
</table>

3) 다수 공중이용시설 또는 공중교통수단을 운영하는 기업 또는 기관

- 보고서 형식의 안전계획 표준(안) 활용

〈안전계획 표준(안) : 다수 공중교통수단 운영 · 관리 기관용〉

안전계획 목차(안)

1. 개요

1. 수립목적	▪ 기관에서 00년도 중대시민재해 예방을 위해 중점적으로 추진하고자 하는 안전계획의 주요목적과 지향점 등을 간략히 기술
2. 추진방향	▪ 공중이용시설, 공중교통수단의 안전계획 추진방향(세부목표 또는 주요과제 등) 제시
3. 수립 대상 현황	▪ 공중이용시설, 공중교통수단의 수립 대상 현황 제시

2. 00년 안전관리현황 및 추진계획

1. 안전 예산 현황	① 인건비, ② 시설 · 장비 확보 · 유지관리비, ③ 안전점검비, ④ 기타비용 ※ 위탁시 위탁비용으로 별도기재
2. 안전 조직 및 역할	▪ 조직도 및 책임자, 안전조직 업무분장 제시
3. 안전 인력 현황	▪ 안전인력 현황, 안전인력의 전문성, 안전인력 충원계획 등
Ⅲ. 00년 향후 계획	▪ 'P(계획) → D(이행) → C(점검) → A(개선)' * 세부 이행시기, 중점사업 등 단계로 작성하거나 중점 사업 중심으로 개조식 등으로 정리하여 기술 중점 사업별 추진배경, 추진계획, 기대효과, 추진일정 등 제시

(예시)

❶ 추진과제 1(유해 · 위험시설 정비)
❷ 추진과제 2(안전점검 추진)
❸ 추진과제 3(보수 · 보강 등 유지관리 시행) 등

> 기획재정부의 "공공기관의 안전관리에 관한 지침" 제6조에 따라 안전경영책임계획을 수립하는 공공기관은 안전경영책임계획의 시설물 안전분야, 안전예산현황, 안전전담조직 및 역할, 안전인력현황 등의 내용을 활용하여 안전계획을 수립할 수 있음

1.6 중대시민재해 예방 업무처리 절차

※ 업무처리절차의 형식과 내용은 해당 공중이용시설 및 공중교통수단을 운영하는 사업주, 법인 또는 기관의 상황과 여건에 따라 달라질 수 있음

중대재해처벌법 시행령 제10조

7. 중대시민재해 예방을 위해 다음 각 목의 사항이 포함된 업무처리절차를 마련하여 이행할 것. 다만, 철도운영자가 「철도안전법」 제7조에 따라 비상대응계획을 포함한 철도 안전관리체계를 수립하여 시행하거나 항공운송사업자가 「항공안전법」 제58조 제2항에 따라 위기대응계획을 포함한 항공안전관리시스템을 마련하여 운용한 경우로서 사업주 또는 경영책임자 등이 그 수립 여부 및 내용을 직접 점검하거나 점검 결과를 보고받은 경우에는 업무처리절차를 마련하여 이행한 것으로 본다.
   가. 공중이용시설 또는 공중교통수단의 유해·위험요인의 확인·점검에 관한 사항
   나. 공중이용시설 또는 공중교통수단의 유해·위험요인을 발견한 경우 해당 사항의 신고 ·조치요구, 이용 제한, 보수·보강 등 그 개선에 관한 사항
   다. 중대시민재해가 발생한 경우 사상자 등에 대한 긴급구호조치, 공중이용시설 또는 공중 교통수단에 대한 긴급안전점검, 위험표지 설치 등 추가 피해방지 조치, 관계 행정기관 등에 대한 신고와 원인조사에 따른 개선조치에 관한 사항
   라. 공중교통수단 또는 「시설물의 안전 및 유지관리에 관한 특별법」 제7조 제1호의 제1종 시설물에서 비상상황이나 위급상황 발생 시 대피훈련에 관한 사항

1.6.1 개념

▣ 주요 규정사항

- 경영책임자 등이 기업 또는 기관 차원에서 중대재해를 일으킬 수 있는 유해·위험 요인을 파악하고, 발생 시 현장에서 담당자들이 잘 대응할 수 있도록 절차 또는 매뉴얼 등을 마련토록 한다. 이는 경영책임자 등이 공중이용시설 또는 공중교통수단의 유해·위험요인을 직접 확인하거나 보수·보강 등 조치를 직접 수행하라는 의미보다는, 유해·위험요

인을 확인하고 이를 신고 또는 조치요구하여, 보수·보강이 적절히 수행됨으로써 중대시민재해를 예방할 수 있도록 체계와 절차를 마련하라는 취지이다.

▣ 업무처리절차 마련·이행을 갈음할 수 있는 조건

- 또한, 「철도안전법」 제7조에 따라 비상대응계획을 포함한 철도안전관리체계를 수립·시행하는 경우는, 별도의 업무처리절차 작성 없이도 각 문서를 직접 확인하거나 보고받음으로써 해당 의무를 갈음할 수 있고 「항공안전법」 제58조 제2항에 따라 위기대응계획을 포함한 항공안전관리시스템을 마련하여 운용한 경우는 별도의 업무처리절차 작성 없이도 그 수립 여부 및 내용을 직접 점검하거나 점검 결과를 보고받음으로써 해당 의무를 갈음할 수 있다.

1.6.2 업무처리절차 표준예시

※ 업무처리절차 예시는 기업 또는 기관의 특성에 따라 수정하여 활용

1) 유해·위험요인의 확인·점검에 관한 사항(가목)

- 일반적으로 공중이용시설 또는 공중교통수단에 대한 점검 또는 육안관찰을 통해 유해·위험요인을 확인할 수 있으므로, 안전·보건 관계 법령에 따라 상반기, 하반기 또는 해빙기, 장마기간 등 공중이용 시설·공중교통수단의 특성에 따라 일정 기간을 정하여 정기적으로 실시하는 정기점검 또는 안전 업무 수행자의 판단에 따라, 재해 예방 및 이용안전을 위해 수시로 실시하는 육안관찰(수시점검) 등의 절차를 세부적으로 규정하여 의무를 이행할 수 있다.
- 이러한 점검·관찰 등을 통해 공중이용시설 또는 공중교통수단에 어떤 유해·위험 요인이 있는지 파악하고, 이를 원인으로 하여 중대시민재해가 발생하지 않도록 철저히 대상을 관리할 필요가 있다.

2) 유해 · 위험요인 발견 시 개선에 관한 사항(나목)

- 유해 · 위험요인 신고 또는 조치요구 시, 시설관리자는 유해 · 위험요인을 확인하고, 경미한 경우 자체 개선 후 신고자에게 조치결과 통보하고 유해 · 위험요인이 중대시민재해 발생 우려가 있는 경우, 시설관리자는 경영책임자 등에게 보고하고, 경영책임자 등은 보수 · 보강 지시 및 조치결과를 확인한다.

〈유해 · 위험요인 발견 시 개선절차 예시〉

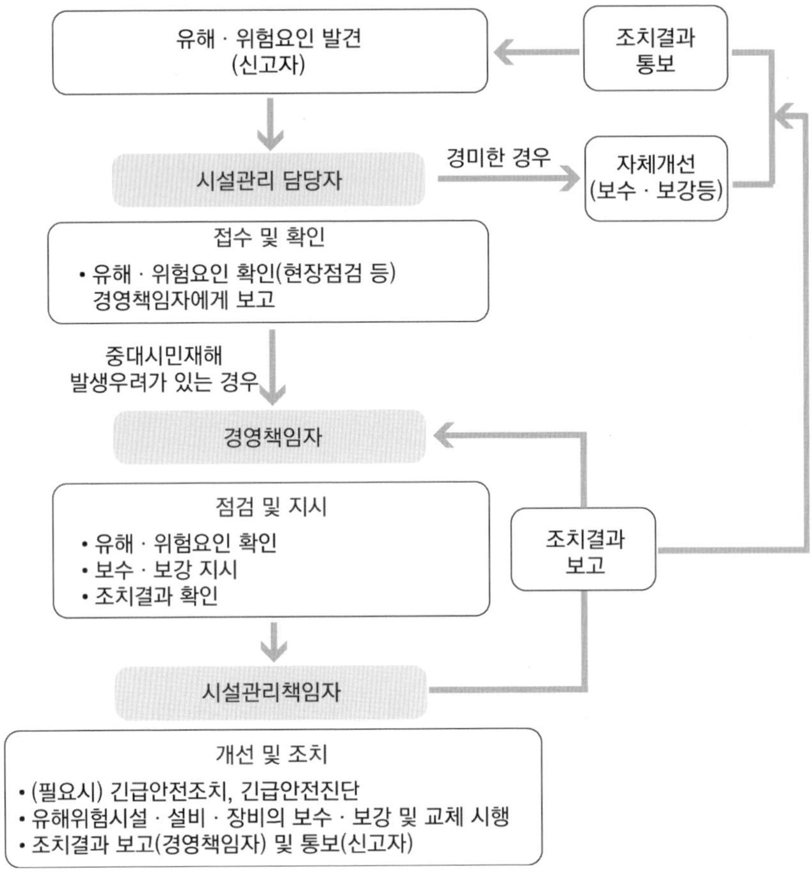

3) 중대시민재해 발생 시 추가 피해방지조치, 원인조사에 따른 개선조치에 관한 사항(다목)

- 중대시민재해가 발생한 경우, 안전관리 담당자는 경찰서, 소방서에 신고하고, 관계 행정기관에 상황을 보고하며 재해자에 대하여 긴급구호조

치, 긴급안전조치 등을 시행하고, 중대시민재해 발생 상황을 경영책임자 등에게 보고 하고 경영책임자 등은 안전관리 담당자의 대응상황 및 조치사항을 보고받고 필요 시 추가 피해방지 조치를 지시하며, 상황 종료 후 피해 원인조사 및 개선대책 등 재발방지대책 마련 지시한다.

- 또한 안전관리 담당자는 경영책임자 등의 지시사항을 이행하고, 조치결과를 경영책임자 등, 관계행정기관 등에 보고한다.

〈중대시민재해 발생 시 대응조치절차 예시〉

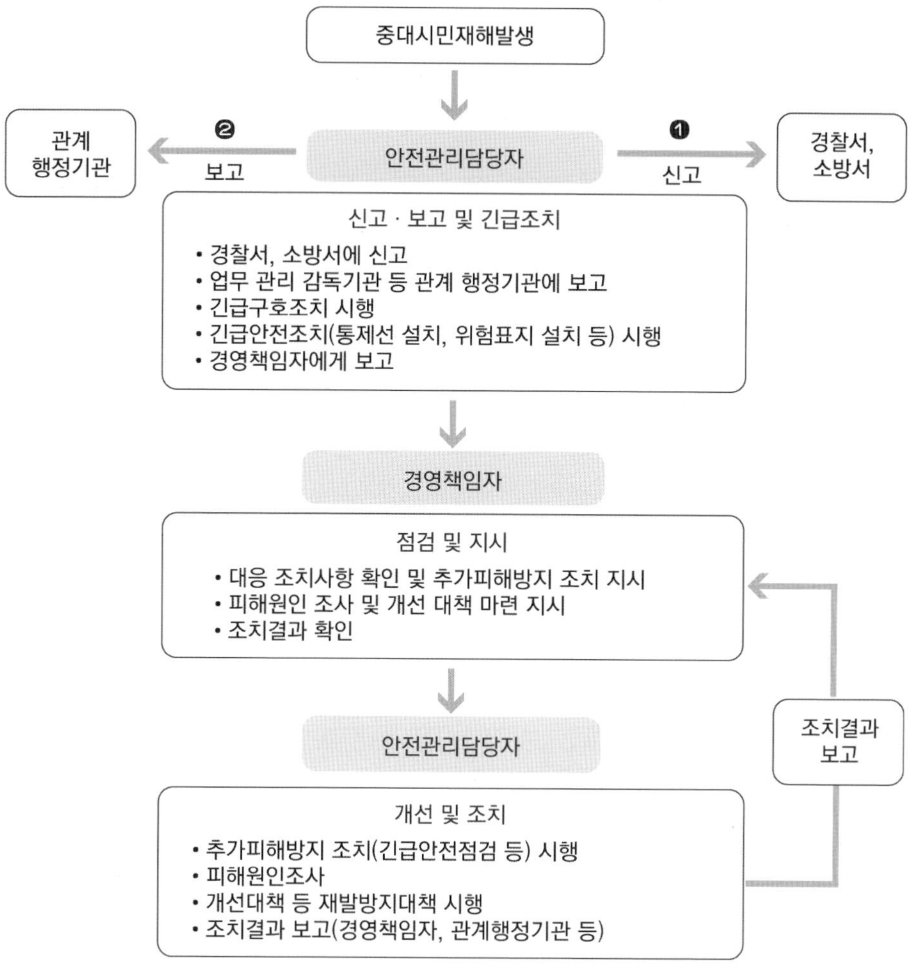

4) 대피훈련에 관한 사항(라목)

- 시설물안전법상 제1종 시설물 또는 공중교통수단에 대하여, 비상상황이나 위급상황 발생 시를 대비하여 대피훈련(비상대응계획 등)을 실시하는 절차를 마련해야 하며, 대피훈련의 시기, 장소 및 훈련목표, 참여 범위와 시나리오, 대피훈련 결과에 따라 개선사항을 도출하고 이를 대피훈련계획의 수정, 개선에 다시 반영하는 방안 등을 포함할 수 있다.

1.7 도급 · 용역 · 위탁 시 조치

※ 도급·용역·위탁 시 조치는 해당 공중이용시설 및 공중교통수단을 운영하는 사업주, 법인 또는 기관의 상황과 여건에 따라 달라질 수 있음

중대재해처벌법 시행령 제10조

8. 제3자에게 공중이용시설 또는 공중교통수단의 운영·관리 업무의 도급, 용역, 위탁 등을 하는 경우 공중이용시설 또는 공중교통수단과 그 이용자나 그 밖의 사람의 안전을 확보하기 위해 다음 각 목에 따른 기준과 절차를 마련하고, 그 기준과 절차에 따라 도급, 용역, 위탁 등이 이루어지는지를 연 1회 이상 점검하고, 직접 점검하지 않은 경우에는 점검이 끝난 후 지체 없이 점검 결과를 보고받을 것
   가. 중대시민재해 예방을 위한 조치능력 및 안전관리능력에 관한 평가기준·절차
   나. 도급, 용역, 위탁 등의 업무 수행 시 중대시민재해 예방을 위해 필요한 비용에 관한 기준

1.7.1 개념

▣ 주요 의무사항

- 개인사업주나 법인 또는 기관이 제3자에게 공중이용시설 또는 공중교통수단의 운영·관리 업무를 도급, 용역, 위탁 등을 한 경우, 경영책임

자는 아래 두 사항을 마련하도록 한다. 또한, 연 1회 이상 이 기준과 절차가 원활히 준수되고 있는지를 점검하여야 한다.

① 수탁기관이 중대시민재해 예방을 위한 조치능력과 안전관리능력을 확보하고 있는지를 평가하는 기준과 절차

② 수탁기관이 도급, 용역, 위탁 등의 업무를 수행할 때 중대시민재해 예방을 위해 필요한 비용을 산정하는 기준

1.7.2 수탁기관 안전관리능력 산정기준

▣ 중대시민재해 예방 조치능력 및 안전관리능력

- 도급·용역·위탁 등을 받은 자의 재해예방을 위한 조치 능력과 안전관리역량은 수탁기관의 안전·보건관리체계 구축 현황과 최근 3년 이내 중대사고 발생이력 등으로 평가할 수 있다.
- 다양한 요소로 능력을 평가할 수 있으며, 안전조직·인력, 안전관리규정·지침·매뉴얼, 재해대응체계, 교육·훈련 등을 근거로 수탁기관 평가 가능하다.

▣ 평가절차

- 도급·용역·위탁 등을 할 때 재해예방을 위한 조치능력 및 안전관리역량을 확인할 수 있는 평가항목을 마련하고, 이를 기존 평가항목에 추가하여 운영 가능하다.
- 평가항목 및 평가기준 예시
  - 평가항목별 배점 및 상·중·하의 배점은 기업 또는 기관별 상황과 여건을 고려하여 설정

〈평가 항목 및 기준 예시〉

평가항목	평가기준	평가결과		
		상	중	하
안전 인력 및 예산 현황	• 안전전문인력(관련 자격증 보유자, 관련 학과 졸업자 등) 보유 현황 • 안전 예산 현황(안전 예산 편성항목, 매출액 대비 비중 등)			
안전관리규정·지침·매뉴얼 현황	• 법정 보유 안전관리규정/지침/매뉴얼 구비 여부			
재해대응체계 현황	• 재해신고·보고절차도 유무 • 재해대응 조직 및 업무분장 현황 • 유관기관 비상연락망 유무			
교육 및 훈련실적	• 교육 및 훈련 프로그램 유무 • 최근 3년간 안전교육 및 훈련 실적			
중대재해 발생에 따른 행정처분 등	• 최근 3년 내 중대재해 발생 횟수 • 중대재해로 인한 행정처분 유무 및 처분정도			

※ 각 사업장 여건에 따라 수정하여 활용 가능함

1.7.3 중대시민재해 예방 관리비용 평가기준

▣ 중대시민재해 예방 관리비용

- 수탁자의 중대시민재해 예방을 위한 관리비용은 도급·용역·위탁받은 업무 수행 시 안전관리에 필요한 비용이므로 안전관리비용을 도급·용역·위탁비용에 계상하도록 한다.

  ※ 안전관리비용은 도급·용역·위탁 준공시 실사용한 금액으로 정산함

▣ 중대시민재해 예방을 위해 필요한 비용의 예시

- 유해·위험요인 발견 시 긴급안전점검, 긴급안전조치, 정비·보수·보강 등 개선을 위한 비용

• 교량, 터널 분야 예시 : 노면·교면의 포장 균열·손상 발생신고 접수 시, 이에 대한 긴급안전 점검 및 보수·보강 조치, 이용자에 대한 이용제한 조치 등 업무
• 철도 분야 예시 : 차량운행에 필요한 부품 탈락 등 위험요인 발생신고 접수 시, 이에 대한 긴급안전점검 및 부품 교체 조치, 차량 운행제한 조치 등 업무

- 중대시민재해 발생 시 원인 개선을 위한 종사자 교육 또는 이용자 안내 조치 비용

• 교육용 예시: 유사사례 방지를 위한 사례공유 교육, 이용자의 안전한 이용을 위한 안내판 설치조치 등

- 안전관리에 필요한 물품·보호구 및 장비 구입 비용

• 안전 물품 예시: 안전표지판, 안전삼각대, 비상탈출용망치, 안전경광봉 등
• 안전 장비 예시: 차량 차체 진단장비, 철도차량 점검 특수 해머, 차량 수리·보수 리프트 점검·교체 장비 등

- 시설의 기능 유지, 안전 관련 시설 및 설비의 설치 비용

• 안전 관련 시설 설치 예시: 건축물 내력벽 보강시설 설치, 철도역사 승하차용 출입문 설비 설치 등
• 안전 관련 설비 설치 예시: 철도차량 정비·점검을 위한 작업설비 설치

- 중대시민재해 발생에 대비한 재해대응 절차도, 이용자를 위한 비상대피 지도 등의 제작·개선 비용

〈타법 사례: 안전관리비 계상〉

• 공연장 사례: 공연법에 의한 안전관리비는 객석 수 500석 이상 1% 이상, 1천 명 이상 관람 1.15% 이상, 3천명 이상 관람 예상 1.21% 이상 계상
• 건설현장 사례: 산업안전보건법에 의한 건설현장 산업안전보건관리비는 공사종류 및 규모에 따라 1.38%~3.43% 계상

2. 안전 · 보건 관계법령상 의무이행에 필요한 조치

2.1 의무 이행영부 점검

중대재해처벌법 시행령 제11조 제2항

1. 안전 · 보건 관계 법령에 따른 의무를 이행했는지를 연 1회 이상 점검(해당 안전 · 보건 관계 법령에 따라 중앙행정기관의 장이 지정한 기관 등에 위탁하여 점검하는 경우를 포함한다. 이하 이 호에서 같다)하고, 직접 점검하지 않은 경우에는 점검이 끝난 후 지체 없이 점검 결과를 보고받을 것
2. 제1호에 따른 점검 또는 보고 결과 안전 · 보건 관계 법령에 따른 의무가 이행되지 않은 사실이 확인되는 경우에는 인력을 배치하거나 예산을 추가로 편성 · 집행하도록 하는 등 해당 의무 이행에 필요한 조치를 할 것

2.1.1 개념

▣ 주요 규정사항

- 사업주 또는 경영책임자 등은 공중이용시설이나 공중교통수단의 이용자 또는 그 밖의 사람의 안전 및 보건 확보를 위해 안전 · 보건 관계법령 상 의무가 이행되도록 연 1회 이상 그 이행여부를 점검하고, 의무가 이행되지 않은 사실이 확인되는 경우 경영책임자 등이 인력 배치나 예산 추가 편성 · 집행 등 이행을 위한 추가 조치를 하여야 한다.
- 안전 · 보건 관계 법령에 따른 의무가 미이행된 모든 경우에 중대재해처벌법에 따라 경영책임자가 처벌받는 것은 아니며 '경영책임자가 의무사항 이행 여부 등을 정기적으로 점검 · 확인했는지, 미이행된 조치에 대해 개선을 지시했는지' 등 시행령에서 정한 구체적인 관리상의 조치가 적절하게 이루어졌는지를 종합적으로 살펴 의무를 이행하였는지 판단하게 된다.

2.1.2 안전·보건 관계법령의 기준

- 안전보건관계법령은 해당 공중이용시설 ·공중교통수단에 적용되는 것으로서 이용자나 그 밖의 사람의 안전·보건을 확보하는 데 관련되는 법령을 말한다. 구체적으로는
  ① 공중이용시설 또는 공중교통수단의 안전 확보를 목적으로 하는 법률,
  ② 대상을 이용하는 국민의 안전을 위해 의무를 부과하는 법률,
  ③ 공중이용시설 및 공중교통수단을 구성하는 구조체, 시설, 설비, 부품 등의 안전에 대하여 안전점검, 보수·보강 등을 규정하는 법률,
  ④ 이용자의 안전을 위해 관리자, 종사자가 관련 교육을 이수토록 규정하는 법률 등을 안전·보건 관계법령으로 봄
- 공중이용시설 또는 공중교통수단의 구조안전, 이용안전, 화재안전 등이 아닌 효율적인 이용, 원활한 교통흐름, 경제적인 가치를 고려한 성능개선 등 부가적인 목적을 가진 법령은 일반적으로는 안전·보건 관계법령에 해당하지 않고 공중이용시설 및 공중교통수단을 구성하는 요소 외에, 안전 외 목적을 위해 부가로 설치된 부대 시설, 공작물 등에 대하여 규정하는 법령도 일반적으로 해당하지 않는다.

2.2 교육 이수여부 점검

중대재해처벌법 시행령 제11조 제2항

3. 안전·보건 관계 법령에 따라 공중이용시설의 안전을 관리하는 자나 공중교통수단의 시설 및 설비를 정비·점검하는 종사자가 의무적으로 이수해야 하는 교육을 이수했는지를 연 1회 이상 점검하고, 직접 점검하지 않은 경우에는 점검이 끝난 후 지체 없이 점검 결과를 보고받을 것
4. 제3호에 따른 점검 또는 보고 결과 실시되지 않은 교육에 대해서는 지체 없이 그 이행의 지시 등 교육 실시에 필요한 조치를 할 것

2.2.1 개념

▣ 주요 규정사항

- 사업주 또는 경영책임자 등은 공중이용시설이나 공중교통수단의 이용자 또는 그 밖의 사람의 안전 및 보건 확보를 위해 안전·보건 관계법령상 교육이 이수되도록 연 1회 이상 그 이수여부를 점검하고, 교육이 이수되지 않은 사실이 확인되는 경우 경영책임자 등이 인력배치나 예산 추가 편성·집행 등 교육 이수를 위한 추가 조치를 해야 한다.
- 안전·보건 관계 법령에 따른 교육이 미이수된 모든 경우에 중대재해처벌법에 따라 경영책임자가 처벌받는 것은 아니며, '경영책임자가 교육이수 여부 등을 정기적으로 점검·확인했는지, 미이수된 교육에 대해 이수토록 지시했는지' 등 시행령에서 정한 구체적인 관리상의 조치가 적절하게 이루어졌는지를 종합적으로 살펴 의무를 이행하였는지 판단하게 된다.

2.2.2 안전관리자 또는 정비·점검 종사자 교육의 예시

▣ 항공 분야 예시

- 항공분야의 관계 법령에 따른 안전교육은 항공안전법에 따라 위험물취급자, 승무원에 대해 실시한다.

- 항공안전법 제72조에 따라, 항공 분야 위험물취급자는 위험물취급에 관하여 국토교통부장관이 실시하는 교육을 받아야 하며, 항공안전법 제76조 제3항에 따라, 항공기 승무원은 항공기 비상시의 경우 또는 비상탈출이 요구되는 경우의 조치사항, 해당 항공기에 구비되는 구급용구 등 및 탈출대·비상구·산소장비·자동심장충격기의 사용에 관한 사항 등에 대하여 정기적으로 교육을 이수하도록 규정한다.
- 항공기를 운영하는 기업의 경영책임자는 위험물취급자, 항공기 승무원 등이 관련 교육을 이수하였는지 연 1회 이상 점검하여야 하고, 교육이 이수되지 않은 사실이 확인되는 경우 경영책임자 등이 인력배치나 예산 추가 편성·집행 등 교육 이수를 위한 추가 조치를 해야 한다.

2.3 도급인의 안전·보건 확보의무

2.3.1 의무 이행여부 점검

중대재해처벌법 시행령 제9조 제3항

사업주 또는 경영책임자 등은 사업주나 법인 또는 기관이 공중이용시설 또는 공중교통 수단과 관련하여 제3자에게 도급, 용역, 위탁 등을 행한 경우에는 그 이용자 또는 그 밖의 사람의 생명, 신체의 안전을 위하여 제2항의 조치를 하여야 한다. 다만, 사업주나 법인 또는 기관이 그 시설, 장비, 장소 등에 대하여 실질적으로 지배·운영·관리하는 책임이 있는 경우에 한정한다.

1) 개념: 주요 규정사항

- 개인사업주나 법인 또는 기관이 제3자에게 공중이용시설 또는 공중교통수단과 관련 하여 도급, 용역, 위탁 등을 한 경우, 해당 시설, 장비, 장소 등에 대해 실질적으로 지배·운영·관리하고 있는 책임이 있다면, 개인사업주나 경영책임자 등은 공중이용시설 또는 공중교통수단의 이용자나 그 밖의 사람에 대해서도 법 제9조 제2항에 따른 안전·보건 확보의무를 이행해야 한다.

- "실질적으로 지배·운영·관리하는 책임이 있는 경우"란, 중대시민재해 발생원인을 살펴 해당 시설이나 장비, 장소에 관한 소유권, 임차권, 그 밖에 사실상의 지배력을 가지고 있어 위험에 대한 제어능력이 있다고 볼 수 있는 경우를 의미한다.

2.3.2 안전의무 이행사항 점검 체크리스트

[이행사항 점검 체크리스트]

이행사항		점검					
		상반기			하반기		
		점검일시	점검결과	조치사항	점검일시	점검결과	조치사항
1. 필요한 안전인력 확보	① 시설·설비 안전조치 업무 ② 시설·설비 유지보수 업무		안전인력 점검/ 필요시 개선사항 도출 (문서화)			안전인력 업무점검 (문서화)	
2. 필요한 안전예산 편성·집행	① 인건비 ② 시설·장비 확보·유지관리비 ③ 안전점검비 ④ 기타비용		안전예산 편성·집행점검/ 필요시 개선사항 도출 (문서화)			안전예산 집행 점검 (문서화)	
3. 안전점검 계획 수립·수행	① 정기안전점검 ② 정밀안전점검 ③ 정밀안전점검		위험요인 도출/ 필요시 개선사항 도출 (문서화)			위험요인 조치사항 확인 (문서화)	
4. 안전계획 수립·시행	① 인력확보 ② 안전점검 등 ③ 유지관리 ④ 안전예산 편성		안전계획 점검/ 필요시 개선사항 도출 (문서화)			안전계획 이행점검 (문서화)	
5. 재해예방 업무처리절차 마련·이행	① 유해·위험요인 점검 ② 유해·위험요인 발견시 조치 ③ 재해발생시 대응 ④ 비상대피훈련		업무처리절차 점검/ 필요시 개선사항 도출 (문서화)			업무처리절차 이행성과점검 (문서화)	

6. 도급·용역·위탁 기준과 절차 마련·이행	① 재해예방능력 평가기준·절차 ② 재해예방비용 기준		도급 등 기준과 절차마련 점검/ 필요시 개선사항 도출 (문서화)			도급 등 이행성과점검 (문서화)	
7. 안전·보건 관계 법령 의무 이행 점검	① 의무이행사항 점검 ② 미이행시 조치		관계 법령 의무사항 점검/ 필요시 개선사항 도출 (문서화)			관계 법령 이행사항점검 (문서화)	
8. 안전관리자/종사자교육 시행 점검	① 교육이수점검 ② 미이수시 조치		교육대상자 점검/ 필요시 개선사항 도출 (문서화)			교육이수점검 (문서화)	

PART 03

주요 분야별 적용

제7장 주요 분야별 적용 예시

CHAPTER 07

주요 분야별 적용 예시

1. 도로분야(국도 · 고속국도 등)

1.1 중대재해처벌법 적용

1.1.1 일반사항

▣ 적용 대상(공중이용시설)

- 중대재해처벌법 제2조 제4호와 시행령 제3조 제2호 및 제3조 제4호에 따른 일정규모 이상의 도로터널과 도로교량이 공중이용시설에 해당된다.

▣ 의무이행 주체

- 사업주 또는 기관 등이 운영·관리하는 도로 교량, 도로 터널에 대해 실질적으로 안전인력을 배치하고 예산을 편성하는 권한이 있어, 안전점검 및 보수·보강 등을 실시하게 하고 시설물의 유해·위험 요인을 관리하는 등 위험요인에 대한 통제 및 제어 능력을 가진 기업 또는 기관의 경영책임자 등을 의무이행의 주체로 본다.

1.1.2 필요한 인력 · 예산 확보

※ 재해예방에 필요한 인력 및 예산은 해당 도로교량 · 도로터널 등을 운영하는 사업주, 법인 또는 기관의 상황과 여건에 따라 달라질 수 있음

▣ 경영책임자의 의무

- 경영책임자 등은 재해예방을 위해 도로교량・터널의 안전점검, 보수・보강, 안전조치 등의 업무에 필요한 인력을 확보하고, 예산을 편성・집행하여야 한다. 다만, 기업 또는 기관별로 운영・관리하는 도로 시설물의 유형・규모 등이 매우 다양하므로, 안전업무 수행에 필요한 구체적인 인력・예산은 개별 사업장의 여건 등에 따라 적정 수준으로 편성하여야 한다.

  ※ 기업, 기관 자체 인력으로 안전업무를 수행하지 않고 제3자에게 도급, 용역, 위탁 등을 할 경우 위탁비용은 별도 관리

▣ 의무이행 사항 예시

※ 기업 또는 기관은 다음 의무사항이 충분히 이행될 수 있도록 인력과 예산을 투입하여야 함

관계법령	이행사항
시설물안전법	• 시설물 안전 및 유지관리계획 수립(제6조) – 관리주체는 소관 시설물에 대한 안전 및 유지관리계획을 수립・시행해야 함
	• 안전점검 수행(제11조) – 관리주체는 소관 시설물의 안전과 기능을 유지하기 위해 정기적으로 안전점검을 실시해야 함
	• 정밀안전진단 실시(제12조) – 관리주체는 제1종시설물에 대하여 정기적으로 정밀안전진단을 실시해야 함
	• 긴급안전점검 수행(제13조) – 관리주체는 시설물의 붕괴・전도 등이 발생할 위험이 있다고 판단하는 경우 긴급 안전점검을 실시해야 함
	• 긴급안전조치 수행(제23조) – 관리주체는 시설물의 붕괴・전도 등의 발생에 대하여 긴급안전조치를 실시해야 함
	• 시설물의 보수・보강 실시(제24조) – 관리주체는 시설물의 붕괴・전도 등의 발생에 대한 복구를 위해 보수・보강을 실시해야 함
	• 긴급보수・보강 시 위험표지의 설치(제25조) – 관리주체는 시설물의 긴급보수・보강 시 위험표지를 설치해야 함

▣ 경영책임자의 점검 사항

- 경영책임자 등은 반기 1회 이상 재해예방에 필요한 인력과 예산을 확보하여 업무를 수행하였는지 점검하고, 직접 점검하지 않은 경우에는 점검이 끝난 후 지체 없이 점검 결과를 보고 받아야 한다.
- 점검 또는 보고 결과에 따라 인력을 배치하거나 예산을 추가로 편성·집행하도록 하는 등 중대시민재해 예방에 필요한 조치를 하여야 한다.

1.1.3 안전계획 수립

▣ 경영책임자의 의무

- 경영책임자 등은 연 1회 이상 도로 교량, 도로 터널의 안전과 유지관리를 위한 인력의 확보, 안전점검의 실시, 보수·보강 등 유지관리에 관한 사항을 계획하여 충실히 이행하도록 하여야 한다. 또한 시설물안전법 제6조에 따라 시설물 관리계획을 수립·시행 중인 경우, 경영책임자 등이 그 수립 여부와 내용을 직접 확인하거나 보고받음으로써 안전계획 수립·이행 관련 의무는 이행된 것으로 본다.

▣ 의무이행 사항 예시

- 시설물안전법(제6조)
  - 도로 시설물 관리주체는 시설물의 안전 및 유지관리 기본계획에 따라 소관 시설물에 대한 안전 및 유지관리계획을 수립·시행하여야 한다.

시설	안전계획	계획 내용
도로시설 (교량, 터널 등)	시설물의 안전 및 유지관리 계획	• 시설물의 적정한 안전과 유지관리를 위한 조직·인원 및 장비의 확보에 관한 사항 • 긴급상황 발생 시 조치체계에 관한 사항 • 시설물의 설계·시공·감리 및 유지관리 등에 관련된 설계도서의 수집 및 보존에 관한 사항 • 안전점검 또는 정밀안전진단의 실시에 관한 사항 • 보수·보강 등 유지관리 및 그에 필요한 비용에 관한 사항

▣ 경영책임자의 점검 사항

- 경영책임자 등은 수립된 안전계획이 충실히 이행되었는지 반기 1회 이상 점검하고, 직접 점검하지 않은 경우에는 점검이 끝난 후 지체 없이 점검 결과를 보고 받아야 한다.
- 점검 또는 보고 결과에 따라 안전계획이 이행되도록 인력을 배치하거나 예산을 추가로 편성·집행하는 등 중대시민재해 예방에 필요한 조치를 하여야 한다.

1.1.4 의무이행 여부 점검

▣ 경영책임자의 의무

- 경영책임자 등은 도로교량·터널에 적용되는 안전·보건 관계 법령을 확인하고, 법령 상의 의무를 이행하였는지를 연 1회 이상 직접 점검하거나 점검 결과를 보고받아야 하고, 경영책임자 등은 점검 또는 보고 결과, 의무 불이행이 확인된 경우 인력을 배치하거나 예산을 추가로 편성·집행하는 등 의무 이행에 필요한 조치를 하여야 한다.

  * 관계 법령은 안전과 관련된 하위 규정(행정규칙, 기준 등)을 포함함

▣ 의무이행 사항 예시

이행주체	이행사항		
	관계법령	이행내용	주기
관리주체	시설물안전법	시설물의 안전 및 유지관리계획의 수립·시행(제6조)	매년
		안전점검(제11조)	정기적(D, E등급 경우, 1년 3회 이상)
		정밀안전진단(제12조)	필요시 또는 등급별
		긴급안전점검(제13조)	붕괴 등 발생 위험시
		긴급안전조치(제23조)	긴급조치 필요시
		시설물의 보수·보강(제24조)	조치명령시 등
		위험표지의 설치(제25조)	긴급보수·보강 필요시

1.1.5 교육 이수여부 점검

■ 경영책임자의 의무

- 경영책임자 등은 도로교량·터널에 적용되는 안전·보건 관계 법령에 따라 시설물의 안전을 관리하는 자가 법정 교육을 이수했는지를 연 1회 이상 직접 점검하거나 점검 결과를 보고 받아야 하고, 점검 또는 보고 결과 교육 미이수가 확인된 경우 이행 지시 등 교육 실시에 필요한 조치를 하여야 한다.

■ 교육 관련 사항

- 시설물의 안전 및 유지관리에 관한 특별법 제9조: 안전점검 또는 성능평가 교육은 안전점검 또는 성능평가를 자신의 책임하에 실시할 수 있는 사람(책임기술자)은 안전 점검 교육을 이수하여야 한다.

1.2 도로분야 기관 사례(도로공사)

1.2.1 기관현황

※ 출처: 2020년 정부경영평가보고서(2020, 한국도로공사)

■ 업무 현황

- **주요업무**: 고속도로의 신설·확장 및 유지·관리 등
- **설립연도**: 1969년

■ 조직 현황

- **안전조직**: 안전전담부서는 안전혁신처이며, 부사장 직속으로 운영

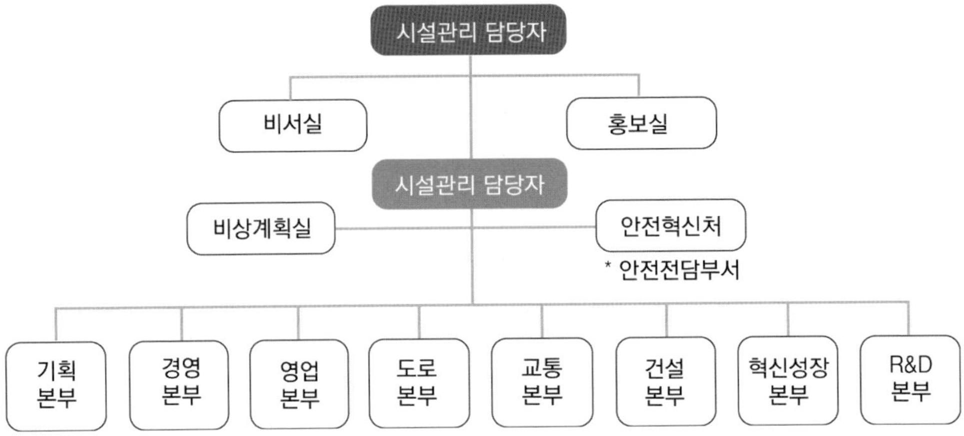

▣ 안전인력

- **인력강화**: 안전전담 인력 강화 61명(1,774 → 1,835명)
- **본사**: 도로 · 건설 · 교통 · 시설물 · 재난 등 안전 기획 업무 수행 9명 배치
- **지역본부**: 교량 · 터널 · 비탈면 점검 및 유지관리 안전 전담 인력 보강 등(52명)

▣ 안전예산

- 안전보건예산 집중투자 전년 대비 200억 원↑(1.35 → 1.37조 원)
- 위험설비 정비 및 개 · 보수, 안전사업비 및 안전관리비 예산(174억 원↑)
- 안전경영 및 안전시스템 구축, 안전 관련 교육 · 홍보비용 등(26억 원↑)

1.2.2 도로공사 재해예방 노력

▣ 사례1: 재난사고의 선제적 예방 노력

- **추진내용**: 재난안전 점검 · 진단체계 혁신 및 빈틈없는 재난대비 노력
- **추진성과**: 점검 · 진단 · 대비노력으로 재난발생 감소(터널화재 18 → 8건)

점검 시스템 혁신

ex Talk Talk Viewer

- 음성 → 문서화, 시스템 등재까지 자동화로 점검시간 76% 단축

\+

진단 시스템 혁신

재난예방진단(DPA)

- 개통 이전에 재난요인 사전제거
- 대내 · 외 재난전문가 합동진단

▶

점검 및 진단실적

- 안전점검 35, 750회
- 성능평가 548회
- DPA 사례집 발간 (893건)

재난대비 계획수립 · 이행

- 국가핵심기반 보호계획 수립 및 이행
- 기능연속성 (COOP*) 수립 연구 추진
- 고속도로 인근 산불대응 종합대책 수립
  - 산불대응팀 운영, 산림청 · 소방청 협업 등

교육 · 훈련

- 직급별 재난안전 화상 교육 실시
  - 안전책임관(2명), 관리자(87명), 실무자(131명) 이수
- 정부 및 유관기관 합동 재난대비훈련 실시(7회) ex-tube 안전영상 컨텐츠 제작 · 배포(53편)

* COOP(Continuity Of Operations Plan): 재난발생시 기관의 핵심기능이 중단되지 않도록 수립하는 관리 전략

▣ 사례2 : 터널화재사고 대응시간! 절반으로 줄였습니다!

- 추진내용 기존에 터널화재 발생 시 작동하는 방재시설 제어시스템을 통합시스템으로 원버튼 일괄작동으로 개선
- 추진성과 터널 진입차단시설 작동 소요시간 단축으로 연간 414명 사고 노출 위험 배제 효과

터널 화재 발생

기존: 방재시설 제어시스템 작동 On → ITS 방재시설 (① 안전전광판 ② 차로제어장치 ③ 비상방송시설) → 전기분야 방재시설 (④ 진입차단시설 ⑤ 비상조명시설 ⑥ 환기팬) → **시스템 이원화** • ① → ⑥단계별 순차작동(60초)

개선: [원버튼시스템] 통합제어시스템 작동 On • 작동버튼 1회 클릭으로 모든 방재시설 일괄 작동 → **시스템 통합** • ① → ⑥ 원버튼 일괄작동(30초)

※ 출처 : 2020년 정부경영평가보고서(2020, 한국도로공사)

▣ 사례3 : AI 기반 시설물 균열 자동탐지기술

- **추진배경**: 구조물 관리수량 1만 개, 노후화(30년 이상) 급증으로 인력점검 한계 발생
- **추진내용**: 시스템 교통차단 없는 조사장비, AI 기반 균열자동 분석

- **추진성과**: 인력운용 절감(68.4억 원) 및 시설물 점검 업무 효율성 12배 향상(인력점검 1시간/km → 자동탐지 5분/km)

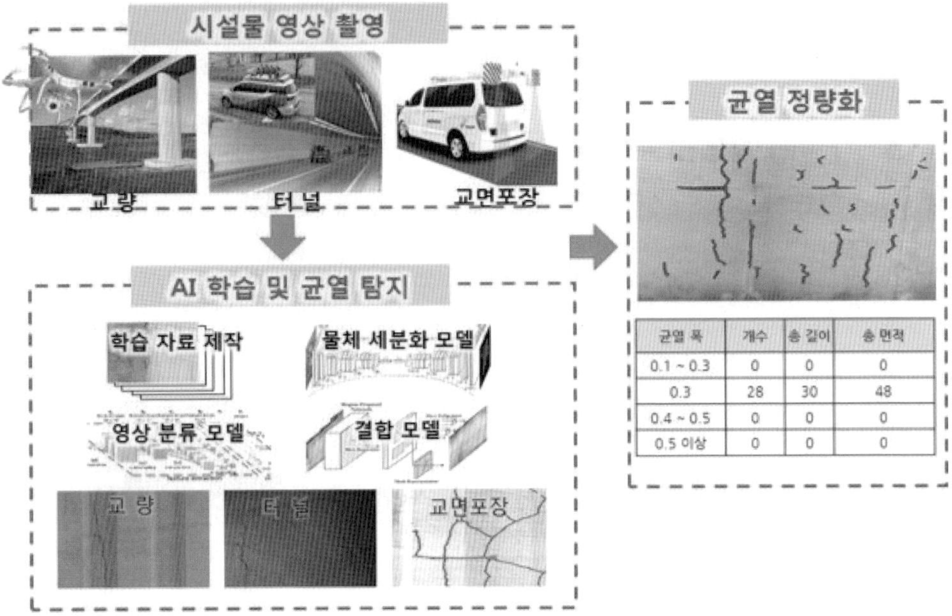

행정안전부 주관 '2019년 공공 빅데이터 우수사례 경진대회'에서 한국도로공사는 조사 장비로 수집한 도로 데이터를 인공지능(AI)에 학습시켜 균열 등 결함을 자동 탐지하도록 하는 'AI 기반 스마트 도로관리'로 공공기관 부문 대상

※ 출처 : 한국도로공사 내부자료

1.3 법 적용 사례

1.3.1 도로교량 붕괴로 인해 시민 사망사고(가상사례)

▣ 사고개요

- 지방도 상에 균열이 있던 연장 500m인 도로교량이 붕괴되어, 해당 교량 위를 주행하던 차량이 낙하하여 운전자 1명 사망

  ※ (시설물 소유자 및 관리자) A 지자체

▣ 중대재해처벌법 적용 검토

- **법 적용 여부**: 중대시민재해 범위, 원인, 재해규모를 충족
  - **범위**: 붕괴된 교량은 시행령 제3조 제2호(별표 3)에 따른 공중이용시설
  - **원인**: 도로교량의 설계, 제조, 설치, 관리상의 결함으로 발생
  - **재해규모**: 사망자 1명 이상 발생
- **의무 및 위반사항**
  - **시설물안전법**: 도로 노선 및 도로 시설물에 대해 관리책임을 지는 A 지자체는 소관 시설물의 안전과 기능을 유지하기 위해 도로교량에 대해 정기적으로 안전점검을 실시하여야 한다(제11조).

    → **조사 내용**: 안전점검이 적기 이행되지 않아 도로교량의 균열이 보수·보강 등 조치 없이 2년 이상 방치된 것으로 파악되었으며, 안전점검을 이행하지 않은 것이 도로교량의 직접적인 붕괴 원인으로 조사됨(경찰 등)
  - **중대재해처벌법**: A 지자체의 경영책임자인 지자체장은 도로교량 안전점검이 수행되도록 조치했어야 하고, 이러한 사항이 잘 이행되고 있는지 반기 1회 이상 점검하고 개선을 지시해야 한다(시행령 제10조 제3·5·6호).

    → **조사 내용**: A 지자체장은, 관할 도로교량 등에 대해 안전점검의 이행상황을 2년째 보고 받지 않았고, 개선지시 등을 일절 하지 않은 것이 지자체가 안전점검을 이행하지 않은 주요 요인으로 조사된다(경찰 등).

> • A 지자체(기관)에는 시설물안전법 위반사항(안전점검 실시 지연)에 대해 300만 원~1,000만 원의 과태료가 부과될 수 있음
> • A 지자체장(개인)에는 중대재해법 위반사항(안전점검 수행 관리조치 미이행, 개선조치 미지시)으로 중대재해가 발생한 것에 대해 1년 이상의 징역 또는 10억 원 이하의 벌금 부과 가능

1.3.2 도로터널 내 차량 연쇄 추돌 사고로 인한 화재로 사망사고(가사 사례)

▣ 사고개요

- 4차로인 지방도의 터널 내부에서 이용자의 과속 운전으로 연쇄 추돌사고가 발생하여 이로 인한 화재로 일반 시민 2명이 사망

※ (시설물 소유자 및 관리자) B 지자체

▣ 중대재해처벌법 적용 검토

- **법 적용 여부**: 중대시민재해 범위, 원인, 재해규모를 미충족
  - **범위**: 화재가 발생한 터널은 시행령에 제3조 제2호(별표3)에 따른 공중이용시설
  - **원인**: 차량 운전자의 과속운전으로 추돌사고가 발생하였고, 이로 인해 유출된 차량 내부의 발화요인 등이 화재의 직접적인 원인인 것으로 조사(경찰 등)
  - **재해규모**: 사망자 1명 이상 발생

> • 공중이용시설인 도로터널의 설계, 제조, 설치, 관리상 결함이 아닌 이용자의 과실이 직접적인 원인이 되어 발생한 사고로,
> – 중대재해처벌법의 적용 대상이 아니므로 경영책임자가 법에 따른 안전·보건 확보 의무를 이행했는지 여부와 무관하게 처벌을 받지 않을 것으로 보여짐

2. 철도분야(철도·고속철도·도시철도)

2.1 중대재해처벌법 적용

2.1.1 일반사항

▣ 적용 대상(공중이용시설 및 공중교통수단)

- **공중이용시설**: 중대재해처벌법 제2조 제4호와 시행령 제3조 제1호, 제2

호, 제4호에 따른 일정규모 이상의 철도터널, 철도교량 및 철도역사의 대합실 등이 해당된다.

- **공중교통수단**: 중대재해처벌법 제2조 제5호에 따른 철도차량이 해당된다.

▣ 의무이행 주체

- 사업주 또는 기관 등이 운영 · 관리하는 공중이용시설, 공중교통수단에 대해 실질적으로 안전인력을 배치하고 예산을 편성하는 권한이 있어 안전점검 및 보수 · 보강 등을 실시하게 하고 시설물과 교통수단의 유해 · 위험 요인을 제거하는 등 위험요인에 대한 통제 및 제어 능력을 가진 기업 또는 기관의 경영책임자 등을 의무 이행의 주체로 본다.

2.1.2 필요한 인력 · 예산 확보

※ 재해예방에 필요한 인력 및 예산은 해당 철도시설 또는 철도차량을 운영하는 사업주, 법인 또는 기관의 상황과 여건에 따라 달라질 수 있음

▣ 경영책임자의 의무

- 경영책임자 등은 재해예방을 위해 철도시설 및 차량의 안전점검, 보수 · 보강 등의 업무에 필요한 인력을 확보하고, 예산을 편성 · 집행하여야 한다. 다만, 기업 또는 기관별로 운영 · 관리하는 철도시설 및 철도차량의 유형 · 규모 등이 매우 다양하므로, 안전업무 수행에 필요한 구체적인 인력 · 예산은 개별 사업장의 여건 등에 따라 적정 수준으로 편성하여야 한다.

※ 기업, 기관 자체 인력으로 안전업무를 수행하지 않고 제3자에게 도급, 용역, 위탁 등을 할 경우 위탁비용은 별도 관리

▣ 의무이행 사항 예시

※ 기업 또는 기관은 다음 의무사항이 충분히 이행될 수 있도록 인력과 예산을 투입하여야 함

• 철도시설(교량, 터널, 역사 대합실/지하역사)

관계법령	이행사항
시설물안전법	• 시설물 안전 및 유지관리계획 수립(제6조) – 관리주체는 소관 시설물에 대한 안전 및 유지관리계획을 수립・시행해야 함
	• 안전점검 수행(제11조) – 관리주체는 소관 시설물의 안전과 기능을 유지하기 위해 정기적으로 안전점검을 실시해야 함
	• 정밀안전진단 실시(제12조) – 관리주체는 제1종시설물에 대하여 정기적으로 정밀안전진단을 실시해야 함
	• 긴급안전점검 수행(제13조) – 관리주체는 시설물의 붕괴・전도 등이 발생할 위험이 있다고 판단하는 경우 긴급안전점검을 실시해야 함
	• 긴급안전조치 수행(제23조) – 관리주체는 시설물의 붕괴・전도 등의 발생에 대하여 긴급안전조치를 실시해야 함
	• 시설물의 보수・보강 실시(제24조) – 관리주체는 시설물의 붕괴・전도 등의 발생에 대한 복구를 위해 보수・보강을 실시 해야 함
	• 긴급보수・보강 시 위험표지의 설치(제25조) – 관리주체는 시설물의 긴급보수・보강 시 위험표지를 설치해야 함
철도건설법	• 철도시설 유지관리 시행계획 수립(제26조) – 철도시설관리자는 철도시설물에 대한 유지관리 시행계획을 수립・시행해야 함
	• 정기점검 수행(제29조) – 철도시설관리자는 철도시설물의 안전과 기능을 유지하기 위해 정기적으로 정기점검을 수행해야 함
	• 긴급점검 수행(제30조) – 철도시설관리자는 철도시설물의 붕괴・전도 등이 발생할 위험이 있다고 판단하는 경우 긴급점검을 시시해야 함
	• 정밀진단 실시(제31조) – 철도시설관리자는 철도시설물에 대하여 정기적으로 정밀안전진단을 실시해야 함

건축물 관리법	• 건축물의 유지·관리 실시(제12조) – 건축물 관리자는 건축물에 대한 유지·관리를 실시해야 함
	• 건축물 정기점검 수행(제13조) – 건축물 관리자는 건축물의 안전과 기능을 유지하기 위해 정기적으로 정기점검을 수행해야 함
	• 안전진단 실시(제16조) – 건축물 관리자는 건축물에 대하여 정기적으로 안전진단을 실시해야 함
	• 건축물 사용제한·사용금지·해체 조치(제21조) – 건축물 관리자는 건축물의 긴급한 조치가 필요할 경우 해당 건축물에 대하여 사용 제한·사용금지·해체 등의 조치를 해야 함
	• 건축물관리점검 결과 이행(제22조) – 건축물 관리자는 건축물관리점검 결과에 따라 내진성능, 화재안전성능 등 중대한 결함사항에 대하여 보수·보강 등 필요한 조치를 해야 함
	• 사고조사 수행(제46조) – 건축물 관리자는 소관 건축물에 사고가 발생한 경우에는 지체 없이 응급 안전조치를 해야 함

● 철도차량

관계법령	이행사항
철도안전법	• 안전관리체계 수립(제7조 제1항) – 철도운영자 또는 철도소유자는 철도 및 철도시설의 안전관리체계를 수립해야 함
	• 철도종사자 안전 및 직무교육 실시(제24조) – 철도운영자 또는 철도소유자는 철도종사자에 대하여 정기적으로 철도안전에 관한 교육을 실시해야 함
	• 철도차량 정밀안전진단 실시(제38조의12) – 철도소유자는 노후 된 철도차량을 운행하려는 경우 일정 기간마다 물리적 사용 가능 여부 및 안전성능 등에 대한 정밀안전진단을 실시해야 함

▣ 경영책임자의 점검 사항

- 철도시설, 철도차량 등을 운영·관리하는 경영책임자 등은 반기 1회 이상 재해예방에 필요한 인력과 예산을 확보하여 업무를 수행하였는지 점검
  - 직접 점검하지 않은 경우에는 점검이 끝난 후 지체 없이 점검 결과를 보고 받아야 하고, 점검 또는 보고 결과에 따라 인력을 배치하거나 예산을 추가로 편성·집행하도록 하는 등 중대시민재해 예방에 필요한 조치를 하여야 한다.

2.1.3 관계법령에 따른 안전점검

▣ 경영책임자의 의무

- 경영책임자등은 철도교량·터널의 재해예방을 위해 시설물안전법 등의 관계 법령에 따라 계획을 수립하여 안전점검이 수행되도록 조치하여야 한다.

▣ 의무이행 사항 예시

① **철도시설**(교량, 터널, 역사 대합실/지하역사) **시설물안전법**(제11조 및 제12조)

- 안전점검(정기안전점검, 정밀안전점검), 정밀안전진단, 긴급안전점검을 안전등급 및 공중 이용시설의 규모에 따라 실시하여야 한다.

- **철도건설법**(제29조, 제31조)
  - 철도시설관리자는 철도건설법에 따라 철도시설별 정기점검, 정밀진단 등을 실시하여야 한다.

시설	점검 구분	점검주기
철도시설 (교량, 터널 역사 대합실 지하역사 등)	정기점검	시설별 별도주기 결정
	정밀진단	• A 등급: 6년마다 1회 • B·C 등급: 5년마다 1회 • D·E 등급: 4년마다 1회

- **건축물관리법**(제13조, 제16조)
  - 철도시설관리자는 건축물관리법에 따라 역사 대합실 및 지하역사에 대하여 정기점검, 안전진단 등을 실시하여야 한다.

시설	점검 구분	점검주기
철도시설 (역사 대합실 지하역사 등)	건축물정기점검	• 최초 5년 이후 3년 단위
	안전진단	• 필요시

② 철도차량

- 철도안전법(제38조의 12)
  - 철도차량 소유자 등은 철도안전법에 따라 안전점검 계획을 수립하고 정밀안전진단 등을 실시하여야 한다.

시설	점검 구분	점검주기
철도안전법	철도차량 정밀안전진단	• 운행 후 20년 내 1회

▣ 경영책임자의 점검 사항

① 경영책임자 등은 반기 1회 이상 관계 법령에 따라 안전점검 등의 계획을 수립하고 계획에 따라 안전점검이 이행되었는지 점검하고, 직접 점검하지 않은 경우에는 점검이 끝난 후 지체 없이 점검 결과를 보고 받아야 한다.

② 점검 또는 보고 결과에 따라 안전점검이 이행되도록 인력을 배치하거나 예산을 추가로 편성・집행하는 등 중대시민재해 예방에 필요한 조치를 하여야 한다.

2.1.4 안전계획 수립

▣ 경영책임자의 의무

- 경영책임자 등은 연 1회 이상 철도시설과 철도차량의 안전과 유지관리를 위한 인력의 확보, 안전점검의 실시, 보수・보강 등 유지관리에 관한 사항을 하여 충실히 이행하도록 하여야 하고, 시설물안전법(제6조)에 따른 시설물관리계획 또는 철도안전법(제6조)에 따른 시행 계획을 수립・ 추진 중인 경우, 경영책임자 등이 그 수립 여부와 내용을 직접 확인하거나 보고받음으로써 안전계획 수립・이행 관련 의무는 이행한 것으로 본다.

▣ 의무이행 사항 예시

- 가이드라인에서 제시하는 표준(안)을 참고하여 안전계획을 수립하거나 기 수립·추진 중이던 시설물관리계획 또는 철도안전 시행계획을 경영책임자가 직접 확인하거나 보고받음으로써 해당 의무를 이행할 수 있다.

〈시설물안전법에 따른 시설물 관리계획〉

시설	안전계획	계획 내용
철도시설 (교량, 터널 역사 대합실 지하역사 등)	시설물의 안전 및 유지관리 계획	• 시설물의 적정한 안전과 유지관리를 위한 조직·인원 및 장비의 확보에 관한 사항 • 긴급상황 발생 시 조치체계에 관한 사항 • 시설물의 설계·시공·감리 및 유지관리 등에 관련된 설계도서의 수집 및 보존에 관한 사항 • 안전점검 또는 정밀안전진단의 실시에 관한 사항 • 보수·보강 등 유지관리 및 그에 필요한 비용에 관한 사항

▣ 경영책임자의 점검 사항

- 경영책임자 등은 수립된 안전계획이 충실히 이행되었는지 반기 1회 이상 점검하고, 직접 점검하지 않은 경우에는 점검이 끝난 후 지체 없이 점검 결과를 보고 받아야 한다.
- 점검 또는 보고 결과에 따라 안전계획이 이행되도록 인력을 배치하거나 예산을 추가로 편성·집행하는 등 중대시민재해 예방에 필요한 조치를 하여야 한다.

2.1.5 의무이행 여부 점검

▣ 경영책임자의 의무

- 경영책임자 등은 철도시설 및 철도차량에 적용되는 안전·보건 관계 법령을 확인하고, 법령 상의 의무를 이행하였는지를 연 1회 이상 직접 점검하거나 점검 결과를 보고받아야 하며, 경영책임자 등은 점검 또는

보고 결과, 의무 불이행이 확인된 경우 인력을 배치하거나 예산을 추가로 편성·집행하는 등 의무 이행에 필요한 조치를 하여야 한다.

* 관계 법령은 안전과 관련된 하위 규정(행정규칙, 기준 등)을 포함함

▣ 의무이행 사항 예시

● **철도시설**(교량, 터널, 역사 대합실/지하역사)

이행주체	이행사항		
	관계법령	이행내용	주기
관리주체	시설물안전법	관리주체시설물안전법시설물의 안전 및 유지관리계획의 수립·시행 (제6조)	매년
		안전점검(제11조)	정기적(D,E 등급 경우, 1년 3회 이상)
		정밀안전진단(제12조)	필요시 또는 등급별
		긴급안전점검(제13조)	붕괴 등 발생 위험시
		긴급안전조치(제23조)	긴급조치 필요시
		시설물의 보수·보강(제24조)	조치명령시 등
		위험표지의 설치(제25조)	긴급보수·보강 필요시
철도시설 관리자	철도건설법	철도시설 유지관리 시행계획 수립(제26조)	매년
		정기점검(제29조)	시설별 별도주기 결정
		긴급점검(제30조)	재난 발생 우려시
		정밀진단(제31조)	설치 후 10년 이후
건축물 관리자	건축물관리법	건축물의 유지·관리(제12조)	매년
		건축물 정기점검(제13조)	최초 5년 이후 3년 단위
		건축물 안전진단(제16조)	필요시
		건축물 사용제한·사용금지·해체 조치(제21조)	필요시
		건축물관리점검 결과 이행(제22조)	점검결과 통보시
		사고조사(제46조)	사고발생시

• 철도차량

<table>
<tr><th rowspan="2">이행주체</th><th colspan="3">이행사항</th></tr>
<tr><th>관계법령</th><th>이행내용</th><th>–</th></tr>
<tr><td rowspan="2">철도운영자</td><td rowspan="3">철도안전법</td><td>철도안전관리체계 구축(제7조 제1항)</td><td>매년</td></tr>
<tr><td>철도종사자 안전 및 직무교육(제24조)</td><td>5년 단위</td></tr>
<tr><td>철도소유자</td><td>철도차량 정밀안전진단 (제38조의12)</td><td>운행 후 20년</td></tr>
</table>

2.1.6 교육 이수여부 점검

▣ 경영책임자의 의무

- 경영책임자 등은 철도시설 및 철도차량에 적용되는 안전·보건 관계 법령에 따라 시설물의 안전을 관리하는 자나 교통수단의 시설 및 설비를 정비·점검하는 종사자가 법정 교육을 이수했는지를 연 1회 이상 직접 점검하거나 점검 결과를 보고 받아야 하며, 점검 또는 보고 결과 교육 미이수가 확인된 경우 이행 지시 등 교육 실시에 필요한 조치를 하여야 한다(관계 법령은 안전과 관련된 하위 규정(행정규칙, 기준 등)을 포함함).
- 또한, 철도안전법 제24조에 따른 '철도종사자에 대한 안전 및 직무교육' 중 철도시설 및 철도차량의 안전한 이용 등에 관계되는 사항을 이수토록 해야 한다.

▣ 교육 관련 사항

- **철도안전법**(제24조): 철도종사자에 대한 안전 및 직무교육 실시는 철도운영자 등 또는 철도운영자 등과의 계약에 따라 철도운영이나 철도시설 등의 업무에 종사하는 사업주는 자신이 고용하고 있는 철도종사자에 대하여 정기적으로 철도안전에 관한 교육을 실시하여야 하고, 철도운영자 등은 자신이 고용하고 있는 철도종사자가 적정한 직무수행을 할 수 있도록 정기적으로 직무교육을 실시하여야 한다.

〈철도직무교육의 내용 및 시간〉

교육내용	교육시간
• 철도차량일반 • 철도시스템 일반 • 「철도안전법」 및 철도안전관리체계(철도차량 중심) • 철도차량 정비 실무 • 직무관련 기타사항 등	강의 및 실습

※ 출처 : 철도안전법 시행규칙 [별표 13의3]

〈철도안전교육의 내용〉

교육내용	교육시간
• 철도안전법령 및 안전관련 규정 • 철도운전 및 관제이론 등 분야별 안전업무 수행 관련 사항 • 철도사고 사례 및 사고예방대책 • 철도사고 및 운행장애 등 비상 시 응급조치 및 수습복구대책 • 안전관리의 중요성 등 정신교육 • 근로자의 건강관리 등 안전·보건관리에 관한 사항 • 철도안전관리체계 및 철도안전관리시스템 • 위기대응체계 및 위기대응 매뉴얼 등	강의 및 실습

※ 출처 : 철도안전법 시행규칙 [별표 13의2]

2.2 철도분야 기관 사례(국가철도공단)

2.2.1 기관현황

※ 출처 : 2021년 지속가능경영보고서(2021, 국가철도공단)

▣ 업무 현황

- **주요업무**: 철도시설의 건설 및 관리
- **설립연도**: 2004

▣ 조직 현황

- **안전조직**: 안전전담부서는 안전본부이며, 부사장 직속으로 운영

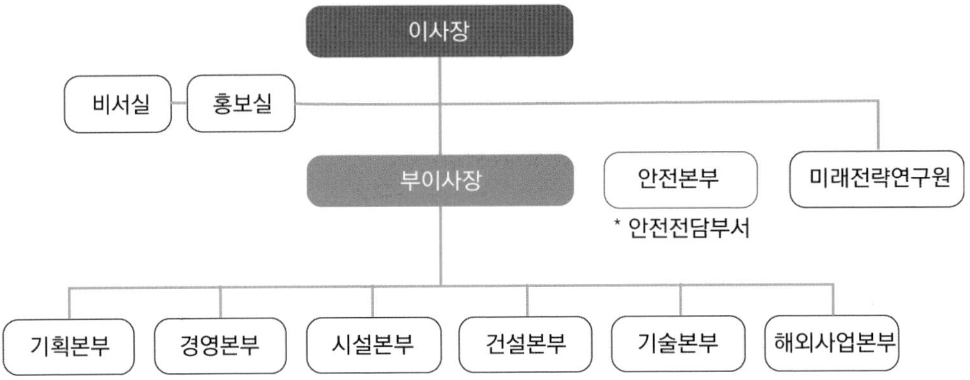

▣ 안전인력 및 예산

- **인력인력**: 안전전담 인력 강화 23명(389 → 412명)
- **안전예산**: 안전예산 증대 39%(20,670 → 28,741억 원)

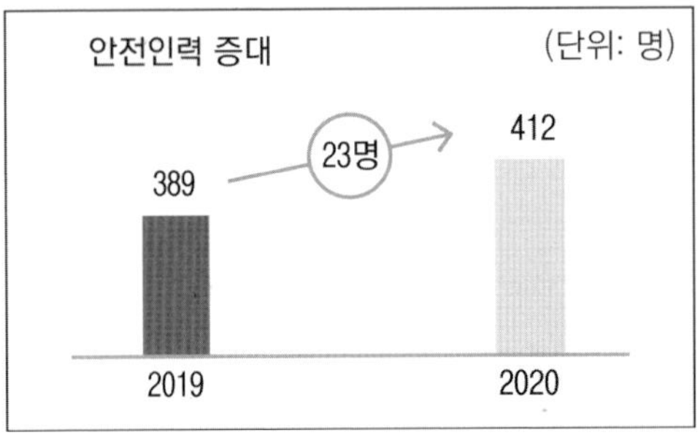

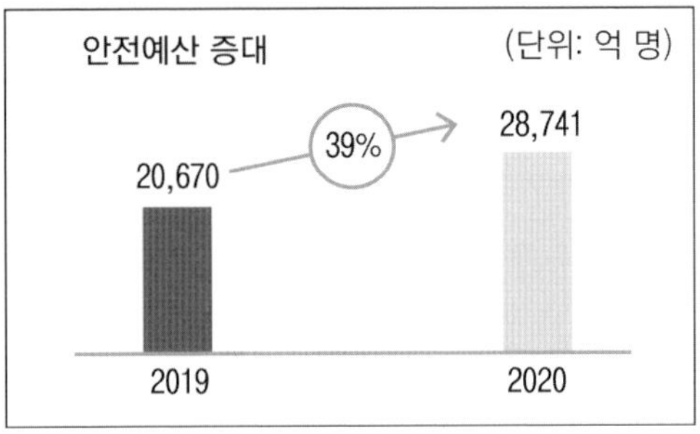

2.2.2 국가철도공단의 재해예방 노력

▣ 사례1: 예방・대응・ 복구 유기적 안전시스템 마련으로 재난피해 최소화

- **추진배경**: 대량 수송 기반의 철도 특성상 재난 발생 시 많은 인명사고가 발생할 위험이 있으므로 열차 운영에도 큰 지장을 줄 수 있다.
- **추진내용**: 코로나19, 지진 등 재난유형별 맞춤형 대응・복구 매뉴얼을 개정하고 재난대책본부를 컨트롤타워로 하여 코로나19 상시 모니터링 실시
- **추신성과**: 예기치 못한 재난 발생 시 피해 최소화

	중대시민재해발생	초기 · 비상대응	수습 · 복구	피해 최소화
자연재난	재난으로 인한 철도시설 타격	• 재난대책본부 가동 • 피해복구 · 비상계획 수립, 유관기관 협조	• 응급복구 · 현장통제 • 피해현장 대국민지원 • 기관장 현장점검	• 열차운행 복구지원 → 조기운행 재개 • 대국민 피해 경감
사회재난	기관 내 감염병 밀접 접촉자 · 확진자 발생	• 재재난대책본부 총괄 • 보건소 요청 외 2차 접촉자 선별 · 격리	• 모든 2차 접촉자까지 코로나19 선제적 검진 • 청사 긴급방역 실시	• 선제적 확산 억제 공단 全 구성원 중 • 확진 총 1명

▣ 사례2: 철도시설물 안전수준 향상을 통한 위험요소 제거 및 자살사고 예방

- 추진내용: 빈틈없는 개폐식 구조로 철도 승강장 안전펜스를 개량하여 역사(38개)에 설치하고 정차역(15개)에 승강장 안전문과 지능형 CCTV를 설치하여 무단선로진입 등으로 인한 인명사고 예방
  - 선로변 울타리 추가 설치(270.7km), 레이저레이더 구역 검지 방식의 건널목 지장물 검지 장치 설치(25개소) 등 열차 운행 중 발생할 수 있는 사고를 예방하기 위한 안전시설을 확충
- 추진성과: 다양한 철도시설물 안전수준 향상을 통한 사고 예방

〈레이저레이더형 건널목 지장물검지 장치〉

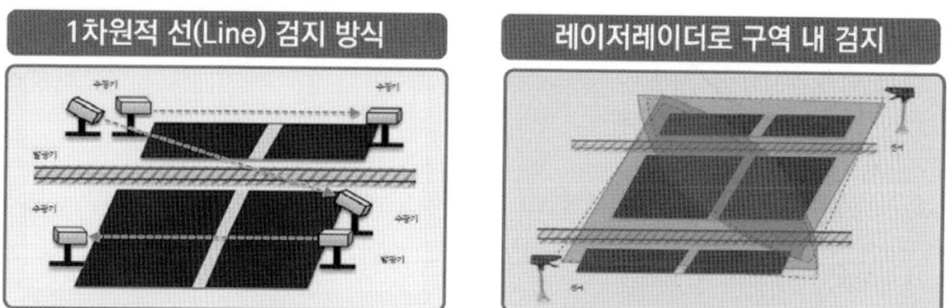

특성상 소형물체 인식 실패, 사각지대 존재, 기상 영향 등한계 발생

레이저레이더 활용, 사각지대 없이 검지, 전 구간을 스캔하는방식

※ 출처 : 2021년 지속가능경영보고서(2021, 국가철도공단)

2.3 법 적용 사례

2.3.1 역사 천장의 낙하물로 인한 시민 사망사고(가상사례)

▣ 사고개요

- 천장 부근 균열(중대한 결함)이 있음에도 위험 표지판이 설치되지 않은 철도역사 대합실에서, 천장에서 떨어진 낙하물에 맞아 시민 1명 사망
  ※ (경영책임자) 철도역사을 운영하는 기관에 대하여 경영 일체에 대한 최종 결정권이 있거나, 해당 철도역사의 운영 사업에 대해 예산・인력 등 투입 권한이 있는 자

▣ 중대재해처벌법 적용 검토

- **법 적용 여부**: 중대시민재해 범위, 원인, 재해규모를 모두 충족
  - **범위**: 철도역사는 시행령에 제3조 제2호(별표3)에 따른 공중이용시설
  - **원인**: 철도역사의 설계, 제조, 설치, 관리상의 결함으로 발생
  - **재해규모**: 사망자 1명 이상 발생
- **의무 및 위반사항**
  - **시설물안전법**: 철도역사에 대해 관리책임을 지는 A공사는 안전점검을 실시한 결과 역사 시설물에 중대한 결함이 있다고 통보받은 경우 해당 시설물의 보수・보강, 위험표지 설치 등 안전조치를 실시해야 한다(제24・25조).
    → **조사 내용**: 중대한 결함의 통보에도 불구하고, 적정한 보수・보강이 실시되지 않았고 위험표지판을 설치하여 이용을 제한하는 등 시민의 안전 확보를 위한 조치가 매우 부족했던 것으로 조사됨(경찰 등)
  - **중대재해처벌법**: A공사의 경영책임자는 철도역사의 안전점검 이행현황 등을 보고 받고, 그 결과에 따라 중대시민재해 예방에 필요한 조치를 해야 한다(시행령 제10조 제3・5・6호).
    → **조사 내용**: A공사의 경영책임자는 철도역사에 대해 안전점검 결과를 보고 받고, 중대한 결함이 통보된 사안에 대해서 보수・보강

실시, 위험표지 설치 등의 조치를 하도록 지시하였으나, 직원의 근무태만으로 이행되지 않은 것으로 조사됨(경찰 등)

- A공사(기관)에는 시설물안전법 위반사항(위험표지 미설치)에 대해 300만 원~1,000만 원의 과태료가 부과될 수 있음
- A공사 사장(개인)은 중대재해처벌법 상 의무사항을 준수하였으며, 의무 위반사항이 없으므로 처벌이 이루어지기 어려움

2.3.2 철도차량 정비불량으로 인한 시민 상해사고(가상사례)

▣ 사고개요

- 호우 및 강풍으로 인해 광역 철도차량의 주요부품이 파손되었는데, 이를 인지하고도 별도 조치 없이 차량을 운행하다가 사고가 발생하여 승객 1명이 사망하고 14명이 부상자 발생

※ 경영책임자: 철도차량을 운영하는 기관에 대하여 경영 일체에 대한 최종 결정권이 있거나, 해당 철도차량의 운행・운영 사업에 대해 예산・인력 등 투입 권한이 있는 자

▣ 중대재해처벌법 적용 검토

- **법 적용 여부**: 중대시민재해 범위, 원인, 재해규모를 충족
  - **범위**: 사고 철도차량은 법률 제2조 제5호 나목에 따른 공중교통수단
  - **원인**: 자연재난으로 인해 주요부품이 파손되기는 하였으나, 별도 보수・교체 등 없이 방치하여 사상사고가 발생한 것이므로 철도차량의 설계, 제조, 설치, 관리상의 결함으로 인해 재해가 발생한 것으로 볼 수 있다(재해규모: 사망자 1명 이상 발생).
- **의무 및 위반사항**
  - **철도안전법**: 철도차량 소유자 등은 철도차량 제작 시점부터 일정 기간 내에 물리적 사용 가능 여부 및 안전성능 등에 대한 진단을 받아야 한다(제38조의12).

  → **조사 내용**: 법률에 따른 진단을 적기에 받았으며, 주요부품이 파손되어 추가 조치가 필요하다는 진단을 받은 것으로 조사됨(경찰 등)

- 중대재해처벌법: 철도차량을 운영하는 기관의 경영책임자는, 종사자나 이용자가 철도 차량에 대한 유해·위험 요인을 확인·점검하고, 이를 발견한 경우 신고 및 조치요구, 보수·보강 등이 실시되도록 기관 내에 업무처리절차를 마련하여야 한다.

  → 조사 내용: 경영책임자는 유해·위험요인이 발견되었을 때 이를 개선할 수 있는 업무처리 절차를 마련하지 않아, 자연재난으로 인해 파손된 주요부품에 정비나 교체가 필요함에도 적절한 조치를 취하지 못한 것으로 조사된다(경찰 등).

• 공중교통수단(철도차량)의 파손 원인이 자연재해로 인한 것이더라도, 이를 개선하는 절차를 마련하지 않았거나, 파손 상황 등을 보고받았음에도 그대로 방치하였다가 이를 원인으로 중대시민재해가 발생한 경우에는 중대재해처벌법에 따라 경영책임자가 처벌될 수 있음

3. 항공분야(여객터미널, 항공기)

3.1 중대재해처벌법 재해

3.1.1 일반사항

▣ 적용 대상대상(공중이용시설 및 공중교통수단)

- 공중이용시설: 중대재해처벌법 제2조 제4호와 시행령 제3조 제1호 및 제2호에 따른 일정규모 이상의 여객터미널 등이 해당
- 공중교통수단: 중대재해처벌법 제2조 제5호에 따른 운송용 항공기가 해당

▣ 의무이행 주체

- 공중이용시설: 공항청사 등에 대해 실질적으로 안전인력을 배치하고 예산을 편성하는 권한이 있어 안전점검 및 보수·보강 등을 실시하게 하고 시설의 유해·위험 요인을 관리하는 등 위험요인에 대한 통제 및

제어 능력을 가진 기업 또는 기관의 경영책임자 등을 의무 이행의 주체로 본다.

- **공중교통수단**: 운송용 항공기에 대해 실질적으로 안전인력을 배치하고 예산을 편성하는 권한이 있어 안전점검 및 보수・보강 등을 실시하게 하고 항공기의 유해・위험 요인을 관리하는 등 위험요인에 대한 통제 및 제어 능력을 가진 기업 또는 기관의 경영책임자 등을 의무 이행의 주체로 본다.

3.1.2 필요한 인력・예산 확보

※ 재해예방에 필요한 인력 및 예산은 해당 공항청사 또는 운송용 항공기를 운영하는 사업주, 법인 또는 기관의 상황과 여건에 따라 달라질 수 있음

▣ 경영책임자의 의무

- 경영책임자 등은 재해예방을 위해 여객터미널, 항공기의 안전점검, 보수・보강 등의 업무에 필요한 인력을 확보하고, 예산을 편성・집행하여야 하고, 다만, 기업 또는 기관별로 운영・관리하는 여객터미널 및 항공기의 유형・규모 등이 매우 다양하므로, 안전업무 수행에 필요한 구체적인 인력・예산은 개별 사업장의 여건 등에 따라 적정 수준으로 편성하여야 함

  ※ 기업, 기관 자체 인력으로 안전업무를 수행하지 않고 제3자에게 도급, 용역, 위탁 등을 할 경우 위탁비용은 별도 관리한다.

▣ 의무이행 사항 예시

※ 기업 또는 기관은 다음 의무사항이 충분히 이행될 수 있도록 인력과 예산을 투입하여야 함

- 여객터미널

관계법령	이행사항
시설물안전법	• 시설물 안전 및 유지관리계획 수립(제6조) – 관리주체는 소관 시설물에 대한 안전 및 유지관리계획을 수립·시행해야 함
	• 안전점검 수행(제11조) – 관리주체는 소관 시설물의 안전과 기능을 유지하기 위해 정기적으로 안전점검을 실시해야 함
	• 정밀안전진단 실시(제12조) – 관리주체는 제1종시설물에 대하여 정기적으로 정밀안전진단을 실시해야 함
	• 긴급안전점검 수행(제13조) – 관리주체는 시설물의 붕괴·전도 등이 발생할 위험이 있다고 판단하는 경우 긴급안전점검을 실시해야 함
	• 긴급안전조치 수행(제23조) – 관리주체는 시설물의 붕괴·전도 등의 발생에 대하여 긴급안전조치를 실시해야 함
	• 시설물의 보수·보강 실시(제24조) – 관리주체는 시설물의 붕괴·전도 등의 발생에 대한 복구를 위해 보수·보강을 실시해야 함
	• 긴급보수·보강 시 위험표지의 설치(제25조) – 관리주체는 시설물의 긴급보수·보강 시 위험표지를 설치해야 함
건축물 관리법	• 건축물의 유지·관리 실시(제12조) – 건축물 관리자는 건축물에 대한 유지·관리를 실시해야 함
	• 건축물 정기점검 수행(제13조) – 건축물 관리자는 건축물의 안전과 기능을 유지하기 위해 정기적으로 정기점검을 수행해야 함
	• 안전진단 실시(제16조) – 건축물 관리자는 건축물에 대하여 정기적으로 안전진단을 실시해야 함
	• 건축물 사용제한·사용금지·해체 조치(제21조) – 건축물 관리자는 건축물의 긴급한 조치가 필요할 경우 해당 건축물에 대하여 사용제한·사용금지·해체 등의 조치를 해야 함
	• 건축물관리점검 결과 이행(제22조) – 건축물 관리자는 건축물관리점검 결과에 따라 내진성능, 화재안전성능 등 중대한 결함사항에 대하여 보수·보강 등 필요한 조치를 해야 함
	• 사고조사 수행(제46조) – 건축물 관리자는 소관 건축물에 사고가 발생한 경우에는 지체 없이 응급 안전조치를 해야 함

• 운송용 항공기

관계법령	이행사항
항공안전법	• 항공안전관리시스템 구축 및 운영(제58조) – 항공운송사업자 및 항공기사용사업자 등은 국토교통부장관이 고시한 항공안전 프로그램에 따라 항공기사고 등의 예방 및 비행안전의 확보를 위한 항공안전 관리시스템을 마련하고, 국토부장관의 승인을 받아 운용해야 함
	• 항공안전 의무보고(제59조) – 의무보고 대상 항공안전장애를 발생시켰거나 발생한 것을 알게 된 항공종사자 등 관계인은 국토부장관에게 그 사실을 보고해야 함
	• 운항증명 및 안전운항체계 변경검사 실시(제90조 제1항) – 항공운송사업자는 운항을 시작하기 전 인력, 장비, 시설, 운항관리지원 및 정비 관리지원 등의 안전운항체계에 대한 검사를 실시해야 함
	• 운항규정 및 정비규정(제93조) – 항공운송사업자는 운항을 시작하기 전까지 항공기 운항에 관한 운항규정 및 정비에 관한 정비규정을 마련하여 국토부장관의 인가를 받아야 함
	• 승무원 등의 탑승 등(제76조 제3항) – 항공기에 태우는 승무원에게 해당업무 수행에 필요한 교육훈련을 실시해야 함
	• 위험물취급자에 대한 교육 실시(제72조) – 항공종사자 또는 항공운송사업자는 위험물취급자에 대한 위험물취급교육을 정기적으로 실시해야 함

▣ 경영책임자의 점검 사항

• 여객터미널, 항공기 등을 운영·관리하는 경영책임자 등은 반기 1회 이상 재해예방에 필요한 인력과 예산을 확보하여 업무를 수행하였는지 점검하고 직접 점검하지 않은 경우에는 점검이 끝난 후 지체 없이 점검 결과를 보고 받아야 한다. 점검 또는 보고 결과에 따라 인력을 배치하거나 예산을 추가로 편성·집행하도록 하는 등 중대시민재해 예방에 필요한 조치를 하여야 한다.

3.1.3 관계 법령에 따른 안전점검

▣ 경영책임자의 의무

• 경영책임자 등은 여객터미널 등의 재해예방을 위해 시설물안전법 등의 관계 법령에 따라 계획을 수립하여 안전점검이 수행되도록 조치하여야 한다.

▣ 의무이행 사항 예시

- 여객터미널
  - 시설물안전법(제11조 및 제12조)
    - 안전점검(정기안전점검, 정밀안전점검), 정밀안전진단, 긴급안전점검을 안전등급 및 공중이용시설의 규모에 따라 실시하여야 한다.
  - 건축물관리법(제13조, 제16조)
    - 건축물관리법에 따라 여객터미널에 대하여 정기점검, 안전진단 등을 실시한다.

시설	점검 구분	점검 주기
공항시설(여객터미널)	건축물정기점검	• 최초 5년 이후 3년 단위
	안전진단	• 필요시

- 운송용 항공기
  - 항공안전법(제90조)
    - 항공운송사업자는 운항을 시작하기 전까지 국토교통부령으로 정하는 기준에 따라 항공기 사고 등의 예방과 비행안전의 확보를 위한 항공안전관리시스템을 마련하여야 한다. 또한 항공운송사업자는 동 시스템에 따라 주기적으로 항공기 안전성을 검증하여야 하며, 항공안전관리시스템의 효과적 운영을 위해 운영절차의 적절성을 지속 진단하고 보완하여야 한다.

관계법령	점검사항
항공안전법	• 항공안전관리시스템 구축 및 운영(제58조) – 항공운송사업자 및 항공기사용사업자 등은 국토교통부장관이 고시한 항공안전프로그램에 따라 항공기사고 등의 예방 및 비행안전의 확보를 위한 항공안전 관리시스템을 마련하고, 국토부장관의 승인을 받아 운용해야 함

▣ 경영책임자의 점검 사항

- 경영책임자 등은 반기 1회 이상 관계 법령에 따라 안전점검 등의 계획을 수립하고 계획에 따라 안전점검이 이행되었는지 점검하고 직접 점

검하지 않은 경우에는 점검이 끝난 후 지체 없이 점검 결과를 보고 받아야 한다. 또한 점검 또는 보고 결과에 따라 안전점검이 이행되도록 인력을 배치하거나 예산을 추가로 편성·집행하는 등 중대시민재해 예방에 필요한 조치를 하여야 한다.

3.1.4 안전계획 수립

▣ 경영책임자의 의무

- 경영책임자 등은 연 1회 이상 여객터미널, 항공기의 안전과 유지관리를 위한 인력의 확보, 안전점검의 실시, 보수·보강 등 유지관리에 관한 사항을 계획하여 충실히 이행하도록 하여야 한다. 또한 운영·관리 하는 여객터미널이 시설물안전법(제6조)에 따라 시설물관리계획을 수립·시행 중인 경우, 경영책임자 등이 그 수립 여부와 내용을 직접 확인하거나 보고받음으로써 안전계획 수립·이행 관련 의무는 이행한 것으로 본다.

▣ 의무이행 사항 예시

- 시설물안전법(제6조)
  - 여객터미널 관리주체는 시설물의 안전 및 유지관리 기본계획에 따라 소관 시설물에 대한 안전 및 유지관리계획을 수립·시행하여야 한다.

시설	안전계획	계획 내용
여객터미널	시설물의 안전 및 유지관리 계획	• 시설물의 적정한 안전과 유지관리를 위한 조직·인원 및 장비의 확보에 관한 사항 • 긴급상황 발생 시 조치체계에 관한 사항 • 시설물의 설계·시공·감리 및 유지관리 등에 관련된 설계도서의 수집 및 보존에 관한 사항 • 안전점검 또는 정밀안전진단의 실시에 관한 사항 • 보수·보강 등 유지관리 및 그에 필요한 비용에 관한 사항

▣ 경영책임자의 점검 사항

- 경영책임자 등은 수립된 안전계획이 충실히 이행되었는지 반기 1회 이상 점검하고, 직접 점검하지 않은 경우에는 점검이 끝난 후 지체 없이 점검 결과를 보고 받아야 한다. 또한 점검 또는 보고 결과에 따라 안전계획이 이행되도록 인력을 배치하거나 예산을 추가로 편성·집행하는 등 중대시민재해 예방에 필요한 조치를 하여야 한다.

3.1.5 의무이행 여부 점검

▣ 경영책임자의 의무

- 경영책임자 등은 여객터미널, 항공기에 적용되는 안전·보건 관계 법령을 확인하고, 법령상의 의무를 이행하였는지를 연 1회 이상 직접 점검하거나 점검 결과를 보고 받아야 한다(관계 법령은 안전과 관련된 하위규정(행정규칙, 기준 등)을 포함함).
  또한 경영책임자 등은 점검 또는 보고 결과, 의무 불이행이 확인된 경우 인력을 배치하거나 예산을 추가로 편성·집행하는 등 의무 이행에 필요한 조치를 하여야 한다.

▣ 의무이행 사항 예시

- 여객터미널

이행주체	이행사항		
	관계법령	이행내용	주기
관리주체	시설물안전법	시설물의 안전 및 유지관리계획의 수립·시행(제6조)	매년
		안전점검(제11조)	정기적(D, E등급 경우, 1년 3회 이상)
		정밀안전진단(제12조)	필요시 또는 등급별
		긴급안전점검(제13조)	붕괴 등 발생 위험시
		긴급안전조치(제23조)	긴급조치 필요시
		시설물의 보수·보강(제24조)	조치명령시 등
		위험표지의 설치(제25조)	긴급보수·보강 필요시

건축물 관리자	건축물관리법	건축물의 유지・관리(제12조)	매년
		건축물 정기점검(제13조)	최초 5년 이후 3년 단위
		건축물 안전진단(제16조)	필요시
		건축물 사용제한・사용금지・해체 조치(제21조)	필요시
		건축물관리점검 결과 이행(제22조)	점검결과 통보시
		사고조사(제46조)	사고발생시

- 운송용 항공기

이행주체	이행사항		
	관계법령	이행내용	주기
공운송사업자, 항공기를 운항하려는 자, 소유주 등	항공안전법	운항기술기준 준수(제77조)	상시
		항공안전관리시스템 구축 및 운영(제58조 제2항)	운항시작 전/ 수시
		운항증명 및 안전운항체계 유지(제90조)	운항시작 전/ 수시
		항공기등의 정비등의 확인(제32조)	상시
		무선설비의 설치・운용(제51조)	상시
		항공계기 등의 설치・탑재 및 운용(제52조)	상시
		상시운항승무원의 비행경험(제55조)	상시
		승무원 등의 피로관리(제56조)	상시
		기장 등의 운항자격(제63조)	상시
		운항관리사 배치(제65조)	상시
		승무원 등의 탑승(제76조)	상시
		승무원 교육(제76조 제3항)	매년
		위험물취급자에 대한 교육(제72조)	매년

3.1.6 교육 이수여부 점검

▣ 경영책임자의 의무

- 경영책임자 등은 여객터미널, 항공기 등에 적용되는 안전・보건 관계 법령에 따라 시설물의 안전을 관리하는 자나 교통수단의 시설 및 설비를 정비・점검하는 종사자가 법정 교육을 이수했는지를 연 1회 이상 직접 점검하거나 점검 결과를 보고 받아야 하고, 점검 또는 보고 결과 교

육 미이수가 확인된 경우 이행 지시 등 교육 실시에 필요한 조치를 하여야 한다(* 관계 법령은 안전과 관련된 하위 규정(행정규칙, 기준 등)을 포함함).

또한 항공분야의 관계 법령에 따른 안전교육은 항공안전법에 따라 위험물취급자, 승무원에 대해 실시한다.

▣ 교육 관련 사항

- **항공안전법**(제72조): 위험물취급자에 대한 교육은 위험물취급자는 위험물취급에 관하여 국토교통부장관이 실시하는 교육을 받아야 한다.
- **항공안전법**(제76조 제3항)
  - 교육대상 항공기에 태우는 승무원
  - 교육주기 최초 교육 및 최초 교육을 받은 날부터 12개월마다 한 번 이상 교육훈련 실시

    ※ 단, 위험물취급 사항에 대해서는 최초 교육을 받은 날부터 24개월마다 한 번 이상 교육훈련을 실시할 수 있음
  - 주요 교육내용 항공기 비상시의 경우 또는 비상탈출이 요구되는 경우의 조치사항, 해당 항공기에 구비되는 별표 15에서 정한 구급용구 등 및 탈출대 · 비상구 · 산소장비 · 자동심장충격기의 사용에 관한 사항 등

3.2 항공분야 기관 사례(인천국제공항공사)

3.2.1 기관현황

※ 출처 : 안전혁신 우수사례(2021, 인천국제공항)

▣ 업무 현황

- **주요업무**: 인천국제공항의 건설 및 관리·운영
- **설립연도**: 1999년

▣ 조직 현황

- **안전조직**: 안전전담부서는 부사장 산하 안전보안본부

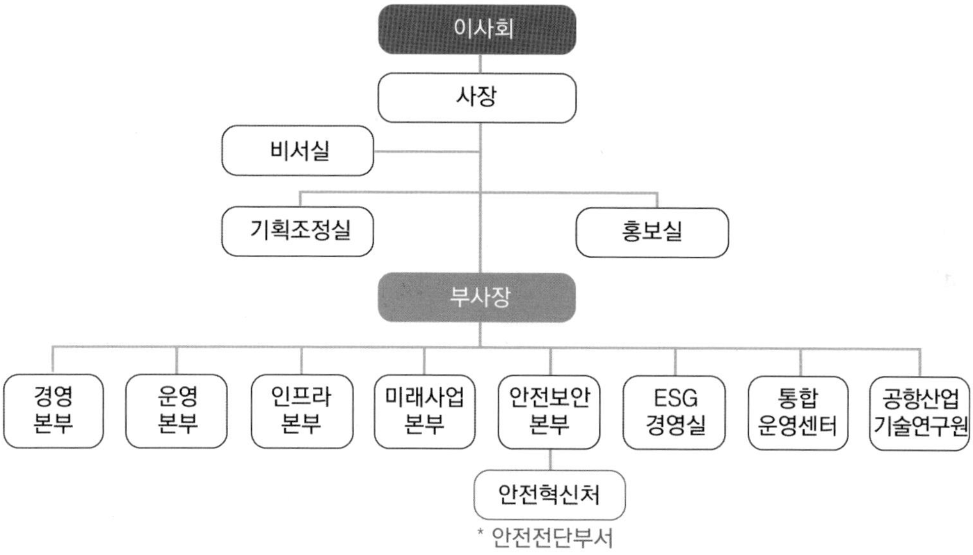

▣ 안전인력 및 예산

- 안전인력 공항 안전관리를 총괄하는 안전보안본부에는 안전기획·조정, 재난관리, 산업안전, 소방안전, 항공보안, 테러대응 등 안전업무 전담 인력 412명 근무하고, 안전 관련 자격증 소지자·전공자·경력자를 안전혁신처에 우선적으로 배치하여 안전인력의 전문성을 강화한다. 또한 안전예산 기획재정부 지침에 따른 안전경영책임계획을 기준(자회사 근로자 인건비 포함)으로 2019년 5,407억 원, 2020년 6,277억 원, 2021년 6,670억 원으로 매년 안전에 대한 투자를 확대하고 있다.

3.2.2 인천국제공항공사 재해예방 노력

▣ 사례: CEO 주도의 통합 안전관리체계인 국민안심(ANSIM, Airport Non-defect Safe & Innovative Management) 프로그램 마련

- 국민안심(ANSIM) 프로그램을 마련하여 6개 분야, 131개 안전리스크를 발굴하여 CEO 주관 안전회의를 격주로 시행하여 리스크 집중 논의, 현장점검 등을 통하여 안전 최우선 문화를 조성
- 공사는 사장 직속의 안전혁신실을 신설하고, 경영진이 직접 현장을 점검하고 그 결과를 바탕으로 공항운영을 개선

인천국제공항공사, 서비스분야 안전보건활동 우수사례 대상 수상!!!

인천국제공항공사는 이번 대회에서
▲ 최고경영자(CEO) 주관 국민안심(ANSIM)프로그램 도입
▲ 안전관리 대상별산업안전 프로그램 도입・운영
▲ 범공항안전문화 확산 활동 추진
▲ 신기술 도입을 통한 근로자 작업환경 개선
▲ 코로나19 대응체계 구축 등 공사의 혁신적인 안전활동 추진성과를 우수사례로 발표했으며 그 성과를 인정받아 대상을 수상하게 됐다.

3.3 항공분야 기관 사례(대한항공)

3.3.1 대한항공 재해예방 노력

※ 출처: ESG 보고서(2021, 대한항공)

▣ 사례 1: 체계적인 안전관리

- 신규 취항, 신기종 도입, 코로나19 등 운영환경의 변화로 인한 대내・외 위험요인을 사전에 파악하고 효율적으로 대응하기 위해 체계적인 안전관리를 유지
- 2019년 9월 안전보안실 중심으로 운항, 객실, 정비, 종합통제, 여객, 화물 전 부문에 걸친 통합 변화관리 절차를 수립

- 이를 통해 안전위해요인 식별과 위험평가, 위험 경감조치 모니터링 등 사고 재발방지와 선제적 예방안전을 실현

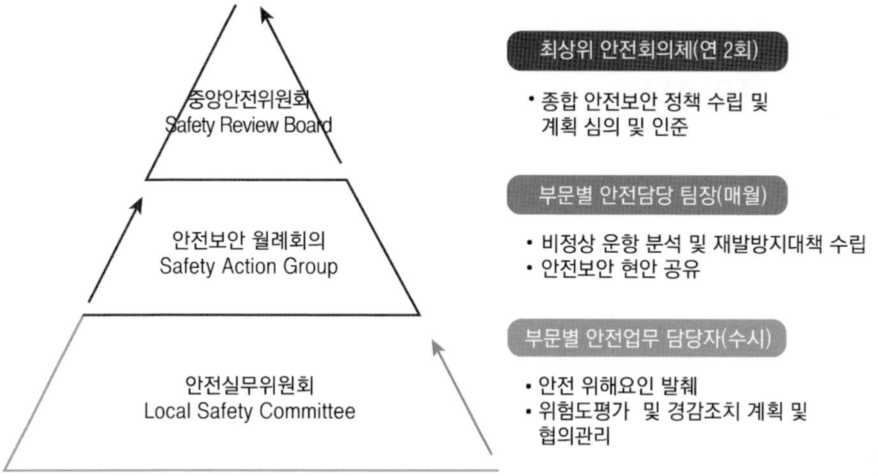

〈안전회의체〉

▣ 사례 2: 임직원 및 협력업체 대상 교육

- 새로 선임된 안전보건관리책임자에게 안전보건관리 신규 교육을 실시하고, 2년 후 보수교육을 제공. 협력업체 관리감독자에게는 안전보건공단 전문 강사를 초빙하여 안전교육을 제공
- 전 임직원 대상 법정 정기 교육뿐만 아니라 2015년부터는 협력업체 직원 대상으로 연 1~2회 정기 교육을 추가로 실시하여 안전보건 의식 강화

▣ 사례 3: 운항 중 응급의료상황 대응 및 예방 체계

- 운항 중 발생하는 다양한 의료적 응급상황에 체계적으로 대응할 수 있도록 24시간 의사 자문이 가능한 EMCS(Emergency Medical Call System)를 운영하고 있으며 항공기에 심장충격기 등 다양한 비상의료기기 탑재
- 또한 기내 환자승객 발생 시 객실승무원이 신속하고 정확하게 응급처치를 수행할 수 있도록 매년 실제로 발생하는 환자승객 사례학습과 심폐소생술 훈련 실시
- 아울러 공항에서 환자승객에게 적절한 지원을 제공하기 위해 현장직원

에게 질환별 가이드북을 배포하고 정기적인 교육을 시행하는 등 환자 승객 항공운송의 안전성 확보를 위한 노력

3.4 법 적용 사례

3.4.1 A항공이 착륙 도중 기체결함으로 인해 추락 사고(가상사례)

▣ 사고개요

- A항공이 착륙 도중 기체결함으로 인해 추락하여 이용자 1명 사망, 5명 부상

※ (공중교통수단 소유자) A항공, (공중교통수단 운영자) A항공

▣ 중대재해처벌법 적용 검토

- **법 적용 여부**: 중대시민재해 범위, 원인, 재해규모를 충족
  - **범위**: 추락한 항공기는 법률 제2조 제5호에 따른 공중교통수단
  - **원인**: 항공기의 설계, 제조, 설치, 관리상의 결함으로 발생
  - **재해규모**: 사망자 1명 이상 발생
- **의무 및 위반사항**
  - **항공안전법**: 항공기에 대해 관리책임을 지는 A항공은 항공기 사고 등의 예방 및 비행안전의 확보를 위한 항공안전관리시스템을 구축하여야 한다(제58조 제2항).
    → **조사 내용**: 항공기 사고 등의 예방 및 비행안전의 확보가 적기 마련되지 않아 항공기의 기체결함이 보수·보강 등 조치 없이 운항된 것으로 파악되었으며, 항공안전관리시스템을 구축하지 않은 것이 항공기의 직접적인 추락 원인으로 조사됨(경찰 등)
  - **중대재해처벌법**: A항공의 경영책임자인 대표이사는 항공기의 항공안전관리시스템이 구축되도록 조치했어야 했고, 이러한 사항이 잘 이행되고 있는지 반기 1회 이상 점검하고 개선을 지시해야 한다(시행령

제10조 제3·5·6호).

→ **조사 내용**: A항공 대표이사는, 항공기에 대한 항공안전관리시스템의 구축상황을 보고받지 않았고, 개선지시 등을 일절 하지 않아 A항공이 항공안전시스템을 구축하지 않은 주요 요인으로 조사됨(경찰 등)

- A항공(기업)에는 항공안전법 위반사항(항공안전관리시스템 구축 미조치)에 대해 500만 원 이하의 과태료가 부과될 수 있음
- A항공 대표이사(개인)에는 중대재해법 위반사항(안전점검 수행 관리조치 미이행, 개선조치 미지시)으로 중대재해가 발생한 것에 대해 1년 이상의 징역 또는 10억 원 이하의 벌금이 부과될 수 있음

4. 하천분야(하구둑 · 제방 · 보)

4.1 중대재해처벌법 적용

4.1.1 일반사항

▣ 적용 대상(공중이용시설)

- 중대재해처벌법 제2조 제4호와 시행령 제3조 제2호에 따른 하천시설물로서 하구둑, 제방, 보가 해당된다.

▣ 의무이행 주체

- 사업주 또는 기관 등이 운영·관리하는 하구둑, 제방, 보 대해 실질적으로 안전인력을 배치하고 예산을 편성하는 권한이 있어 안전점검 및 보수·보강 등을 실시하게 하고 시설물의 유해·위험 요인을 관리하는 등 위험요인에 대한 통제 및 제어 능력을 가진 기업 또는 기관의 경영책임자 등을 의무 이행의 주체로 본다.

4.1.2 필요한 인력 · 예산 확보

※ 재해예방에 필요한 인력 및 예산은 해당 하천시설을 운영 · 관리하는 사업주, 법인 또는 기관의 상황과 여건에 따라 달라질 수 있음

▣ 경영책임자의 의무

- 경영책임자 등은 재해예방을 위해 하천시설물의 안전점검, 보수 · 보강, 안전조치 등의 업무에 필요한 인력을 확보하고, 예산을 편성 · 집행하여야 한다. 다만, 기업 또는 기관별로 운영 · 관리하는 하천시설물의 유형 · 규모 등이 매우 다양하므로, 안전업무 수행에 필요한 구체적인 인력 · 예산은 개별 사업장의 여건 등에 따라 적정 수준으로 편성하여야 한다.

  ※ 기업, 기관 자체 인력으로 안전업무를 수행하지 않고 제3자에게 도급, 용역, 위탁 등을 할 경우 위탁비용은 별도 관리

▣ 의무이행 사항 예시

※ 기업 또는 기관은 다음 의무사항이 충분히 이행될 수 있도록 인력과 예산을 투입하여야 함

관계법령	이행사항
시설물안전법	• 시설물 안전 및 유지관리계획 수립(제6조) – 관리주체는 소관 시설물에 대한 안전 및 유지관리계획을 수립 · 시행해야 함
	• 안전점검 수행(제11조) – 관리주체는 소관 시설물의 안전과 기능을 유지하기 위해 정기적으로 안전점검을 실시해야 함
	• 정밀안전진단 실시(제12조) – 관리주체는 제1종시설물에 대하여 정기적으로 정밀안전진단을 실시해야 함
	• 긴급안전점검 수행(제13조) – 관리주체는 시설물의 붕괴 · 전도 등이 발생할 위험이 있다고 판단하는 경우 긴급안전점검을 실시해야 함
	• 긴급안전조치 수행(제23조) – 관리주체는 시설물의 붕괴 · 전도 등의 발생에 대하여 긴급안전조치를 실시해야 함

• 시설물의 보수·보강 실시(제24조) – 관리주체는 시설물의 붕괴·전도 등의 발생에 대한 복구를 위해 보수·보강을 실시해야 함
• 긴급보수·보강 시 위험표지의 설치(제25조) – 관리주체는 시설물의 긴급보수·보강 시 위험표지를 설치해야 함

▣ 경영책임자의 점검 사항

- 하천시설물을 운영·관리하는 경영책임자 등은 반기 1회 이상 재해예방에 필요한 인력과 예산을 확보하여 업무를 수행하였는지 점검하고, 직접 점검하지 않은 경우에는 점검이 끝난 후 지체 없이 점검 결과를 보고 받아야 한다.
  또한 점검 또는 보고 결과에 따라 인력을 배치하거나 예산을 추가로 편성·집행하도록 하는 등 중대시민재해 예방에 필요한 조치를 하여야 한다.

4.1.3 관계법령에 따른 안전점검

▣ 경영책임자의 의무

- 경영책임자 등은 하천시설물의 재해예방을 위해 시설물안전법 등의 관계 법령에 따라 계획을 수립하여 안전점검이 수행되도록 조치하여야 한다.

▣ 의무이행 사항 예시

- **시설물안전법**(제11조 및 제12조)
  - 안전점검(정기안전점검, 정밀안전점검), 정밀안전진단, 긴급안전점검을 안전등급 및 공중이용시설의 규모에 따라 실시하여야 한다.
- **하천법**(제74조)
  - 하천관리청은 하천시설의 유지·보수 또는 불법행위에 대한 시정 등을 위하여 필요한 조치를 하여야 한다.

시설	점검 구분	점검내용
하천시설	하천관리상황의 점검 등	• 하천시설의 관리상황과 하천의 점용상황 등에 대한 점검 및 그 밖에 수해예방 등 하천관리에 필요한 사항 제방·호안(湖岸) 등의 유지상태 등

- 하천의 유지보수 및 안전점검에 관한 규칙(제5조): 안전점검
  - 하천관리청은 연 2회 이상 하천의 홍수기 대비 및 피해상황 확인하고, 필요한 조치를 하여야 한다.

시설	점검 구분	점검내용
하천시설	정기점검	• 연 2회 이상 하천의 홍수기(6월 21일~9월 20일) 대비 및 피해상황 확인하고 점검결과 기록·유지

▣ 경영책임자의 점검 사항

- 경영책임자 등은 반기 1회 이상 관계 법령에 따라 안전점검 등의 계획을 수립하고 계획에 따라 안전점검이 이행되었는지 점검
  - 직접 점검하지 않은 경우에는 점검이 끝난 후 지체 없이 점검 결과를 보고 받아야 하고, 점검 또는 보고 결과에 따라 안전점검이 이행되도록 인력을 배치하거나 예산을 추가로 편성·집행하는 등 중대시민재해 예방에 필요한 조치를 하여야 한다.

4.1.4 안전계획 수립

▣ 경영책임자의 의무

- 경영책임자 등은 연 1회 이상 하천시설물의 안전과 유지관리를 위한 인력의 확보, 안전점검의 실시, 보수·보강 등 유지관리에 관한 사항을 계획하여 충실히 이행하도록 하여야 한다. 또한 운영·관리 하는 하천시설물이 시설물안전법(제6조)에 따라 시설물관리계획을 수립·시행 중인 경우, 경영책임자등이 그 수립 여부와 내용을 직접 확인하거나 보고받음으로써 안전계획 수립·이행 관련 의무는 이행한 것으로 본다.

▣ 의무이행 사항 예시

• 시설물안전법(제6조)
  - 하천시설 관리주체는 시설물의 안전 및 유지관리 기본계획에 따라 소관 시설물에 대한 안전 및 유지관리계획을 수립·시행하여야 한다.

시설	안전계획	계획 내용
하천시설 (하구둑, 제방, 보 등)	시설물의 안전 및 유지관리 계획	• 시설물의 적정한 안전과 유지관리를 위한 조직·인원 및 장비의 확보에 관한 사항 • 긴급 상황 발생 시 조치체계에 관한 사항 • 시설물의 설계·시공·감리 및 유지관리 등에 관련된 설계도서의 수집 및 보존에 관한 사항 • 안전점검 또는 정밀안전진단의 실시에 관한 사항 • 보수·보강 등 유지관리 및 그에 필요한 비용에 관한 사항

▣ 경영책임자의 점검 사항

• 경영책임자 등은 수립된 안전계획이 충실히 이행되었는지 반기 1회 이상 점검하고, 직접 점검하지 않은 경우에는 점검이 끝난 후 지체 없이 점검 결과를 보고 받아야 한다.
  또한 점검 또는 보고 결과에 따라 안전계획이 이행되도록 인력을 배치하거나 예산을 추가로 편성·집행하는 등 중대시민재해 예방에 필요한 조치를 하여야 한다.

4.1.5 의무이행 여부 점검

▣ 경영책임자의 의무

• 경영책임자 등은 하천시설물에 적용되는 안전·보건 관계 법령을 확인하고, 법령상의 의무를 이행하였는지를 연 1회 이상 직접 점검하거나 점검 결과를 보고받아야 한다. 또한 경영책임자 등은 점검 또는 보고 결과, 의무 불이행이 확인된 경우 인력을 배치하거나 예산을 추가로 편

성・집행하는 등 의무 이행에 필요한 조치를 하여야 한다(* 관계 법령은 안전과 관련된 하위 규정(행정규칙, 기준 등)을 포함함).

▣ 의무이행 사항 예시

이행주체	이행사항		
	관계법령	이행내용	주기
관리주체	시설물안전법	시설물의 안전 및 유지관리계획의 수립・시행(제6조)	매년
		안전점검(제11조)	정기적(D, E등급 경우, 1년 3회 이상)
		정밀안전진단(제12조)	필요시 또는 등급별
		긴급안전점검(제13조)	붕괴 등 발생 위험시
		긴급안전조치(제23조)	긴급조치 필요시
		시설물의 보수・보강(제24조)	조치명령시 등
		위험표지의 설치(제25조)	긴급보수・보강 필요시

4.1.6 교육 이수여부 점검

▣ 경영책임자의 의무

- 경영책임자 등은 하천시설물에 적용되는 안전・보건 관계 법령에 따라 시설물의 안전을 관리하는 자가 법정 교육을 이수했는지를 연 1회 이상 직접 점검하거나 점검 결과를 보고 받아야 하고, 점검 또는 보고 결과 교육 미이수가 확인된 경우 이행 지시 등 교육 실시에 필요한 조치를 하여야 한다(* 관계 법령은 안전과 관련된 하위 규정(행정규칙, 기준 등)을 포함함).
  또한 하천분야의 관계 법령에 따른 안전교육은 하천법에 따라 하상변동조사 실시를 위한 종사자에 대해 실시한다.

▣ 교육 관련 사항

- **하천법**(제21조의2): 하상변동조사 실시를 위한 종사자에 대한 교육 및 훈련은 하상변동조사는 10년마다 하천기본계획의 수립과 연계하여 하

여야 하며, 하상변동조사 실시를 위한 종사자에 대한 교육 및 훈련을 실시하여야 한다.

4.2. 법 적용 사례

4.2.1 금강 제방의 사면유실로 인한 이용자 사고(가상사례)

▣ 사고개요

- 국가하천의 제방의 사면이 유실되어 산책중이던 이용자가 매몰되어 1명 사망

※ 시설물 소유자 및 관리자: 국가(소유자), 하천관리청(관리자)

▣ 중대재해처벌법 적용 검토

- **법 적용 여부**: 중대시민재해 범위, 원인, 재해규모를 충족
  - **범위**: 유실된 사면의 제방은 시행령 제3조 제2호(별표3)에 따른 공중이용시설
  - **원인**: 제방 사면의 설계, 제조, 설치, 관리상의 결함으로 발생
  - **재해규모**: 사망자 1명 이상 발생
- 의무 및 위반사항
  - **시설물안전법**: 제방에 대해 관리책임을 지는 하천관리청은 안전점검을 실시한 결과 제방 시설물에 중대한 결함이 있다고 통보받은 경우 해당 시설물의 보수·보강, 위험표지 설치 등 안전조치를 실시해야 함(제24·25조)

    → **조사 내용**: 중대한 결함의 통보에도 불구하고, 적정한 보수·보강이 실시되지 않았고 위험표지판을 설치하여 이용을 제한하는 등 시민의 안전 확보를 위한 조치가 매우 부족했던 것으로 조사됨(경찰 등)

- 중대재해처벌법: 하천관리청의 장은 제방의 안전점검 이행현황 등을 보고 받고, 그 결과에 따라 중대시민재해 예방에 필요한 조치를 해야 한다(시행령 제10조 제3·5·6호).
  → 조사 내용: 하천관리청의 장은 제방에 대해 안전점검 결과를 보고 받고, 중대한 결함이 통보된 사안에 대해서 보수·보강 실시, 위험표지 설치 등의 조치를 하도록 지시하지 않은 것으로 조사됨(경찰 등)

- 하천관리청(기관)에는 시설물안전법 위반사항(위험표지 미설치)에 대해 300만 원~1,000만 원의 과태료가 부과될 수 있음
- 하천관리청의 장(개인)에는 중대재해법 위반사항(안전점검 수행 관리조치 미이행, 개선조치 미지 시)으로 중대재해가 발생한 것에 대해 1년 이상의 징역 또는 10억 원 이하의 벌금이 부과될 수 있음

5. 건축분야(업무시설 등)

5.1 중대재해처벌법 적용

5.1.1 일반사항

▣ 적용 대상(공중이용시설)

- 중대재해처벌법 제2조 제4호와 시행령 제3조 제1호 및 제3조 제2호에 따른 규모 및 용도의 건축물로서 일정규모 이상의 업무시설 등이 해당된다.

▣ 의무이행 주체

- 사업주 또는 기관 등이 운영·관리하는 건축물에 대해 실질적으로 안전인력을 배치하고 예산을 편성하는 권한이 있어, 안전점검 및 보수·보강 등을 실시할 책임이 있고, 붕괴·화재 등을 유발할 수 있는 유해·위험요인에 대한 통제 능력을 가진 기업 또는 기관의 경영책임자 등을 의무 이행의 주체로 본다.

- 구체적인 사례로, ○○법인이 연면적 3만 제곱미터 이상인 건축물을 소유하고 점유하여 ○○법인의 직원이 이를 사용하는 경우가 있음. 이때, 건축물의 안전점검 등에 필요한 예산을 편성하거나, 결함 발견 시 보수·보강을 하는 등 관리책임은 ○○법인에 있으므로 중대시민재해 예방을 위한 안전보건관리체계의 구축 및 이행에 관한 의무이행의 주체는 ○○법인의 경영책임자이다.
- 다른 사례로, 임차인이 임대차 계약 등을 통해 건축물의 일부 공간을 임차하여 자신의 사업을 운영하는 경우가 있음. 이때, 임차인이 자신의 사업으로 인해 발생하는 유해·위험요인을 통제할 수 있는 능력이 있거나, 임차인의 사업으로 인해 해당 장소·시설·설비에 결함이 발생할 경우 이를 보수·보강할 의무를 지는 등 실질적인 지배·운영·관리 책임이 있는 경우 임차한 공간에 대해서는 임차인이 경영책임자에 해당할 수 있다. 단, 임대차 계약 관계라고 해서 항상 임차인이 해당 장소·시설·설비에 대해 경영 책임자가 된다는 것은 아니고, 계약에도 불구하고 임대인이 임차한 공간에 대한 유해·위험요인을 여전히 통제하고 관리하는 경우에는 이로 인한 중대시민재해 예방을 위해 임대인이 의무를 이행하여야 한다. 또한, 임차인이 단순히 임대인의 사업을 대행하는 경우에는 사안에 따라 이를 도급· 용역·위탁 등을 한 것으로 볼 수 있고, 이 경우에는 임대인에게도 경영책임자 등의 의무가 적용될 수 있다.

5.1.2 필요한 인력·예산 확보

※ 재해예방에 필요한 인력 및 예산은 해당 공중이용시설 및 공중교통수단을 운영하는 사업주, 법인 또는 기관의 상황과 여건에 따라 달라질 수 있음

▣ 경영책임자의 의무

- 경영책임자 등은 재해예방을 위해 건축물의 안전점검, 보수·보강, 안전

조치 등의 업무에 필요한 인력을 확보하고, 예산을 편성・집행하여야 하고, 다만 기업 또는 기관별로 운영・관리하는 건축물의 유형・규모 등이 매우 다양하므로, 안전업무 수행에 필요한 구체적인 인력・예산은 개별 사업장의 여건 등에 따라 적정 수준으로 편성하여야 한다.

※ 기업, 기관 자체 인력으로 안전업무를 수행하지 않고 제3자에게 도급, 용역, 위탁 등을 할 경우 위탁비용은 별도 관리

▣ 의무이행 사항 예시

※ 기업 또는 기관은 다음 의무사항이 충분히 이행될 수 있도록 인력과 예산을 투입하여야 함

관계법령	이행사항
시설물 안전법	• 시설물 안전 및 유지관리계획 수립(제6조) – 관리주체는 소관 시설물에 대한 안전 및 유지관리계획을 수립・시행해야 함
	• 안전점검 수행(제11조) – 관리주체는 소관 시설물의 안전과 기능을 유지하기 위해 정기적으로 안전점검을 실시해야 함
	• 정밀안전진단 실시(제12조) – 관리주체는 제1종시설물에 대하여 정기적으로 정밀안전진단을 실시해야 함
	• 긴급안전점검 수행(제13조) – 관리주체는 시설물의 붕괴・전도 등이 발생할 위험이 있다고 판단하는 경우 긴급안전점검을 실시해야 함
	• 긴급안전조치 수행(제23조) – 관리주체는 시설물의 붕괴・전도 등의 발생에 대하여 긴급안전조치를 실시해야 함
	• 시설물의 보수・보강 실시(제24조) – 관리주체는 시설물의 붕괴・전도 등의 발생에 대한 복구를 위해 보수・보강을 실시해야 함
	• 긴급보수・보강 시 위험표지의 설치(제25조) – 관리주체는 시설물의 긴급보수・보강 시 위험표지를 설치해야 함
초고층 재난 관리법	• 관계인, 상시근무자 및 거주자 재난 및 테러 등 교육・훈련 실시(제14조) – 초고층 건축물 관리주체는 관계인, 상시근무자 및 거주자에게 재난 및 테러 등에 대한 교육・훈련을 실시해야 함
	• 종합방재실의 설치・운영(제16조) – 초고층 건축물 관리주체는 안전관리 및 통합적 재난관리를 효율적으로 시행하기 위하여 종합방재실을 설치・운영해야 함

	• 피난안전구역 설치 · 운영(제18조) – 초고층 건축물 관리주체는 재난발생 시 상시근무자, 거주자 및 이용자가 대피할 수 있는 피난안전구역을 설치 · 운영해야 함
건축물 관리법	• 건축물의 유지 · 관리 실시(제12조) – 건축물 관리자는 건축물에 대한 유지 · 관리를 실시해야 함
	• 건축물 정기점검 수행(제13조) – 건축물 관리자는 건축물의 안전과 기능을 유지하기 위해 정기적으로 정기점검을 수행해야 함
	• 안전진단 실시(제16조) – 건축물 관리자는 건축물에 대하여 정기적으로 안전진단을 실시해야 함
	• 건축물 사용제한 · 사용금지 · 해체 조치(제21조) – 건축물 관리자는 건축물의 긴급한 조치가 필요할 경우 해당 건축물에 대하여 사용제한 · 사용금지 · 해체 등의 조치를 해야 함
	• 건축물관리점검 결과 이행(제22조) – 건축물 관리자는 건축물관리점검 결과에 따라 내진성능, 화재안전성능 등 중대한 결함사항에 대하여 보수 · 보강 등 필요한 조치를 해야 함
	• 사고조사 수행(제46조) – 건축물 관리자는 소관 건축물에 사고가 발생한 경우에는 지체 없이 응급 안전조치를 해야 함

▣ 경영책임자의 점검 사항

- 건축물을 운영 · 관리하는 경영책임자 등은 반기 1회 이상 재해예방에 필요한 인력과 예산을 확보하여 업무를 수행하였는지 점검하고, 직접 점검하지 않은 경우에는 점검이 끝난 후 지체 없이 점검 결과를 보고 받아야 한다.
  또한 점검 또는 보고 결과에 따라 인력을 배치하거나 예산을 추가로 편성 · 집행하도록 하는 등 중대시민재해 예방에 필요한 조치를 하여야 한다.

5.1.3 관계 법령에 따른 안전점검

▣ 경영책임자의 의무

- 경영책임자 등은 여객터미널 등의 재해예방을 위해 시설물안전법 등의 관계 법령에 따라 계획을 수립하여 안전점검이 수행되도록 조치하여야 한다.

▣ 의무이행 사항 예시

① 여객터미널

- 시설물안전법(제11조 및 제12조)
  - 안전점검(정기안전점검, 정밀안전점검), 정밀안전진단, 긴급안전점검을 안전등급 및 공중이용시설의 규모에 따라 실시하여야 한다.
- 건축물관리법(제13조, 제16조)
  - 건축물관리법에 따라 여객터미널에 대하여 정기점검, 안전진단 등을 실시한다.

시설	점검 구분	점검 주기
공항시설(여객터미널)	건축물정기점검	• 최초 5년 이후 3년 단위
	안전진단	• 필요시

② 운송용 항공기

- 항공안전법(제90조)

항공운송사업자는 운항을 시작하기 전까지 국토교통부령으로 정하는 기준에 따라 항공기 사고 등의 예방과 비행안전의 확보를 위한 항공안전관리시스템을 마련하여야 한다.

그리고 항공운송사업자는 동 시스템에 따라 주기적으로 항공기 안전성을 검증하여야 하며, 항공안전관리시스템의 효과적 운영을 위해 운영절차의 적절성을 지속 진단하고 보완하여야 한다.

관계법령	점검사항
항공안전법	• 항공안전관리시스템 구축 및 운영(제58조) – 항공운송사업자 및 항공기사용사업자 등은 국토교통부장관이 고시한 항공안전프로그램에 따라 항공기사고 등의 예방 및 비행안전의 확보를 위한 항공안전 관리시스템을 마련하고, 국토부장관의 승인을 받아 운용해야 함

▣ 경영책임자의 점검 사항

① 경영책임자 등은 반기 1회 이상 관계 법령에 따라 안전점검 등의 계획을 수립하고 계획에 따라 안전점검이 이행되었는지 점검하고, 직접 점

검하지 않은 경우에는 점검이 끝난 후 지체 없이 점검 결과를 보고 받아야 한다.

② 점검 또는 보고 결과에 따라 안전점검이 이행되도록 인력을 배치하거나 예산을 추가로 편성·집행하는 등 중대시민재해 예방에 필요한 조치를 하여야 한다.

5.1.4 안전계획 수립

▣ 경영책임자의 의무

- 경영책임자 등은 연 1회 이상 여객터미널, 항공기의 안전과 유지관리를 위한 인력의 확보, 안전점검의 실시, 보수·보강 등 유지관리에 관한 사항을 계획하여 충실히 이행하도록 하여야 하고, 운영·관리 하는 여객터미널이 시설물안전법(제6조)에 따라 시설물관리계획을 수립·시행 중인 경우, 경영책임자 등이 그 수립 여부와 내용을 직접 확인하거나 보고받음으로써 안전계획 수립·이행 관련 의무는 이행한 것으로 본다.

▣ 의무이행 사항 예시

- 시설물안전법(제6조)
  - 여객터미널 관리주체는 시설물의 안전 및 유지관리 기본계획에 따라 소관 시설물에 대한 안전 및 유지관리계획을 수립·시행하여야 한다.

시설	안전계획	계획 내용
여객터미널	시설물의 안전 및 유지관리 계획	• 시설물의 적정한 안전과 유지관리를 위한 조직·인원 및 장비의 확보에 관한 사항 • 긴급상황 발생 시 조치체계에 관한 사항 • 시설물의 설계·시공·감리 및 유지관리 등에 관련된 설계도서의 수집 및 보존에 관한 사항 • 안전점검 또는 정밀안전진단의 실시에 관한 사항 • 보수·보강 등 유지관리 및 그에 필요한 비용에 관한 사항

▣ 경영책임자의 점검 사항

① 경영책임자 등은 수립된 안전계획이 충실히 이행되었는지 반기 1회 이상 점검하고, 직접 점검하지 않은 경우에는 점검이 끝난 후 지체 없이 점검 결과를 보고 받아야 한다.

② 점검 또는 보고 결과에 따라 안전계획이 이행되도록 인력을 배치하거나 예산을 추가로 편성·집행하는 등 중대시민재해 예방에 필요한 조치를 하여야 한다.

5.1.5 의무이행 여부 점검

▣ 경영책임자의 의무

- 경영책임자 등은 여객터미널, 항공기에 적용되는 안전·보건 관계 법령을 확인하고, 법령상의 의무를 이행하였는지를 연 1회 이상 직접 점검하거나 점검 결과를 보고 받아야 한다. 경영책임자 등은 점검 또는 보고 결과, 의무 불이행이 확인된 경우 인력을 배치하거나 예산을 추가로 편성·집행하는 등 의무 이행에 필요한 조치를 하여야 한다(* 관계 법령은 안전과 관련된 하위 규정(행정규칙, 기준 등)을 포함함).
- 의무이행 사항 예시
  - 여객터미널

이행주체	이행사항		
	관계법령	이행내용	주기
관리주체	시설물 안전법	시설물의 안전 및 유지관리계획의 수립·시행(제6조)	매년
		매년안전점검(제11조)	정기적 (D, E등급 경우, 1년 3회 이상)
		정밀안전진단(제12조)	필요시 또는 등급별
		긴급안전점검(제13조)	붕괴등 발생 위험시
		긴급안전조치(제23조)	긴급조치 필요시
		시설물의 보수·보강(제24조)	조치명령 시 등
		위험표지의 설치(제25조)	긴급보수·보강 필요시

건축물 관리자	건축물 관리법	건축물의 유지・관리(제12조)	매년
		건축물 정기점검(제13조)	최초 5년 이후 3년 단위
		건축물 안전진단(제16조)	필요시
		건축물 사용제한・사용금지・해체 조치(제21조)	필요시
		건축물관리점검 결과 이행(제22조)	점검결과 통보시
		사고조사(제46조)	사고발생시

② 운송용 항공기

이행주체	이행사항		
	관계법령	이행내용	수립 주기
항공운송 사업자, 항공기를 운항하려는 자, 소유주 등	항공안전법	운항기술기준 준수(제77조)	상시
		항공안전관리시스템 구축 및 운영(제58조 제2항)	운항시작 전/ 수시
		운항증명 및 안전운항체계 유지(제90조)	운항시작 전/ 수시
		항공기등의 정비등의 확인(제32조)	상시
		무선설비의 설치・운용(제51조)	상시
		항공계기 등의 설치・탑재 및 운용(제52조)	상시
		운항승무원의 비행경험(제55조)	상시
		승무원 등의 피로관리(제56조)	상시
		기장 등의 운항자격(제63조)	상시
		운항관리사 배치(제65조)	상시
		승무원 등의 탑승(제76조)	상시
		승무원 교육(제76조 제3항)	매년
		위험물취급자에 대한 교육(제72조)	매년

5.1.6 교육 이수여부 점검

▣ 경영책임자의 의무

- 경영책임자 등은 여객터미널, 항공기 등에 적용되는 안전・보건 관계 법령에 따라 시설물의 안전을 관리하는 자나 교통수단의 시설 및 설비를 정비・점검하는 종사자가 법정 교육을 이수했는지를 연 1회 이상 직접 점검하거나 점검 결과를 보고 받아야 한다(* 관계 법령은 안전과 관

련된 하위 규정(행정규칙, 기준 등)을 포함함).
또한 점검 또는 보고 결과 교육 미이수가 확인된 경우 이행 지시 등 교육 실시에 필요한 조치를 하여야 한다.

- 항공분야의 관계 법령에 따른 안전교육은 항공안전법에 따라 위험물취급자, 승무원에 대해 실시한다.

▣ 교육 관련 사항

- 항공안전법(제72조): 위험물취급자에 대한 교육
  - 위험물취급자는 위험물취급에 관하여 국토교통부장관이 실시하는 교육을 받아야 한다.
- 항공안전법(제76조 제3항)
  - 교육대상 항공기에 태우는 승무원
  - 교육주기 최초 교육 및 최초 교육을 받은 날부터 12개월마다 한 번 이상 교육훈련 실시

  ※ 단, 위험물취급 사항에 대해서는 최초 교육을 받은 날부터 24개월마다 한 번 이상 교육훈련을 실시할 수 있음

  - 주요 교육내용 항공기 비상시의 경우 또는 비상탈출이 요구되는 경우의 조치사항, 해당 항공기에 구비되는 별표 15에서 정한 구급용구 등 및 탈출대 · 비상구 · 산소장비 · 자동심장충격기의 사용에 관한 사항 등

5.2 항공분야 기관 사례(인천국제공항공사)

5.2.1 기관현황

※ 출처 : 안전혁신 우수사례(2021, 인천국제공항)

▣ 업무 현황

- **주요업무**: 인천국제공항의 건설 및 관리·운영
- **설립연도**: 1999년

▣ 조직 현황

- **안전조직**: 안전전담부서는 부사장 산하 안전보안본부

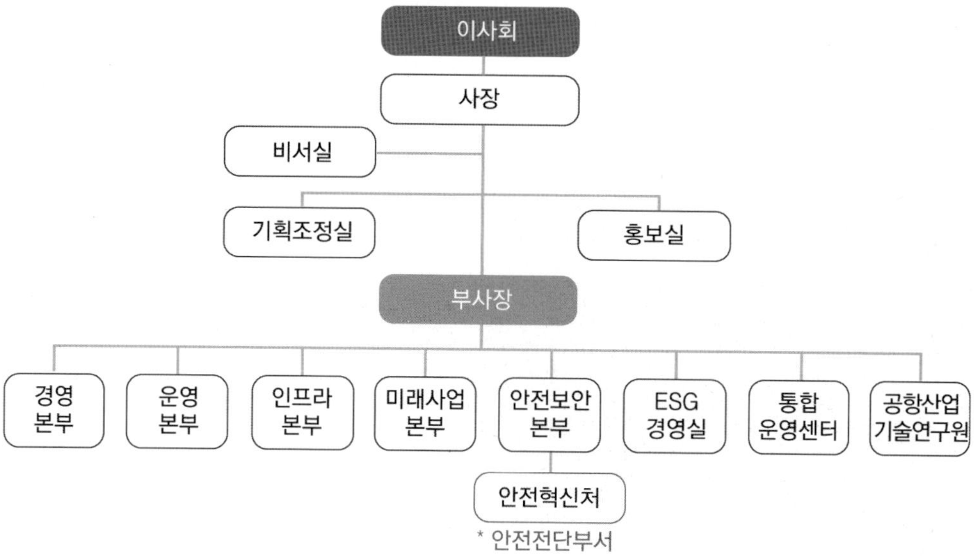

▣ 안전인력 및 예산

- 안전인력 공항 안전관리를 총괄하는 안전보안본부에는 안전기획·조정, 재난관리, 산업안전, 소방안전, 항공보안, 테러대응 등 안전업무 전담 인력 412명 근무하고, 안전 관련 자격증 소지자·전공자·경력자를 안전혁신처에 우선적으로 배치하여 안전인력의 전문성을 강화한다.
- 안전예산 기획재정부 지침에 따른 안전경영책임계획을 기준(자회사 근로자 인건비 포함)으로 2019년 5,407억 원, 2020년 6,277억 원, 2021년 6,670억 원으로 매년 안전에 대한 투자를 확대한다.

5.2.2 인천국제공항공사 재해예방 노력

▣ 사례: CEO 주도의 통합 안전관리체계인 국민안심(ANSIM, Airport Non-defect Safe & Innovative Management) 프로그램 마련

- 국민안심(ANSIM) 프로그램을 마련하여 6개 분야, 131개 안전리스크를 발굴하여 CEO 주관 안전회의를 격주로 시행하여 리스크 집중 논의, 현장점검 등을 통하여 안전 최우선 문화를 조성하고, 공사는 사장 직속의 안전혁신실을 신설하고, 경영진이 직접 현장을 점검하고 그 결과를 바탕으로 공항운영을 개선한다.

인천국제공항공사, 서비스분야 안전보건활동 우수사례 대상 수상!!!

인천국제공항공사는 이번 대회에서
▲ 최고경영자(CEO) 주관 국민안심(ANSIM)프로그램 도입
▲ 안전관리 대상별산업안전 프로그램 도입·운영
▲ 범공항안전문화 확산 활동 추진
▲ 신기술 도입을 통한 근로자 작업환경 개선
▲ 코로나19 대응체계 구축 등 공사의 혁신적인 안전활동 추진성과를 우수사례로 발표했으며
그 성과를 인정받아 대상을 수상하게 됐다.

5.3 항공분야 기관 사례(대한항공)

5.3.1 대한항공 재해예방 노력

※ 출처 : ESG 보고서(2021, 대한항공)

▣ 사례 1: 체계적인 안전관리

- 신규 취항, 신기종 도입, 코로나19 등 운영환경의 변화로 인한 대내·외 위험요인을 사전에 파악하고 효율적으로 대응하기 위해 체계적인 안전관리를 유지
- 2019년 9월 안전보안실 중심으로 운항, 객실, 정비, 종합통제, 여객, 화

물 전 부문에 걸친 통합 변화관리 절차를 수립

- 이를 통해 안전위해요인 식별과 위험평가, 위험 경감조치 모니터링 등 사고 재발방지와 선제적 예방안전을 실현

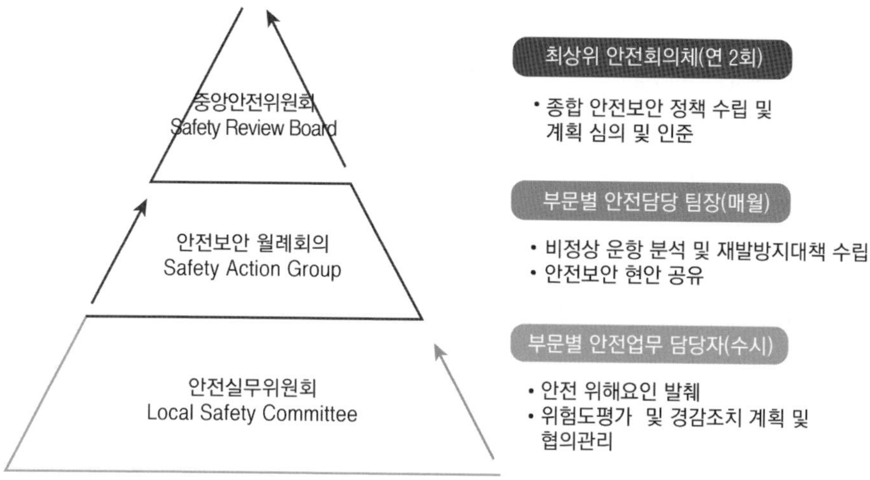

〈안전회의체〉

▣ 사례 2: 임직원 및 협력업체 대상 교육

- 새로 선임된 안전보건관리책임자에게 안전보건관리 신규 교육을 실시하고, 2년 후 보수교육을 제공. 협력업체 관리감독자에게는 안전보건공단 전문 강사를 초빙하여 안전교육을 제공
- 전 임직원 대상 법정 정기 교육뿐만 아니라 2015년부터는 협력업체 직원 대상으로 연 1~2회 정기 교육을 추가로 실시하여 안전보건 의식 강화

▣ 사례 3: 운항 중 응급의료상황 대응 및 예방 체계

- 운항 중 발생하는 다양한 의료적 응급상황에 체계적으로 대응할 수 있도록 24시간 의사 자문이 가능한 EMCS(Emergency Medical Call System)를 운영하고 있으며 항공기에 심장충격기 등 다양한 비상의료기기 탑재
- 또한 기내 환자승객 발생 시 객실승무원이 신속하고 정확하게 응급처치를 수행할 수 있도록 매년 실제로 발생하는 환자승객 사례학습과 심폐소생술 훈련 실시

- 아울러 공항에서 환자승객에게 적절한 지원을 제공하기 위해 현장직원에게 질환별 가이드북을 배포하고 정기적인 교육을 시행하는 등 환자승객 항공운송의 안전성 확보를 위한 노력

5.4 법 적용 사례

5.4.1 A항공이 착륙 도중 기체결함으로 인해 추락 사고(가상사례)

▣ 사고개요

- A항공이 착륙 도중 기체결함으로 인해 추락하여 이용자 1명 사망, 5명 부상

※ (공중교통수단 소유자) A항공, (공중교통수단 운영자) A항공

▣ 중대재해처벌법 적용 검토

- **법 적용 여부**: 중대시민재해 범위, 원인, 재해규모를 충족
  - **범위**: 추락한 항공기는 법률 제2조 제5호에 따른 공중교통수단
  - **원인**: 항공기의 설계, 제조, 설치, 관리상의 결함으로 발생
  - **재해규모**: 사망자 1명 이상 발생
- **의무 및 위반사항**: (항공안전법) 항공기에 대해 관리책임을 지는 A항공은 항공기 사고 등의 예방 및 비행안전의 확보를 위한 항공안전관리시스템을 구축하여야 한다(제58조 제2항).

  → **조사 내용**: 항공기 사고 등의 예방 및 비행안전의 확보가 적기 마련되지 않아 항공기의 기체결함이 보수·보강 등 조치 없이 운항된 것으로 파악되었으며, 항공안전관리시스템을 구축하지 않은 것이 항공기의 직접적인 추락 원인으로 조사됨(경찰 등)

  - **중대재해처벌법**: A항공의 경영책임자인 대표이사는 항공기의 항공안전관리시스템이 구축되도록 조치했어야 했고, 이러한 사항이 잘 이행되고 있는지 반기 1회 이상 점검하고 개선을 지시해야 함(시행령 제

10조 제3·5·6호)

→ **조사 내용**: A항공 대표이사는, 항공기에 대한 항공안전관리시스템의 구축상황을 보고받지 않았고, 개선지시 등을 일절 하지 않아 A항공이 항공안전시스템을 구축하지 않은 주요 요인으로 조사됨(경찰 등)

- A항공(기업)에는 항공안전법 위반사항(항공안전관리시스템 구축 미조치)에 대해 500만 원 이하의 과태료가 부과될 수 있음
- A항공 대표이사(개인)에는 중대재해법 위반사항(안전점검 수행 관리조치 미이행, 개선조치 미지시)으로 중대재해가 발생한 것에 대해 1년 이상의 징역 또는 10억 원 이하의 벌금이 부과될 수 있음

6. 기타 분야

6.1 여객자동차 터미널 대합실

▣ 여객자동차터미널 대합실의 경우 안전·보건 관계 법령과 이행사항

- 여객자동차터미널 대합실의 건축주, 건축물 관리자, 승강기 관리주체는 건축물 관리법에 의해 아래의 업무를 이행하여야 하며, 주요 이행사항은 안전관리, 유지·관리, 정기점검, 사고조사 등

이행주체	이행사항		
	관계법령	이행내용	주기
건축물 관리자	건축물관리법	건축물의 유지·관리(제12조)	매년
		건축물 정기점검(제13조)	최초 5년 이후 3년 단위
		건축물 안전진단(제16조)	필요시
		건축물 사용제한·사용금지·해체 조치(제21조)	필요시
		건축물관리점검 결과 이행(제22조)	점검결과 통보시
		사고조사(제46조)	사고발생시

6.2 연안여객터미널

※ 국가관리무역항 및 국가관리연안항 소재 연안여객터미널에 대한 자세한 사항은 해양수산부 연안 해운과로 문의하시기 바랍니다.

▣ 안전 · 보건 관계 법령과 이행사항

- 연안여객터미널 대합실의 건축주, 건축물 관리자, 승강기 관리주체, 항만시설 소유자는 건축물관리법, 항만법 등에 의해 아래의 업무를 이행하여야 하며, 주요 이행사항은 안전관리, 유지 · 관리, 시설 안전점검, 사고조사 등

이행주체	이행사항		
	관계법령	이행내용	주기
건축물 관리자	건축물관리법	건축물의 유지 · 관리(제12조)	매년
		건축물 정기점검(제13조)	최초 5년 이후 3년 단위
		건축물 안전진단(제16조)	필요시
		건축물 사용제한 · 사용금지 · 해체 조치(제21조)	필요시
		건축물관리점검 결과 이행(제22조)	점검결과 통보시
		사고조사(제46조)	사고발생시
항만시설 소유자	항만법	항만시설의 정기안전점검(제38조)	매년
		항만시설의 정밀정기점검(제38조)	필요시
		항만시설의 긴급안전점검(제38조)	필요시

6.3 연안여객선

※ 연안여객선에 대한 자세한 사항은 해양수산부 연안해운과로 문의하시기 바랍니다.

▣ 안전 · 보건 관계 법령과 이행사항내항

- 여객운송사업자(안전관리책임자), 해사안전감독관, 운항관리자 등은 해

운법, 선박안전법 등에 의해 아래의 업무를 이행하여야 하며, 주요 이행사항은 운항관리규정 준수, 안전관리책임자의 배치 및 교육, 해사안전감독관의 지도·감독, 여객선 안전점검 등

이행주체	이행사항		
	관계법령	이행내용	주기
내항여객운송 사업자	해운법	운항관리규정의 작성·심사·유지(제21조)	상시
		안전관리책임자 배치 및 교육(제21조의5)	선임 후 3개월 내, 매년 1회 이상
안전관리 책임자	해운법	운항관리규정 수립·이행 및 여객선 안전운항(제21조의5)	상시
운항관리자	해운법	여객선 안전운항관리(운항관리규정의 준수 및 이행상태 확인, 안전운항 지도·감독)(제22조)	상시
선박소유자	선박안전법	건조검사(제7조)	건조시
		정기검사(제8조)	최초 항해, 선박검사증서 유효기간 만료시
		중간검사(제9조)	정기검사 간
		임시검사(제10조)	필요시
		임시항해검사(제11조)	임시항해 필요시
선장, 기관장 운항관리자	여객선 안전관리지침	출항 전 안전점검(제3·4조)	출항 전
선장, 기관장	여객선 안전관리지침	운항 중 및 운항 후 점검(제3조)	운항 중, 운항 후
운항관리자	여객선 안전관리지침	월례점검(안전관리책임자, 선장, 기관장 입회)(제4조)	매월 1회
운항관리자	여객선 안전관리지침	노후여객선 특별점검(안전관리책임자, 선장, 기관장 입회)(제4조)	반기 1회
운항관리자, 유관기관 관계자	여객선 안전관리지침	특별점검(제4조)	연 5회
해사안전 감독관	여객선 안전관리지침	정기감독(안전관리책임자, 선장, 기관장 입회)(제5조)	월간 지도·감독 계획에 따라 수행
해사안전 감독관	여객선 안전관리지침	수시감독(안전관리책임자, 선장, 기관장 입회)(제5조)	불시확인이 필요한 경우
운항관리자	여객선 안전관리지침	운항관리규정이행상태 확인점검(제7조)	연 1회, 사고발생시 수시
지방해양 수산청장	여객선 안전관리지침	운항관리자 지도·감독(제22조)	분기 1회

6.4 유기시설 및 유기기구

※ 종합유원시설의 안전성 검사 대상 유기시설 또는 유기기구에 대한 자세한 사항은 문화체육관광부 관광산업정책과로 문의하시기 바랍니다.

▣ 안전 · 보건 관계 법령과 이행사항

- 종합유원시설의 안전성검사 대상 유기시설 또는 유기기구의 관리주체는 관광진흥법에 의해 아래의 업무를 이행하여야 하며, 주요 이행사항은 안전관리, 유지 · 관리, 정기점검, 교육, 사고 보고 등

이행주체	이행사항		
	관계법령	이행내용	주기
유원시설 사업자	관광진흥법	물놀이형 유원시설업자의 준수사항(제32조)	상시
		안전성검사 대상 유기시설 또는 유기기구 안전성검사(제33조)	허가전검사(설치 전), 정기검사(반기 · 1년), 재검사(필요 시)
		유기기구 안전점검(제34조)	매일 1회 이상
		안전관리자 배치(제33조)	상시
		사업자 및 안전관리자 교육(제33 · 34조)	2년
		중대사고 보고(제33조의2)	사고 발생시
		영업질서 유지 등(제34조)	상시

▣ 안전 · 보건 관계 법령에 따른 안전점검 및 교육

- 종합유원시설의 안전성검사 대상 유기시설 또는 유기기구의 관리주체는 관광진흥법에 의해 아래의 안전검사 및 점검, 교육을 이행하여야 한다.

이행주체	이행사항		
	관계법령	이행내용	주기
유원시설 사업자	관광진흥법	안전성검사 대상 유기시설 또는 유기기구 안전성검사(제33조)	허가전검사(설치 전), 정기검사(반기 · 1년), 재검사(필요 시)
		유기기구 안전점검(제34조)	매일 1회 이상
		사업자 및 안전관리자 교육(제33 · 34조)	교육일로부터 매 2년마다
		유기기구 운행자 및 종사자에 대한 안전교육(제34조)	주 1회 이상

참고문헌

고용노동부, 건설업 중대산업재해 예방을 위한 자율점검표, 2022.

고용노동부, 중대재해처벌법 해설(중대산업재해), 2022.

고용노동부, 2021 사례로 보는 중대재해예방가이드, 2021.

국가법령정보센터, https://www.law.go.kr/

국토교통부, 중대재해처벌법 해설(중대시민재해 시설물・공중교통수단), 2022.

김성돈, 가칭 질서위반법의 체계와 이른바 질서위반행위의 구조, 법조 2004・10(Vol.577).

김승년, 노동법 발달에 관한 비교법제사적 고찰, 단국대학교 대학원, 박사학위논문, 1997.

김원주, 집행벌, 월간고시, 1988.

김유성, 사업자의 안전배려의무, 한국사법행정학회, 1992.

김형배, 미국노동입법의 전개과정, 고시연구 제8권7호, 1987.

김희성, 미국의 노동쟁의조정제도, 노동법에 있어서 권리와 책임, 김형배교수화갑기념논문집, 박영사, 1994.

노동부, 노동백서, 2008.

노동부, 산업안전보건법 제・개정 발자취, 노동부산업안전국, 2003.

민경식, 노사분쟁의 소송외적 방법에 의한 해결, 중앙대 법학논문집 제13집, 김이열교수화갑기념논문집, 1988.

박 준, 동남아제국의 노동쟁의조정제도, 노동 제113호, 1984.

박두용 외, 위험성 평가제도의 도입방안에 대한 연구, 노동부, 2004.

박두용, "외국의 위험성 평가제도-EU Directive 89/391/EEC)", 산업보건 통권 제228호, 대한산업보건협회, 2007.

박두용, 21C 노동환경권 변화에 따른 산재예방 실효성 확보방안에 관한 연구 –산재사고처리절차 및 처벌 특별법 중심으로–, 산업안전보건연구원, 2003.

박두용, 위험성평가제도의 구체적인 도입방안연구, 산업안전보건연구원, 2009.

박두용, 주요 선진국의 사업장 안전관리 일원화제도 및 운영실태에 관한 연구, 노동부, 2003.

법제처, 국가법령정보센터, 2022.

산업안전공단, 한・일 산업안전위반 판례집, 1995.

산업안전보건공단, 재해조사 분석.

소방청, 중대재해처벌법 해설(중대시민재해・다중이용시설), 2022.

송강직・이진국, 산업재해 은폐에 대한 처벌방안, 산업안전보건연구원, 2015.

이상국, 산업안전보건법, 대명출판사, 2019.

정진우, 안전관리론, 청문각, 2020.

조영수, 전부개정 산업안전보건법 업무 편람, 메이킹북스, 2020.
조흠학, 산업안전보건법, 신광문화사, 2020.
조흠학 외, 산재발생보고제도 개편방안에 관한 연구, 산업안전보건연구원, 2016.
환경부, 중대재해처벌법 해설(중대시민재해원료 제조물), 2022.

저자소개

■ **위국환**

동아대학교 법학박사
부경대학교 안전공학과 공학박사(수료)
현) 캐롤라인대학교(미국) 재난사회복지전공 교수

■ **이학춘**

빌레펠트대학교(독일) 법학박사
행정 고등고시 26회 합격
전) 동아대학교 국제전문대학원장

■ **이점인**

법학박사, 뉴욕주 변호사
동아대학교 법학전문대학원장
현) 법무법인 우리들 변호사

■ **지상규**

한국해양대학교 법학박사
현) 한국해양대학교 법무비즈니스학부장

■ **김선화**

상담학 박사, 법학박사(수료)
현) 한국해양대학교 법무비즈니스학부 교수

중대재해처벌법 해석(도해식)

초판 1쇄 인쇄 / 2022년 6월 25일
초판 1쇄 발행 / 2022년 6월 30일

•

저　자 / 위국환 · 이학춘 · 이점인
지상규 · 김선화
발행인 / 이　중　수
발행처 / **동　문　사**

•

서울특별시 서대문구 홍제원 1길 12
(홍제동 137-8)
Tel: 02)736-3718(대), 736-3710, 3720
Fax: 02)736-3719
등록번호: 1974.04.27 제9-17호
가격: 30,000원

•

ISBN: 979-11-6328-437-6(93530)
E-mail: dong736@naver.com
www.dongmunsa.com